O PODER DA CONFIANÇA

The Speed of Trust

STEPHEN M. R.
COVEY

REBECCA R. MERRILL

O PODER DA CONFIANÇA

The Speed of Trust

O Elemento Que Faz Toda A *Diferença*

Tradução
Tom Venetianer
Consultor e especialista em Administração
Autor de *Como vender seu peixe na internet*
e de *Sucesso pessoal: o segredo dos vencedores*

Revisão Técnica FranklinCovey
Luciano Meira

ELSEVIER

FranklinCovey

CAMPUS

Do original: *The Speed of Trust*
Tradução autorizada do idioma inglês da edição publicada Free Press.

Editoração Eletrônica: Estúdio Castellani

Copidesque: Claudia Amorim

Revisão Gráfica: Mariflor Brenlla Rial Rocha e Edna Rocha

Projeto Gráfico
Elsevier Editora Ltda.
A Qualidade da Informação.
Rua Sete de Setembro, 111 – 16º andar
20050-006 Rio de Janeiro RJ Brasil
Telefone: (21) 3970-9300 FAX: (21) 2507-1991
E-mail: *info@elsevier.com.br*
Escritório São Paulo:
Rua Quintana, 753/8º andar
04569-011 Brooklin São Paulo SP
Tel.: (11) 5105-8555

ISBN 978-85-352-2782-6
Edição original: ISBN 978-0-7432-9730-1

Central de atendimento
Tel: 0800-265340
Rua Sete de Setembro, 111, 16º andar – Centro – Rio de Janeiro
e-mail: info@elsevier.com.br
site: www.campus.com.br

CIP-Brasil. Catalogação-na-fonte.
Sindicato Nacional dos Editores de Livros, RJ

C914p

Covey, Stephen M. R.
O poder da confiança : o elemento que faz toda a diferença / Stephen M. R. Covey ; [tradução Tom Venetianer]. – Rio de Janeiro : Elsevier ; São Paulo : FranklinCovey, 2008.

Tradução de: The speed of trust : the one thing that changes everything
Inclui bibliografia
ISBN 978-85-352-2782-6

1. Ética empresarial. 2. Sucesso nos negócios. I. FranklinCovey (Firma). II. Título.

07-3969. CDD: 174.4
CDU: 174.4

CEOs

"O *Poder da Confiança* é extremamente relevante. Em uma época quando a regulamentação dos negócios aumenta, bem como os descuidos, é importante concentrar-se nas bases. E a confiança constitui o ativo intangível que pode ajudar a garantir a sustentabilidade a longo prazo de qualquer organização ou empresa. Graças ao novo livro de Stephen M.R. Covey, você bem que poderá estar a caminho de ampliar os ativos de confiança de sua organização nos anos porvir."

– **William G. Parrett**, CEO, Deloitte Touche Tohmatsu;
sócio sênior, Deloitte & Touche USA LLP

"A confiança vai ao cerne de nosso êxito na JetBlue. A confiança é a chave da velocidade de nosso crescimento. *O Poder da Confiança* articula melhor do que qualquer outro livro que a confiança é aquela coisa que muda tudo – nos negócios e na vida. Com a alta confiança, o sucesso chega mais rápido, melhor e a custo mais baixo."

– **David Neeleman**, fundador e CEO, JetBlue Airways

"A confiança reduz os custos de transação; reduz a necessidade de litígios e agiliza o comércio; de fato, lubrifica organizações e sociedades. Enfim, alguém está articulando seu verdadeiro valor e o apresenta como competência-chave dos negócios."

– **Marilyn Carlson Nelson**, chairman e CEO, Carlson Companies

"Stephen M.R. Covey conseguiu o feito! De maneira loquaz, foi ao cerne da questão do desafio dos líderes do novo milênio – a capacidade de cultivar e alavancar a confiança. Este é um livro obrigatório para todos os que aspiram ser líderes."

– **Douglas R. Conant**, presidente e CEO, Campbell Soup Company

"O *Poder da Confiança* é uma grande achado, pois alcança, de forma soberba, a meta de oferecer o mapa da mina para o desempenho excepcional, tanto para os indivíduos quanto para as organizações. Mas a verdadeira genialidade deste livro está em sua relevância universal, na medida em que combina uma abordagem embasada no bom senso altamente eficiente com um direcionamento franco para melhorar todos os relacionamentos na vida."

– **J.W. Marriott Jr.**, chairman e CEO, Marriott International, Inc.

"A falta de confiança dentro de uma organização esgota a energia, alimenta um clima de desconfiança e faz a gente ficar adivinhando aquilo que os outros pensam, devasta completamente o trabalho em equipe e o substitui por politicagens. O resultado final é moral baixo e os conseqüentes baixos padrões de desempenho. O livro de Stephen M.R. Covey é um lembrete oportuno para os líderes sobre o que realmente importa nas organizações."

– **Koh Boon Hwee**, chairman, DBS Bank Ltd.; anteriormente chairman, Singapore Airlines

"Acredito que as considerações de Covey sobre confiança são muito reveladoras a todos aqueles que pensam sobre a prática da liderança. Sem autoconfiança, não pode haver confiança da organização em você – e, sem isso, não existe realização verdadeira."

– **Michael H. Jordan**, chairman e CEO, EDS

"Tanto na vida quanto nos negócios, os relacionamentos são importantes – mas estes são vazios, a menos que sejam sustentados por confiança mútua. A confiança é a pedra fundamental para uma marca e constitui o aglutinador de qualquer relacionamento durável. Surpreende constatar como Stephen M.R. Covey estabelece no livro *O Poder da Confiança* a essência do que seja a confiança e como pode ser estabelecida e mantida. Que serviço para o mundo dos negócios e a sociedade em geral!"

– **Horst H.O. Schulze**, presidente e CEO do The West Paces Hotel Group; anteriormente presidente e COO da The Ritz-Carlton Hotel Company

"*O Poder da Confiança* ensina uma lição crítica: só organizações com nível excepcional de confiança conseguem juntar uma cultura de verdadeiro comprometimento com o *wishful thinking* que ocorre devido a uma conformidade forçada. Covey articula um mapa da mina claro, que serve às pessoas comuns como você e eu, a fim de nos capacitar a realizar coisas extraordinárias!"

– **Pete Beaudrault**, presidente e CEO, Sbarro; ex-presidente e CEO, Hard Rock Café International

"*O Poder da Confiança* é leitura obrigatória não somente para os líderes de empresas, mas para cada indivíduo. Covey define confiança de maneira bem precisa. Podemos nos beneficiar imensamente de seu conteúdo."

– **John M. Huntsman**, fundador e chairman, Huntsman International

"Este livro é uma revelação. Ao lê-lo, você enxergará tudo através das 'lentes da confiança' e entenderá como e por que ela é tão importante em nossas vidas profissional e pessoal. Ao demonstrar que confiança é algo tangível, mensurável e, principalmente, algo que podemos construir mais facilmente do que imaginamos, o livro de Stephen M.R. Covey merece ser lido não apenas por líderes de empresas, mas também por todos aqueles interessados em melhorar seus relacionamentos com colegas, amigos e família."

– **Gregory K. Ericksen**, vice-presidente global, Strategic Growth Markets, Ernst & Young

"Nos anos 80, o pai de Stephen convenceu-me de que a confiança era o atributo mais importante para um líder conseguir êxitos corporativo e organizacional. Ele estava absolutamente certo... ao longo das últimas duas décadas, a Toro prosperou por causa disso. Agora, Stephen M.R. Covey nos demonstra, convincentemente, o porquê... ou seja: quando uma organização confia em seus líderes e todos tornam-se confiáveis, então, as pessoas podem relacionar-se sinergicamente e não defensivamente, algo que permite alcançar os melhores resultados muito mais rapidamente."

– **Ken Melrose**, chairman e CEO anterior, The Tom Company; autor de *Making the Grass Grow on Your Side*

"Confie em mim, você pode acreditar no que Stephen escreve. É material bom demais. Quanto maior o número de pessoas em seu círculo de influência que ler o livro, melhor será a vida delas, a começar pela sua."

– **Blake M. Roney**, chairman, Nu Skin Enterprises

"O *Poder da Confiança* identifica claramente confiança como sendo a fonte da agilização de nossos relacionamentos diretos. Covey valida, de forma convincente, nossa experiência na Dell – a de que a confiança causa impacto na última linha do resultado financeiro e também a de que, quando esta aumenta, a agilidade organizacional faz o mesmo, enquanto os custos diminuem. Esse princípio aplica-se não apenas às nossas relações profissionais com os clientes, parceiros de negócios e membros das equipes, mas também às nossas relações pessoais, algo que torna o livro ainda mais valioso."

– **Kevin Rollins**, presidente e CEO, Dell Inc.

"Quando recebi este livro e Stephen M.R. Covey me pediu para lê-lo, solicitando meus comentários, meu primeiro impulso foi, 'Não tenho tempo'. No entanto, depois de ler o prefácio e alguns capítulos iniciais, não consegui mais largá-lo. O livro é exatamente aquilo que os líderes empresariais precisam hoje em dia, pois penetra no cerne do comportamento ético e da integridade, assim como expõe como a 'confiança' é o fator mais crítico dos líderes e das organizações eficazes. O autor discute, com clareza e perspicácia, como desenvolver a confiança por meio do caráter e da competência e como líderes e organizações 'confiáveis' realizam as coisas melhor, mais rapidamente e a um custo menor. Toda pessoa deveria encontrar tempo para ler este livro."

– **Nolan D. Archibald**, chairman e CEO, Black & Decker Corporation

"Como seu pai, Stephen M.R. Covey não tem medo de explorar temas difíceis, porém críticos. Seu livro, *O Poder da Confiança*, vai direto ao âmago de uma das questões mais importantes de nossos tempos: a falta absoluta de confiança. Em um mundo de cabeça para baixo, todos aqueles que dirigem organizações, todos os que procuram relacionamentos mais profundos, todos os que buscam mais significado em suas vidas fariam bem em considerar a confiança como o ativo que deveriam desejar mais."

– **David W. Checketts**, chairman, Sports Capital Partners;
CEO anterior, Madison Square Garden

AUTORIDADES EM NEGÓCIOS

"Este é o livro que há tempos eu esperava ler! É o caso que comprova que a confiança literalmente cria lucro, êxito e prosperidade. Com evidência rigorosa e exemplos convincentes, Stephen M.R. Covey demonstra-nos por que dominar o valor da confiança será a maneira de os Estados Unidos e outros países competirem contra a megatendência da globalização. Leia este livro. Torne-se um líder de 'alta confiança'. Seu coração, sua empresa, seus *stakeholders* e seu patrimônio líquido agradecerão muito!"

– **Patricia Aburdene**, autora de *Megatrends 2010: The Rise of Conscious Capitalism*

"A confiança é a base dos relacionamentos. *O Poder da Confiança* o capacitará a construir eficientemente os seus alicerces. Recomendo este livro a todos."

– **John C. Maxwell**, autor e palestrante; fundador,
INJOY Stewardship Services e EQUIP

"Covey apresenta, convincentemente, o seu caso ao afirmar que a confiança muda tudo. Ele demostra que a agilidade organizacional é a força motriz do sucesso e que a confiança é a fonte. Em uma era em que tantos de nossos líderes demonstraram estranhar o poder de confiança, este livro é leitura obrigatória."

– **Marcus Buckingham**, co-autor de *Now, Discover Your Strengths*

"A colaboração é a base do padrão de vida que gozamos hoje em dia. A confiança é o aglutinante. Este é o primeiro livro a ensinar 'o que' e o 'como' da confiança. Leitura obrigatória para líderes em todos os níveis."

– **Ram Charan**, co-autor do best-seller *Execução*; autor de *Crescimento & Lucro*

"Ao identificar a confiança como sendo a competência crítica da liderança da nova economia global, Stephen M.R. Covey descreve como essa qualidade vital pode ser assentada, ampliada, estendida e recuperada dentro de nossa sociedade e no mundo todo. O *Poder da Confiança* é leitura obrigatória para todos nós."

– **Ken Blanchard**, co-autor de O *gerente minuto* e *The Secret*

"O *Poder da Confiança* está repleto da sabedoria consagrada pelo tempo, transmitida, precisamente, no momento certo. Stephen constrói tão persuasivamente o caso de que a confiança é o *sine qua non* do sucesso em negócios, que ficamos coçando nossas cabeças perguntando-nos como algo tão crítico não recebeu lugar na primeira fila, a cadeira número um em nossos negócios. É leitura obrigatória para todo líder."

– **Jim Loehr**, co-autor de *The Power of Full Engagement*; CEO, The Human Performance Institute

"Bem, alguém deve dizê-lo. Tal pai, tal filho. Um livro verdadeiramente maravilhoso, Sr. Covey. Parabéns!"

– **Michael Gerber**, fundador e chairman, E-Myth Worldwide

"O livro de Stephen M.R. Covey sobre confiança é uma obra excepcional. Ele a define, permitindo-nos cavar a fundo e a entender a confiança de formas nunca antes expostas. Parabéns."

– **Stedman Graham**, autor, palestrante e empresário

"O *Poder da Confiança* o conduzirá a uma viagem muito importante, com vistas a gerar e construir confiança diariamente. Ao seguir esse caminho, sua vida continuará a se desenrolar miraculosamente."

– **Tom Crum**, autor de *Magic of Conflict* e *Three Deep Breaths*

"Sem confiança, não pode haver lealdade – e, sem lealdade, não pode existir crescimento verdadeiro. Em O *Poder da Confiança*, Covey demonstra convincentemente que a confiança é um acelerador mensurável para o desempenho e que quando esta aumenta, os custos diminuem e a agilidade organizacional aumenta. Uma lição crítica para todo líder que se preocupa em construir relacionamentos de confiança nesta nova economia."

– **Fred Reichheld**, autor de *The Loyalty Effect* e *The Ultimate Question*

"Os elementos mais importantes em qualquer relacionamento, de negócios ou pessoal, são a confiança e a credibilidade. Este livro maravilhoso mostra como conquistá-las, construí-las, preservá-las e incorporar a confiança em cada nível da vida."

– **Brian Tracy**, autor de *The Way to Wealth*

"Este livro é um manifesto para desencadear melhora exponencial de desempenho em organizações mundiais. Mas Covey não pára por aí. Ele também nos oferece um mapa da mina para fazê-la acontecer. Nas próximas décadas, O *Poder da Confiança* será obra produtiva sobre os fundamentos da ação humana colaboradora."

– **Joseph Grenny**, co-autor do best-seller do *New York Times*,
Conversas decisivas

"Confiança (*trust*) e Covey são palavras de 5 letras que asseguram o êxito neste mundo acelerado. O *Poder da Confiança* é minha nova bíblia sobre o tema liderança."

– **Pat Croce,** autor do best-seller *I Feel Great and You Will Too!*;
anteriormente, proprietário do Philadelphia 76ers

"O *Poder da Confiança* pontua um princípio que foi bastante ignorado em nossa sociedade por um tempo longo demais – a confiança, a qual atua sobre cada aspecto de nossas vidas. Covey mostra-nos não apenas como desenvolver a confiança no local de trabalho, em nossos relacionamentos e em nossas organizações, mas também como recuperar a confiança perdida nesses mesmos ambientes. Ele demonstra como o fator confiança afeta diretamente o mercado e o lucro por meio do aumento da agilidade organizacional e da redução dos custos. O *Poder da Confiança* é um livro escrito de maneira concisa, bem organizada e agradável, e beneficiará todos os que o lerem."

– **Hyrum W. Smith**, autor de *What Matters Most*; co-fundador,
Franklin Covey; CEO, The Galileo

"O livro de Covey destaca o fator mais importante – o substrato – que determinará o sucesso (ou o insucesso) de qualquer organização no século XXI: CONFIANÇA. Trata-se de leitura poderosa: corajosa, criativa, surpreendentemente presciente e sustentada pelo peso das experiências empírica e analítica. Leitura obrigatória para qualquer um em posição de responsabilidade, desde um grupo de apoio até de uma corporação global."

– **Warren Bennis**, professor emérito de administração de Empresas; autor de *On Becoming a Leader*

"Este livro indispensável oferece exemplos práticos de como o aumento da confiança produz resultados melhores, a custo menor e mais rapidamente – seja no trabalho, seja no dia-a-dia. Seu valor é inestimável."

– **Dr. Spencer Johnson**, médico, autor de *Quem Mexeu no meu Queijo* e co-autor de *O Gerente-Minuto*

"A obra de Stephen Covey mudou o mundo. Aposto o valor deste livro estimulante, e muito mais, que seu filho, Stephen M.R. Covey, causará ao menos um impacto idêntico. *O Poder da Confiança* é um livro incrível, a começar pelo título, inusitado e poderoso. O que mais me surpreendeu foi por que não tinha sido escrito antes. Desde a epígrafe – 'A agilização organizacional ocorre quando as pessoas realmente confiam umas nas outras' – até o término, vale a pena saboreá-lo – e implementar seus ensinamentos. Papai Stephen diz no prefácio que este livro 'atinge as raízes'. E a isso eu digo: Amém!"

– **Tom Peters**, autor de *Re-imagine!*; co-autor de *Vencendo a crise*

AUTORIDADES EM MARKETING

"Por que você lê os testemunhos neste livro? Simples, porque confia em (alguns de) nós. A confiança direciona tudo em nosso mundo sem marcas, rápido demais. Então confie nisto: Este é um livro importante. O jovem Covey escreveu um livro que importa."

– **Seth Godin**, autor de *O futuro não é mais o mesmo* e *Marketing de permissão*

"Depois que você desliga o projetor, sai do PowerPoint e acaba sua apresentação, a maioria dos negócios reduz-se a uma pergunta simples: As partes confiam umas nas outras? Este livro traz explicação valiosa e oportuna de como confiar e ser confiável."

– **Guy Kawasaky**, autor de *The Art of the Start*; diretor gerente, Garage Technology Ventures

"Os consumidores estão desenvolvendo sentimentos conflitantes com relação a instituições políticas corruptas, enquanto se prendem a questões sociais que esses organismos deveriam administrar. *O Poder da Confiança* oferece uma rota ao tipo de transparência que as pessoas passarão a demandar cada vez mais das marcas, das corporações e dos políticos."

– **Faith Popcorn,** futuróloga de marketing; autora de *O relatório Popcorn*

"Tudo em marketing aponta para a realidade de as empresas lucrativas terem tais resultados pois conquistaram a confiança do consumidor. A confiança não pode ser subestimada Stephen M.R. Covey leva essa realidade um passo adiante, comprovando não apenas o valor da confiança, mas também a maneira de conquistá-la. *O Poder da Confiança* é a última palavra em como realizar isso."

– **Jay Conrad Levinson**, o pai do marketing de guerrilha;
autor da série *Guerrilla Marketing*

"Os bons líderes sabem para onde vão. Seus seguidores confiam na direção que eles indicam. Sem confiança, você chega a lugar nenhum."

– **Jack Trout**, autor de *Trout on Strategy*; co-autor de *Positioning*

AUTORIDADES DOS MEIOS DE COMUNICAÇÃO

"No mundo das leis e da política, a ausência de confiança fez tudo aquilo que Stephen descreve: discordância e desilusão, exacerbamento dos relacionamentos por meio de regras burocráticas e, em última análise, criação de crenças e comportamentos que servem para destruir uma sociedade livre e civil. Inestimável para cada americano, *O Poder da Confiança* oferece o instrumental que pode restaurar a transparência, honestidade e confiança a uma nação necessitada."

– **Catherine Crier**, ex-juíza; escritora; apresentadora
de *Catherine Crier Live*, da Court TV

"*O Poder da Confiança* oferece evidência convincente e informações inestimáveis sobre como o desenvolvimento da confiança – baseada no caráter genuíno e transparente e em competência – podem aumentar a agilidade da empresa e seus lucros. Stephen M.R. Covey demonstra como os componentes factuais e mensuráveis de confiança podem também criar, fundamentar e aumentar todos os negócios e relacionamentos profissionais. *O Poder da Confiança* é obra pioneira e deve ser lida por todos."

– **Ken Lindner**, autor de *Crunch Time: 8 Steps to
Making the Right Life Decisions at the Right Times*

"Covey focaliza, de maneira brilhante, o fundamento esquecido da democracia capitalista: a confiança. Assim como ocorre com o ar que respiramos, com muita freqüência assumimos por certo esse intangível crítico. Conforme Covey deixa bem claro, fazemos isso pondo em risco a nossa derradeira vantagem competitiva."

– **Steve Forbes**, presidente e CEO, *Forbes*

"Este livro pode mudar vidas ao abordar a construção de relacionamentos de confiança, pessoais e profissionais. Covey nos ajuda a entender como estimular e incutir confiança imediata em cada encontro, algo que constitui o fundamento para o sucesso verdadeiro e duradouro na vida. Leitura muito interessante e esclarecedora."

– **Larry King**

"Você quer ser uma força positiva irresistível? Combine responsabilidade pessoal com a compaixão e o respeito pelos outros. Você quer saber como fazer isso perfeitamente? Leia O *Poder da Confiança*."

– **Dra. Laura Schlessinger**, radialista internacional e autora de *The Proper Care and Feeding of Marriage*

AUTORIDADES DO GOVERNO, EM EDUCAÇÃO E NA SAÚDE

"O *Poder da Confiança* é o livro absolutamente correto para o nosso tempo – inspirador, energizante e útil. As pessoas de todas as idades, em qualquer lugar no mundo, se beneficiarão de sua mensagem importante: investir em integridade e colher o dividendo da confiança podem fortalecer negócios e enriquecer a vida."

– **Rosabeth Moss Kanter**, Harvard Business School; autora do *best-seller Confidence: How Winning Streaks and Losing Streaks Begin and End*

"O *Poder da Confiança* nos chega no momento em que 'confiança' parece estar indo para a lista das espécies ameaçadas de extinção. Isso mudará à medida que as pessoas lerem os insights e as diretrizes, os poréns e as receitas para se criar autêntica confiança nos relacionamentos, negócios, esportes, na política e no cotidiano, contidos neste livro de Stephen M.R. Covey. O nome 'Covey' representa excelência. Este livro mantém a tradição."

– **John R. Wooden**, treinador emérito, time de basquetebol da UCLA; autor de *My Personal Best* e *Wooden on Leadership*

"O *Poder da Confiança* é um livro magnífico. É de fácil leitura, prático e amplamente aplicável. Qualquer um que necessite realizar aspectos cruciais mais rápida, mais eficientemente e sem atritos deve lê-lo."

– **Clayton M. Christensen**, professor de Robert & Jane Cizik, Harvard Business School

"Embora soe como clichê, O *Poder da Confiança* é um livro de leitura obrigatória para qualquer um que queira administrar uma nação, uma empresa, uma família ou mesmo a si mesmo, durante esses tempos turbulentos. Na qualidade de estudante e praticante dos princípios de Covey durante anos, em hospitais militares, centros médicos e posições de staff, assim como quando fui CEO de uma associação médica nacional, nunca pude destilar tão claramente a essência do que fosse a verdadeira liderança como Stephen M.R. Covey o faz. Este livro é leitura crítica para qualquer pessoa que queira liderar em um mundo de polarização, cinismo e decepção."

– **Dr. Charles H. Roadman II**, médico, tenente-general, Força Aérea dos Estados Unidos (aposentado); cirurgião-chefe, Força Aérea dos Estados Unidos (aposentado)

"Stephen M.R. Covey escreveu um livro excepcional sobre a importância da confiança. Nossos diretores beneficiar-se-ão enormemente dessa leitura, que os ajudará à medida que criam confiança junto aos professores e os professores junto a seus alunos. Este livro é de leitura obrigatória."

– **Pedro Garcia**, doutor em educação, diretor de escolas, Metropolitan Nashville Public Schools

"Pouco depois de me tornar reitor da Escola de Medicina da UTMB Galveston, levei vários de meus líderes-chave para ouvir Stephen falar sobre O *Poder da Confiança*. Aquilo que ele disse reverberou em todos nós. Ao longo de todo o ano passado, Stephen e sua equipe trabalharam junto com nosso grupo de liderança, ajudando-nos a pensar, bem como dando-nos o instrumental para eliminar nosso 'tributo de confiança', tornando-nos uma verdadeira comunidade produtiva. Os princípios e planos de ação desenvolvidos por Stephen são de alcance universal. Qualquer um que pertença a uma equipe de liderança deve ler O *Poder da Confiança*."

– **Dra. Valerie M. Parisi**, médica, mestre em saúde pública, mestre em administração de empresas, diretora de medicina e dirigente acadêmica, University of Texas Medical Branch

"Stephen M.R. Covey pesquisou o conceito de confiança até as suas raízes e oferece dados sólidos e convincentes para provar a amplitude da lacuna de confiança, mas o que é mais importante, para fornecer soluções que atenuem a confiança quebrada. Encontro exemplos diários da agilidade e espontaneidade que os relacionamentos baseados em confiança produzem e os princípios comportamentais de Stephen permitem tomarmos as decisões mais difíceis de forma rápida e com muito menos medo. Este livro tem o poder de modificar sua vida e a de sua organização."

– **Dave Gayler, Ph.D.**, superintendente de escolas, município de Charlotte, Flórida

"Na grande tradição das palavras no nome Covey, *O Poder da Confiança* realçou e esclareceu em profundidade o entendimento do poder da confiança. Executores altamente bem-sucedidos em negócios e nos esportes apresentam um nível de confiança e compreensão que os separa de seus concorrentes. Em *O Poder da Confiança*, Covey validou a implicação desses fatores em nossos relacionamentos e em nossos êxitos futuros."

– **Pete Carroll**, treinador-chefe de futebol, campeão nacional, USC Trojans

AUTORIDADES EM DESENVOLVIMENTO PESSOAL E PROFISSIONAL

"Aqueles relacionamentos que passarão pela prova do tempo são construídos sobre um fundamento de confiança duradoura. Covey nos dá o modelo para aprender a aplicar esse princípio às pessoas importantes em nossas vidas."

– **John Gray, Ph.D.**, autor de *Homens são de Marte, mulheres são de Vênus*

"Em *O Poder da Confiança*, Stephen M.R. Covey esclarece as conexões entre credibilidade e produtividade de uma maneira que mudará para sempre a percepção do que seja confiança."

– **Anthony Robbins**, autor de *Awaken the Giant Within* e *Unlimited Power*

"*O Poder da Confiança* explica brilhantemente como a confiança é o caminho mais curto para os resultados. Se quiser resultados rápidos, tenho certeza de que você amará este livro tanto quanto eu o amei."

– **Robert G. Allen**, autor dos best-sellers do *New York Times: Multiple Screams of Income* e *Cracking the Millionaire Code: Your Key to Enlightened Wealth*

"Conheço a importância da confiança. Estar amarrado por uma corda a outra pessoa ao cruzar um campo gelado com fendas é o cenário superlativo de confiança. Nas montanhas, minha vida encontra-se freqüentemente nas mãos de meus companheiros e a deles nas minhas. Tal comprometimento é baseado em enorme confiança, assim como ocorre com muitas coisas na vida. O livro de Stephen está repleto de conteúdo que fala sobre como manter e construir confiança. É leitura obrigatória."

– **Erik Weihenmayer**, "O rapaz cego que escalou o Everest"; autor de *Touch the Top of the World*

"Se quiser correr atrás da riqueza, você terá que ter confiança incondicional em aumentar os lucros ao máximo. Este grande livro lhe dirá como."

– **Mark Victor Hansen**, co-criador da série *best-seller* do *New York Times Histórias para aquecer o coração*; co-autor de *Cracking the Millionaire Code* e *The One Minute Millionaire*

"A confiança não é uma peça do vestuário a ser usada ou descartada dependendo da situação ou da cultura. Cada líder na política, nos negócios, na família e na educação, em qualquer nação, precisa interiorizar os conceitos-chave deste livro, uma obra que só aparece uma vez em cada milênio. Stephen identificou o aglutinante sinérgico que consegue fazer-nos conviver juntos. Se adotarmos esses ensinamentos, sobreviveremos e prosperaremos. Se não, a história torna-se nosso prólogo."

– **Dr. Denis Waitley**, autor de *The Seeds of Greatness*

"Sou mais feliz quando confiam em mim e aposto que com você também é assim. Covey realizou trabalho magistral ao ensinar que a confiança está condicionada a seu comportamento e que podemos modificá-lo conscientemente para merecermos a confiança dos outros. Essa única realização pode mudar a sua vida. Este é o melhor livro escrito por um Covey desde os *7 Hábitos*."

– **Richard Carlson, Ph.D.**, autor de *Don't Sweat the Small Stuff* e *Don't Get Scrooged*

AUTORIDADES EM EDUCAÇÃO E RECURSOS HUMANOS

"Construir confiança é atualmente um dos desafios mais críticos de nossa sociedade. *O Poder da Confiança* é um grande presente, um recurso indispensável para líderes em todos os setores determinados a construir e inspirar confiança dentro de uma organização. As 'Cinco Ondulações de Confiança' tornar-se-ão sustentáculo poderoso para os líderes mais eficientes do futuro."

– **Frances Hesselbein**, chairman, The Leader to Leader Institute (anteriormente Peter F. Drucker Foundation)

"O livro de Stephen é recurso fantástico sobre 'como' estabelecer, construir e ampliar a confiança ao longo da base de 'clientes' de sua organização. Este livro é *leitura crítica* para *todos os líderes* em nossa nova economia global, os quais entendem e apreciam o valor da transparência e da honestidade. Ele é tudo aquilo que nós, líderes, deveríamos ser!"

– **Ann Rhoades**, presidente, People Ink; anteriormente vice-presidente de pessoal, JetBlue Airways

"Confiança é a base quintessencial para qualquer relacionamento sólido. Neste livro bem elaborado, Stephen ajuda-nos a examinar profundamente como podemos fazer a confiança tornar-se a essência de nossa vida pessoal e profissional."

– **Fred Harburg**, ex-presidente e diretor de aprendizagem, Motorola University

"Confiança é o aglutinante que liga pessoas, processos e ambientes excepcionais, assegurando sucesso de longo prazo. Se esse componente crítico faltar, tudo desmorona. *O Poder da Confiança* finalmente acerta o alvo onde os outros só passaram perto. Stephen M.R. Covey oferece-nos o processo de raciocínio e a estrutura para estabelecer, corrigir e buscar relações duradouras de confiança em todos os aspectos de nossa vida. Deixe que a cura comece!"

– **Rita Bailey**, CEO, QVF Partners; co-autora de *Destination Profit*, ex-diretora da University for People, Southwest Airlines

"Em um mundo 'mais plano', confiança é o 'ingrediente secreto' que melhora significativamente o aprendizado, os relacionamentos e os resultados. O insight de Covey de que a confiança é uma competência é revolucionário, bem como de aplicabilidade prática imediata. CEOs e os principais responsáveis pelo treinamento abraçarão *O Poder da Confiança* como estratégia autêntica e possível de ser posta em prática – um mapa da mina – para aumentar a eficácia de suas organizações e de seus líderes."

– **Elliott Masie**, CEO, The Learning CONSORTIUM

Para minha esposa Jeri
por seu encorajamento constante,
extraordinária generosidade
e confiança abundante

AGRADECIMENTOS

Sou profundamente grato aos que me ajudaram a tornar possível este livro. Sinto-me humilde e abençoado pelas contribuições de outras pessoas e meu sentimento é expresso por meio das palavras de Albert Einstein: "Lembro-me todos os dias de que as minhas vidas interior e exterior são tributárias dos trabalhos de outras pessoas, vivas e falecidas, e que devo me esforçar para dar na mesma proporção que recebi e continuo recebendo." Assim é com este livro. Ele não poderia ter sido escrito sem a ajuda de muitas pessoas às quais sou profundamente grato.

Agradecimentos especiais para a talentosa Rebecca Merrill, por sua ajuda magnífica em cada parte deste empreendimento, particularmente seus insights sobre a redação. Sem sua ajuda criativa nós ainda estaríamos conversando sobre o livro em vez de lê-lo.

Agradeço também a:

- Greg Link – o "Link" na CoveyLink e amigo surpreendente, visionário e parceiro de negócios – por seu tremendo insight, paixão, coragem e influência.
- Barry Rellaford, por sua inestimável colaboração, aconselhamento e estímulo desde o início.
- Gary Judd, por suas brilhantes idéias, arrojo e vontade de assumir riscos.
- Outros membros da equipe mais ampla da CoveyLink pelo constante apoio, ajuda e estímulo, incluindo Ryan Cook, Joshua Covey, Shane Cragun, Chuck Farnsworth, Tami Harmon, Robyn Kaelin, David Kasperson, Suzanne Leonard, Kendall Lyman, Todd King, Craig Pace, Candie Perkins e Holly Whiting. Agradeço também a Han Stice, nosso pesquisador, por trabalhar duro e por sua diligência, a Davia King, nossa assistente, pela ajuda nas etapas iniciais e a Mary Wentz, por seu trabalho nas transcrições.
- Minha irmã Cynthia Haller, por suas muitas contribuições, particularmente suas histórias e idéias que espero tenham ajudado a tornar este livro mais interessante.
- Minhas irmãs Maria Cole e Catherine Sagers, por suas idéias, sugestões e conselhos para melhorar o manuscrito.
- Pam Walsh e Kevin Cope, por me dar a coragem para aceitar o projeto.

- Meu editor, Dominick Anfuso, por acreditar neste livro desde o começo, e toda a equipe da Simon & Schuster, pelas valiosas contribuições.
- Nossos muitos clientes, que representam laboratório contínuo para aplicar e validar a abordagem Velocidade da Confiança e pelos inputs e feedback que tantos deram – particularmente pelos grandes insights sobre a "Confiança Inteligente" que recebi do grupo altamente sinérgico em Sundance, incluindo Beth DiPaolo, Sandy Staton e Joan Porraz.
- Muitos outros que leram e revisaram os vários estágios do manuscrito, incluindo Bob Allen, Paul Brockbank, Kim Capps, Jean Crowther, Tom Crum, Dave Fairbanks, Dottie Gandy, Joseph Grenny, Bob Guindon, Greg Jewkes, Eric Krueger, Annie Link, Carol Maero-Fetzer, Alex Mandossian, Will Marre, Mette Norgaard, Von Orgill, Tally Payne, Rebecca Saltman, Paul Sanders, Steve Shallenberger, Michael Simpson, James Skinner, Carolyn Strauss, Kylie Turley, Tim Welch, Tessa White e Lisa Williams. O feedback dessas pessoas foi instrutivo, e sempre construtivo.

Gratidão profunda a meus pais, Sandra e Stephen R. Covey, pela marcante influência em minha vida e sobre meu modo de pensar. Também devo reconhecimento a muitos, muitos outros líderes, alguns dos quais são citados ao longo do livro, pela influência sobre as minhas idéias e no desenvolvimento deste livro ao longo dos últimos dez anos.

Mas principalmente, agradeço a Deus pelas bênçãos, pelos insights e Seu apoio, que senti ao longo de toda a jornada. Para mim, Ele é a fonte de todos os princípios que trazem alegria e sucesso na vida.

PREFÁCIO

Como é que um pai pode "vangloriar-se" de seu filho e, ainda assim, manter a credibilidade – ainda mais, quando se trata de um livro sobre confiança?

Bem, veja isto. Três anos depois de ter confiado a Stephen o papel de CEO de minha empresa, Covey Leadership Center, as vendas da empresa quase dobraram e os lucros subiram 1.200%. Durante esse período, a empresa ramificou-se em 40 países e aumentou o seu valor patrimonial de US$2,4 milhões para US$160 milhões, valor este que vigorava na época da fusão que Stephen orquestrou com a Franklin Quest para formar a empresa FranklinCovey.

Como é que isso foi realizado sob a liderança de Stephen? Em uma única palavra – confiança. Por causa de seu caráter e de sua competência, as pessoas confiavam em Stephen. Ele também confiava nos outros. O efeito sinérgico de ser confiado e confiar desencadeou um nível de desempenho que nunca tínhamos tido antes, e quase todos que viveram esses acontecimentos contemplavam a transformação como a maior experiência, mais estimulante e inspiradora de suas carreiras.

A propósito, Stephen era aquele filho de 7 anos, "verde e limpo", que mencionei em meu livro *Os 7 Hábitos das Pessoas Altamente Eficazes*. Você deve estar interessado (como eu estava) em ler no livro que agora tem em mãos o "seu lado da história". Sob a minha perspectiva, o aprendizado de Stephen de como manter nosso quintal "verde e limpo" estabeleceu um padrão de excelência que se estendeu ao longo de toda sua vida, e manifestou-se na maneira como ele transformou minha empresa, executou vários projetos de liderança, treinamento e de consultoria bem-sucedidos e produziu este livro – assim como tudo mais que fez.

TRÊS MOTIVOS POR QUE AMO ESTE LIVRO

Há três razões para acreditar que este livro tornar-se-á um clássico. Primeiro, ele vai ao cerne da questão. Segundo, é profundo, prático e de fácil compreensão. E terceiro, suscita esperança. Deixe-me comentar cada uma.

Em primeiro lugar, este livro *ataca as raízes*. Henry David Thoreau ensinava que "para cada mil pessoas cortando as folhas do mal, existe uma que golpeia suas raízes". Você pode perceber facilmente a importância de "golpear as raízes" em outras dimensões – por exemplo, quando você compara a enorme diferença que faz concentrar-se na prevenção de doenças em vez de meramente tratá-las, ou em prevenir o crime em vez de impor a lei. Neste livro, você começa a enxergar isso no mundo dos negócios em que, em vez de condescendência, o foco está direcionado à otimização organizacional e social, por meio do desenvolvimento de um caráter ético, de motivos transparentes e da competência excepcional para produzir resultados sustentáveis e bem acima da média.

É irônico, porém, na minha experiência ao redor do mundo, a conformidade à Lei Sarbanes-Oxley* (ou seu equivalente) obscureceu a atenção sobre o conceito erroneamente chamado de "coisas intangíveis", tal como a confiança. Diretores financeiros (CFO) e auditores substituíram, na sala do Conselho, gestores de desenvolvimento de pessoal e profissionais de RH com visão estratégica. Ao mesmo tempo, hoje em dia um dos temas mais quentes é a ética – discussões sobre ética, currículo da ética, treinamento em ética, códigos de ética. Este livro demostra que, apesar de a ética ser fundamentalmente importante e necessária, é absolutamente insuficiente. Mostra também que a assim chamada "coisa intangível" é palpável, mensurável e impacta relacionamentos, organizações, mercados e sociedades. O sucesso financeiro provém de êxito no mercado, e êxito no mercado provém de sucesso no local de trabalho. O coração e a alma de tudo isso é a confiança.

Esta obra não apenas vai além de meu trabalho, como também transcende tudo aquilo que li sobre o assunto confiança. Vai além do comportamento ético em liderança, além da mera "conformidade". Vai ao fundo da "intenção" e dos motivos reais no coração de uma pessoa e, depois, ao tipo de "competência" que merece a incontestável confiança das pessoas. Pense bem nisso – não importa como você define a confiança: ter alguém em bom conceito, achar que a pessoa é leal e tem comportamento ético, ou ainda, se você lida com seus frutos que são o *empowerment*, o trabalho em equipe e a sinergia –, esta é a origem e a fonte derradeira de nossa influência.

Ao ler este livro, você será influenciado a pensar como se fosse um "ecologista social", de tal modo que enxergue os relacionamentos de todas as coisas e consiga perceber como, afinal de contas, tudo origina-se da confiança. Isso oferece perspectiva ampliada de enxergar a si e de ver os outros e um processo seqüencial de transformar uma cultura de baixa confiabilidade em uma de alta confiança.

**Nota do Tradutor*: A Lei Sarbanes-Oxley, promulgada pelo Congresso americano em julho de 2002, estabeleceu uma extensa gama de novos padrões de funcionamento e comportamento para as corporações, organismos governamentais e empresas de auditoria americanas. Trata-se de uma lei extremamente rígida, muito controversa, mas que foi promulgada em vista dos inúmeros escândalos financeiros que pipocaram nos Estados Unidos no período de 2000 a 2002. O Dr. Covey refere-se a ela pois esta lei na verdade engessou o funcionamento das empresas americanas, obrigando-as a práticas que contrariam o princípio de que a maior garantia do bom desempenho e da conduta ética encontra-se entre os parceiros de negócios que confiam uns nos outros.

Em segundo lugar, este livro apresenta um modelo de confiança que é *profundo, prático e compreensível.* Ele o conduz, de dentro para fora, às chamadas 5 Ondulações de Confiança. Assim como acontece com um seixo lançado sobre um lago, ele começa discutindo a questão da autoconfiança, passa para a confiança nos relacionamentos com as pessoas, indo, por fim, aos relacionamentos com *stakeholders*, incluindo a sociedade. Por meio de ilustrações poderosas e práticas, o modelo mostra como esses princípios aplicam-se universalmente, seja em um relacionamento pessoal entre duas pessoas, na família, em um negócio, na escola, em um hospital, em um órgão governamental, em uma unidade militar ou em uma ONG.

Em terceiro lugar, este livro "respira" *esperança.* À medida que passa pelos capítulos, você começa a se sentir otimista e inspirado, achando que qualquer que seja a questão e quão ruim seja o nível de confiança, você pode se tornar um agente ativo no estabelecimento ou na restauração da confiança e na reconstrução de relacionamentos, e isso não precisa levar "uma vida". Na medida em que Stephen compartilha as histórias sobre como situações tristes, corrompidas, custosas ou vagarosas foram revertidas, você se sente confiante e forte. Você acredita que pode fazê-lo também, que quer fazê-lo e que o fará.

O FATOR-CHAVE EM UMA ECONOMIA GLOBAL

Na medida em que caminhamos rapidamente para uma realidade cada vez mais transparente, interdependente e global, a confiança torna-se ainda mais importante para a carreira do que jamais foi. Minhas interações com líderes de negócios ao redor do mundo tornaram cada vez mais evidente que o conceito de *speed to market** é a derradeira arma competitiva.

Confiança baixa causa atritos, seja ela originada por um comportamento antiético ou por um comportamento ético, porém incompetente (mesmo porque as boas intenções jamais podem substituir o mau discernimento). A baixa confiança é o maior fator de custo na vida e nas organizações, incluindo as famílias. Confiança baixa cria agendas ocultas, politicagem, conflitos interpessoais, rivalidade interdepartamental, mentalidade ganha-perde, comunicações defensivas e autoprotetoras – fatores e comportamentos que reduzem a velocidade da confiança. Confiança baixa debilita tudo – cada decisão, cada experiência de comunicação e cada relacionamento.

**Nota do Tradutor*: *Speed to market* subentende a velocidade ou a rapidez com a qual um pedido de compra tramita em uma empresa até o respectivo produto ou serviço ser fornecido ao cliente.

Por outro lado, a confiança produz agilidade e rapidez. E, como Stephen destaca, o maior segredo para a construção de confiança são os "resultados". Os resultados desenvolvem lealdade à marca. Os resultados inspiram e aceleram uma cultura de vencedores. A produção consistente de resultados não apenas faz os clientes aumentarem a renovação de seus pedidos, como também os compele a recomendar a sua empresa para outras pessoas. Assim, seus clientes tornam-se seus maiores divulgadores, seu pessoal-chave de vendas e marketing. Além do mais, os resultados conquistam a confiança dos executivos pragmáticos e do restante da força de trabalho. Resultados consistentes também transformam seus fornecedores em parceiros estratégicos, algo que é tão vital neste novo mundo das empresas de nível internacional, do trabalhador orientado para o conhecimento e da economia global.

A confiança é como um aqüífero – um enorme reservatório de água subterrânea que alimenta todos os poços da superfície. Em negócios e no cotidiano, esses poços são freqüentemente chamados de inovação, equipes complementares, colaboração, *empowerment*, Seis Sigma, e outras expressões da Gestão da Qualidade Total, lealdade à marca, ou outras iniciativas estratégicas. Esses poços alimentam os rios e córregos da interação humana, do comércio e do fechamento de negócios. Conferem qualidade sustentável a todos os relacionamentos, incluindo os familiares, interdepartamentais, e os diários com fornecedores e clientes – aliás, qualquer esforço para realizar uma contribuição sustentável.

UMA PALAVRA FINAL

Este livro é de leitura fácil e acessível, constituindo o tratamento pragmático de um tema extremamente oportuno neste novo "mundo plano" onde agora vivemos. Fundamenta-se não apenas na experiência pessoal, como também em pesquisa empírica que demonstra como o poder da confiança pode ser introduzida no cálculo de todas as métricas importantes dentro das organizações e dos relacionamentos. É a mensurabilidade que torna este material tão sólido, prático e confiável.

Ver Stephen avançar tão mais a fundo e além de meu próprio raciocínio, adicionando conhecimento e insights significativamente novos, faz com que me sinta orgulhoso e, ao mesmo tempo, humildemente agradecido. Na única e mais importante necessidade e questão da vida – a confiança – acredito que Stephen tenha alcançado um novo patamar, tanto como praticante quanto como sério e competente líder pensador.

Espero que você desfrute e se beneficie desta leitura tanto quanto eu.

Stephen R. Covey

SUMÁRIO

ALGO QUE MUDA TUDO

Há algo que é comum a qualquer indivíduo, relacionamento, equipe, família, organização, nação, economia e civilização no mundo todo – algo que, se faltar, destruirá o governo mais poderoso, o negócio mais bem-sucedido, a economia mais próspera, a liderança mais influente, a maior amizade, o caráter mais forte, o amor mais profundo.

Por outro lado, se desenvolvido e estimulado, tem o potencial de criar sucesso e prosperidade sem precedentes em todas as dimensões da vida. No entanto, é a coisa menos entendida, mais negligenciada e mais subestimada de nossos tempos.

É a confiança.

A confiança influencia-nos dia e noite, 365 dias por ano. Ela sustenta e afeta a qualidade de cada relacionamento, cada comunicação, cada projeto, cada empreendimento, cada esforço no qual estamos empenhados. Muda a qualidade de cada momento presente e altera a trajetória e o resultado de cada momento futuro de nossas vidas – seja no plano pessoal, seja no profissional.

Ao contrário do que a maioria das pessoas acredita, confiança não é *intangível*, uma qualidade ilusória que você possui ou não; em vez disso, confiança é um ativo pragmático, tangível, que você pode pôr para funcionar e que você pode criar – muito mais rapidamente do que imagina ser possível.

Enquanto escândalos corporativos, ameaças terroristas, politicagem em empresas e relacionamentos abalados criaram desconfiança em quase todo lugar, afirmo que a capacidade de estabelecer, fazer crescer, estender e recuperar a confiança não é apenas vital para o nosso bem-estar pessoal e interpessoal; é a principal competência dos líderes na nova economia global.

Também estou convencido de que em cada situação, nada é tão rápido quanto a velocidade da confiança. E, opondo-se à crença popular, confiança é algo que você pode *manejar*, aliás, você pode ficar bom na sua criação!

NADA É TÃO RÁPIDO QUANTO A VELOCIDADE DA CONFIANÇA

A velocidade acontece quando as pessoas...
confiam verdadeiramente umas nas outras.

– EDWARD MARSHALL

Se você não é rápido, você está morto.

– JACK WELCH

Nunca esquecerei a experiência que tive há vários anos quando trabalhei em um pequeno projeto com um importante grupo de investimentos em Nova York. Acabamos de sair de uma reunião exaustiva, durante a qual ficou evidente que existiam sérias questões internas de (des)confiança. As questões retardavam tudo, afetando negativamente a execução. O executivo sênior me disse reservadamente: "Essas reuniões são disfuncionais e desperdício de tempo. Eu não confio em 'Mike'. Eu não confio na 'Ellen'. Aliás, acho muito difícil confiar em qualquer pessoa deste grupo."

Respondi: "Bem, por que você não se esforça para aumentar a confiança?"

Ele virou-se para mim e respondeu seriamente: "Olha, Stephen, você precisa entender algo: ou você confia em alguém ou não. Nós não confiamos, e não há nada que possamos fazer sobre isso."

Discordo completamente. Aliás, tanto minha vida pessoal quanto profissional – e já são vinte anos no mundo dos negócios – convenceram-me de que existe muita coisa que podemos fazer com relação a essa questão. *Podemos* aumentar a confiança – muito mais rapidamente do que imaginamos – e, ao fazer isso, há enorme impacto tanto sobre a qualidade de nossa vida quanto nos resultados que podemos alcançar.

> *Você pode dispor de todos os fatos e números, de toda evidência que os sustente, de todo o endosso que quiser, porém, se você não tiver o domínio da confiança, não chegará a lugar algum.*
>
> – NAILL FITZGERALD, EX-CHAIRMAN, UNILEVER

AS QUESTÕES DE CONFIANÇA AFETAM TODOS

Falo para platéias ao redor do mundo sobre a Velocidade da Confiança e constantemente ouço expressões de frustração e desânimo como estas:

> *Não agüento a politicagem no trabalho. Sinto-me sabotado por meus colegas. Parece que todo mundo só pensa em si e faz de tudo para poder progredir.*
>
> *Eu realmente me "queimei" no passado. Como poderei confiar o bastante em qualquer pessoa para manter com ela um relacionamento de verdade?*
>
> *Trabalho em uma organização que está atolada em burocracia. Leva-se uma eternidade para realizar algo. Tenho que obter autorização para comprar um lápis!*
>
> *Quanto mais envelheço, menos os meus filhos me escutam. O que posso fazer?*
>
> *Sinto que minhas contribuições no trabalho quase nunca são reconhecidas ou apreciadas.*
>
> *Traí tolamente a confiança de alguém que era muito importante para mim. Se pudesse "rebobinar" o passado e tomar tal decisão de modo diferente, eu o faria sem pestanejar. Mas não posso fazer isso. Será que alguma vez poderei reconstruir esse relacionamento?*
>
> *Tenho que pisar em ovos no trabalho. Se digo o que realmente penso, me despedem... ou, então, não importa.*
>
> *Meu chefe me controla nos mínimos detalhes e faz o mesmo com todos os funcionários. Ele nos trata como se não pudesse confiar em nós.*
>
> *Com todos esses escândalos, corrupção e violações éticas na nossa sociedade atual, sinto como se alguém tivesse tirado o tapete de baixo de mim. Não sei em quê – nem em quem – posso confiar.*

Então, o que você faria se estivesse em uma situação dessas – ou em qualquer outra situação na qual a falta de confiança cria politicagem e burocracia, ou simplesmente retarda as coisas? Conformado, você aceita isso como sendo o preço de fazer negócios? Ou você pode fazer algo para inverter tais situações?

Afirmo que você *pode* fazer algo quanto a isso, aliás, aprendendo a estabelecer, ampliar, estender e reconquistar a confiança, você pode modificar positiva e significativamente a trajetória deste e de cada momento futuro de sua vida.

> *A técnica e a tecnologia são importantes, mas conquistar a confiança é a questão-chave desta década.*
>
> – TOM PETERS, AUTOR DE LIVROS DE ADMINISTRAÇÃO

OBTENDO O CONTROLE DA CONFIANÇA

Então, o que é confiança? Em vez de dar uma definição complexa, prefiro usar as palavras de Jack Welch, ex-CEO da General Electric. Ele disse: "Você sabe [o que é confiança] quando a sente."

De forma simples, confiança significa ter certeza de que a pessoa não esconde nada e é sincera. O oposto da confiança – a desconfiança – é a suspeita sobre sua sinceridade. Quando você confia nas pessoas, você confia em sua integridade e em suas competências. Quando desconfia das pessoas você desconfia de suas intenções e atitudes e de sua integridade, sua agenda, suas competências ou seus antecedentes. É simples assim. Todos já tivemos experiências que validam a diferença entre os relacionamentos baseados em confiança e aqueles que não o são. Essas experiências nos indicam claramente que a diferença não é pequena; é dramática.

Pense por um minuto em uma pessoa com quem você mantém um relacionamento de alto nível de confiança – talvez um chefe, um colega, um cliente, um cônjuge, progenitor, irmão, filho ou amigo. Descreva esse relacionamento. Como ele é? Como você se sente com relação a esse sentimento? Quão bem você se comunica? Quão rapidamente você consegue que as coisas sejam feitas? O quanto você usufrui desse relacionamento?

Agora pense em uma pessoa com quem você tem um relacionamento de baixo nível de confiança. Uma vez mais, essa pessoa poderia ser qualquer uma, seja em seu trabalho, seja em casa. Descreva o relacionamento. Como ele é? Como você se sente com relação a esse sentimento? Quão bem você se comunica com essa pessoa? A comunicação flui rápida e livremente ou você sente que está constantemente andando sobre um campo minado e é incompreendido? Vocês trabalham juntos para que as coisas sejam feitas rapidamente ou esse processo lhe toma uma quantidade desproporcional de tempo e energia para conseguir alcançar consenso e executar a tarefa? Você curte esse relacionamento ou o acha maçante, embaraçoso e esgotante?

A diferença entre um relacionamento de alto e um de baixo nível de confiança é palpável! Veja só a comunicação. Em um relacionamento de alto nível de confiança, você pode dizer a coisa errada e, ainda assim, as pessoas entenderão suas intenções e o significado do que você quis dizer. Em um relacionamento de baixo nível de confiança, você pode ser muito cuidadoso com suas palavras, muito preciso e, ainda assim, as pessoas tirarão conclusões erradas sobre o que você disse e sobre sua intenção quando falou.

Você consegue começar a imaginar a diferença que faria se pudesse aumentar o grau de confiança nos relacionamentos importantes em suas vidas pessoal e profissional?

> *Você não pode obter sucesso sem confiança. A palavra confiança abrange quase tudo aquilo que se pode almejar para ajudá-lo a prosperar. Mostre-me qualquer relacionamento humano que funcione sem confiança, seja um casamento, uma amizade ou uma relação social; a longo prazo, a mesma coisa também se aplica aos negócios, especialmente negócios que lidam com o público.*
>
> – Jim Burke, ex-chairman e CEO, Johnson & Johnson

A EXPERIÊNCIA MAIS DOLOROSA

Uma das experiências pessoais mais contundentes em matéria de aumentar a confiança ocorreu há vários anos em conseqüência da fusão entre a Franklin Quest e a Covey Leadership Center, formando a FranklinCovey Company. Como qualquer pessoa que já tenha passado por uma fusão ou aquisição sabe, isso não é fácil. A empresa adquirida tinha forças impressionantes. Tínhamos ótimas pessoas, conteúdo soberbo, clientes leais e ferramental produtivo, mas o processo de misturar as duas culturas mostrava-se enormemente desafiador.

Na qualidade de presidente da unidade de Treinamento e Educação, tinha viajado a Washington para falar sobre nossa estratégia divisional a um terço dos consultores. No entanto, uma reunião que deveria me animar virou o meu estômago, literalmente.

Várias semanas antes, o CEO da empresa – frustrado (como todos nós estávamos) com os enormes problemas e os atritos que rodeavam o que inicialmente nos parecia uma fusão promissora – programou uma reunião com todos os consultores. Em um esforço de fazer todos "botarem para fora" as preocupações, ele havia concebido um formato de reunião na qual nós, líderes, deveríamos escutar mas não poderíamos comentar nada que qualquer um dissesse. A reunião, programada para durar quatro horas, transformou-se em uma sessão de dez horas de "lavagem de roupa suja". Tendo em vista que a ninguém fora permitido emendar, corrigir, contextualizar, fornecer as informações que faltavam, discutir o outro lado das questões ou até mesmo destacar os dilemas envolvidos, apenas uma pequena parcela do que foi dito era precisa. A maioria constituía-se de conclusões errôneas, manipuladas ou distorcidas. Havia suposições, suspeitas, acusações e frustrações. Nós, líderes, tínhamos concordado relutantemente com um formato de reunião na qual não pudemos dizer uma palavra sequer.

No fim, tivemos uma dezena de tais reuniões. A experiência inteira havia sido brutal e, dentro de minha posição de liderança, levei a coisa para o lado pessoal. Com alguma experiência em Wall Street, sabia que normalmente as fusões eram difíceis, mas achava que poderíamos realizar aquilo que fosse necessário para que desse certo.

Havia suposto coisas demais e esse era o problema. Erroneamente, não consegui enxergar a necessidade de estabelecer confiança dentro da empresa recentemente adquirida ao assumir que minha reputação e credibilidade já seriam conhecidas. Mas elas não eram, e, em conseqüência, metade das pessoas confiava em mim. A outra metade, não. A nova empresa realmente ficou dividida em dois – os partidários de Covey e os de Franklin. Aqueles do lado Covey, que me conheciam e haviam trabalhado comigo, enxergaram basicamente as minhas decisões como sendo um sincero esforço para usar critérios objetivos e externos em cada decisão e fazer aquilo que seria o melhor para o negócio – e não tentar empurrar uma agenda "Covey"... aliás, às vezes, cedendo e voltando atrás para evitá-la. Aqueles que não me conheciam, não haviam trabalhado comigo e não confiavam em mim, interpretaram exatamente da maneira oposta cada uma de minhas decisões.

Em um caso, por exemplo, surgiu uma questão com relação ao uso do Sundance Resort para um de nossos programas de desenvolvimento de liderança. Havíamos tido algumas dificuldades com o Sundance, e alguns achavam que deveríamos mudar o programa para outro local. O diretor do programa desejava manter o evento no Sundance porque os clientes adoravam o local e porque os dados financeiros mostravam que, em média, obtínhamos receita quase 40% maior a cada programa ali realizado quando comparado com outros locais. Eu disse: "Tendo em vista que financeiramente é melhor e o diretor do programa recomenda bastante que mantenhamos o evento no local, ficaremos e acharemos um jeito melhor de lidar com a situação." Esse era um exemplo de uma sólida decisão de negócios e achei que as pessoas entenderiam.

Mas aqueles que não confiavam em mim não entenderam desse modo. Pensaram que eu estava tentando empurrar uma abordagem "Covey". Alguns até pensaram que eu recebia algum tipo de propina, porque, como líder da comunidade, tinham pedido que eu aceitasse um cargo não-remunerado no conselho do Sundance Children's Theater. Muitos suspeitavam de meus verdadeiros motivos. Tendo em vista que havia tanta desconfiança, o sentimento deles era: "Aqui deve existir algum tipo de agenda oculta."

> *No momento em que surgem suspeitas sobre os motivos de uma pessoa, tudo que ela faz fica maculado.*
>
> – MAHATMA GANDHI

Em outra situação, havia tomado a decisão de deslocar "Ron", um líder extremamente talentoso e que vinha do lado Covey para uma posição diferente. Como muitos de nós, Ron tinha sido pego em politicagens da fusão e havia polarizado os dois lados. Decidi buscar seu substituto fora da organização para que não ficasse a impressão de que o novo gerente era pessoa do lado "Covey" ou do lado "Franklin".

Quando fiz esse comunicado, achava que as pessoas se animariam com minha tentativa de trazer talento novo. Mas, entre as pessoas que não confiavam em mim, ninguém sequer ouviu a parte que se referia a contratar alguém de fora para substituir Ron como gerente; tudo que eles ouviram era que Ron era intransferível e eles o queriam ver fora.

Minhas ações foram mal interpretadas e meus motivos questionados seguidas vezes, apesar de ter envolvido na tomada de decisões tanto gente da Covey quanto da Franklin. Como você provavelmente imagina, alguns daqueles que não tinham qualquer conhecimento de minhas realizações e dos resultados que obtivera até então, tinham concluído que o único motivo para ocupar minha posição de liderança era simplesmente o fato de ser o filho de Stephen R. Covey e que eu não possuía qualquer mérito próprio.

Em conseqüência disso tudo, eu tinha que tomar decisões muito mais lentamente. Tentei prever como cada decisão seria interpretada por cada uma das duas culturas. Comecei a me preocupar com os detalhes e o risco. Comecei a jogar um jogo político que nunca tinha jogado antes – um que eu nunca *tinha tido* a necessidade de jogar antes, porque aquilo nunca fez parte de minha personalidade.

Na medida em que meditava sobre tudo que havia acontecido, dei-me conta de que se eu não confrontasse as questões difíceis, a atual situação se perpetuaria – e é provável até que piorasse. Cada decisão minha iria passar por interpretações e seria politizada. Conseguir que algo fosse feito seria como tentar mover-se no atoleiro. Encarávamos o aumento da burocracia, da politicagem e do rompimento dos relacionamentos e isso desperdiçava quantidade enorme de tempo, energia e dinheiro. O custo era significativo.

Além disso, considerando como as coisas iam mal, o que tinha a perder?

Naquele dia, quando entrei em uma reunião em Washington, disse: "Vejam, estamos nesta reunião para conversar sobre estratégia. E se é sobre isso que vocês querem conversar, é sobre isso que conversaremos. Mas se em vez disso, vocês quiserem conversar sobre as questões da fusão, que deve ser o que realmente está em suas mentes, nós conversaremos sobre isso. Conversaremos sobre qualquer assunto difícil: Quem fica e quem sai? Quem toma quais decisões? Quais são os critérios usados? Por que não somos mais informados? O que acontece se não confiamos nas pessoas que tomam as decisões? O que acontece se nós não confiamos em você, Stephen, para tomar algumas dessas decisões?

A princípio, as pessoas ficaram atônitas por ter trazido à baila essas questões difíceis, inclusive a percepção delas sobre mim. Muitos se perguntavam qual seria minha verdadeira intenção. Mas logo compreenderam que eu não escondia nada. Era transparente e isento de motivos escusos. Perceberam que eu quis abrir a discussão, de fato. Na medida em que a reunião progredia, eles podiam ver que eu não tinha qualquer agenda escondida; eu tentava sinceramente fazendo aquilo que era bom para o negócio.

E aconteceu que a reunião de uma hora, programada para se discutir estratégia, transformou-se em um bate-papo de um dia inteiro sobre assuntos que os preocupavam: Quais os edifícios das duas empresas que iríamos usar? Qual programa de remuneração e benefícios seria adotado? De qual das empresas seria adotado o modelo de vendas? Você, Stephen, é realmente competente para tomar estas decisões? Quais são suas realizações? Quais são seus critérios?

Reconheci abertamente que as questões constituíam grandes desafios. Compartilhei francamente minhas reflexões e o raciocínio por trás das decisões e do respectivo processo decisório. Dividi com eles todos os dados que podia, e se não podia, expliquei o porquê. Escutei e procurei entender suas preocupações. Com base nas recomendações, assumi vários compromissos quanto a melhorias.

No fim do dia, havia no ar um sentimento de esperança renovada e novo ânimo. Um participante contou-me que, em um dia, havia conseguido confiar mais do que em todos os meses anteriores. Mais do que qualquer outra coisa, compreendi que a reunião havia se transformado em um novo começo, em uma confirmação do valor de nossa comunicação transparente. Também compreendi, no entanto, que a prova real viria em seguida, na maneira como conduziria o processo dali em diante. Ao menos agora, as pessoas podiam ver meu comportamento sob um novo prisma, não manchado pela desconfiança.

Os acontecimentos dessa reunião espalharam-se e nos próximos meses pude me encontrar com os outros consultores utilizando o mesmo processo e os mesmos resultados. Segui um curso semelhante com outros grupos e divisões. Dentro de pouco tempo, fomos capazes de conquistar a confiança de toda nossa unidade de negócios. No que diz respeito à minha unidade, a confiança ampliada alterou tudo drasticamente. Fomos capazes de aumentar a velocidade, baixar os custos e melhorar os resultados em todas as áreas.

Embora tenha deixado a FranklinCovey para começar minha própria empresa e escrever este livro, estou satisfeito em poder informar que a empresa conseguiu amainar as tempestades criadas pela fusão e agora está indo muito bem. No plano pessoal, toda a experiência ajudou-me a entender a confiança de maneira muito mais clara do que antes da fusão, quando ainda estava em alta e as coisas iam bem.

Em primeiro lugar, aprendi que tinha pressuposto coisas demais. Supus que as pessoas confiavam em mim, quando de fato, isso não acontecia. Supus que as pessoas conheciam meus antecedentes e os resultados que obtive no Covey Leadership Center, quando de fato elas não os conheciam. Supus que, por ter assumido as questões delicadas, tratando-as em minhas reuniões privadas e tomando decisões com base em critérios objetivos de nosso negócio, tal atitude tinha atingido os escalões mais baixos, mas isso de fato não havia acontecido.

Também aprendi que tinha sido politicamente ingênuo. Sim, cometi erros. Mas não cometi os erros dos quais era acusado. O erro maior que cometi era de não ter sido mais proativo em estabelecer e fazer crescer a confiança. Em conseqüência, senti de primeira mão tanto a rejeição social como os maus resultados econômicos, conseqüências do baixo nível de confiança.

Além do mais, aprendi que a confiança realmente muda tudo. Uma vez que você conquista a confiança – a genuína baseada em caráter e competência – tudo mais entra nos eixos.

UMA CRISE DE CONFIANÇA

Você não precisa olhar para muito longe para compreender que, como sociedade global, temos uma crise de confiança em nossas mãos. Veja as recentes manchetes nos jornais:

- "Novo Lema dos Empregados: Não Confie em Ninguém"
- "Empresas Aconselhadas a Reconstruir a Confiança"
- "Os Dois Lados Traem a Confiança de Cada Um"
- "Vinte Corretores da Bolsa de Valores de Nova York Denunciados"
- "A Ética Precisa Ser Fortalecida para Reconstruir a Confiança das Pessoas"
- "Os Relacionamentos Desmoronam na Medida em que a Confiança Cai"
- "Em Quem Você Confia Agora?"

As manchetes revelam os sintomas de uma verdade constrangedora: a desconfiança está em toda parte. Permeia nossa sociedade global, nossos mercados, nossas organizações, nossos relacionamentos, nossas vidas privadas. Cria suspeitas e cinismo, que se autoperpetuam, resultando em um ciclo caro e descendente.

Considere nossa sociedade como um todo. A confiança está baixa em quase toda instituição social (governo, meios de comunicação, o mundo dos negócios, cuidados com a saúde, as igrejas, partidos políticos etc.). É notadamente mais baixa do que há uma geração atrás e, em muitos casos, atinge seus níveis historicamente mais baixos. Nos Estados Unidos, por exemplo, o Instituto Harris de Pesquisa revelou em 2005 que apenas 22% dos pesquisados tendem a confiar nos meios de comunicação, apenas 8% confiam em partidos políticos, só 27% confiam no governo e tão-somente 12% confiam nas grandes corporações.

Talvez o mais impactante seja a perda de confiança no plano individual – pessoas confiarem em outras pessoas. Pesquisa recente, conduzida pelo sociólogo britânico David Halpern, revela que apenas 34% dos americanos acreditam que se possa confiar em outras pessoas. Na América Latina este número cai para 23%, na África, para 18%. A pesquisa de Halpern também revela que, há quatro décadas, 60% da população inglesa confiava nas outras pessoas, número este que hoje é de 29%.

A "boa" notícia desse estudo é que 68% dos escandinavos (Dinamarca, Suécia e Noruega) e 60% dos holandeses acreditam que podem confiar nas outras pessoas, indicando que ainda existem algumas sociedades onde o nível de confiança é alto. E a estatística do México – se bem que em um nível baixo de 31% – cresceu dos 19% em que estava em 1983, algo que sinaliza que é possível aumentar a confiança dentro de uma sociedade.

> *Quer esteja em uma equipe esportiva, em um escritório ou seja membro de uma família, se não puder confiar em seus companheiros, haverá problemas.*
>
> – JOE PATERNO, TREINADOR-CHEFE DE FUTEBOL, PENN STATE UNIVERSITY

Quanto às organizações, a confiança dentro das empresas também declinou expressivamente. Veja só o que a pesquisa mostra:

- Apenas 51% dos empregados confiam nos líderes seniores.
- Só 36% dos empregados acreditam que seus líderes agem com honestidade e integridade.
- Ao longo dos últimos 12 meses, 76% de empregados viram [em suas empresas] condutas ilegais ou contrárias à ética no trabalho – condutas essas que, se viessem à tona, afetariam seriamente a confiança pública.

O que acontece quanto à confiança no plano pessoal dos relacionamentos? Isso naturalmente varia com relação ao tipo de relacionamento. A confiança é ponto nevrálgico para a maioria de pessoas em pelo menos alguns de seus relacionamentos (e, bem freqüentemente, com relação aos relacionamentos mais importantes, como com um chefe, colega de trabalho ou um cônjuge ou filho(a)).

Veja só o seguinte:

- O motivo principal para as pessoas deixarem seus empregos é o mau relacionamento com o chefe.
- Um em cada dois casamentos acaba em divórcio.

Os relacionamentos de todas as espécies são construídos sobre e sustentados pela confiança. Também podem ser quebrados e destruídos por falta de confiança. Tente imaginar qualquer relacionamento importante sem que exista confiança. Falta de confiança é, aliás, sinônimo de mau relacionamento.

O que ocorre quanto à confiança ao nível individual? Veja a porcentagem de estudantes que confessaram terem trapaceado nos exames para melhorar a chance de entrar em uma universidade.

- Estudantes de artes – 43%
- Estudantes de pedagogia – 52%
- Estudantes de medicina – 63%
- Estudantes de direito – 63%
- Estudantes de administração – 75%

Como você se sente ao saber que há mais de 50% de probabilidade de o médico que futuramente executará uma cirurgia sua trapaceou na escola? Ou 75% de probabilidade de que a empresa onde você irá trabalhar é dirigida por alguém que não achava que a honestidade fosse importante?

Recentemente, quando apresentei esses dados a um grupo de advogados, eles ficaram comovidos ao descobrir que sua categoria não estava em último lugar! E me repreenderam porque – com meu MBA – minha categoria estava em último lugar! (A situação ficou ainda pior quando salientei que 76% dos que cursaram MBA estavam dispostos a declarar despesas mais baixas para pintar um quadro mais favorável de seus lucros, e que detentos em prisões de segurança mínima obtiveram nos exames de ética a mesma pontuação dos que têm MBA.)

Há ou não há uma crise de confiança?

Colocando a sociedade, as organizações e os relacionamentos de lado, existe uma dimensão ainda mais importante e poderosa nas promessas que assumimos conosco. Freqüentemente, assumimos certos compromissos – a exemplo de quando fixamos metas que queremos atingir ou formulamos as famosas resoluções de Ano Novo – que não conseguimos cumprir. Acabamos, pois, concluindo que não podemos confiar nem em nós mesmos. Se não podemos confiar em nós mesmos, será duro confiarmos nos outros.

Essa incongruência pessoal é muitas vezes a fonte de nossas desconfianças com relação aos outros. Como meu pai freqüentemente dizia, julgamo-nos por meio de nossas intenções e os outros por meio do comportamento. Como discutiremos mais tarde, essa é a razão porque uma das maneiras mais rápidas de reconquistar a confiança é assumirmos e mantermos nossos próprios compromissos – mesmo os compromissos pequenos – seja aqueles que prometemos a nós mesmos, seja aqueles assumidos com os outros.

Estamos em uma crise de confiança de verdade. Isso nos afeta em todos os níveis – social, institucional, organizacional, relacional e pessoal – e cria um efeito que se perpetua. Pode até ser que alguns de nós possamos ser mais resilientes com relação a cada nova quebra de confiança ou escândalo corporativo, mas o fato é que a cada acontecimento desses tendemos a nos recuperar um pouco mais lentamente. A gente se pergunta o que mais poderá acontecer. Tornamo-nos cada vez mais desconfiados das outras pessoas. Começamos a projetar o comportamento dos poucos sobre a maioria, e estamos pagando caro por tal atitude.

> *Cada vez em que é descoberto um destes escândalos em alto nível, o público americano confia um pouquinho menos. Apenas não reagimos mais tão rapidamente.*
>
> – Robert Eckert, CEO, Mattel

A EQUAÇÃO ECONÔMICA DA CONFIANÇA

Um cínico talvez pergunte: "E daí? Será que a confiança é realmente algo mais do que uma virtude social bacana de se ter, um assim chamado fator de higiene? Você consegue demonstrar de forma mensurável que a confiança é um fator tangível da economia?" Neste livro pretendo responder a essas perguntas enfaticamente, demonstrando claramente a importância e o impacto da confiança nos negócios.

Aqui está uma fórmula simples que permitirá enxergar a confiança de outra maneira: em vez de uma variável intangível e não-quantificável, você a perceberá como fator indispensável, tanto tangível quanto quantificável. A fórmula é baseada nesta constatação crítica: a confiança sempre produz dois resultados – a velocidade e o custo. Quando a confiança decresce, a velocidade também desce e os custos aumentam.

↓ Confiança = ↓ Velocidade ↑ Custo

Quando a confiança cresce, a velocidade também sobe e os custos diminuem.

↑ Confiança = ↑ Velocidade ↑ Custo

É tão simples, tão real, tão previsível. Permita-me dividir alguns exemplos.

Imediatamente após os ataques terroristas de 11 de Setembro, nossa confiança em viajar de avião nos Estados Unidos caiu drasticamente. Constatamos que havia terroristas dispostos a nos prejudicar e que nosso sistema para garantir a segurança dos passageiros não era tão robusto quanto precisava ser.

Antes do 11 de Setembro, costumava chegar ao aeroporto aproximadamente meia hora antes da decolagem, e passava rapidamente pelo controle de segurança. Mas depois desse dia, procedimentos e sistemas mais potentes foram postos em funcionamento visando aumentar a segurança e a confiança em voar. Esses procedimentos tiveram o efeito desejado, mas, por outro lado, demoro mais para embarcar e me custa mais viajar. Para garantir que terei tempo suficiente para passar pelos procedimentos de segurança, geralmente chego uma hora e meia antes de um vôo doméstico e duas a três horas antes de um vôo internacional. A cada bilhete que compro, pago também um novo imposto de segurança relacionado ao 11 de Setembro. Portanto, na medida em que a confiança decresceu, a velocidade também desceu e o custo aumentou.

Recentemente, parti de uma cidade importante em uma área de alto risco no Oriente Médio. Por razões geopolíticas, a confiança nessa região era extremamente baixa. Tive que chegar no aeroporto quatro horas antes de meu vôo. Passei por vários controles e minha bagagem foi aberta e vasculhada diversas vezes por diferentes pessoas. Cada passageiro era tratado da mesma forma.

Evidentemente, medidas extras de segurança eram necessárias, e neste exemplo sou grato a elas, mas a questão permanece a mesma: sendo a confiança baixa, a velocidade do processo diminui e seu custo aumenta.

> *Nossa desconfiança é muito cara.*
>
> – Ralph Waldo Emerson

Veja este outro exemplo. A Lei Sarbanes-Oxley foi promulgada nos Estados Unidos em resposta aos escândalos da Enron, WorldCom e outras grandes corporações. Enquanto Sarbanes-Oxley parece estar tendo efeitos positivos no sentido de melhorar ou, ao menos, sustentar a confiança nos mercados acionários, também fica evidente que passou a representar custo substancial. Pergunte a qualquer CEO, CFO (Chief Financial Officer), ou especialista em finanças que trabalhe em uma empresa sujeita às regras da Sarbanes-Oxley sobre a quantidade de tempo que essa lei demanda para que seja cumprida, assim como o custo incremental que dela resultou. Os dois são enormes. Aliás, estudo recente estimou que os custos para cumprir apenas uma das suas seções era de US$3,5 bilhões – excedendo 28 vezes a estimativa original da SEC (Securities and Exchange Commission)! Os regulamentos de conformidade tornaram-se uma bengala para compensar a falta de confiança – constituindo um paradigma de lentidão e de aumento de custos. Mais uma vez voltamos ao ensinamento-chave: quando a confiança é baixa, a velocidade decresce e o custo sobe.

> *Quando burla as grandes leis, você não obtém liberdade; você sequer consegue anarquia. Você recebe em troca as leis pequenas.*
>
> – G.K. Chesterton, escritor britânico

Por outro lado, quando a confiança é alta, a velocidade aumenta e o custo decresce. Veja só o exemplo de Warren Buffett – CEO da Berkshire Hathaway (e geralmente considerado um dos líderes mais confiáveis do mundo) – que recentemente completou uma aquisição importante da McLane Distribution (uma empresa de US$23 bilhões) comprada do Wal-Mart. Sendo sociedades anônimas, tanto a Berkshire Hathaway como o Wal-Mart são sujeitas a todos os tipos de escrutínio, sejam reguladores, sejam por parte do mercado. De uma maneira geral, uma incorporação desse tamanho levaria vários meses para ser completada e custaria vários milhões de dólares para pagar contadores, auditores e procuradores que iriam verificar e validar uma porção de informações. Contudo, neste caso, em vista de ambas as partes operarem com grande grau de confiança, o negócio foi feito em umas duas horas de reunião e um aperto de mãos. Em menos de um mês ele foi finalizado.

Em uma carta à gerência, que acompanhou o relatório anual de 2004, Warren Buffett escreveu: "Nós não fizemos a auditoria recomendada. Sabíamos que tudo seria exatamente como o Wal-Mart disse que seria – e foi assim mesmo que encontramos a empresa comprada." Imagine – menos de um mês (em vez de seis meses ou mais), e sem os custos da auditoria (em vez dos milhões que se gastam normalmente)! Confiança alta, velocidade alta, custo baixo.

> *O mundo muda muito rapidamente. O grande não baterá mais o pequeno. Será a rapidez dando surra na lentidão.*
>
> – Rupert Murdoch, chairman e CEO, News Corporation

Analise o exemplo de outro líder lendário, Herb Kelleher, chairman e ex-CEO da Southwest Airlines. No livro de Robert K. Cooper e Ayman Sawaf, *Executive EQ*, os autores relatam uma história notável. Um dia, andando no corredor, Gary Barron – na época vice-presidente executivo da organização de manutenção da Southwest, com um orçamento de US$700 milhões – apresentou a Kelleher um relatório resumo de três páginas esboçando uma proposta para uma imensa reorganização. Na mesma hora, Kelleher leu o memorando. Fez uma pergunta, à qual Barron respondeu que também compartilhava daquela preocupação e estava lidando com ela. Kelleher então respondeu: "Então está bom para mim. Toca adiante." A conversa toda levou aproximadamente quatro minutos.

Kelleher não era apenas um líder em quem as pessoas confiavam, ele também confiava nos outros. Ele confiava no caráter de Barron e em sua competência. E tendo em vista que ele confiava naquilo que Barron fazia, a empresa podia mover-se a uma velocidade incrível.

Aqui está outro exemplo, em uma escala muito menor. "Jim", um vendedor ambulante na cidade de Nova York, montou uma barraca e vendia rosquinhas e café aos transeuntes que iam e vinham de seus escritórios. Durante o desjejum e na hora do almoço, sempre havia longas filas de fregueses esperando para ser atendidos. Jim notou que o tempo de espera dissuadia muitos fregueses, que iam embora para comer em outros lugares. Ele também observou que, sendo ele o único atendente, o maior gargalo, que o impedia de vender mais rosquinhas e café, era o tempo excessivo que ele perdia em receber o pagamento e dar o troco.

Finalmente, Jim colocou uma pequena cesta ao lado de sua barraca, enchendo-a com notas de um dólar e moedas, confiando em seus fregueses para que eles mesmos pegassem o troco. Você talvez pense que os fregueses poderiam acidentalmente contar erradamente o troco ou pegar intencionalmente umas moedas da cesta, mas o que Jim descobriu foi exatamente o contrário: a maioria dos fregueses agia com completa honestidade, freqüentemente deixando-lhe gorjetas maiores do que as costumeiras. Além disso, ele podia atender os fregueses com o dobro da rapidez, pois não tinha que perder tempo dando o troco. Também descobriu que seus fregueses apreciaram a demonstração de confiança e continuavam a retornar. Por confiar dessa maneira, Jim pôde dobrar sua receita sem acrescer qualquer novo custo.

Mais uma vez, quando a confiança é baixa, a velocidade decresce e o custo sobe. Quando a confiança é alta, a velocidade aumenta e o custo decresce.

> *Valores transcendentes, como a confiança e a integridade, traduzem-se literalmente em receita, lucros e prosperidade.*
>
> – Patricia Aburdene, autora de *Megatrends 2010*

Recentemente, quando ensinava esse conceito, um CFO – que lida com números o tempo todo – veio conversar comigo e disse: "Isto é fascinante! Eu sempre via confiança como algo legal de se ter, mas nunca, jamais, pensei nela em termos de seu impacto econômico e na velocidade. Agora que você destacou isso, consigo vê-lo em toda parte.

"Por exemplo, nós temos um fornecedor em quem confiamos completamente. Tudo acontece rapidamente com esse grupo, e o relacionamento quase nada nos custa para manter. Mas em outro fornecedor, confiamos muito pouco. Leva uma eternidade fazer qualquer coisa com ele, e nos custa um monte de tempo e esforço manter esse relacionamento. E ele nos custa dinheiro – dinheiro demais!"

Esse CFO ficou surpreso quando tudo se encaixou repentinamente em sua mente. Mesmo sendo um camarada que lidava com números, ele não tinha feito a conexão econômica com a confiança. Quando ele a enxergou, tudo repentinamente fez sentido. Ele pôde ver imediatamente como a confiança afetava tudo na organização e quão robusta e poderosa era a idéia do relacionamento entre a confiança, a velocidade e os custos para se analisar o que acontecia em seu negócio e para adotar medidas que aumentariam significativamente o crescimento rentável.

Conheço grandes organizações que, em seus processos formais de revisão de desempenho de 360 graus, fazem diretamente a seus empregados uma pergunta simples: "*Você confia em seu chefe?*" Essas empresas aprenderam que a resposta a essa única pergunta é mais esclarecedora do desempenho das equipes e da organização do que qualquer outra que poderiam fazer.

Ter uma vez entendido realmente a dura e mensurável equação econômica da confiança é como colocar um novo par de óculos. Aonde quer que você olhe, poderá ver o impacto – no trabalho, em casa, em cada relacionamento, em cada esforço. Você pode começar a enxergar a incrível diferença que os relacionamentos de alta confiança podem causar em cada dimensão da vida.

O IMPOSTO DA CONFIANÇA

O impacto prático e sério do efeito econômico da confiança é que, em muitos relacionamentos, em muitas interações, nós estamos pagando pelo baixo nível de confiança um imposto oculto – e sequer o percebemos!

Há três verões passados, quando meu filho Stephen fez 16 anos, ele conseguiu seu primeiro emprego. Stephen ficou muito animado. Ia ser gerente de uma sorveteria.

Suas primeiras semanas desenrolaram-se realmente bem, e ele ficou emocionado quando recebeu o primeiro contracheque. Rasgou o envelope e olhou ansiosamente o cheque. De repente, fechou a cara. "Papai", exclamou, "isto não está certo!". Empurrou o papel para mim. "Olhe", ele disse. "Fizeram totalmente errado as contas."

"O que você quer dizer?", perguntei na medida em que examinava o cheque.

"Veja bem aqui", ele respondeu, apontando o valor. "Supostamente ganho US$8 por hora. Trabalhei 40 horas. Portanto, deveria ter recebido US$320 dólares. Certo?"

Olhei o cheque, e de fato ele tinha trabalhado 40 horas e o cheque era de uns US$260.

Disse a ele: "Isto está certo, Stephen. Veja mais em cima – no recibo do contracheque. Você vê estas palavras – 'imposto de renda federal?'"

"O quê?" ele respondeu incredulamente. "Quer dizer que estou pagando impostos?"

"Sim", respondi. "E há mais. Veja, aqui está 'imposto estadual', 'desconto do Seguro Social', 'desconto do Seguro Médico!'..."

"Mas, papai", ele quase choramingou, "eu sequer preciso de assistência médica!"

"Não, filho, você não precisa", respondi, "mas seu avô precisa! Bem-vindo ao mundo real".

Ninguém quer realmente pagar impostos. Mas o fazemos porque servem a uma causa social maior (e também porque é o que a lei manda). Mas o que aconteceria se você sequer soubesse que está pagando certos impostos? O que aconteceria se fossem escamoteados – sendo tirados de você sem estar ciente disso? E o que aconteceria se esses impostos fossem completamente desperdiçados – se fossem jogados diretamente pela janela, nada fazendo de bom absolutamente para quem quer que fosse?

Infelizmente, os impostos da baixa confiança não aparecem explicitados convenientemente em sua declaração de renda como sendo o "custo da baixa confiança". Mas só porque estão escondidos, não quer dizer que não existam. Uma vez que você sabe onde e o que procurar, pode ver esses impostos aparecendo em toda parte – nas organizações e nos relacionamentos. São quantificáveis. E geralmente são muito altos.

> *A desconfiança dobra o custo de fazer negócios.*
>
> – PROFESSOR JOHN WHITNEY, COLUMBIA BUSINESS SCHOOL

Você já viu este imposto em ação muitas vezes – talvez em uma conversa em que podia perceber que seu chefe, seu filho adolescente ou outra pessoa automaticamente descontava tudo que você dizia por 20%, 30% ou até mesmo mais. Foi isso o que me aconteceu em primeira mão ao longo dos difíceis dias da fusão da FranklinCovey. Se pensar bem sobre isso, provavelmente você já cobrou esse imposto, descontando aquilo que você ouvia outros dizerem porque não confiava neles.

Em algumas situações, você poderá estar pagando até mesmo uma espécie de "imposto de transmissão", quando assume um cargo que foi ocupado por alguém que criou um clima de desconfiança antes de você chegar. Quando você assume um novo relacionamento pessoal ou no trabalho, ou se você chega como o novo líder em uma cultura de desconfiança, é possível que você esteja sendo taxado em 30%, 40% ou 50%, ou até mais, por algo que você sequer fez! Recentemente dei consultoria a uma executiva que se queixava de um gerente que ela substituiu e que tinha destruído a confiança na organização de forma tão drástica que a cultura que se estabeleceu em conseqüência taxava-a por tudo que ela fazia, mesmo sendo nova na empresa.

O autor best-seller Francis Fukuyama disse: "Desconfiança amplamente espalhada em uma sociedade... impõe uma espécie de imposto em todas as formas de sua atividade econômica, um imposto que as sociedades em que a confiança é alta não têm que pagar." Afirmo que esse imposto de baixa confiança não se aplica apenas à atividade econômica, mas a toda atividade – em cada relacionamento, em cada interação, em cada comunicação, em cada decisão, em cada dimensão da vida.

O DIVIDENDO DA CONFIANÇA

Sugiro que, assim como o imposto criado pela desconfiança é real, mensurável e extremamente alto, os dividendos provenientes da alta confiança também são reais, quantificáveis e incrivelmente altos. Considere a velocidade com a qual Warren Buffett completou a aquisição da McLane e quão rapidamente foi aprovada a proposta que Gary Barron apresentou sobre uma imensa reorganização. Reflita sobre a duplicação da receita de Jim, vendedor de rosquinhas e café. Pondere sobre a velocidade com a qual você pode se comunicar em seus relacionamentos de alta confiança – tanto pessoais quanto profissionais.

Quando a confiança é alta, o dividendo que você recebe é como se fosse um multiplicador de desempenho, elevando e melhorando cada dimensão de sua organização e de sua vida. A confiança alta é como o fermento no pão: levanta tudo ao redor dele. Em uma empresa, a alta confiança melhora a comunicação, a colaboração, a execução, a inovação, a estratégia, o compromisso, as parcerias e os relacionamentos com todos os *stakeholders*. Na vida pessoal, a alta confiança melhora significativamente o ânimo, a energia, a paixão, a criatividade e a alegria nos relacionamentos com família, amigos e comunidade. Obviamente, os dividendos não vêm apenas na forma da velocidade aumentada e da melhoria econômica. Eles se traduzem também em maior prazer e melhor qualidade de vida.

A VARIÁVEL ESCONDIDA

Uma vez contratei um guia para me levar a pescar trutas em Montana. Enquanto olhava o rio, ele me disse: "Diga-me o que você vê." Basicamente lhe disse que via um belo rio com o sol refletido na superfície da água. Ele me perguntou: "Você vê algum peixe?" Respondi que não. Então ele passou-me um par de óculos de sol polarizados. "Ponha estes óculos", disse. Repentinamente tudo pareceu muito diferente. Ao olhar para o rio, descobri que podia enxergar através da água. E podia ver peixe – muito peixe! Minha empolgação aumentou. De repente podia perceber enormes possibilidades que não havia visto antes. Na verdade, os peixes estavam ali desde o começo, mas até o momento de ter colocado os óculos não podia enxergá-los.

Da mesma maneira, para a maioria de pessoas, a confiança está escondida. Elas não têm qualquer idéia sobre quão presente é e quão grande é o impacto da confiança em cada relacionamento, em cada organização, em cada interação, em cada momento da vida. Mas tendo uma vez colocado os "óculos da confiança" e tendo enxergado aquilo que se desenrola sob a superfície, aquilo imediatamente impacta sobre sua capacidade de aumentar a eficácia em cada dimensão da vida.

Seja ela alta ou baixa, a confiança é a "variável escondida" na fórmula para o sucesso organizacional. A fórmula tradicional dos negócios afirma que a estratégia (S, de Strategy) multiplicada pela execução (E) equivale aos resultados (R):

$$\mathbf{S \times E = R}$$

(Estratégia multiplicada pela Execução é igual a Resultados)

Mas existe uma variável escondida nessa fórmula: a confiança (T, de Trust) – seja o imposto da baixa confiança, que reduz o resultado, seja o dividendo da alta confiança, que o multiplica.

$$(S \times E) \times T = R$$

([Estratégia multiplicada pela Execução] multiplicada pela Confiança é igual a Resultados)

Você pode ter uma boa estratégia e uma boa execução (10 em uma escala de 1 a 10) e, ainda assim, descarrilhar devido ao baixo grau de confiança. Ou a alta confiança pode servir como multiplicador de desempenho, criando sinergia onde o total é maior do que a soma de suas partes. Veja estes cálculos:

Estratégia	×	Execução	=	Resultado	Imposto ou dividendo	=	Resultado Líquido
10	×		=	100	menos 40% de imposto	=	60
10	×		=	100	menos 10% de imposto	=	90
10	×		=	100	mais 20% de dividendos	=	120

Uma empresa pode ter uma excelente estratégia e grande capacitação para executá-la, mas o resultado líquido poderá ser detonado por causa de um imposto de baixa confiança ou poderá ser alavancado por um dividendo de alta confiança. Como disse o eminente consultor no tema, Robert Shaw: "Acima de tudo, o sucesso nos negócios exige duas coisas: uma estratégia competitiva vencedora e uma soberba execução organizacional. A desconfiança é inimiga de ambos." Afirmo o seguinte: enquanto um alto grau de confiança não salvará necessariamente uma estratégia mal-formulada, a baixa confiança quase sempre destruirá uma estratégia excepcional.

Talvez mais do que qualquer outra coisa, o impacto dessa "variável escondida" fornece poderoso sustento para a questão da confiança no mundo dos negócios. De acordo com estudo da Warwick Business School da Grã-Bretanha, as subcontratações que são administradas com base na confiança, em vez dos contratos limitantes e contendo multas, são mais passíveis de gerarem dividendos – de até 40% do valor total do respectivo contrato – para as duas partes. Um estudo de 2002 feito pela Watson Wyatt demonstra que o retorno aos acionistas em organizações de alto grau de confiança é quase três vezes maior do que em organizações de baixo nível de confiança. Isso representa uma diferença de quase 300%! Um estudo educacional realizado pelo professor de Stanford, Tony Bryk, demonstra que alunos que estudam em escolas com alto grau de confiança têm três vezes maior probabilidade de obter pontuações mais altas nos exames do que os que cursam escolas com baixo nível de confiança. No âmbito pessoal, indivíduos altamente confiáveis têm mais chances de ser promovidos, ganhar salários maiores, obter as melhores colocações e de ter relacionamentos mais satisfatórios e gratificantes.

Uma das razões pelas quais a variável escondida da confiança é tão significativa e instigante no mundo de hoje é que entramos na fase da economia global e do trabalhador do conhecimento. Como o colunista Thomas Friedman, do *New York Times*, observa em *The World Is Flat*, essa nova economia "plana" gira em torno de parcerias e relacionamentos. E as parcerias e os relacionamentos prosperam ou fenecem em função do nível de confiança. Como Friedman afirma:

> *Sem confiança, não existe a sociedade aberta, porque não há polícia e patrulhamentos suficientes para cada abertura em uma sociedade aberta. Também, sem confiança, não pode existir um mundo plano, porque é a confiança que nos permite derrubar paredes, retirar barreiras e eliminar atritos nas fronteiras. A confiança é essencial para um mundo plano...*

É por isso que afirmo outra vez: *a capacidade para estabelecer, fazer crescer, estender e recuperar a confiança com todos os* stakeholders *– clientes, parceiros de negócios, investidores e colaboradores – é a competência-chave dos líderes na nova economia global.*

Resumo a seguir o impacto dos tributos e dos dividendos de confiança tanto nas organizações como nos relacionamentos pessoais. Examinando o resumo, sugiro que você se pergunte: Minha organização paga tributos ou colhe dividendos? E quanto a mim – sou um tributo ou um dividendo ambulante?

Além disso, pense em seus relacionamentos no trabalho e fora dele. Pergunte: Neste resumo, onde se encaixam esses relacionamentos? E onde posso concentrar meu esforço para conseguir um diferencial maior em minha vida?

RESUMO DE IMPOSTOS E DIVIDENDOS

O Tributo de 80% (Confiança Inexistente)

Na organização...	Em relacionamentos pessoais...
• Ambiente disfuncional e cultura envenenada (guerras abertas, sabotagem, queixas, processos, comportamento criminoso)	• Relacionamentos disfuncionais
• *Stakeholders* beligerantes	• Confrontações acaloradas e iradas, ou retratação fria e magoada
• Intensa gestão dos detalhes e das minúcias	• Postura defensiva e posicionamento legal ("eu o vejo no tribunal!")
• Hierarquia redundante	• Os outros são rotulados como inimigos ou aliados
• Sistemas e estruturas punitivos	• Abuso verbal, emocional e/ou físico

Tributo de 60% (Confiança Muito Baixa)

Na organização...	Em relacionamentos pessoais...
• Ambiente de trabalho pernicioso	• Comportamentos hostis (gritar, culpar, acusar, xingar) seguidos por breves períodos de arrependimento
• Empregados e *stakeholders* infelizes	• Comunicação defensiva
• Atmosfera intensamente política com claros grupelhos e "partidos"	• Preocupação e suspeita constantes
• Tempo excessivo desperdiçado na defesa de posições e decisões	• Os erros são lembrados e usados como armas
• Gestão de detalhes e burocracia	• As verdadeiras questões não emergem nem são resolvidas eficientemente

Tributo de 40% (Confiança Baixa)

Na organização...	Em relacionamentos pessoais...
• Comportamento "cobrir seu traseiro"	• Drenagem de energia e interações não-gratificantes
• Agendas ocultas	• Busca das fraquezas e erros dos outros
• *Stakeholders* beligerantes	• Dúvidas sobre a confiabilidade ou o comprometimento dos outros
• Grupos políticos com aliados e inimigos	• Agendas ocultas
• Muitos empregados e *stakeholders* insatisfeitos	• Divulgação restritiva das informações (freqüentemente rancorosa)
• Burocracia e redundância nos sistemas e na estrutura	

Imposto de 20% (Existem Questões [não resolvidas] de Confiança)

Na organização...	Em relacionamentos pessoais...
• Algumas regras e procedimentos burocráticos	• Equívocos freqüentes
• Hierarquia desnecessária	• Preocupações sobre a intenção e o motivo
• Aprovações lentas	• Interações caracterizadas por tensão
• Sistemas e estruturas mal alinhados	• Comunicações influenciadas por temor, incerteza, dúvida e preocupações
• Alguns empregados e *stakeholders* insatisfeitos	• Energia gasta em manter (em vez de despertar) os relacionamentos

Nenhum Tributo ou Dividendo (Confiança não Entra na Equação)

Na organização...	Em relacionamentos pessoais...
• Local de trabalho saudável	• Comunicação gentil, cordial, saudável
• Comunicação boa	• Foco em trabalhar junto, sem atritos e eficientemente
• Sistemas e estruturas alinhadas	• Tolerância mútua e aceitação
• Pouca politicagem de escritório	• Sem preocupações

Dividendo de 20% (A Confiança é um Ativo Perceptível)

Na organização...	Em relacionamentos pessoais...
• Foco no trabalho	• Relacionamentos cooperativos, próximos, vibrantes
• Colaboração e execução eficazes	• Foco em procurar e multiplicar as forças de cada um
• Relacionamentos positivos de parceria com os empregados e *stakeholders*	• Comunicação edificante e positiva
• Sistemas e estruturas úteis	• Os equívocos são percebidos como oportunidades de aprendizado e são rapidamente perdoados
• Criatividade e inovação fortes	• Energia positiva e gente positiva

Dividendo de 40% (Confiança Padrão Mundial)

Na organização...	Em relacionamentos pessoais...
• Extensa colaboração e parceria	• Verdadeira alegria na família e nas amizades, caracterizada por carinho e amor
• Comunicação fácil	• Comunicação sem esforço, fácil
• Relacionamentos positivos e transparentes com empregados e todos os *stakeholders*	• Trabalho inspirador feito em conjunto e caracterizado por um propósito, pela criatividade e pela animação
• Sistemas e estruturas plenamente alinhadas	• Relacionamentos completamente abertos, transparentes
• Forte inovação, comprometimento, confiança e lealdade	• Energia surpreendente criada pelos relacionamentos

Agora sugiro que você escolha qualquer projeto crítico que deverá desenvolver e examine-o em função deste resumo. Digamos que você precise juntar uma equipe para ter o projeto pronto dentro de seis semanas. Pergunte-se: Qual é o nível de confiança do grupo? Estou pagando um tributo ou colhendo um dividendo? Se for assim, qual é sua porcentagem? Qual impacto isso terá na velocidade, no custo e em minha capacidade de executar o projeto eficazmente?

Agora medite sobre o que aconteceria se você pudesse mudar essa porcentagem. O que aconteceria se você pudesse sair de um imposto de 20% para um dividendo de 20%? Que diferença isso faria na capacidade de executar seu projeto?

Pense no que acontece com seus relacionamentos pessoais ou em sua família. Pergunte-se: Qual é o nível de confiança [dentro da família ou grupo]? Que impacto isso causa em minha qualidade de vida e na das pessoas que amo? Que tal se pudesse me mover de um tributo para um dividendo? Que diferença faria?

MITOS SOBRE A CONFIANÇA

Os exemplos que citei neste capítulo sobre a aquisição da McLane, a aprovação da reorganização de Kelleher e outros ajudam a dissipar alguns mitos que nos enfraquecem e nos impedem de usufruir dos dividendos da alta confiança.

Um mito, por exemplo, é a confiança ser uma coisa "*soft*" – algo que é legal de se ter, mas que você realmente não consegue definir, quantificar ou medir. Agora, espero que você possa afirmar que o verdadeiro disso é seu exato oposto. A confiança é algo muito tangível. É real. É quantificável. É mensurável. Em toda instância, afeta tanto a velocidade quanto o custo, sendo que velocidade e custo podem ser medidos e quantificados. Modificar o nível de confiança em um relacionamento, em uma equipe ou em uma organização significa causar impacto expressivo tanto no tempo quanto no dinheiro – e também na qualidade e no valor. Outro mito é que a confiança é lenta. Recuperar a confiança certamente leva tempo, contudo, estabelecê-la ou estendê-la pode ser feito com bastante rapidez, e, uma vez estabelecida, ela surte resultados muito rapidamente. Você não precisa ir muito além dos exemplos que citei, nem mesmo transcender a velocidade com a qual você comunica e faz acontecer seus próprios relacionamentos para constatar a realidade, ou seja, que nada é tão rápido quanto a velocidade da confiança.

A tabela a seguir lista esses e alguns outros mitos que atrapalham o entendimento e a maneira de agir eficientemente em questões de confiança, comparando-os às suas verdadeiras realidades.

MITO	REALIDADE
A confiança é intangível.	A confiança é tangível, real e quantificável. Ela afeta de forma mensurável tanto a velocidade quanto o custo.
A confiança é lenta.	Nada é tão rápido quanto a velocidade da confiança.
A confiança é construída unicamente sobre a integridade.	A confiança é uma função tanto do caráter (que inclui integridade) quanto da competência.

MITO	REALIDADE
Ou você confia ou não confia.	A confiança tanto pode ser edificada quanto destruída.
Uma vez perdida, a confiança não pode ser recuperada.	Embora seja difícil, na maioria de casos a confiança perdida pode ser recuperada.
Você não pode ensinar confiança.	A confiança pode ser ensinada e aprendida eficazmente, e pode se tornar uma vantagem estratégica multiplicadora.
Confiar nas pessoas é demasiadamente arriscado.	Não confiar nas pessoas é um risco maior.
A confiança é estabelecida com uma pessoa de cada vez.	A confiança estabelecida com uma pessoa multiplica-se entre muitas.

Provavelmente o mito mais insidioso é aquele expresso pelo líder sênior daquele banco de investimentos para o qual trabalhei em Nova York: "Ou você confia ou não confia, e nada se pode fazer a respeito disso."

Você *pode* fazer algo sobre a confiança! Há vinte anos atuo na administração de negócios. Fui responsável pela construção e gestão de organizações, pelo desenvolvimento de equipes, por reportar-me a conselhos; recebendo resultados e tendo que melhorá-los. Durante muitos desses anos, também dei consultoria para dezenas de empresas bem conhecidas – muitas das quais tinham boas estratégias e capacidade para implementá-las bem, mas que não alcançaram aquilo que tinham planejado, sem poder explicar o porquê. Fui esposo, pai, membro de uma ampla família com muitos relacionamentos multifacetados. Servi comunidades onde aconselhei indivíduos e suas famílias que lidavam com questões complexas de confiança. E em toda essa minha experiência, nunca vivenciei uma exceção à premissa básica deste livro: você *pode* fazer algo sobre a confiança – e provavelmente *muito mais* rapidamente do que imagina!

Mais uma vez afirmo que nada é tão rápido quanto a velocidade da confiança. Nada é mais gratificante do que um relacionamento de confiança. Nada é mais inspirador do que dar a confiança. Nada é tão lucrativo quanto o resultado econômico que deriva da confiança. Nada possui mais influência do que uma reputação de confiança.

A confiança realmente muda tudo. E nunca houve uma época mais apropriada do que a atual sociedade global para as pessoas estabelecerem, restaurarem e estenderem a confiança em todos os níveis.

Tanto faz se você aborda a oportunidade e o desafio de ampliar a confiança na vida pessoal, na vida profissional ou em ambos os níveis de atuação, posso prometer-lhe que isso fará enorme diferença em cada dimensão de sua vida.

VOCÊ PODE FAZER ALGUMA COISA!

Se você for trabalhar, sua principal responsabilidade deve ser construir confiança.

– Robert Eckert, CEO, Mattel

Se você está familiarizado com meu pai, Dr. Stephen R. Covey, e seu livro *Os 7 Hábitos das Pessoas Altamente Eficazes*, lembrará da história que ele conta sobre a tentativa de ensinar o filho a cuidar do jardim. Ele chamou essa história de "Verde e Limpo". Meu pai a conta como exemplo de como ensinar a uma criança os princípios da administração e da responsabilidade.

Nessa história, eu sou aquele filho, e gostaria de contá-la sob o meu ponto de vista! É verdade que aprendi, com essa experiência, os princípios de cuidar das coisas e da responsabilidade, mas aprendi também algo que vim a acreditar ser muito mais importante – algo que causou impacto profundo em mim durante toda a minha vida.

Eu tinha 7 anos quando meu pai pediu que eu cuidasse do terreno em volta de nossa casa. Ele me disse: "Filho, aqui está nosso terreno e eis o seu trabalho: 'verde' e 'limpo'. Agora, eis o que quero dizer com isso." Levou-me até o terreno de nosso vizinho, apontou para a grama e disse: "Isso é verde." (Ele não podia usar nosso terreno como exemplo, pois, naquela época, sob os seus cuidados, ele estava bastante amarelado.) Disse-me: "Agora, como fará para que o nosso terreno fique verde é algo totalmente com você. Você está livre para fazê-lo do jeito que quiser, exceto pintá-lo. Pode ligar os regadores. Pode carregar a água em baldes. Você pode, até mesmo, se quiser, cuspir nele. Isso não faz diferença para mim. O que me preocupa é que ele fique verde."

Então meu pai disse: "E é isto que quero dizer com a palavra limpo." Meu pai pegou dois sacos e, juntos, catamos na metade do gramado os papéis, paus e outros detritos, de modo que pudéssemos perceber a diferença. Uma vez mais, ele me explicou que não lhe importava como atingiria tal meta – o importante era que o gramado ficasse "limpo".

Ele também disse algo muito profundo. "Você, porém, precisa saber agora que quando aceitar este trabalho, eu não o farei mais. Este é seu trabalho. Isso se chama encarregar-se, que significa 'trabalho no qual se pode confiar'. Confio em você para fazer o trabalho e para recebê-lo feito." Ele acabava de montar um sistema de responsabilidade e ainda me disse que daríamos a volta ao terreno duas vezes por semana, de modo a constatarmos como as coisas iam. Ele me assegurou que, quando eu pedisse, estaria por perto para ajudar, mas deixou claro que a realização do trabalho era exclusivamente minha – que eu seria o meu próprio patrão e que só eu poderia avaliar o progresso.

O trabalho era meu. Durante os próximos quatro ou cinco dias não fiz aparentemente nada. Era a época de calor de verão, e a grama estava morrendo rapidamente. Os restos de um churrasco que tínhamos feito há poucos dias estavam espalhados pelo gramado, que estava sujo e maltratado. Meu pai sentiu-se tentado a reassumir a responsabilidade ou gritar comigo, mas não quis transgredir o acordo que tínhamos feito.

Assim, quando chegou o momento de prestar contas, ele me disse: "Filho, como vai o terreno?" Respondi: "Vai bem, papai." Ele perguntou: "Há algo que posso fazer para ajudar?" Respondi: "Não, tudo anda bem." Ele disse, então: "Está bem, vamos então dar o passeio que combinamos."

Enquanto andávamos, repentinamente comecei a perceber que o terreno não era "verde" nem estava "limpo". Estava amarelo e sujo. De acordo com meu pai, meu queixo começou a tremer e desmanchei-me em lágrimas: "Mas, papai, isto é tão difícil."

Ele respondeu: "O que é tão difícil? Você não fez coisa alguma." Depois de um momento de silêncio, ele perguntou: "Você gostaria que eu o ajudasse?"

Relembrando que sua oferta de ajuda tinha feito parte de nosso acordo e percebendo uma pequenina luz de esperança, eu rapidamente respondi: "Quero."

Ele disse: "O que você gostaria que eu fizesse?"

Olhei ao redor. "Você podia me ajudar a recolher aquele lixo ali?" Ele respondeu que sim. Então, entrei em casa e apanhei dois sacos. Ele me ajudou a recolher o lixo, exatamente como eu havia pedido.

Desse dia em diante, assumi a responsabilidade pelo terreno... e mantive-o "verde" e "limpo".

Conforme mencionei, meu pai cita essa história como exemplo de delegação de responsabilidade ou o que ele chama de acordo ganha-ganha. Com 7 anos, eu era por demais jovem para entender o que todas essas palavras significavam. O que mais lembro sobre essa experiência é simplesmente isto: senti que *confiavam em mim*! Era demasiadamente jovem para me preocupar com dinheiro ou *status*. Essas coisas não me motivavam. O que me motivou foi a confiança de meu pai em mim. Eu não quis desapontá-lo. Quis mostrar-lhe que era capaz e responsável. Meu pai tinha depositado confiança em mim, e isso inspirou-me, criando um senso de responsabilidade e integridade que permaneceu comigo pelo resto de minha vida.

> *Poucas coisas podem ajudar mais um indivíduo do que delegar responsabilidade a ele e deixá-lo saber que você confia nele.*
>
> – Booker T. Washington

COMO A CONFIANÇA FUNCIONA

Conforme aprendi naquele dia com meu pai (e desde então reaprendi em quase todas as etapas de minha vida), confiança é uma das formas mais poderosas de motivação e inspiração. As pessoas querem que confiemos nelas. Elas reagem positivamente a isso. Elas se desenvolvem com a confiança. Qualquer que seja a situação, precisamos aprender a ficar bons em estabelecer, estender e recuperar a confiança – não como técnica de manipulação, mas como um meio eficaz de nos relacionarmos e de trabalharmos com os outros, e também como o meio mais eficiente de alcançarmos resultados.

Para realizar isso, precisamos primeiramente entender como a confiança funciona.

Em minhas apresentações, freqüentemente peço ao público que responda à seguinte pergunta: Em quem você confia? Pense sobre sua própria experiência com relação a essa pergunta. Em quem *você* confia? Em um amigo? Um sócio? Seu chefe? Seu cônjuge? Um pai? Uma criança? Por que você confia nessa pessoa? O que existe em particular nesse relacionamento que inspira confiança?

Agora considere uma pergunta ainda mais provocante: Quem confia em você? As pessoas de sua casa? No trabalho? Alguém que você acabou de conhecer? Alguém que você conhece há muito tempo? Que características suas fazem com que os outros confiem em você?*

A maioria de nós tende a pensar sobre a confiança em termos de caráter – de ser uma pessoa boa ou sincera ou de ter ética ou integridade. E o caráter é absolutamente fundamental e essencial, mas, como sugeri no capítulo anterior, achar que confiança é baseada em *caráter apenas* é um mito.

A confiança é função de duas qualidades: caráter e *competência*. Caráter inclui integridade, motivo, intenção com relação às pessoas. A competência in-

---

*Para uma pesquisa on-line gratuita para avaliar o nível de confiança que seus colegas, amigos e outros depositam em você, visite a página (em inglês): http://www.speedoftrust.com.

clui conhecimentos, habilidades, antecedentes e realizações. E ambos são importantíssimos.

Tendo em vista que nossa sociedade cada vez mais leva em consideração a questão da ética, o lado do caráter na avaliação da confiança torna-se rapidamente o preço que se paga para se entrar na nova economia global. No entanto, o lado diferenciador e freqüentemente ignorado da confiança – a competência – é igualmente essencial. Você talvez ache uma pessoa sincera, e mesmo honesta, mas você não confiará plenamente se ela não produzir resultados. E o oposto também é verdadeiro. Uma pessoa pode possuir grandes habilidades e talentos e bons antecedentes, mas se não for honesta, você também não confiará nela. Por exemplo, eu talvez confie implicitamente no caráter de alguém, até mesmo o suficiente para deixá-la cuidar de minhas crianças quando estou viajando. Mas eu talvez não confie nessa mesma pessoa em uma situação de negócio porque ela não tem a competência para lidar com o assunto. Por outro lado, eu talvez confie em alguém em um procedimento de negócio mas jamais o deixaria cuidar de meus filhos – não necessariamente porque essa pessoa não seja honesta nem capaz, mas porque ela poderia não externar o carinho que eu gostaria que minhas crianças recebessem.

Por ser mais natural pensar em confiança em termos de caráter, é igualmente importante que também aprendamos a pensar nela em termos de competência. Pense nisto – confiamos nas pessoas que fazem as coisas acontecerem. As disciplinas mais novas são oferecidas aos professores mais competentes. Os projetos mais promissores ou os prospectos de venda, àqueles que realizaram algo no passado. Reconhecer o papel da competência ajuda-nos a identificar e dar expressão a questões subjacentes de confiança que, de outra forma, não podemos tocar. Sob a perspectiva de um gestor de linha, a dimensão da competência torna-se vital e ajuda a enxergar a confiança de seu lado mais rigoroso, mais pragmático.

Aqui está outra maneira de ver: o interesse crescente sobre a questão da ética tem sido bom para nossa sociedade. A ética (que faz parte do caráter) é fundamental para a confiança, mas, por si só, é insuficiente. Você não pode ter confiança em alguém sem ética, mas você pode ter ética e ainda assim não ser confiável. A confiança, que inclui ética, é a idéia mais ampla.

Depois que apresentei a Velocidade da Confiança em recente conferência, o líder de vendas mais graduado de uma empresa farmacêutica importante veio falar comigo: "Obrigado por reforçar aquilo que tenho dito a nosso grupo – que os resultados são vitais para estabelecer a confiança e que, a cada mês, temos que atingir ou superar nossas metas. Quando as alcançamos, a organização confia mais em nós, nossos líderes confiam mais em nós, nossos colegas confiam mais em nós... todo mundo confia mais em nós. Quando não as alcançamos, perdemos a confiança e o apoio orçamentário – é simples assim."

Uma vez mais, tanto o caráter quanto a competência são necessários. O caráter é uma constante; é necessário para a confiança em qualquer circunstância. A competência é situacional; depende daquilo que a circunstância exige. Recentemente, minha esposa, Jeri, teve que se submeter a uma cirurgia. Temos um ótimo relacionamento – ela confia em mim e eu confio nela, mas quando chegou a hora de fazer a cirurgia, ela não pediu minha opinião. Eu não sou médico. Não tenho as habilidades nem a competência para opinar. Mesmo confiando em mim na maioria dos assuntos, ela sabe que eu não tenho habilidade para executar uma cirurgia.

Uma vez que você se conscientize de que tanto o caráter quanto a competência são vitais para a confiança, poderá perceber, em toda parte, como a combinação dessas duas dimensões se reflete na maneira como os líderes e observadores eficazes falam sobre o conceito da confiança. As pessoas podem utilizar palavras diferentes para expressar essa idéia, mas se você reduzi-las à sua essência, o que emerge é um balanço entre caráter e competência.

Analise o que se segue:

- Jack Welch (ex-CEO da GE) fala sobre os gerentes avaliados por seu desempenho em duas dimensões: "Viva os valores" (caráter) e "Produza resultados" (competência).
- Jim Collins (autor de *Empresas feitas para vencer*) fala sobre um líder de quinto nível tendo "humildade pessoal extrema" (caráter) e "força profissional' (competência). Em *Feitas para durar*, ele fala da necessidade de "conservar o âmago" (caráter) e "estimular o progresso" (competência).
- Warren Buffett (CEO de Berkshire Hathaway) dá prioridade à "integridade" (caráter) e à "inteligência" (competência) como sendo as qualidades que procura nas pessoas.
- Ram Charan (autor de numerosos livros e consultor de vários CEOs em empresas da *Fortune* 500) realça a necessidade de ser um "líder das pessoas" (caráter) e um "líder do negócio" (competência).
- Saj-Nicole Joni (famoso especialista em confiança) descreve a importância da "confiança pessoal" (caráter) e da "confiança da expertise" (competência).
- A teoria da liderança lida com aquilo que um líder é (caráter) e o que um líder faz (competência).

- A modelagem de desempenho considera os outputs primários como sendo "atributos" (caráter) e as "competências" (competência).
- A teoria da ética diz: "Faça a coisa certa" (caráter) e "Faça com que a coisa certa seja feita" (competência).
- Abordagens sobre a tomada de decisões concentram-se em equilibrar o "coração" (caráter) com a "cabeça" (competência).

Essa lista poderia continuar, realçando consistentemente a importância tanto do caráter quanto da competência como sendo vitais ao sucesso continuado e da liderança. A título de observação de caráter pessoal, você talvez ache útil reforçar essas duas dimensões em sua mente com um pequeno e divertido artifício mnemônico que usamos em nossa família. Temos dois valores familiares, que são muito importantes para nós, duas coisas que relembramos o tempo todo. Para ajudar meus filhos mais novos a lembrar desses valores, decidi contar-lhes o seguinte: "Pensem no som emitido por dois bongôs: *bum-bum! Bum-bum!*" Como se estivesse percutindo os tambores, eu repetia para eles os dois valores que queria que memorizassem.

Algum tempo depois, tivemos que tratar de uma questão familiar muito complicada. Tínhamos nos reunido para debater como deveríamos agir. Comecei nosso encontro, perguntando a cada uma das crianças: "O que você acha que devemos fazer?"

Repentinamente, meu filho de 6 anos olhou-me e começou a bater os "bongôs" na mesa da sala de estar. Ele disse: "Isto é aquilo que você nos ensinou, papai; vamos retornar a nossos valores. Eles nos ajudarão a resolver o problema." E foi o que aconteceu.

Desde que venho trabalhando no tema confiança, à semelhança dos tambores, outras palavras martelam minha mente: "Caráter-competência. Caráter-competência." A metáfora do bongô ajuda-me a lembrar que confiança não é apenas uma função do caráter, embora claramente constitua seu fundamento. A confiança se subdivide em partes iguais, no caráter e na competência. Ambos são absolutamente necessários. Desde a sala de uma família até a sala de reuniões de um Conselho corporativo, você poderá examinar qualquer fracasso da direção e verá que este sempre resultou do fracasso de um desses dois fatores.

AS 5 ONDULAÇÕES DA CONFIANÇA

Anos atrás, alguns de meus sócios e eu trabalhávamos com um pequeno grupo de pessoas de uma multinacional importante. A reação inicial foi: "*Adoramos* esta abordagem sobre liderança! Ela está certa. Mas nossos líderes divisionais não entendem isso. São eles quem realmente precisam ouvir isso."

Um pouco mais tarde, apresentamos o conteúdo aos líderes de divisão. A resposta foi: "Estamos de pleno acordo com tudo que vocês dizem. Essa abordagem é muito legal! O problema é que as pessoas que realmente necessitam disso são os nossos chefes."

Quando o apresentamos aos chefes, eles disseram: "Estamos entusiasmados com esta colocação! É muito profunda e útil. Mas nossos pares nas cinco divisões não entendem isso. Eles precisam ouvir isto."

Seus pares nas outras divisões disseram que o problema era a equipe executiva que supervisionava e administrava as divisões. A equipe executiva disse que o problema era o CEO. Quando finalmente chegamos ao CEO, ele disse: "Esta abordagem é muito boa, mas sou impotente. Nada posso fazer. Tudo está nas mãos do Conselho." Tenho certeza de que se tivéssemos feito a apresentação para os membros do Conselho eles teriam dito que o problema situava-se em Wall Street!

Como meu pai me ensinou tão eloqüentemente: "Se você acha que um problema está *lá fora*, o pensamento em si já é o problema."

Como mais tarde ensinamos às pessoas em cada nível dessa importante corporação, seu chefe, seu líder de divisão, seu CEO, seu Conselho, seu cônjuge, suas crianças, seus amigos, seus sócios podem *todos* ter problemas no que diga respeito à confiança (ou outras coisas mais). *Mas isso não quer dizer que você seja impotente!* Aliás, provavelmente você não faz idéia de quão poderoso pode ser em termos de mudar o nível de confiança em qualquer relacionamento se souber trabalhar "de dentro para fora".

O segredo encontra-se em entender e aprender a navegar naquilo que chamo de as "5 Ondulações da Confiança". Esse modelo origina-se da metáfora do "efeito de ondulação" que graficamente ilustra a natureza interdependente da confiança e como flui de dentro para fora. Ela define os cinco níveis, ou contextos, nos quais estabelecemos confiança. À medida que progredimos pelas três seções deste livro, esse modelo também forma a estrutura para entender e fazer com que a confiança seja colocável em prática.

Embora discutamos em profundidade cada uma das ondulações, gostaria de oferecer-lhe agora uma visão geral e rápida das 5 ondulações, de tal modo que, à medida que prosseguir na leitura, possa melhor entender o contexto de cada ondulação.

A PRIMEIRA ONDULAÇÃO: AUTOCONFIANÇA

A primeira ondulação, a Autoconfiança, lida com a confiança que temos em nós mesmos – em nossa capacidade de estabelecer e alcançar metas, manter compromissos, praticar aquilo que pregamos – e também em nossa capacidade de inspirar confiança nas outras pessoas. A idéia toda consiste em nos tornarmos – tanto para nós como aos olhos dos outros, alguém digno de confiança. O princípio básico subjacente dessa ondulação é *credibilidade*, que deriva da palavra em latim *credere*, que quer dizer "acreditar". Nesta primeira ondulação, exploraremos as "4 Dimensões da Credibilidade", em que discutiremos as maneiras de aumentar nossa credibilidade, de forma a estabelecer firmemente a confiança em nós mesmos e nos outros. O resultado final de uma pessoa com caráter e competência altos é a credibilidade, o discernimento e a influência que tem ou terá perante as outras pessoas.

A SEGUNDA ONDULAÇÃO: CONFIANÇA NOS RELACIONAMENTOS

A segunda ondulação, Confiança nos Relacionamentos, lida com a questão de como estabelecer e aumentar as chamadas "Contas de Confiança" que mantemos com as outras pessoas. O princípio básico subjacente desta ondulação é o *comportamento consistente*, e nesta seção discutiremos os 13 comportamentos fundamentais comuns aos líderes altamente confiáveis ao redor do mundo. Esses comportamentos são baseados nos princípios que norteiam a confiança nos relacionamentos. São baseados na experiência prática e validados por meio da pesquisa. O mais animador é o fato de que esses 13 comportamentos podem ser aprendidos e aplicados por qualquer indivíduo em qualquer nível hierárquico dentro de qualquer organização, incluindo a família. O resultado desses comportamentos é que nossa capacidade para inspirar confiança nos outros aumenta significativamente, melhorando assim os relacionamentos e permitindo alcançar resultados melhores.

A TERCEIRA ONDULAÇÃO: CONFIANÇA ORGANIZACIONAL

A terceira ondulação, a Confiança Organizacional, lida com a maneira como os líderes podem gerar confiança em todos os tipos de organização, incluindo as comerciais, organizações sem fins lucrativos, entidades governamentais, instituições educacionais e famílias, assim como equipes e outras microunidades dentro das organizações. Se você já trabalhou com pessoas nas quais confiou – mas em uma organização na qual não confiava – ou em uma situação na qual os sistemas e estruturas organizacionais promoviam a desconfiança, você facilmente reconhecerá a natureza crítica dessa terceira ondulação. O princípio básico subjacente desta ondulação, o *alinhamento*, ajuda os líderes a criar estruturas, sistemas e símbolos de confiança organizacional, que diminuem ou eliminam sete dos mais insidiosos e mais caros impostos de confiança e criam sete enormes dividendos de confiança organizacional.

A QUARTA ONDULAÇÃO: CONFIANÇA DO MERCADO

A quarta ondulação, Confiança do Mercado, é o nível no qual quase todo mundo entende claramente o impacto da confiança. O princípio subjacente desta ondulação é a *reputação*. Trata-se de sua marca corporativa (assim como de sua marca pessoal), a qual reflete a confiança de seus clientes, investidores e de outros agentes do mercado em sua empresa. Todo mundo sabe que marcas poderosas afetam o comportamento e a lealdade dos consumidores. Quando existe uma marca na qual o grau de confiança é alto, os consumidores compram mais produtos ou serviços relacionados, a recomendam mais, lhe dão o benefício da dúvida e permanecem fiéis por maior tempo. O que for mencionado aqui o ajudará a melhorar sua marca e reputação pessoais, e a melhorar a marca de sua organização e sua reputação no mercado.

A QUINTA ONDULAÇÃO: CONFIANÇA SOCIETÁRIA

A quinta ondulação, Confiança Societária, trata da criação de valor para as outras pessoas e para a sociedade como um todo. Seu princípio subjacente é a *con-*

tribuição. Ao contribuirmos para algo [na sociedade] ou "devolvermos algo" [para a sociedade], contra-atacamos a suspeita, o cinismo e os impostos herdados da baixa confiança existentes em nossa sociedade. Também inspiramos as outras pessoas a criar valor e a contribuir [com a sociedade].

Dependendo de nossos papéis e responsabilidades, e à medida que nos deslocamos de dentro para fora das ondulações, podemos exercer maior ou menor grau de influência. No entanto, todos exercemos extraordinária influência nas primeiras duas ondulações, e este é o lugar onde devemos começar a agir. À medida que progredirmos no livro, tornar-se-á claro que mesmo a confiança ao nível social (a quinta ondulação) pode ser reconduzida a questões ao nível individual (a primeira ondulação), e que as questões individuais de confiança multiplicam-se exponencialmente à medida que nos deslocamos de dentro para fora dessa metáfora. Por exemplo, no começo do escândalo da Enron, as questões de confiança ao nível individual de certos líderes fluíram por todos os seus relacionamentos e os da organização, e, mais tarde, influíram no mercado e na sociedade como um todo. O efeito dessa ondulação foi se ampliando à medida que avançava para fora, tornando-se, finalmente, um dos gatilhos primários de uma reforma legislativa de grande porte (a Lei Sarbanes-Oxley). Tal constatação reforça a importância de sempre começarmos conosco, na primeira ondulação.

A seção final do livro lida com a Confiança Inspiradora, o que inclui aprendermos a estender a chamada "Confiança Inteligente" – ou seja, como, de um lado, evitar a ingenuidade (a confiança cega) em nossas decisões e do outro a suspeita (desconfiança) e como encontrar aquele "ponto ideal" no qual, ao estendermos a confiança, criamos grandes dividendos para todos. Esta parte também envolve a questão de como recuperar a confiança e como aumentar a propensão a confiar nos outros. Existem riscos em confiar nas outras pessoas, mas existe risco muito maior em não confiar nelas. A habilidade de saber quando e como estender a Confiança Inteligente o capacitará a tomar decisões inteligentes, criando um incrível empuxo que lhe permitirá conseguir que as coisas sejam feitas com maior velocidade e a custo menor. E talvez consiga algo que seja ainda mais importante: com tal atitude você inspirará aqueles a quem estender a sua confiança para que façam o mesmo consigo.

RESTAURANDO A CONFIANÇA

Antes de prosseguirmos com as 5 Ondulações, gostaria de dedicar um momento para reafirmar que é possível não apenas a construir a confiança, mas também restaurá-la. Obviamente, existem algumas circunstâncias nas quais a confiança foi violada além de qualquer possibilidade de recuperação; haverá também situações nas quais as outras pessoas não nos darão a chance de restaurá-la, porém estou convencido de que, para a maioria dos casos que enfrentamos, são poucas as tais circunstâncias, e que nossa capacidade de recuperar a confiança abalada é muito, mas muito maior do que imaginamos.

> *O melhor momento para plantar uma árvore foi há vinte anos. O melhor segundo momento é agora.*
>
> – Provérbio chinês

Veja a experiência de "Tom", que durante muitos anos trabalhou em uma grande empresa de desenvolvimento imobiliário, tornando-se finalmente sócio. Em um dado momento, o mercado imobiliário entrou em parafuso e a empresa começou a desmoronar. Seguiram-se muitas brigas internas e Tom deixou-a e entrou com uma ação judicial. Uma contra-ação foi impetrada. Como sócio majoritário, Tom tinha interesses econômicos em dezenas de edifícios em construção. Incrivelmente, depois de vários anos, o processo continuava rolando na Justiça.

Finalmente, Tom decidiu que deveria haver uma maneira melhor de resolver a questão. Telefonou para "Chris", o sócio que na época estava encarregado do negócio, e disse: "Vamos conversar – só nós dois, sem os nossos advogados." Tom e Chris tinham sido sócios durante vários anos, mas no meio de toda confusão, a confiança havia desmoronado. Apesar de tudo, Chris concordou com o encontro.

Tom entrou na reunião com a genuína intenção de procurar entender o ponto de vista de Chris. Escutou. Ele verbalizava seu entendimento daquilo que Chris dizia. Tendo sentido que fora entendido, Chris estava disposto a escutar Tom.

À medida que interagiam, o grau de confiança que os ex-sócios tinham uma vez compartilhado foi sendo reavivado rapidamente. Apesar de as circunstâncias tê-los separado, eles ainda nutriam um sentimento de afeto e, na mesma reunião, foram capazes de concordar que a disputa deveria ser resolvida com um aperto de mãos.

Por meio de um processo de escutar o que cada um dizia e de um clima que favorecia a restauração de uma parcela da confiança passada, esses dois homens desenvolveram uma solução que poderiam implementar em trinta dias, acabando com o rancor, a dor, os gastos de tempo e de dinheiro que faziam parte de uma batalha judicial que se esticava há muitos anos.

> *Em termos de recuperação da confiança, a liderança corporativa ainda tem um longo caminho a percorrer, a pesquisa deixa uma coisa bem clara. Os americanos esperam que os CEOs tomem as rédeas dos negócios, que se comprometam de forma expressa com o processo da construção da confiança, que sejam responsáveis – e que gerem resultados, com base na promessa de confiança, por meio de um comportamento corporativo ilibado.*
>
> – RICH JERNSTEDT, CEO DA GOLIN/HARRIS

Por outro exemplo, veja o relacionamento entre dois ex-presidentes americanos, John Adams e Thomas Jefferson. Esses dois homens eram "a voz" e "a caneta", respectivamente, da Declaração de Independência dos Estados Unidos, tendo trabalhado infatigavelmente para que a América se tornasse independente da Grã-Bretanha. Ao trabalharem juntos entre as revoluções americana e francesa, como embaixadores em Paris – nenhum deles sabendo qual seria o futuro dos Estados Unidos ou da França, nem o deles próprios – eles tornaram-se excepcionalmente íntimos. Jefferson tornou-se um segundo pai para o filho dos Adams, John Quincy, e era ardentemente admirado pela esposa de Adams, Abigail, que se referia a ele como sendo "um dos escolhidos na Terra".

No entanto, ao retornarem aos Estados Unidos, esses dois homens defenderam idéias políticas diferentes, algo que abalou a amizade. De acordo com a lei da época, quando Adams – um federalista – elegeu-se segundo presidente dos Estados Unidos, Jefferson – um republicano – tornou-se seu vice-presidente, tendo recebido o segundo maior número de votos.

Adams esperava de seu vice-presidente o mesmo tipo de apoio e amizade que ele havia dedicado a George Washington quando serviu como vice-presidente. Em vez disso, a Adams parecia que Jefferson lhe era desleal, extremamente partidário e politicamente ambicioso. No final da presidência de Adams, o relacionamento entre os dois estava envenenado pelo rancor e pela amargura.

Anos mais tarde, seu amigo mútuo, Dr. Benjamin Rush (que fora também signatário da Declaração de Independência) encorajou Adams a estender um "ramo da paz" para Jefferson. Adams assim o fez, enviando a Jefferson um bilhete de "Feliz Ano Novo", desejando-lhe boa saúde e felicidades. Jefferson imediatamente respondeu, encantado com a possibilidade de renovação da amizade. Ele escreveu: "Uma carta sua traz à minha mente recordações muito preciosas. Me levou de volta aos tempos quando, rodeados por dificuldades e perigos, éramos companheiros de luta pela mesma causa, lutando por aquilo que é o mais valioso ao homem, seu direito de autogovernar-se."

Adams escreveu a seu amigo mútuo, declarando: "Seu sonho está acontecendo... você fez milagres! Fez a paz entre dois poderes que nunca estiveram em guerra." Mais tarde, quando Adams trouxe para ler em uma reunião familiar uma carta de Thomas Jefferson, alguém lhe perguntou como podia estar em tais bons termos com um homem de quem sofreu tantos abusos. Adams respondeu:

> *Não acredito que o Sr. Jefferson jamais tivesse me odiado. Ao contrário, acredito que ele sempre gostou de mim. ... Mas então ele quis ser o presidente dos Estados Unidos, e eu atravessei o caminho. Então ele de tudo fez para me derrubar. Mas se procurasse briga por causa disso, eu talvez devesse brigar com cada homem com quem tive algum contato na vida. Isso faz parte da natureza humana. ... Perdôo todos os meus inimigos e espero que eles encontrem a misericórdia no Céu. O Sr. Jefferson e eu envelhecemos e nos aposentamos da vida pública, portanto, voltamos aos antigos termos da afeição.*

Adams e Jefferson desfrutaram de uma rica e gratificante amizade, tendo se correspondido por 14 anos antes de ambos falecerem, surpreendentemente no mesmo dia, 4 de julho de 1826, qüinquagésimo aniversário da Declaração da Independência dos Estados Unidos. Entre as palavras mais memoráveis de Adams para Jefferson estavam estas: "Enquanto respirar, serei seu amigo."

VEJA/FALE/COMPORTE-SE

O objetivo deste livro é capacitá-lo a *ver*, *falar* e *comportar-se* de forma a conquistar confiança, e todas as três dimensões são vitais.

Você se lembra da história do capítulo anterior sobre o guia de pesca em Montana que me deu os óculos para ver peixes no rio? Este livro lhe dará um par de "óculos de confiança", de modo que você poderá *enxergá-la* em um contexto inteiramente diferente e excitante – um contexto que abrirá seus olhos para as possibilidades, capacitando-o a aumentar a confiança e os dividendos desta em qualquer nível de relacionamento.

Também lhe proverá uma linguagem para poder *falar* sobre a confiança. Às vezes você sabe que não confia em alguém, ou que alguém não confia em você, mas não consegue explicar o porquê disso e não sabe como melhorar a situação. Este livro o capacitará a designar as questões envolvidas, dando-lhe uma linguagem para descrever essas questões e resolvê-las.

Finalmente, o livro o ajudará a desenvolver os *comportamentos* que estabelecem e fazem aumentar a confiança – em particular, os 13 Comportamentos comuns aos líderes ao redor do mundo que mais confiam nos outros e nos quais as pessoas mais confiam. À medida que aprende os comportamentos e reconhece seus impactos quando as pessoas os praticam ou não, você entenderá como comportar-se de maneira a construir rapidamente uma confiança duradoura.

Muito foi dito sobre a importância de se modificar os paradigmas na mudança do comportamento – em outras palavras, mudando a maneira de *enxergar*, você automaticamente muda o que faz e os resultados a serem obtidos. Também concordo que uma nova maneira de enxergar uma mudança de paradigma causa tremendo impacto na maneira de fazer as coisas e nos resultados obtidos.

No entanto, do ponto de vista pragmático, estou igualmente convencido de que falar e comportar-se de forma diferente também pode causar grande impacto na maneira de enxergarmos o mundo e nos resultados obtidos. Por exemplo, o simples ato de servir alguém pode rapidamente fazer com que enxerguemos essa pessoa de outra maneira – sentindo por ela até mesmo amor e compaixão que não se sentia antes. Chamo a isso uma *mudança de comportamento* – uma mudança em nossos comportamentos que, em última análise, causa mudança na maneira de enxergarmos o mundo. Também estou convencido do poder de uma *mudança de linguagem*. A maneira como falamos sobre as coisas pode criar uma mudança em como as enxergamos e como nos comportamos, assim como em como os outros nos enxergam.

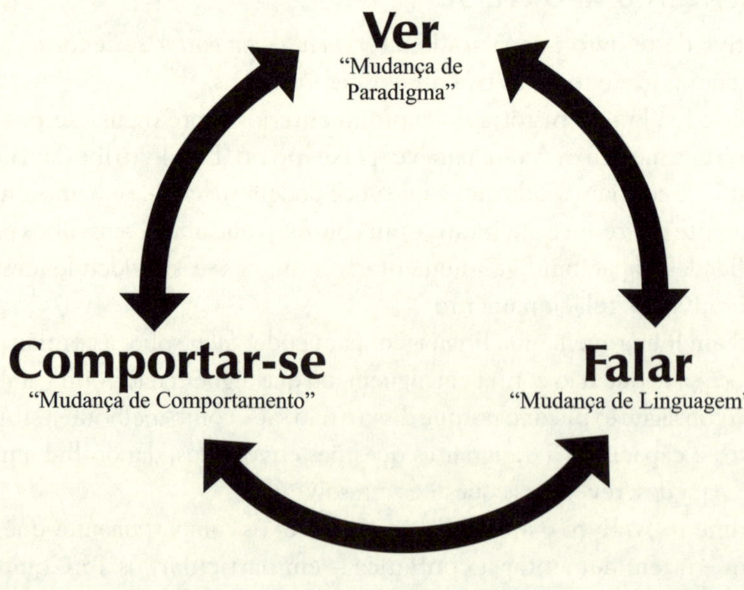

Evidentemente, essas três dimensões são interdependentes, e sempre que você faz uma mudança em uma das dimensões, faz mudança em todas as três. Por essa razão, este livro se concentrará sobre como *ver*, *falar* e *comportar-se*, de modo que você não apenas entenda os paradigmas, mas também obtenha a linguagem e os comportamentos necessários para estabelecer e fazer florescer a confiança.

FAZENDO ACONTECER

Com o entendimento do conceito da Velocidade da Confiança, de algumas questões relacionadas à confiança em todo nível e de como esta funciona, estamos agora prontos para examinar os passos a dar e que possibilitam estabelecer, recuperar e estender a confiança. À medida que você avançar pelas seções restantes do livro, tenha em vista que, qualquer que seja seu papel no trabalho ou em casa, você é um agente influenciador. Você é um líder, mesmo que seja apenas de si mesmo.

Ao longo do tempo, cheguei a essa definição simples de liderança: *liderança significa obter resultados de forma a inspirar confiança.* Consiste tanto em maximizar a contribuição atual quanto em maximizar a capacidade de contribuir no futuro, por meio do estabelecimento da confiança, o que torna essa contribuição possível.

Os meios são tão importantes quanto os fins. A maneira como alcançamos resultados é tão importante quanto os resultados em si porque, quando a confiança se estabelece, aumentamos o potencial de alcançar resultados na próxima vez. E sempre existe uma próxima vez. Fazer as coisas acontecerem pelos meios que destroem ou abalam a confiança não é apenas uma forma míope e contraproducente de agir; é também uma abordagem que não se pode sustentar. Como afirmou o corajoso explorador Ernest Shackleton: "Para mim a vida é o maior de todos os jogos. O perigo reside em tratá-la como um jogo trivial, um jogo a ser encarado superficialmente, e um jogo no qual as regras não contam muito. As regras importam muito. O jogo tem que ser um jogo limpo ou então não é jogo algum. E mesmo o ganhar o jogo não é um fim em si. O principal objetivo é ganhá-lo honrada e admiravelmente."

> *A confiança é absolutamente essencial ao sucesso de longo prazo.*
>
> – Jim Burke, ex-chairman e CEO, Johnson & Johnson

Encorajo-o a se empenhar plenamente neste material. Faça as perguntas difíceis. Enfrente o âmago das questões. À medida que me concentrava na questão da confiança dentro de minha própria vida e, depois, junto a milhares de pessoas e centenas de organizações mundiais, convenci-me de que a abordagem descrita neste livro é baseada em princípios que são evidentes em si e universais e que trazem resultados positivos. Eu não hesito em lhe garantir que, à medida que aplicar os princípios em seu cotidiano, perceberá benefícios imediatos. Você construirá competências de longo prazo; construirá relacionamentos mais sólidos e mais sustentáveis; melhorará os resultados; terá mais oportunidades, maior influência e se divertirá mais; aprenderá como estabelecer, fazer crescer, estender e recuperar aquele algo mais que causa grande impacto em tudo na vida – a confiança.

A PRIMEIRA ONDULAÇÃO – AUTOCONFIANÇA

O Princípio da Credibilidade

O modelo das 5 Ondulações da Confiança serve como metáfora para entender como a confiança funciona em nossas vidas. Começa com cada um de nós pessoalmente, continua em nossos relacionamentos, expande-se para as organizações, estende-se aos relacionamentos no mercado onde nossas empresas operam e inclui toda a sociedade global. Isso reflete a força da abordagem "de dentro para fora": para conquistarmos a confiança dos outros, devemos começar conosco em primeiro lugar.

Na Primeira Ondulação – Autoconfiança – aprendemos o princípio fundamental que nos capacita a estabelecer e sustentar confiança em todos os níveis. Esse princípio é o da credibilidade, ou da verossimilidade. É aqui que nos perguntamos: Sou confiável? As pessoas podem acreditar em mim? Sou digno de confiança (inclusive da minha)?

A boa nova é que podemos aumentar nossa credibilidade, e de forma rápida, se entendermos os quatro elementos-chave, ou aquilo que chamo "4 Dimensões", e que são fundamentais. Duas dessas dimensões lidam com o caráter; as outras duas, com a competência. O que confere à confiança a sua faceta mais rigorosa e mais pragmática é o reconhecimento de que a competência é tão vital à confiança quanto o caráter, e que temos a capacidade de mudar tanto nosso caráter quanto nossa competência.

À medida que desenvolvemos essas quatro dimensões, aumentamos a credibilidade pessoal. Temos, então, o fundamento a partir do qual podemos estabelecer e sustentar a confiança em todos os relacionamentos da vida.

AS 4 DIMENSÕES DA CREDIBILIDADE

A liderança precisa de uma embalagem diferente. Ela deve ser confiável. ... Acima de tudo, trata-se da credibilidade, de praticar aquilo que se prega.

– Anne Mulcahy, chairman e CEO, Xerox

Imagine que você está em um tribunal. Você foi convocado como perito e o advogado de acusação tenta convencer o júri de que você é testemunha confiável. O que ele tentará provar?

Em primeiro lugar, que você é uma pessoa íntegra – que é honesto e coerente, que tem uma reputação de ser uma pessoa sincera e que não mente.

Segundo, que você tem boa intenção – que não está tentando enganar nem proteger quem quer que seja, que não tem qualquer motivo nem segundas intenções que manchariam seu testemunho.

Em terceiro lugar, que suas credenciais são excelentes, que você, de fato, possui a expertise, o conhecimento, a habilidade e a capacidade na área sobre a qual irá testemunhar.

Em quarto lugar, que você tem bons antecedentes, que no passado você comprovou em outras situações, de maneira eficiente, suas capacitações e conhecimentos, e que existem boas razões para acreditar que você fará o mesmo agora.

Agora o advogado de defesa levanta-se e tenta convencer o júri de que você não é confiável. O que ele tentará provar? Exatamente o oposto.

Talvez dirá que lhe falta integridade – que você é desonesto ou mentiu no passado, ou que você é excêntrico ou tem alguma falha de caráter que desacreditaria seu testemunho. Ou que tem alguma segunda intenção ou algum motivo para "torcer" o testemunho a favor da promotoria. Ou que lhe faltam credenciais e que não está qualificado para testemunhar na área de sua suposta expertise. Ou que seus antecedentes estão maculados – que você não produziu bons resultados ou não comprovou ter a capacidade para discernir os fatos.

Como afirmam meus amigos advogados, basicamente tudo se reduz a estas quatro questões: sua integridade, sua intenção, suas capacitações e seus resultados. Sua credibilidade como especialista, como pessoa, como líder, como família, como organização – dependem desses quatro fatores. E essa credibilidade seria vital ao caso, particularmente se não existisse evidência física irrefutável, o que implica que, na verdade, o veredicto se baseará na credibilidade dos testemunhos pessoais. Em tais casos, é justamente a credibilidade das testemunhas que está em jogo e sendo julgada.

Em recente caso que, por falta de evidência tangível, baseou-se no testemunho, o advogado de defesa pediu ao juiz uma audiência de prejulgamento para "determinar se a testemunha queixosa era suficientemente confiável para testemunhar". No meio do julgamento da Enron, uma manchete da *USA Today* dizia: "O Veredicto Podia Depender Unicamente da Credibilidade de Skilling." Depois do veredicto ter sido condenatório, a nova manchete dizia: "Jurados: Ex-Executivos da Enron Não-confiáveis."

Tanto nos tribunais como na vida, muito pode depender do fato de você ser confiável – ou não. Por exemplo, em 2005, durante a investigação governamental da transação AIG de Seguros com a General Re (controlada por uma subsidiária da empresa de Warren Buffett, a Berkshire Hathaway), a reputação de ética e a integridade de Warren Buffett certamente foram levadas em consideração até mesmo antes de quaisquer detalhes dos interesses na transação terem vindo à tona. Um professor de ética da Wharton Business School disse: "Dadas suas realizações, eu estaria inclinado a dar-lhe o benefício da dúvida." Outro CEO disse: "Aqui está alguém bem-sucedido e suficientemente visível para que tudo nele já tenha sido esmiuçado. Ele não apenas tem reputação, mas também bons antecedentes." Naturalmente, Buffett foi inocentado, mas sequer sofreu qualquer arranhão na reputação justamente por causa da credibilidade inconteste.

> *Jamais alguém se recusou a negociar comigo por falta de confiança.*
>
> – JON HUNTSMAN, CHAIRMAN DA HUNTSMAN CORPORATION

SENDO CONFIÁVEL – CONSIGO MESMO E COM OS OUTROS

A Primeira Ondulação da Confiança – Autoconfiança – versa inteiramente sobre a credibilidade. Fala sobre o desenvolvimento da integridade, da intenção, das capacidades e dos resultados, fatores que o tornam confiável, tanto para si quanto para os outros. E o assunto todo reduz-se a duas simples perguntas: 1) Confio em mim? e 2) Sou alguém em quem as pessoas podem confiar?

Com relação a ter autoconfiança, isso geralmente começa com coisas pequenas. Lembro-me de uma época quando, durante cinco meses, estive extremamente ocupado, ficando acordado até as duas ou três horas da madrugada, na ânsia de querer acabar um projeto. Acordava de manhã ao toque do despertador (que eu acertava para tocar uma hora mais cedo, pois queria exercitar-me), só que cansado, eu desligava o alarme e voltava a dormir. Por dormir tão pouco naquela época, justificava meu comportamento, achando que precisava mais do sono do que da ginástica.

Depois de fazer isso por um bom tempo, comecei a pensar por que acertava o alarme para mais cedo? Sei que não acordarei para fazer exercícios quando o alarme disparar. Então, por que cargas d'água faço isso? Esse comportamento repetido não apenas enfraqueceu minha autoconfiança, mas tinha se tornado uma profecia que se autocumpria. Quando acertava o alarme, na verdade eu não acreditava que iria levantar naquela hora; em vez disso, acreditei que iria racionalizar o porquê de não me levantar. Acertar o despertador tinha virado uma piada.

Finalmente, decidi mudar minha abordagem. Resolvi que, a cada manhã, em vez de usar o alarme como ponto de decisão – acordar ou dormir mais um pouco, tomaria uma decisão na véspera, acertando o alarme para a hora quando realmente pretendesse levantar. Daquele ponto em diante, se acertasse o despertador para mais cedo, levantar-me-ia quando ele tocasse, prosseguindo com meu comprometimento de me exercitar, sem levar em consideração que tinha dormido pouco. Porém, às vezes, eu acertava o alarme para mais tarde, porque eu realmente acreditava que precisava de mais sono. Qualquer que fosse a decisão que tomasse ao acertar o despertador, queria que aquele compromisso fosse claro e me fizesse agir com integridade. De outra forma, continuaria a perder confiança em minha capacidade de realizar o que havia prometido. Isso parece ser um exemplo algo trivial, mas, para mim, essa mudança de atitude tornou-se muito significativa em termos da edificação de minha autoconfiança.

A pesquisa mostra que muitos de nós não cumprem as metas que estabelecem nem mantêm as promessas e compromissos que assumem. Por exemplo, enquanto quase metade dos americanos estabelece resoluções de Ano Novo (no próximo ano farei...), a pesquisa revela que apenas 8% das pessoas realmente as realizam.

O que acontece quando agimos dessa maneira repetidas vezes? Qual é o resultado de falhar repetidamente, assumindo e não cumprindo os compromissos? Isso destrói nossa autoconfiança. Não perdemos apenas a confiança em nossa capacidade de assumir e manter compromissos; com tal comportamento, deixamos também de projetar a força de caráter pessoal que inspira confiança. Podemos até tentar "emprestar" essa força, utilizando nossos cargos ou as associações às quais pertencemos. Mas ela não é real. Não é nossa força... e as pessoas sabem. Não importa se somos ou não conscientes disso, isso tem impacto sobre os lucros.

Embora todos intuitivamente saibamos, a pesquisa também valida que a autoconfiança de uma pessoa afeta seu desempenho. Essa é uma das razões de Jack Welch da GE sempre ter achado intensamente que "construir a autoconfiança dos outros constitui enorme parte da prática da liderança".

A falta de autoconfiança mina também a capacidade de confiar nos outros. Nas palavras do cardeal de Retz: "Um homem que não confia em si nunca poderá confiar realmente em qualquer outra pessoa."

A boa nova em tudo isso é que cada vez que assumimos e cumprimos nossos compromissos ou estabelecemos e alcançamos uma meta importante, tornamo-nos mais dignos de crédito. Quanto mais o fazemos, mais confiança adquirimos de que *podemos realizar*, de que nós *o realizaremos*. Dessa maneira, confiamos em nós cada vez mais.

> *A autoconfiança é o primeiro segredo do sucesso... a essência do heroísmo.*
>
> – RALPH WALDO EMERSON

Com relação a ser alguém em quem os outros podem confiar, gostaria de contar uma experiência que meu pai teve há poucos anos em uma loja de roupas no Canadá. O gerente da loja e um estagiário recém-empregado ajudavam-no a escolher. Enquanto meu pai analisava se iria comprar um casaco caro, ele mencionou ao gerente que teria que adicionar ao preço um imposto que seria cobrado em sua volta aos Estados Unidos.

"Não se preocupe com a tarifa alfandegária", disse o gerente da loja, com um sorriso maroto. "Apenas use-o!"

"O quê?", meu pai disse.

"Vista o casaco e pronto!", o gerente repetiu. "Então você não terá que pagar o imposto."

"Mas tenho que assinar um formulário", meu pai exclamou. "Tenho que declarar as coisas que comprei e trago ao país."

"Não o declare; apenas vista-o", o gerente disse mais uma vez. "Não se preocupe com a alfândega."

Meu pai ficou silencioso por um momento, e então disse: "Olhe, francamente não estou preocupado em ter que pagar o imposto e, sim, com este novo vendedor que você está treinando. Ele está observando você. Aprendendo com você. O que pensará quando você assinar sua comissão? Que tipo de confiança terá em você como o administrador de sua carreira?"

Você percebe por que empregados não confiam em seus chefes? Na maioria das vezes, não são as enormes violações de ética, visíveis como as da Enron e da WorldCom, que minam a confiança de uma organização. São as coisas pequenas – um dia qualquer, uma fraqueza ou ato desonesto –, é isso que enfraquece gradualmente e corrói a credibilidade.

> *Coisas pequenas contam. Como quando alguém telefona para conversar com um gerente e seu assistente diz que ele está ocupado em uma reunião quando, de fato, ele não está. As coisas que seus empregados notam são as coisas pequenas.*
>
> – Frank VanderSloot, presidente e CEO da Melaleuca

Que tipo de impacto esses "saques" constantes causam na eficácia da organização? Na satisfação profissional? Na retenção dos empregados? Nos resultados financeiros? Que tipo de tributo a organização paga em conseqüência? Qual é o impacto na velocidade com que as tarefas são executadas?

Por outro lado, o que acontece quando você apresenta às pessoas alguém confiável e em quem podem confiar? Deixe-me contar a história de Wally Thiim. Em 1990, pouco antes da campanha Tempestade no Deserto para libertar o Kuwait, Thiim foi designado em Ft. Hood, Texas, para comandar um batalhão de uma unidade de cavalaria de 2 mil homens – essa unidade tinha a reputação de ser a pior naquela base militar. Contudo, em pouco tempo, sob seu comando, a unidade realizou progresso surpreendente, passando as outras unidades com notas tão altas no ARTEPS (teste de proficiência do Exército americano) que o então coronel Tommy Franks, chefe do estado-maior da divisão, elogiou-a por seu excepcional desempenho.

Quando a unidade de Thiim foi enviada à Arábia Saudita, e antes de entrar em combate, Thiim pediu a seus homens que apontassem espontaneamente os colegas em quem confiariam para que os dirigissem em situações de vida ou morte. Eles escolheram unanimemente os oficiais que os tinham comandado em Ft. Hood, passando da pior para a melhor unidade dessa base. Sua credibilidade tinha sido comprovada; evidentemente eram dignos de confiança.

> *Você não pode prevenir uma grande catástrofe, mas pode montar uma organização que está preparada para a batalha, na qual o moral é alto, as pessoas sabem como comportar-se, confiam em si mesmas e umas nas outras. No treinamento militar, a primeira regra é incutir nos soldados a confiança em seus oficiais, porque, sem confiança, eles não lutarão.*
>
> – Peter Drucker

Recentemente, uma amiga relatou-me um exemplo de como a idéia de apresentar alguém em quem as pessoas podem confiar causou impacto no nível familiar. Eis o que ela me disse:

Anos atrás, quando era uma jovem mãe, li um artigo intitulado "Seus Filhos Podem Confiar em Você?". O autor salientou como nós, pais, freqüentemente dizemos a uma criança repetidamente "não!" em vez de confirmar a nossa negativa fazendo-a obedecer da primeira vez. Em conseqüência, as crianças aprendem que se persistirem por tempo suficiente, normalmente cansarão os pais e eventualmente conseguirão o que querem. Elas não desenvolvem a faculdade de confiar nos adultos de que, quando dizem "não", realmente querem dizer "não".

Esse autor sugeriu maneiras eficientes de acompanhar e edificar tal confiança nos filhos. Por exemplo, se você diz "não" a um bebê e ele não obedece, então você imediatamente deve pegá-lo e movê-lo para longe do que fazia.

Essa única dica me fez mudar a maneira como ao longo dos anos interagia com minhas crianças. De antemão lhe asseguro: tal mudança de atitude demanda tempo e esforço. Exige comprometimento e acompanhamento intensos. Mas paga dividendos incríveis. Em vez de perder tempo tendo que repetir seguidamente suas ordens, você age apenas uma vez. Sua criança aprende a acreditar que aquilo que você diz é realmente o que pretende que ela faça.

Vê-se o oposto disso acontecendo nos lares em toda parte. Vê-se pais que dão instruções às suas crianças, e depois nada fazem quando estas são ignoradas. Vê-se crianças agindo sozinhas porque os pais estão ocupados com os próprios projetos ou em conversas com outros adultos, simplesmente não prestando atenção. E vê-se o resultado em jovens adolescentes que, consistentemente, desafiam os limites e ignoram o que os pais dizem. Admito, os adolescentes têm seus próprios problemas e são tremendamente influenciados pelos pares. Mas acredito que construir um relacionamento de alta confiança durante esses anos difíceis causa profundo impacto na satisfação tanto dos pais quanto dos adolescentes e também molda o caráter que estes desenvolvem e terão quando se tornarem pais, empregados e cidadãos.

Estudo realizado por uma renomada empresa de consultoria mostra que a construção da credibilidade pessoal é o segundo comportamento mais relevante nos líderes. Curiosamente, a Harvard Business School pede, dos que escrevem cartas de recomendação para estudantes candidatos, informações em três áreas fundamentais. Uma das três é a seguinte:

> *A Harvard Business School está comprometida em desenvolver líderes excepcionais que podem* ***inspirar confiança****. Por favor, comente o comportamento do candidato (por exemplo, respeito pelos outros, honestidade, integridade, responsabilidade por seu comportamento pessoal) dentro de sua organização na comunidade* [destaque meu].

> *A única maneira de construir confiança profissional ou pessoal é ser fidedigno.*
>
> – GERARD ARPEY, CEO, AMERICAN AIRLINES

Tenha em mente que credibilidade é um elemento sobre o qual *podemos* fazer algo. Podemos decidir ampliar a autoconfiança que flui de dentro para fora e que afeta cada aspecto de nossas vidas – e a de outros também.

QUÃO CONFIÁVEL VOCÊ É?

Em nossos programas corporativos, freqüentemente realizamos um exercício preliminar com cada participante, no qual lhes entregamos cartões com as fotografias das pessoas com as quais trabalham, pedindo-lhes para que as classifiquem rapidamente em duas pilhas: "Tenho a propensão de confiar nesta pessoa" ou "Tenho a propensão de não confiar nesta pessoa". Se alguém juntou-se à organização muito recentemente, permitimos uma terceira alternativa: "Não conheço suficientemente essa pessoa para determinar se confio ou não nela."

É sempre interessante ver como todos conseguem tomar essas decisões rapidamente. À medida que examinam cada fotografia, a maioria manifesta sentimento imediato de confiança ou desconfiança que é fácil de discernir. É também interessante constatar que, na maioria das vezes, a pessoa que confia em determinadas pessoas também é confiada por estas e vice-versa.

Pense nas pessoas que você conhece, uma a uma. Em qual pilha você imediatamente colocaria suas fotos? Por quê?

Agora vejamos as perguntas mais contundentes: Se sua fotografia fosse incluída em um desses grupos de cartões, distribuídos às pessoas que conhecem você, em qual pilha colocariam a sua foto? Por quê?

Como disse no começo do capítulo, há quatro fatores que criam credibilidade. Antes de prosseguir, talvez você esteja interessado em submeter-se a esse teste de auto-análise que o ajudará a avaliar onde pensa situar-se em cada uma dessas áreas.

Eu o advirto antecipadamente de que as perguntas são instigantes. Exigem exame sincero e avaliação profunda de sua consciência. Mas o estímulo a submeter-se a esse teste é ser completamente honesto consigo mesmo. Ele o ajudará a entender os elementos essenciais da credibilidade pessoal, a avaliar eventuais deficiências e a concentrar seus esforços de aperfeiçoamento nas áreas que lhe trarão os maiores resultados. O simples fato de responder a essas perguntas com sinceridade o ajudará a aumentar sua Autoconfiança.

À medida que lê cada grupo de afirmativas, em cada parte do questionário, marque o número que melhor descreve onde você se sente na escala: o número 1 significa que você se identifica melhor com a declaração à esquerda; 5 significa que você acha-se melhor descrito pela declaração à direita. 2, 3 ou 4 são situações intermediárias, sendo que o número 3 representa a indecisão.*

PARTE UM

Às vezes justifico "pequenas mentiras", crio impressões falsas sobre as pessoas, distorço situações ou "torço" a verdade para conseguir o que quero.	1__2__3__4__5	Em qualquer nível, sou completamente honesto em minhas interações com os outros.
Às vezes, existe diferença entre aquilo que penso e aquilo que digo, ou entre minhas ações e meus valores.	1__2__3__4__5	O que digo e faço constitui realmente o que penso e sinto. Pratico o que ensino ou prego.
Meus valores não são totalmente claros. É difícil para mim defender algo quando os outros discordam.	1__2__3__4__5	Não tenho dúvidas quanto a meus valores e defendo-os sem medo.
Tenho dificuldades em reconhecer que outra pessoa possa estar certa, ou que existe informação adicional lá fora que possa me forçar a mudar de idéia.	1__2__3__4__5	Estou genuinamente aberto à possibilidade de conhecer idéias novas que podem me fazer repensar certas questões ou mesmo redefinir meus valores.
Tenho dificuldades em estabelecer e alcançar metas ou compromissos pessoais.	1__2__3__4__5	Posso estabelecer e manter consistentemente os meus compromissos e aqueles assumidos com os outros.

CONTAGEM TOTAL DA PARTE UM __ (25 pontos possíveis)

* Para obter a marcação e a contagem automática, faça este teste on-line em http://www.speedoftrust.com e receba uma avaliação e dicas grátis sobre como aumentar sua credibilidade (em inglês).

PARTE DOIS

Eu realmente não me importo tanto com as pessoas, exceto aquelas que são mais próximas a mim. Reluto em pensar sobre as preocupações dos outros e que sejam externas a meus interesses pessoais.	1__2__3__4__5	Preocupo-me com as outras pessoas e também com o bem-estar dos outros.
Não penso muito sobre *por que* faço o que faço. Raramente (ou nunca) tentei me analisar profundamente para melhorar minhas intenções.	1__2__3__4__5	Sou consciente de meus motivos e intenções e procuro aperfeiçoar-me para garantir que ajo corretamente e pelos motivos certos.
Geralmente, em meus negócios, concentro-me em obter o que quero.	1__2__3__4__5	Procuro soluções que ofereçam um "ganho" para todos os envolvidos.
Com base em meu comportamento, a maioria das pessoas não pensaria necessariamente que tenho em mente seus melhores interesses.	1__2__3__4__5	Por meio do que faço, as outras pessoas conseguem determinar claramente que tenho em mente seus melhores interesses.
No fundo, acredito que, se outra pessoa consegue algo (recursos, oportunidades, créditos), isso significa que eu não os obtive.	1__2__3__4__5	Sinceramente acredito que há mais do que o suficiente de tudo para todos.

CONTAGEM TOTAL PARTE DOIS __ (25 pontos possíveis)

PARTE TRÊS

Realmente sinto não estar utilizando todos os meus talentos em meu trabalho atual.	1__2__3__4__5	No trabalho que realizo há um bom casamento entre meus talentos e minhas oportunidades.
Não adquiri o conhecimento nem desenvolvi plenamente as habilidades de que necessito para ser realmente eficiente no trabalho.	1__2__3__4__5	Adquiri o conhecimento e tenho as habilidades necessárias para o meu trabalho.

PARTE TRÊS

Raramente gasto tempo para melhorar meu conhecimento e minhas habilidades no trabalho ou em qualquer outra área de minha vida.	1__2__3__4__5	Melhoro e aumento sem parar os meus conhecimentos e habilidades em todas as áreas que são importantes na vida.
Realmente não tenho certeza sobre quais são as minhas forças; concentro-me mais em tentar melhorar as minhas fraquezas.	1__2__3__4__5	Identifiquei minhas forças e concentro-me muito para usá-las com eficácia.
Neste momento, realmente não sei muito sobre o processo de construir confiança.	1__2__3__4__5	Sei como estabelecer, fazer crescer, estender e recuperar eficientemente a confiança, e me esforço conscientemente em fazer isso acontecer.

CONTAGEM TOTAL PARTE TRÊS __ (25 pontos possíveis)

PARTE QUATRO

Não tenho realizações muito destacadas. Meu currículo certamente não deixaria alguém maravilhado.	1__2__3__4__5	Minhas realizações espelham claramente aos outros aquilo que sei fazer e lhes dá a confiança de que alcançarei os resultados desejados.
Dedico meus esforços a fazer o que me mandaram.	1__2__3__4__5	Dedico meus esforços para obter resultados, não apenas para cumprir minhas tarefas.
Quando tenho que relatar minhas realizações, ou não digo nada (não quero parecer estar me vangloriando), ou falo demais e as pessoas ficam desestimuladas.	1__2__3__4__5	Comunico adequadamente as minhas realizações de maneira a inspirar confiança.
Muitas vezes não consigo acabar o que comecei.	1__2__3__4__5	Com raras exceções, se começo algo, termino.
Não me preocupo muito *com a maneira* de obter resultados – só quero chegar a eles.	1__2__3__4__5	Obtenho consistentemente resultados usando formas que inspiram confiança.

CONTAGEM TOTAL PARTE QUATRO __ (25 pontos possíveis)

CONTAGEM TOTAL DO TESTE __ (100 pontos possíveis)

Agora, dê uma olhada em sua pontuação. Se a contagem total situou-se entre 90 e 100, você tem alta credibilidade pessoal. Você demonstra ter caráter, bem como competência. Você sabe o que é importante e o traduz em ação na vida diária. Preocupa-se com as pessoas. Você está ciente de suas capacidades e desenvolve e utiliza-as eficientemente para produzir resultados positivos. O resultado é que você se sente confiante e as pessoas tendem a confiar em você.

Se sua contagem encontra-se entre 70 e 90, você tem algumas lacunas de credibilidade que se manifestarão, seja na forma de autoconfiança mais baixa, seja por meio de algum grau de dificuldade para inspirar confiança nos outros.

Se marcou 70 pontos ou menos, possivelmente tem um problema mais sério de credibilidade. Você poderá querer analisar mais cuidadosamente as áreas específicas nas quais se deu pontuações mais baixas. À medida que progredirmos no capítulo, você poderá concentrar-se sobre as maneiras específicas de melhorar.

AS 4 DIMENSÕES

Cada parte do teste corresponde a uma das "4 Dimensões da Credibilidade". São os elementos fundamentais que o tornam confiável, tanto para si como para os outros. Você os reconhecerá como sendo os mesmos elementos que provam ou destroem, em um tribunal, a sua credibilidade de perito.

As duas primeiras dimensões lidam com caráter; as duas últimas, com a competência. Todas as quatro são necessárias para a autoconfiança.

Dimensão 1: Integridade

A primeira dimensão lida com as questões da *integridade*, que é aquilo que a maioria das pessoas pensa quando reflete sobre a confiança. Para muitos, "integridade" é sinônimo de "honestidade". A integridade inclui honestidade e engloba muito mais do que isso. Trata-se de praticar o que se prega. É ser coerente consigo mesmo e com os outros. É ter a coragem de agir de acordo com valores e crenças. Curiosamente, a imensa maioria das violações de confiança é infração da integridade.

Dimensão 2: Intenção

A segunda dimensão lida com questões de *intenção*, que têm a ver com nossos motivos, nossas agendas pessoais e com o comportamento resultante. A confiança cresce quando nossos motivos são claros e fundamentados em benefícios mútuos – em outras palavras, quando nos preocupamos genuinamente com o bem-estar das pessoas com as quais interagimos, dirigimos ou servimos, e não apenas conosco.

Quando suspeitamos das segundas intenções de alguém ou não acreditamos que alguma pessoa esteja agindo com vistas ao benefício mútuo, desconfiamos de tudo que ela diz e faz.

Tanto a integridade quanto a intenção são questões relativas ao *caráter* das pessoas.

> *Não há atalhos morais no jogo dos negócios – ou da vida. Existem basicamente três tipos de pessoas: as malsucedidas, as temporariamente bem-sucedidas e aquelas que têm sucesso e assim permanecem. A diferença entre elas é o caráter.*
>
> – Jon Huntsman, chairman, Huntsman Chemical

Dimensão 3: Capacitações

A terceira dimensão lida com a questão das *capacitações*. São as habilidades que possuímos e que inspiram a confiança – nossos talentos, atitudes, destrezas, conhecimentos e estilo. São os meios que empregamos para produzir resultados. Um médico talvez seja íntegro e seus motivos talvez sejam bons, mas, a menos que seja habilidoso em executar a tarefa em questão (por exemplo, uma cirurgia de cérebro) carecerá de credibilidade na área. As capacitações também lidam com nossa capacidade de estabelecer, fazer crescer, estender e recuperar a confiança.

Dimensão 4: Resultados

A quarta dimensão lida com questões de *resultados*, com nossas realizações (pessoais e profissionais), nosso desempenho, com fazer as coisas corretas e corretamente. Se não realizamos o que se espera de nós, diminuímos nossa credibilidade. Por outro lado, quando alcançamos os resultados que prometemos, estabelecemos reputação positiva de sabermos executar, de sermos produtores... e nossa reputação precede-nos.

Tanto as capacitações como os resultados são questões de *competência*.

> *Em qualquer cultura, um bom líder provavelmente não é diferente no sentido que um bom dirigente se caracteriza por ter credibilidade. Isso é algo que nós estabelecemos... com base na maneira como alguém se comporta e por meio de suas realizações comprovadas.*
>
> – Dr. Victor K. Fung, chairman do grupo, Li & Fung

Como disse, cada uma dessas dimensões de credibilidade é vital, não apenas em um tribunal, mas em qualquer situação. Por exemplo, pode existir alguém que tenha grande integridade, boa intenção e realizações maravilhosas. Mas se não tiver as competências necessárias para um trabalho, você não confiará nessa pessoa para realizá-lo. Ou pode haver uma pessoa de grande integridade, que é extremamente capaz e que produziu resultados excelentes, mas se você percebe que ela não se importa muito com você ou com o seu sucesso em uma negociação, você não confiará plenamente nessa pessoa nessa situação. Nos capítulos que se seguem, examinaremos em profundidade cada dimensão, avaliando o impacto que causa alguém não possuir qualquer uma das quatro. Também examinaremos o impacto que causa alguém possuir uma, mas não as outras três.

Muitas das pessoas com as quais você interage não reconhecerão que essas 4 Dimensões Vitais de Credibilidade fazem parte de um todo muito maior. Não compreenderão que a credibilidade possui quatro dimensões e que sua avaliação em algumas pode ser alta e, em outras, baixa. Elas só verão o conjunto – ou você tem ou não tem credibilidade.

Esse é um dos motivos pelos quais é tão importante entender as 4 Dimensões. Elas o ajudarão a compreender a própria credibilidade, direcionando-o a concentrar-se nas áreas onde você precisa melhorar. Elas lhe ensinarão a comportar-se para estabelecer confiança. E, como discutiremos mais adiante, elas também lhe oferecerão o instrumental para saber como estender aos outros o que chamo "Confiança Inteligente".

> *Pergunte-se... implacavelmente: Transmito confiança? T-r-a-n-s-m-i-t-i-r. Grande palavra. Tenho a vibração da "confiança"? Pense nisso. Cuidadosamente.*
>
> – TOM PETERS

Uma das maneiras de se imaginar a importância das 4 Dimensões de Credibilidade é por meio da metáfora de uma árvore. A *integridade* encontra-se essencialmente sob a superfície. É a raiz do sistema da qual tudo mais cresce. A *intenção* torna-se algo mais visível. É o tronco que emerge de baixo da superfície e para fora. As *capacitações* são os ramos. São as capacitações que nos dão a condição de produzir. Os *resultados* são os frutos – as conseqüências visíveis, tangíveis e mensuráveis, que são as mais fáceis de serem vistas e avaliadas pelos outros.

Enxergar as 4 Dimensões de Credibilidade dessa maneira o capacitará a ver a inter-relação entre todas as quatro e a vital importância de cada uma. Também o ajudará a encarar a credibilidade como coisa viva, que cresce, e que pode ser nutrida. À medida que analisarmos cada uma das dimensões, voltaremos a essa metáfora para examinar mais detalhadamente por que cada uma é importante e como se relaciona com as outras três.

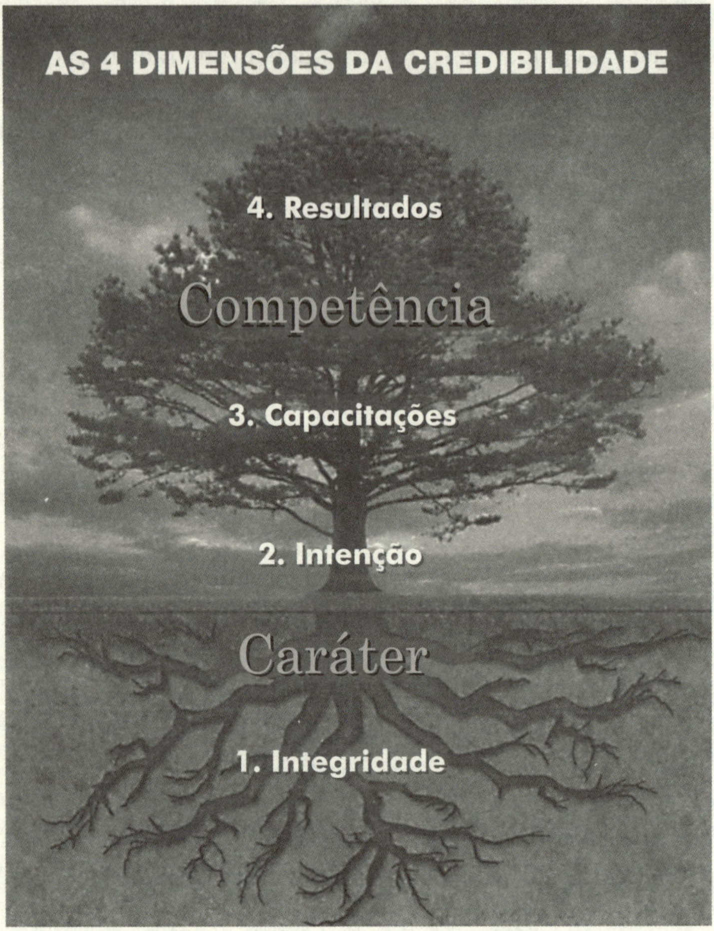

TRAÇANDO O CURSO

Com o entendimento das 4 Dimensões da Credibilidade, gostaria que você agora retornasse aos resultados do teste nas páginas 52 a 54 e reconsiderasse sua pontuação.

Parte	Dimensão	Pontuação
1	Integridade	
2	Intenção	
3	Capacitações	
4	Resultados	
Total		

Quais são suas forças? Quais áreas necessitam de melhoria?

Qualquer que seja seu nível atual de credibilidade, estou convencido de que esse material o ajudará. No mínimo, ele lhe proverá a linguagem para entender e conversar sobre credibilidade e questões de confiança, transformando-as em passos a empreender. Um de meus sócios, que durante vários anos ensinou a Velocidade da Confiança, me disse recentemente: "Não que eu não fosse confiável desde o começo. Mas, estando mais ciente dessas coisas, tendo uma linguagem para conversar sobre tais assuntos e comportando-me de forma a inspirar confiança, minha credibilidade aumenta tremendamente, assim como minha capacidade de influenciar as outras pessoas."

À medida que ler os próximos capítulos, esteja ciente de que as 4 Dimensões da Credibilidade não se aplicam apenas ao plano individual, mas também ao das organizações. Um vice-presidente de marketing, em uma grande empresa, contou-me recentemente que estas 4 Dimensões tornar-se-iam seu plano de ação do marketing. Ele me disse: "Como organização, precisamos ser confiáveis. Temos que assegurar que os clientes entendam nossa reputação em torno da integridade. Precisamos declarar nossa intenção de ajudá-los a ganhar. Necessitamos demonstrar-lhes nossas competências em agregar valor às empresas. Devemos demonstrar nossos resultados e realizações, de modo que continuem comprando de nós. O resultado de tudo isso será a credibilidade e, com essa credibilidade, poderemos estabelecer e sustentar relacionamentos de confiança a longo prazo. Nosso negócio já comprovou que os relacionamentos de confiança a longo prazo são o segredo do crescimento rentável."

Nos próximos quatro capítulos, nosso objetivo será explorar profundamente cada uma das 4 Dimensões, entender melhor o que são, por que são vitais para a credibilidade e a confiança e como podemos melhorá-las, de modo a aumentar a confiança em cada nível das cinco ondulações. No fim de cada capítulo, procuro me concentrar nos três principais "aceleradores", ou as coisas que você pode fazer para obter os maiores resultados no aperfeiçoamento de suas quatro dimensões. Sugiro que leia cada um dos capítulos, a fim de entender e contextualizar o assunto, e depois volte e comece com um ou dois passos de ação que, na sua opinião, farão a maior diferença em seu desenvolvimento pessoal.

DIMENSÃO 1 – INTEGRIDADE
VOCÊ É COERENTE?

Quando emprego pessoas, procuro três coisas. A primeira é integridade, a segunda é inteligência e a terceira é um alto nível de energia. Se não existe a primeira, as outras duas acabarão com você.

– WARREN BUFFETT, CEO, BERKSHIRE HATHAWAY

No terceiro jogo do torneio Italia Masters de 2005, em Roma, o campeão de tênis Andy Roddick enfrentou Fernando Verdasco, da Espanha. Era *match point* a favor de Roddick. Quando Verdasco bateu seu segundo serviço, o juiz de linha declarou bola "fora", e a multidão começou a aclamar Roddick. Verdasco andou em direção à rede para apertar a mão de seu adversário, como se a partida tivesse acabado.

Mas Andy Roddick não aceitou o ponto. Em vez disso, disse que a bola havia entrado dentro da quadra e chamou a atenção do árbitro para uma leve marca que comprovava que a bola havia batido *dentro* e não *fora* da linha demarcatória. Surpreendido, o árbitro permitiu a Roddick contradizê-lo e o ponto foi concedido a Verdasco.

Todos ficaram surpresos. Em um jogo que normalmente não é pontuado com base em código de honra – mas, sim, pelas determinações do árbitro – Roddick fez uma declaração contra si e perdeu a partida.

Embora naquele dia tenha perdido, Andy Roddick ganhou algo muito maior. Ganhou credibilidade. Ganhou confiança. Como essa exibição de integridade deu-lhe credibilidade? Veja o episódio desta maneira: Como os árbitros reagirão da próxima vez em que Andy Roddick questionar uma arbitragem? Provavelmente tratarão seus questionamentos com o máximo de respeito. Sua reputação é conhecida; sua credibilidade o precederá.

Além do mais, como você acha que Andy Roddick se sentiu? Como *poderia* ter se sentido se decidisse aceitar a vitória, sabendo que a bola realmente tinha caído na quadra?

Naquele dia, para mim, o comportamento de Andy Roddick tornou-se símbolo de algo que agora chamo "a Escolha de Roddick" – demonstrar integridade mesmo quando aquilo terá um alto custo. Isso ilustra a clara conexão entre integridade, credibilidade e confiança – tanto com os outros como conosco.

> *Para mim, integridade, a palavra-raiz, tem a ver realmente com o homem inteiro, com caráter, com integralidade e bondade. Penso em um homem ou mulher de integridade como alguém que é equilibrado e completo, e com alto caráter. Uma pessoa de princípios.*
>
> – Hank Paulson, chairman e CEO, Goldman Sachs

Para usar a metáfora da árvore, a integridade é a raiz. Mesmo enterrada, e na maior parte do tempo sequer visível, é absolutamente vital para nutrição, força, estabilidade e crescimento da árvore toda. Todos já vimos pessoas com enorme capacidade, excelentes resultados, às vezes até mesmo com boa intenção, que infelizmente fazem as coisas de forma desonesta e sem escrúpulos. É a tal mentalidade "os meios justificam os fins". Ela conduz a manipulações, engodos, fraudes e extorsões, aos escândalos das Enrons e WorldComs e às traições que destroem casamentos e relacionamentos de toda espécie. Voltando à metáfora do perito, não há maneira de uma pessoa ser considerada confiável se o outro lado puder provar que lhe faltou integridade.

Por outro lado, ter integridade apenas – sem as outras três dimensões – é como ser um "rapaz simpático", até mesmo talvez uma pessoa completamente honesta, que basicamente é inútil. Em nossa metáfora de árvore, ela é como um toco – não serve para quase nada. Você talvez confie nela para guardar uma confidência, mas não há jeito algum de você confiar nela para realizar algo. Ela é honesta – mas sem importância.

Uma vez mais, todas as quatro dimensões são vitais para a credibilidade e a confiança.

O PROBLEMA COM O RENASCIMENTO DA "ÉTICA"

Então o que é integridade? Hoje em dia muitas pessoas confundem integridade com "ética". Talvez exista ao menos um resultado bom do recente aumento de escândalos corporativos e outros. Isto estimulou o renascimento da ética. E a maioria das pessoas reconhece que a falta de ética no mundo atual promove a desconfiança.

> *Surgindo das cinzas da crise, corrupção e desconfiança pública, ganha atração de milhões um movimento totalmente novo que visa revitalizar a ética e o espírito da livre iniciativa.*
>
> – PATRICIA ABURDENE, AUTORA DE *MEGATRENDS* 2010

No entanto, o problema nas organizações é que muitas soluções "éticas" concentram-se na *conformidade*. A definição da conformidade do que seja "ética" não se refere à integridade nem a ser íntegro; é uma definição diluída, desvalorizada, que essencialmente significa "obedeça às regras". Portanto, o treinamento em ética freqüentemente concentra-se exclusivamente em manter a conformidade com a Lei Sarbanes-Oxley e outras legislações reguladoras e baseadas em regras – não se dedicando a esclarecer valores e a nutrir a integridade com relação a eles, nem a pontuar a importância de se aderir a princípios duradouros.

O resultado é que as empresas têm enormes e complexos manuais de política. Além do mais, as pessoas podem ser astutas ou até mesmo brutais na maneira como tratam os outros, mas a menos que sejam apanhadas distorcendo um relatório de despesas ou transgredindo alguma outra regra mensurável, e contanto que estejam obtendo resultados, em geral a maioria das empresas nada faz a respeito.

> *As regras não podem substituir o caráter.*
>
> – ALAN GREENSPAN, EX-CHAIRMAN,
> U.S. FEDERAL RESERVE

Mais tarde, como veremos na Terceira Ondulação – Confiança Organizacional – em última análise, os problemas que enfrentamos hoje nas organizações não podem ser resolvidos com essa abordagem de fora para dentro do "obedeça às regras". Como observou Chris Bauer, psicólogo e instrutor em ética corporativa:

> *Não estamos falando aqui sobre uma questão de impor a lei ou os regulamentos. Trata-se de uma questão psicológica – uma ausência dos valores básicos, uma confusão sobre a coisa certa a fazer. Vejo uma porção de empresas afirmar que arrocharão suas regras. Não vejo muitas dizendo que se esforçarão para ser extremamente claras sobre quais são os seus valores, nem treinando os empregados sobre como esses valores se traduzem em comportamento efetivo.*

Só quando as corporações encararem a confiança e a integridade – sob o ponto de vista da coerência e não da conformidade – é que poderão realmente promover a verdadeira credibilidade e a confiança organizacional. Como Albert Camus disse: "A integridade não necessita de regras."

DEFININDO A INTEGRIDADE

Para a maioria das pessoas, honestidade significa integridade. Embora alguns não compreendam conscientemente, honestidade inclui não apenas dizer a verdade, mas também deixar a impressão correta. É possível contar a verdade, mas deixar a impressão errada. E isso não é honesto.

> *Não confie nas questões importantes de quem quer que seja negligente com a verdade nas questões pequenas.*
>
> – Albert Einstein

A maioria dos líderes se descreveria como honesta, porém pesquisa demonstra que a maioria dos empregados não acredita que a direção seja honesta nem que se comunica honestamente. A escritora inglesa Maria Louise Ramé disse: "Conheci mil velhacos; mas nunca encontrei um que achasse que o fosse." Seu ponto de vista pode ser dramatizado humoristicamente pelo capitão Jack Sparrow, do filme *Os Piratas do Caribe*, quando ele diz: "Sou desonesto, e realmente pode-se confiar em um homem desonesto, pois ele sempre será desonesto... É com os honestos que você deve ter cuidado, porque você nunca pode prever quando farão algo incrivelmente... estúpido."

A integridade certamente inclui a honestidade – dizer a verdade e deixar a impressão correta. Mas existem ao menos três qualidades adicionais que são igualmente importantes.

Coerência. A "integridade" provém da mesma raiz latina das palavras "integrado" e "íntegro". Uma pessoa possui integridade quando não há disparidade entre suas intenções e seu comportamento... quando ela é completa, sem descontinuidades, a mesma pessoa – por dentro e por fora. Chamo isso "coerência". E é a coerência – e não a conformidade – que, em última instância, criará credibilidade e confiança.

As pessoas coerentes agem em harmonia com seus valores e crenças mais profundos. Elas praticam o que pregam. Quando sentem que devem fazer algo, elas o fazem. Elas não são influenciadas por forças extrínsecas, como a opinião dos outros ou as conveniências do momento. A voz que escutam e à qual reagem é a silenciosa voz da consciência.

Um grande exemplo de coerência foi Mahatma Gandhi. Em dado momento na vida, ele foi convidado a falar para a Câmara dos Comuns em Londres. Sem usar anotações, ele falou por duas horas e levou uma audiência essencialmente hostil à sua ovação de pé. Depois da fala, alguns repórteres procuraram seu secretário, Mahadev Desai, incrédulos por terem visto que Gandhi podia hipnotizar a audiência por um tempo tão longo e sem anotações. Desai respondeu:

Aquilo que Gandhi pensa, sente, diz e faz é tudo a mesma coisa. Ele não precisa de anotações... Você e eu, nós pensamos uma coisa, sentimos outra, dizemos outra, e fazemos uma quarta, então precisamos de anotações e arquivos para acompanhar todas as mudanças.

Gandhi não foi apenas coerente consigo mesmo, ele também era coerente com os princípios que defendia. Ele não apenas tinha raízes, ele tinha a raiz mestra que mergulhava fundo no reservatório dos eternos princípios que governam a vida.

> *Minha vida é um todo indivisível, e todas as minhas atividades convergem... Minha vida é a minha mensagem.*
>
> – Mahatma Gandhi

Extraindo a força de tais princípios e vivendo de maneira a ser totalmente coerente com eles, Gandhi podia produzir resultados afirmativos surpreendentes, tanto na Índia quanto no mundo todo – apesar do fato de nunca ter tido cargo público algum nem ter ocupado posição formal de liderança.

Quando você consistentemente demonstra coerência interior em seu sistema de crenças e princípios, você inspira confiança tanto em relacionamentos profissionais como nos pessoais. As pessoas sentem que você é forte, sólido e confiável, e que está comprometido em viver de forma que certamente trará resultado positivo, validando sua confiança em você.

Humildade. A integridade também inclui a humildade. Ao fazer a pesquisa para o livro *Empresas feitas para vencer*, o renomado especialista Jim Collins, visando descobrir a razão para o êxito extraordinário das boas empresas, examinou os fatores que as transformaram em empresas excelentes. Duas coisas que descobriu o surpreenderam.

A primeira foi que, apesar do intento em sua pesquisa em "ignorar os executivos", os dados demonstraram consistentemente que a liderança importava muito. Como Collins observou: "Na época da transição, todas as organizações na trajetória que vai entre ser uma empresa boa e uma grande empresa tinham Nível 5 em liderança."*

A segunda foi aquilo que caracterizava esse "Nível 5" de liderança. Collins disse:

**Nota do Tradutor*: A expressão "Nível 5" é um jargão americano na área da administração de empresas. Ela significa competência que envolve a aplicação de uma série de princípios dentro de uma ampla e não-previsível variedade de contextos – dentro e fora da organização. Isto muitas vezes envolve substancial autonomia de direção e comando, grandes responsabilidades pelo trabalho de equipes e pela alocação de grandes quantidades de recursos.

> *Ficamos surpresos, até mesmo chocados, ao descobrir o tipo de liderança necessário para transformar uma boa empresa em uma excelente empresa. Comparados aos líderes de alta exposição, aquelas grandes personalidades que fazem as manchetes e tornam-se celebridades, os líderes dessas empresas em transição de boas a grandes parecem ter vindo de Marte. Modestos, tranqüilos, reservados, até mesmo tímidos –* ***esses líderes são uma mistura paradoxal de humildade pessoal e enorme disposição profissional****. Parecem-se mais com Lincoln e Sócrates do que com Patton ou César* [destaque acrescentado].

Pois então, como é que a humildade se manifesta na liderança e na vida? Uma pessoa humilde está mais preocupada em fazer o *que* é correto do que em *ter feito* a coisa certa, em *atuar* com base em boas idéias do que em *ter gerado* essas idéias, em *abraçar* novas verdades do que em *defender* conceitos antiquados, na *montagem da equipe* do que em *ficar vangloriando-se*, em *reconhecer* a contribuição dos outros do que em *ser agraciado* por ela.

Ser humilde não quer dizer ser fraco, reticente nem modesto. Significa reconhecer um dado princípio e pô-lo à frente dos próprios interesses. Significa adotar uma postura firme com relação a princípios, mesmo perante a oposição. Pessoas humildes podem negociar intensamente. Podem conduzir acordos difíceis. Podem expressar-se com firmeza e clareza em situações difíceis e que surgem nos relacionamentos pessoais. Mas não são apanhadas em comportamentos arrogantes, fazendo bravatas, em manipulações nem em jogos de poder do tipo ganha-perde. Elas reconhecem que existem princípios eternos que governam as organizações e os relacionamentos e, por isso, tentam agir em conformidade com eles. Elas não procuram tornar-se a lei em si.

Pessoas humildes também compreendem claramente que não estão sós, e que devem seguir os passos dos que as precederam, e que só progridem com a ajuda dos outros. Como salientam os Alcoólicos Anônimos e outros programas de recuperação, a base para lidar com alguns de nossos problemas mais difíceis na vida consiste na sabedoria e na humildade de aceitarmos o fato de que existem algumas coisas que simplesmente não podemos realizar sem a ajuda de outros.

O oposto da humildade é a arrogância e o orgulho. É colocar o ego em primeiro plano – acima dos princípios, acima dos outros.

Coragem. A integridade também engloba a coragem de agir corretamente – mesmo quando isso é difícil. Esse é o tipo de coragem manifestado por pessoas como Andy Roddick no Masters da Itália, ou por Sherron Watkins, Cynthia Cooper e Coleen Rowley, três mulheres corajosas que acionaram o alarme na Enron, WorldCom e no FBI, respectivamente, e que foram homenageadas em 2002 pela revista *Time* como Personalidades do Ano.

Ver esse tipo de coragem praticada por pessoas como nós inspira todos a sermos mais corajosos. Recentemente me deparei com uma história de coragem contada pela esposa de um homem que há alguns anos estudava medicina. Ela disse:

> *Ingressar em uma escola de medicina é bem competitivo, e o desejo de se sair bem e de obter êxito submete os calouros a uma grande pressão. Meu marido esforçou-se muito nos estudos e foi fazer seu primeiro exame. O sistema de honra fazia parte dos valores de uma escola de medicina. O professor passou as folhas do exame e saiu da sala. Pouco tempo depois, os estudantes começaram a tirar suas colas dos bolsos. Meu marido lembrou-se de que seu coração começou a bater forte à medida que percebeu que seria muito difícil competir com os trapaceiros. Naquele momento, um estudante alto, magricela, levantou-se no fundo da sala e disse: "Deixei minha cidade natal, e minha esposa e três bebês num pequeno apartamento; trabalhei muito, mas muito mesmo, para entrar em uma escola de medicina. Denunciarei o primeiro de vocês que trapacear, e é melhor vocês acreditarem nisso!" E a classe acreditou. Havia muitas expressões amedrontadas, e as colas começaram a desaparecer tão rapidamente quanto tinham surgido. Esse estudante estabeleceu um padrão para a classe que oportunamente graduou-se como o maior grupo na história daquela escola.*

O homem que se levantou na sala de aula naquele dia tornou-se um médico respeitado. Certamente o que fez não foi nem confortável nem fácil. Mas demonstrou o tipo de coragem demandada pela integridade – o tipo de coragem que reafirmava princípios eternos, levantava o moral dos outros e tornava a vida melhor para todos nós que dependemos do conhecimento e das habilidades do médico quando nossa saúde e nossas vidas estão em jogo.

> *A coragem é a primeira das qualidades humanas porque é uma qualidade que garante todas as outras.*
>
> – WINSTON CHURCHILL

Será que você pode perceber essas qualidades fazendo parte de suas vidas quando avalia as pessoas que crê serem íntegras? Indubitavelmente elas são honestas. Mas serão também coerentes, humildes e corajosas? Na sua opinião, que efeito a integridade causa à maneira como estas se sentem? Qual efeito isso tem sobre como você se sente com relação a elas? Na sua percepção, são confiáveis? Você confia nelas?

Até certo ponto, cada um de nós pode melhorar em cada uma dessas características. Assim fazendo, nós também podemos melhorar nossa credibilidade e, em última análise, aumentar a velocidade e baixar o custo de tudo que fazemos.

COMO AUMENTAR A INTEGRIDADE

Então, como fazemos para aumentar nossa integridade?

Primeiramente, temos que avaliar o grau de integridade que atualmente possuímos. Neste ponto, talvez você ache que seja útil revisar as perguntas a seguir, baseadas no teste de auto-avaliação anterior.

- Tento ser genuinamente honesto em todas as minhas interações com as outras pessoas?
- Pratico o que prego?
- Meus valores são claros? Sinto-me à vontade para defendê-los?
- Estou aberto à possibilidade de aprender novas verdades que podem me forçar a repensar ou até mesmo a redefinir meus valores?
- Sou capaz de estabelecer e manter consistentemente os compromissos que assumo?

Aconselho-o a refletir realmente sobre essas perguntas e respondê-las com sinceridade. Você poderá também querer fazer aquilo que fazemos em nossos workshops sobre a Velocidade da Confiança, ao obter feedback sobre como essas características suas são percebidas por seu chefe, colegas, subordinados diretos, clientes, amigos ou membros da família. Tendo em vista que todos temos deturpações de percepção, às vezes tendemos a superestimar ou subestimar nossas forças.

Além do mais, gostaria de lhe sugerir três "aceleradores" que podem aumentar significativamente a integridade.

1. Estabeleça e mantenha compromissos consigo mesmo

Não existe absolutamente nada que você possa fazer para aumentar mais rapidamente sua integridade do que aprender a assumir e manter compromissos consigo mesmo. Na Segunda Ondulação – Confiança nos Relacionamentos, veremos o potencial de assumir e manter compromissos com os outros. Mas não há jeito de você poder realizá-lo eficientemente se não aprender, primeiramente, a assumir e manter compromissos consigo mesmo.

Faz parte de minha herança familiar a história de como o meu bisavô Stephen Mack Covey começou a rede de hotéis Little America. Enquanto trabalhava como pastor de ovelhas, nos idos de 1890, ele foi surpreendido por uma tempestade durante uma noite de inverno no meio de Wyoming. Enquanto a tempestade assolava, os efeitos dos ventos a 80km/h e temperaturas abaixo de zero tornaram-se tão intensos que ele realmente achou que não sobreviveria. Enquanto se agachava para proteger-se do frio, fez uma promessa para si e a Deus de que se ele se salvasse naquela noite, como sinal de gratidão ele construiria um abrigo para os outros, exatamente ali, naquela obscura e despovoada região.

Bem, ele sobreviveu àquela noite e, embora levasse algum tempo, construiu aquele "abrigo" lá fora, no meio do nada. Hoje, ali só há um único posto de gasolina e um Motel Little America. Porém, agora o povoado de Little America, em Wyoming, tem seu lugar no mapa, e o local tornou-se parada popular para os turistas. Também tornou-se a base de uma carreira extraordinária de negócios. Antes de morrer, meu bisavô havia estabelecido vários negócios regionais influentes, incluindo hotéis, apartamentos, participações na exploração de petróleo e em serviços financeiros.

Estou certo de que teria sido fácil para alguém na situação de meu bisavô dizer: "Seria ridículo construir um motel aqui no meio do nada!" Ninguém sabia de sua promessa exceto ele e Deus. Mas Stephen Mack Covey tinha assumido um compromisso sério consigo mesmo e o cumpriu. E sua força de manter esse compromisso influenciou profundamente todos os seus descendentes, incluindo eu.

Quanto mais experiência adquiri, tanto pessoal quanto profissionalmente, mais me convenci da importância de assumir e manter compromissos comigo. Eles podem ser compromissos grandes, como o de meu bisavô, ou podem ser pequenos, até mesmo muito pequenos, como levantar-se quando o despertador tocar, não comer demais, ou falar respeitosamente com os outros, mesmo quando eles nos provocam, forçando-nos a fazer o oposto. Cada vez que assumimos e mantemos um compromisso conosco – grande ou pequeno – reforçamos nossa autoconfiança. Edificamos nossas reservas. Ampliamos nossa capacidade de assumir e manter compromissos maiores, tanto conosco como com os outros.

Enquanto você examina as formas de aumentar sua capacidade de assumir e manter compromissos consigo, deixe-me sugerir algumas coisas importantes a se ter em mente:

Em primeiro lugar, não assuma compromissos demais. Se fizer isso, você caminhará em direção ao fracasso. Diferencie um compromisso verdadeiro de uma meta, de um direcionamento ou de algo que precisa de atenção. Quando assumir um compromisso consigo, perceba claramente que você comprometeu a sua integridade.

Em segundo lugar, trate um compromisso consigo com o mesmo respeito que trata os compromissos assumidos com os outros. Se for um compromisso de dedicação do tempo (um compromisso de fazer ginástica ou ler ou dormir) ou um compromisso em priorizar sua energia e atenção, trate-o – e a você – com respeito.

Em terceiro lugar, não assuma compromissos impulsivamente. Aprendi essa lição de maneira difícil quando tivemos uma conversa familiar sobre saúde. Estávamos na época de Ano Novo e, enquanto conversávamos, decidimos que todos deveríamos beber mais água em vez de refrigerantes. Fui agarrado pelo espírito da inovação e – cheio de bravatas (mas nenhuma humildade) – disse: "Digo a vocês o que farei. Durante este ano inteiro, assumirei um compromisso comigo mesmo de nada mais beber do que água! Nenhum refrigerante, nenhum suco – só água!" Bem, foi uma coisa tola e vivi para lamentá-la. Mantive o compromisso, mas foi duro. Com base nessa experiência, aprendi que, quando assumisse um compromisso, deveria assegurar-me de que se originaria da humildade e não da jactância.

Finalmente, entenda que quando se torna difícil manter seu compromisso, você tem duas escolhas: pode mudar seu comportamento para adequá-lo a seu compromisso, ou pode rebaixar seus valores para adequá-los a seu comportamento. A primeira escolha fortalecerá a sua integridade; a outra, a diminuirá, erodindo sua confiança em sua capacidade de, no futuro, assumir e manter outros compromissos. Além do que, essa mudança com relação aos valores – ainda que pequena – criará uma mudança de caráter que repercutirá de forma muito mais contundente no futuro.

Assim, encorajo-o a aprender a assumir e manter compromissos consigo mesmo com sensatez. Não existe maneira mais rápida de se construir autoconfiança.

2. Defenda algo

> *Baseie-se em valores e princípios. Saiba os valores que você defende, e viva com base nesses padrões.*
>
> – George Fischer, chairman, Eastman Kodak

O chairman e CEO da American Express, Ken Chenault, desenvolveu um livro para todos os empregados com o título *Next Chapter – A Guide to the New American Express*. Esse livro fornece o embasamento para onde a empresa caminha no futuro e como planeja chegar lá. Um de seus preceitos diz:

> ***Defenda algo**. Alguns valores não podem ser quantificados. O sucesso a qualquer custo não é nosso objetivo. Nosso objetivo é vencermos da maneira certa e é isso que conta... Nós também devemos provar consistentemente, por meio de nossas ações, que defendemos as coisas corretas – comprometimento com os clientes, qualidade, integridade, trabalho em equipe, respeito pelas pessoas, boa cidadania, a vontade de vencer, responsabilidade pessoal e tanta coisa mais.*

Se tiver integridade – ou desejar ser íntegro – você terá que ter algo essencial, algo a que você se mantenha fiel. Você não pode trabalhar de dentro para fora se sequer sabe o que há lá dentro. Portanto, você precisa ter um ponto de referência. Precisa ter identificado seus valores. Precisa saber o que você defende e precisa defendê-lo, de modo que os outros também saibam qual é a sua postura.

> *Acreditar em algo, e não vivenciá-lo, é ser desonesto.*
>
> – MAHATMA GANDHI

Um grande exemplo de integridade, tanto em manter um compromisso quanto em aderir a um valor, é Jon Huntsman, chairman da Huntsman Chemical. Como ele relata em seu livro, *Winners Never Cheat*, depois de longas negociações, Huntsman concordou em vender 40% de uma divisão de sua empresa para a Great Lakes Chemical. Um simples aperto de mão, com Emerson Kampen, chairman e CEO da Great Lakes, selou um negócio de US$54 milhões.

No entanto, a Great Lakes procrastinou em preparar o contrato escrito. Ao longo de seis meses e meio que levaram para colocar o negócio no papel, o preço das matérias-primas tinha baixado substancialmente, os lucros da Huntsman tinham triplicado e as margens da Huntsman tinham alcançado valor recorde. O valor dos 40% da divisão tinham aumentado de US$54 milhões para US$250 milhões.

Com o negócio ainda não fechado, Kampen chamou Huntsman, dizendo-lhe que, apesar de ele não se sentir obrigado a pagar a plena diferença do valor das ações, ele achava que deveria pagar a metade. Então, ofereceu-lhe para que dividissem a diferença, porém, Huntsman recusou a oferta; tinham apertado as mãos e concordado nos US$54 milhões, portanto, ele manteria tal preço.

Kampen disse: "Mas isso não é justo para você!"

No que a resposta de Huntsman foi: "Negocie para a sua empresa, Emerson, e deixe que eu negocie para a minha."

Kampen ficou tão impressionado com essa demonstração de integridade que, apesar de os dois nunca terem sido amigos íntimos, ele antecipadamente combinou que Huntsman fosse uma das duas pessoas a falarem em seu enterro.

Obviamente, Jon Huntsman defendia certos valores. Como ele afirmou por escrito: "Mesmo que pudesse ter forçado a Great Lakes a pagar US$200 milhões a mais por aquela participação de 40% na minha empresa, nunca tive que lutar com minha consciência nem motivos para temer. Minha palavra foi o meu compromisso."

Jon Huntsman sabia o que era importante para ele. Seus valores eram claros. Ele não teve que pelejar quando as circunstâncias confrontaram esses valores. Evidentemente, o fato de ter aderido a seus valores inspirou confiança nas outras pessoas.

> *Não é difícil tomar decisões quando você sabe quais são os seus valores.*
>
> – Roy Disney, ex-vice-chairman, Walt Disney Company

Uma excelente maneira de identificar os valores aos quais deseja aderir é passar por um processo de esclarecimento de propósitos ou de valores. Nunca achei nada mais valioso do que a criação de uma declaração de missão ou credo, fosse ela pessoal, familiar ou organizacional. Criar uma expressão daquilo que você valoriza – e viver de acordo com tal crença – pagará grandes dividendos, ajudando-o a tornar-se confiável e uma pessoa de confiança.

> *Quem você é, quais são os seus valores, o que você defende... são suas âncoras, sua estrela-guia. Você não os achará em um livro. Você os achará dentro de sua alma.*
>
> – Anne Mulcahy, chairman e CEO, Xerox

3. Mantenha a mente aberta

Você provavelmente já esteve em contato com pessoas que considera terem a mente fechada ou serem arrogantes – pessoas que realmente não escutam aquilo que você diz porque pensam que nada há que você possa dizer e que elas já não saibam; pessoas que se recusam a considerar novas maneiras de olhar as coisas porque estão convencidas de que a sua é a única certa; pessoas que desafiarão a verdade, rejeitando-a porque não querem aceitar a possibilidade de que exista lá fora alguma realidade ou princípio sobre o qual elas não têm a mínima noção. Como essa atitude ególatra afeta sua capacidade de se relacionar com as pessoas? Como afeta sua percepção da credibilidade? Como afeta sua boa vontade de lhes estender confiança?

A mente aberta é vital para a integridade. Ela exige tanto a humildade quanto a coragem – a humildade para reconhecer que existem princípios lá fora que você pode não conhecer atualmente e, uma vez tendo-os descoberto, coragem para segui-los. Ao longo da história das ciências, a maioria das mudanças de paradigma resultou de mudanças da maneira tradicional de pensar – mudanças que exigiram esse tipo de humildade e coragem.

Um bom jeito de aumentar a integridade consiste em desenvolver sua capacidade de ter a mente aberta. Considere Anwar Sadat, que foi o terceiro presidente do Egito, de 1970 até seu assassinato em 1981. Educado em uma cultura e dirigindo o governo de uma nação entre muitas que eram fortemente antiisraelenses, Sadat, não obstante, demonstrou ter a mente aberta quando a voz de sua consciência aconselhou-o a buscar a paz. Apesar do ultraje que sofreu de seus vizinhos árabes, ele aplicou uma lição que tinha aprendido quando esteve preso na Prisão Central do Cairo: "Aquele que não consegue modificar a sua maneira de pensar nunca poderá mudar a realidade, e, portanto, nunca fará qualquer progresso." Viajou a Israel, encontrou-se com seu primeiro-ministro Menachem Begin e falou ao Parlamento israelense. Subseqüentemente, viajou aos Estados Unidos, encontrando-se ali com Begin e o então presidente americano Jimmy Carter. Suas discussões levaram aos Acordos de Camp David, pelos quais ambos, Begin e Sadat, receberam o Prêmio Nobel da Paz.

Há alguns anos, meu pai e eu tivemos o privilégio de almoçar com Jehan, a viúva de Sadat, ouvindo-a a falar. O que mais lembro da sua descrição foi a experiência de como seu marido tinha boa vontade de querer manter a mente aberta e reaprender aquilo que pensava já conhecer.

Pessoas como Anwar Sadat, Nelson Mandela, da África do Sul, ou Mikhail Gorbachev, da antiga União Soviética, representam no palco do drama humano o mesmo tema que vemos repetidos nas nossas próprias interações com colegas, membros da família e amigos. Manter a mente aberta inspira credibilidade e confiança; ser fechado nutre suspeitas e desconfiança.

À medida que você avalia sua própria franqueza e disposição de enxergar as coisas sob vários prismas, você talvez deva se perguntar o seguinte:

- Será que acredito que a maneira como vejo o mundo é totalmente precisa e completa – ou estou sinceramente disposto a escutar e a levar em conta novos pontos de vistas e idéias?
- Será que levo em consideração seriamente os pontos de vista divergentes (de um chefe, subordinado direto, membro de equipe, cônjuge ou filho), e estou disposto a ser influenciado por eles?
- Será que acredito ser possível que existam princípios que não descobri ainda? Estou determinado a conviver em harmonia com eles, ainda que isso signifique desenvolver novos padrões e hábitos de pensar?
- Será que dou valor ao – e estou envolvido com – aprendizado contínuo?

Até o momento em que você mantém-se aberto a novas idéias, possibilidades e crescimento, você cria um dividendo de confiança; à medida que você não professa essa atitude, cria um tributo de confiança que impacta tanto o seu desempenho atual quanto futuro.

O IMPACTO SOBRE A VELOCIDADE E O CUSTO

> *A avareza destrói a riqueza. Em contrapartida, a confiança e a integridade nutrem a prosperidade.*
>
> – Patricia Aburdene, autora de *Megatrends 2010*

Esses três "aceleradores" – assumir e manter compromissos consigo, defender algo e ter a mente aberta – o ajudarão a ampliar sua integridade. Eles também aumentarão a velocidade e diminuirão o custo com os quais você realiza as coisas importantes em sua vida – sempre!

Quanto maior for a sua integridade – mais honesto, coerente, humilde e corajoso você será – e terá mais credibilidade, inspirando mais confiança. E em todas as dimensões de sua vida, será mais capaz de transformar impostos de confiança em dividendos de confiança.

DIMENSÃO 2 – INTENÇÃO
QUAL É A SUA AGENDA?

Pela lei, um homem é culpado quando viola os direitos de outra pessoa. Pela ética, ele é culpado mesmo quando pensa em fazer isso.

– Immanuel Kant

Espero que meus pais me perdoem por compartilhar uma história bastante engraçada sobre eles, mas que realmente me ajuda a fixar um conceito.

Em um dia do inverno passado, meus pais (a quem me referirei pelo nome – Stephen e Sandra) retornavam de sua cabana em Montana. Eles estavam extremamente cansados, pois haviam ficado a manhã inteira andando de *snowmobile* com os jovens membros da família. Stephen se achava cansado demais para dirigir, então Sandra tomou a direção enquanto ele se deitava no banco traseiro do carro e caía no sono.

Depois de algumas horas, Sandra mal podia manter os olhos abertos. Então, parou no acostamento e acordou Stephen, dizendo-lhe que ela mal podia esperar para ir para o banco de trás e tirar o seu turno de soneca. Abriram as portas do carro e ambos saíram para fazer a troca. Stephen escorregou no assento do motorista, e quando Sandra estava para fechar sua porta, ela se lembrou de que o novo carro tinha uma característica especial que permitia levantar ou abaixar o chassi para sua conveniência. Por causa de seu joelho dolorido, ela disse a Stephen: "Por favor, baixe o carro para que eu possa entrar com mais facilidade", e então bateu a porta traseira para que ele pudesse fazê-lo.

Quase que imediatamente, Sandra surpreendeu-se ao ver o carro começar a andar rapidamente para frente. Pensando que Stephen fingia querer deixá-la ali (uma conclusão lógica, tendo em vista o senso de humor de meu pai), ela começou a correr atrás do carro. De repente, o carro acelerou e ela ficou na estrada completamente sozinha.

Como era inverno e ela não tinha casaco e estava sem sapatos, só de meia, Sandra achou que este não era o momento adequado para uma piada, e iria realmente dar uma bronca em Stephen quando voltasse! Mas depois de ter ficado dez minutos congelando na estrada, ela finalmente chegou à conclusão de que Stephen deve ter pensado que ela tinha sentado no banco de trás do carro e estava lá, adormecida!

Stephen não tinha ouvido Sandra pedir para que abaixasse o carro e, quando ouviu a porta traseira bater, supôs que ela tivesse entrado no carro. Sabendo quão cansada estava, pensou que ela tinha caído no sono instantaneamente entre os confortáveis cobertores e travesseiros. Tendo em vista que Sandra gostava de parar várias vezes para ir ao toalete e fazer um lanche, Stephen pensou que se ele realmente ficasse em silêncio, ela acabaria dormindo a viagem toda e ele poderia chegar em casa mais rápido.

Por sorte, um homem em outro carro tinha visto Stephen dar o fora, deixando Sandra, e viu também como ela correu atrás dele na estrada. Fazendo o que pensou ser seu dever, ele chamou a patrulha rodoviária, informando que acabara de ver um homem abandonar uma mulher no acostamento da estrada.

Logo, logo uma radiopatrulha chegou até Sandra e o policial perguntou-lhe o que tinha acontecido.

"Meu marido deixou-me aqui, mas acho que ele não sabe", ela disse.

Suspeitando de uma briga entre casais, ele perguntou: "Madame, vocês tiveram uma briga? Por que ele partiria deixando a senhora aqui?"

"Tenho certeza de que ele pensa que estou no banco de trás, adormecida."

"Ele acha que a senhora está no banco de trás do carro? A senhora não acha estranho que ele não tenha notado que não estava ali?"

"Não, tenho certeza de que ele pensa que durmo atrás, profundamente."

"Qual é o seu nome?"

"Sandra Covey."

Houve uma longa pausa. "A senhora tem alguma relação com Stephen Covey, o autor? Uma vez assisti a uma aula dele!"

"Ele é o camarada que me largou!"

Enquanto Sandra e o policial continuaram a conversar, Sandra lembrou-se de que Stephen tinha um celular com ele, então chamaram-no.

"Sr. Covey, aqui é a patrulha rodoviária. O senhor precisa parar imediatamente e preciso saber sua localização exata."

Confuso sobre como a patrulha rodoviária tinha o número de seu telefone celular, e imaginando que tinha ultrapassado o limite de velocidade, meu pai disse:

"Bem, oficial. Acho que eu estou em algum lugar de Idaho Falls, mas não sei exatamente onde porque estive adormecido. Minha esposa dirigiu o carro até há uns 10 ou 15 minutos atrás. Vou perguntar a ela onde estamos."

Depois gritou em direção ao banco de trás: "Sandra! Sandra! Acorde! Há um guarda rodoviário no telefone e ele quer saber nossa posição exata."

"Sr. Covey! Sr. Covey!", o policial disse ao telefone em alto tom. "A sua esposa não está aí."

"Está apenas adormecida no banco de trás", Stephen respondeu impacientemente. "Espera! Vou encostar e acordá-la." Então Stephen parou e olhou no banco de trás. Começou então a procurar freneticamente entre os cobertores e travesseiros. Sandra não estava lá!

"Minha esposa sumiu!", ele exclamou.

"Está no carro comigo!", o policial respondeu.

"Com você? Bem, como que ela foi parar aí?"

"Há alguns minutos o senhor a deixou no acostamento."

"O quê?", ele disse, espantado. "Quer dizer que ela não subiu no carro? Oh, eu não posso acreditar! Realmente achei estranho o seu silêncio!"

Bem, a radiopatrulha finalmente encontrou Stephen e todos deram boas risadas enquanto reconstruíam o que aconteceu. Stephen disse: "Meus filhos não vão acreditar nisso."

O policial respondeu: "Isso não é nada! Espere até que eu conte para minha turma no posto rodoviário. Esse caso vai ficar na história!"

A IMPORTÂNCIA DA INTENÇÃO

Agora, eis uma pergunta para você: Se tivesse visto todo esse episódio, que intenção você atribuiria a Stephen?

Inicialmente, Sandra supôs que sua intenção tivesse sido fazer uma piada, fingindo deixá-la na estrada. Por quê? Porque meu pai tem um senso aguçado de humor e ele já fez muitas dessas brincadeiras. No entanto, uma vez que percebeu o acontecido, ela supôs que Stephen não tivesse percebido que ela não estava no carro, e que sua intenção em não tentar falar com ela visava a deixá-la dormir. Por quê? Porque conhecia seu caráter. Ela sabia que ele preocupava-se com ela, queria que ela descansasse e jamais a deixaria naquela situação propositalmente.

Por outro lado, o homem que telefonou para a polícia rodoviária não conhecia o caráter de Stephen e, evidentemente, supôs que a intenção tivesse sido a de abandonar Sandra. Por quê? Quem sabe? Ou talvez tenha ficado sensibilizado com a possibilidade do abandono e abuso (como a maioria de nós é) em vista de nossa atual cultura.

O policial também não conhecia o caráter de Stephen e, a princípio, supôs que havia alguma má intenção. Por quê? Possivelmente porque talvez tivesse vivenciado na profissão muitos abusos domésticos, e essa vivência tenha criado uma ótica por meio da qual ele enxerga os acontecimentos inicialmente.

Qual foi a verdadeira intenção de Stephen? Obviamente *não* havia nenhuma intenção de deixar Sandra congelando na estrada. Quero crer que a intenção toda foi não conversar com sua esposa para deixá-la descansar. Mas, como ele mesmo admitiu, ele também realmente queria chegar em casa tão depressa quanto fosse possível, e sabia que, se estivesse acordada, Sandra teria solicitado que ele parasse várias vezes.

Esse episódio todo traz à tona algumas questões importantes com as quais lidamos quando tratamos da intenção:

- A intenção importa.
- Ela se manifesta por meio do caráter.
- Enquanto tendemos a nos julgar por meio de nossas intenções, tendemos a julgar os outros pelo comportamento.
- Também tendemos a julgar os outros com base em nossos próprios paradigmas e experiência.
- Nossa percepção de intenção causa enorme impacto na confiança.
- Muitas vezes as pessoas desconfiam de nós por causa das conclusões que tiram sobre o que fazemos.
- É importante que influenciemos ativamente as conclusões que as outras pessoas tiram de nós "ao declarar nossa intenção".

O IMPACTO DA INTENÇÃO NA CONFIANÇA

O Fórum Econômico Mundial realiza um estudo anual mundial comparando o nível de confiança que as pessoas depositam em várias instituições, incluindo governos nacionais, empresas globais e grandes empresas locais. Você consegue adivinhar qual se destaca a cada ano, desde que a pesquisa começou? São as ONGs – aquelas "Organizações Não-governamentais" privadas, nacionais e internacionais, e sem fins lucrativos, envolvidas em tratar questões sociais como saúde, direitos humanos, pobreza e meio ambiente.

Você consegue adivinhar quem, consistentemente, fica em último lugar nas pesquisas ao se comparar os níveis de confiança nas várias profissões? Os políticos.

Portanto, qual é a diferença? Por que nossa confiança nas ONGs é tão alta e nos políticos é tão baixa? Pense sobre as 4 Dimensões da Credibilidade. Na maioria dos casos, tanto as ONGs quanto os políticos são muito capacitados. Ambos possuem antecedentes de resultados. Até certo ponto, a integridade pode se tornar uma questão a discutir tão-somente quando se trata dos políticos (pois seus adversários ou os meios de comunicação podem tentar criar dúvidas quanto à integridade).

Afirmo que, na maioria das vezes, o diferencial principal entre nossas percepções de ONGs e dos políticos deriva de uma questão de *intenção* – seja falando das intenções reais ou supostas dos envolvidos. Quais são os motivos ou as agendas dos políticos? Estão realmente preocupados com o que é melhor para todos? Ou, em vez disso, eles se interessam pelo poder político, pelas políticas de partido, por seu ego ou pelo que podem arrumar para si próprios?

Com as ONGs os motivos são geralmente honrados e claros; sua agenda consiste em agregar valor a um propósito específico, benéfico ou a uma missão. Com os políticos, no entanto, a intenção é percebida como a busca pelo que é melhor para si ou para o partido; mas não necessariamente para a população em geral.

O impacto na confiança das questões de intenção é dramático. Tempos atrás, um tradutor da CNN traduziu mal uma palavra de um pronunciamento do presidente do Irã, Mahmoud Ahmadinejad. Em vez de dizer que o presidente Ahmadinejad havia mencionado o desenvolvimento da "*tecnologia* nuclear", o tradutor utilizou o termo desenvolver "*armas* nucleares". Em um ambiente político já altamente carregado quanto aos interesses nucleares do Irã, a CNN foi imediatamente expulsa do país. Hossein Shariatmadari, editor-chefe do jornal *Kayhan*, disse: "A *distorção foi deliberada*, com o objetivo de prevenir o impacto dos comentários do presidente sobre a opinião pública."

Observe o foco imediato sobre a questão da intenção e de uma imputação de motivo para a troca de palavras... e o resultado. Depois de uma desculpa pública, permitiu-se à CNN retornar ao Irã. Mas nessa instância – como em dezenas de interações diárias – o dramático impacto das questões de intenção torna-se bastante claro.

Voltando à nossa metáfora do "perito", um dos principais esforços da defesa consistiria em desacreditar a intenção dessa testemunha: Por que essa pessoa daria seu testemunho? O que ganhará com isso? Existe algum conflito de interesses? Estaria ela sendo paga pela empresa para testemunhar? Se a defesa puder suscitar suspeitas sobre sua intenção, o testemunho dela estaria comprometido.

A concentração sobre a intenção torna-se questão ainda mais importante – aliás, questão fundamental – para a pessoa julgada. "Qual teria sido o motivo da pessoa para eventualmente cometer o crime?" Na maioria dos julgamentos, a intenção, ou o motivo, é um dos fatores determinantes para o veredicto.

Conforme ilustrado pela metáfora da árvore, a intenção é representada pelo tronco, parcialmente invisível sob a terra, parcialmente visível acima dela. Nossos motivos e agendas encontram-se bem lá no fundo de nossos corações e mentes e, à medida que os compartilhamos com os outros, tornam-se visíveis por meio de nossos comportamentos.

Como acontece com as outras dimensões, a intenção é vital para a confiança. Uma pessoa com integridade, capacitações e que apresente resultados – mas cuja intenção seja questionável – é alguém honesto, que possui competências e que consegue resultados, mas cujo motivo é duvidoso. Talvez essa pessoa queira ganhar algo, mesmo que seja à custa de outros. Os outros podem perceber isso e, portanto, achar que não podem confiar plenamente. Por outro lado, uma pessoa com boas intenções, que não apresente as outras três dimensões (integridade, competência e resultados), seria percebida como uma pessoa afetiva, desonesta ou covarde, com talentos ou habilidades não-desenvolvidos, e sem antecedentes que comprovem suas realizações. Mais uma vez, as 4 Dimensões são vitais.

Ao nos prepararmos para explorar a questão da intenção, você pode querer se perguntar o seguinte:

- Com qual freqüência "taxo" aquilo que alguém diz porque desconfio de suas intenções?
- Que tipo de tributo é pago por minha organização porque os empregados não confiam nas intenções da direção? Qual é o impacto disso sobre a velocidade e os custos?
- Que tipo de tributo pagamos numa equipe porque desconfiamos dos motivos uns dos outros?
- Que tipo de tributo estou pagando porque as pessoas questionam minhas intenções?
- O que posso fazer para melhorar e comunicar melhor minhas intenções?

Indagações como essas o ajudarão a preparar o coração e a mente, enquanto examinamos o que constitui a intenção e como podemos melhorá-la.

O QUE É "INTENÇÃO"?

No dicionário, intenção é definida como sendo o "plano" ou o "propósito". Estou convencido de que nenhuma discussão sobre intenção estaria completa sem se falar em: motivo, agenda e comportamento.

Motivo. O motivo é a razão para se fazer algo. É o "por quê" por trás do "o quê".

O motivo que inspira maior confiança é a atitude expressa de preocupar-se autenticamente – preocupar-se com as pessoas, preocupar-se com os propósitos, preocupar-se com a qualidade do que você faz, preocupar-se com a sociedade toda. Pense sobre isto: Você conseguiria confiar em alguém que não dá a mínima bola para você... ou não liga para seu trabalho... ou qualquer outra coisa como seus princípios, sua estima etc.?

> *As pessoas só querem saber que alguém sabe e se importa.*
>
> – DENNIS P. LESTRANGE, EX-VICE-PRESIDENTE SÊNIOR, IKON OFFICE SOLUTIONS

A confiança que depositamos nas pessoas e em organizações provém, em parte, de se acreditar que elas se importam. Lembro-me de que, quando era criança, meus pais tiveram que me disciplinar por agravos que praticava o tempo todo, porém eles me disciplinavam com amor. Eu não gostava da disciplina. Freqüentemente me ressentia. Mas nunca houve dúvidas em minha mente nem em meu coração de que meus pais o faziam porque importavam-se comigo. Sempre soube que podia confiar em seu amor.

As empresas no mundo inteiro reconhecem a importância de cuidar de algo e de se importar. Quantos anúncios você vê que comunicam – seja por meio de palavras, seja por associações com imagens – mensagens como estas: "Importamo-nos com você." "Preocupamo-nos com a qualidade." "Preocupamo-nos com o meio ambiente." "Preocupamo-nos com nossas comunidades e em fazermos diferença." As empresas esperam que, ao comunicarem essa imagem, você confiará nelas para comprar seus serviços e produtos.

Muito foi escrito recentemente sobre a questão de que cuidar de algo realmente conduz ao melhor desempenho. Obras como *The Art of Caring Leadership* e *Contended Cows Give Better Milk* validam claramente a forte conexão que existe entre importar-se com os outros e o desempenho. No livro *Love Is the Killer App*, o executivo da Yahoo, Tim Sanders, escreve em termos muito práticos sobre o impacto de se importar com os outros, no qual ele demostra como o cuidado e a compaixão pelos outros podem traduzir-se em comportamentos específicos que conduzem a uma maneira melhor de se fazer negócios. Afirmo que essa conexão inquestionável entre o importar-se e o desempenho existe porque cuidar e preocupar-se com os outros gera confiança.

Evidentemente, o motivo importa, e a intenção de se preocupar faz mais do que qualquer outra coisa para a edificação da credibilidade e da confiança. Mas o que acontece se você realmente não se importa? Quando seu motivo real é o lucro, a acumulação de bens ou o reconhecimento pessoal – ponto? O que acontece se você realmente não se preocupa com os clientes nem com os empregados? Deve tentar convencê-los do contrário?

Se você realmente não se importa – e você não quer mudar – tudo bem. Mas você precisa entender *que pagará um preço por isso*! O que quer que você diga ou faça levará mais tempo e custará mais porque você não conquistará a credibilidade e a confiança que derivam da atitude de se importar. Você poderá achar que já obtém bons resultados, mas deverá perguntar-se algo mais profundo: O que estou deixando de ganhar?

Você também precisa entender que, se agir como alguém que se importa, quando, de fato, isso não acontece, mais cedo ou mais tarde – se não imediatamente – você ganha o troco e o preço é ainda maior. Aliás, há poucos tributos de confiança mais altos do que aqueles que derivam do fingimento, particularmente aqueles relativos ao motivo.

> *Pior que um coach ou um CEO que não se preocupa com seu pessoal é um que finge preocupar-se. As pessoas sempre conseguem detectar um enganador. Sabem que ele não se preocupa e, ainda mais, seu comportamento insulta a inteligência.*
>
> – JIMMY JOHNSON, EX-TREINADOR, DALLAS COWBOYS E MIAMI DOLPHINS

Portanto, se você realmente não se importa – e não tem qualquer intenção de modificar seu comportamento – em geral será muito melhor que você seja transparente a esse respeito e simplesmente reconheça que, por causa disso, estará pagando um preço. No entanto, se você não se importa agora, mas *você sinceramente deseja modificar seu comportamento*, sem dúvida existem coisas que você pode fazer para aumentar a motivação e melhorar sua intenção. Falarei dessa questão na última parte deste capítulo.

Agenda. A agenda deriva do motivo. É aquilo que você intenciona fazer ou promover por causa de seu motivo.

A *agenda que geralmente inspira maior confiança é aquela que busca o benefício mútuo* – querer sinceramente o melhor para todos os envolvidos. Isso significa que você não apenas se importa, mas que você quer, de verdade, que as pessoas ganhem ou se saiam vencedoras. Sim, você procura um ganho para si, algo que é natural, desejável e esperado. Mas você procura criar condições para que os outros também saiam ganhando. Você reconhece que a vida é interdependente, portanto, você procura soluções que construam confiança e beneficiem todos.

> *Tendo despendido muitos anos tentando definir a essência da confiança, cheguei à conclusão de que se duas pessoas pudessem dizer, uma para a outra, duas coisas sinceras, aquilo constituiria a base para uma confiança verdadeira. As duas coisas seriam "eu não quero prejudicá-lo" e "procuro seu bem maior".*
>
> – JIM MEEHAN, PSICÓLOGO BRITÂNICO E POETA

O oposto de uma agenda de vantagens mútuas é uma agenda oportunista: "Quero ganhar – e ponto." Se essa for sua agenda, talvez você até consiga resultados. Mas deve se perguntar: São esses os melhores resultados que posso obter? E também: Esses resultados são sustentáveis a longo prazo? A resposta para as perguntas é "não". Mais cedo ou mais tarde, você pagará um preço enorme. E sua abordagem não será sustentável. Em vez de construir pontes de credibilidade e confiança, você estará criando obstáculos de suspeita e desconfiança.

Permita-me compartilhar com você a experiência da Shea Homes – um excelente exemplo dos dividendos que provêm de uma verdadeira agenda de vantagens mútuas. No ramo da construção, que normalmente opera na base do "ganha/perde" e o relacionamento entre empreiteiras e subcontratadas é antagônico, a Shea Homes decidiu criar um modelo diferente. Entre as muitas mudanças que fez, uma delas foi a de renomear seus subcontratados, passando a chamá-los de "sócios no negócio", abrindo a eles os informes financeiros internos sobre os projetos que realizavam juntos. Eram transparentes. Sua premissa operacional era: "Queremos ganhar, mas queremos que você ganhe também. Juntos, podemos ajudar nossos clientes a ganharem também. Portanto, como podemos fazer com que esse esquema funcione?"

A diferença entre essa abordagem e a antagônica tradicional era como entre a noite e o dia. E os resultados que alcançaram refletiu-se em enorme dividendo de confiança em quase tudo: o número de dias para construir uma casa diminuiu, os custos diminuíram, os erros decresceram, a satisfação dos clientes aumentou e eles passaram a recomendar a Shea Homes cada vez mais. A Shea Homes ganhou mais dinheiro. Seus subcontratados ganharam mais dinheiro. Seus clientes estavam mais felizes. Todo mundo saiu ganhando.

O exemplo da Shea Homes demonstra claramente o impacto sobre a confiança de uma agenda de vantagens mútuas. Também demostra a força da prática de uma agenda *aberta* em vez de uma *escondida* ou *fechada*. Você provavelmente esteve em dezenas, se não em centenas, de reuniões ou interações onde pressentiu que os interlocutores não eram sinceros sobre o que realmente queriam ou tentavam realizar – em outras palavras, eles operavam com agendas escondidas. Provavelmente, essas agendas eram mais ou menos identificáveis, e fizeram com que você se sentisse desconfiado, receoso, cuidadoso e desconfortável. Pense no preço que foi pago em conseqüência. Pense sobre o impacto na velocidade e no custo. Pense sobre o dividendo que todo mundo poderia ter auferido se não houvesse qualquer preocupação sobre os motivos velados ou intenções disfarçadas – se todas as agendas fossem abertas e, particularmente, se a agenda principal tivesse sido a de fazer aquilo que fosse realmente benéfico para todos os envolvidos.

Comportamento. Normalmente, o comportamento é a manifestação expressa do motivo e da agenda. *O comportamento que mais cria credibilidade e inspira confiança é o de se agir no melhor interesse dos outros.* Quando fazemos isso, claramente demonstramos a intenção de importarmo-nos com os outros e de termos uma agenda que procura o benefício mútuo. E é aqui que a porca torce o rabo, onde a prática nem sempre condiz com a teoria. É fácil dizer "eu me importo" e "quero que você saia ganhando", mas é nosso comportamento verdadeiro que demonstrará se aquilo que dizemos é o que faremos.

> *Sinto que temos que estar perto de nossos empregados em todas as dificuldades, que temos que estar interessados neles pessoalmente. Quero que eles saibam que a Southwest sempre estará disponível quando dela precisarem.*
>
> – HERB KELLEHER, CHAIRMAN, SOUTHWEST AIRLINES

Um excelente exemplo de se comportar de modo a demonstrar que se importa e de inspirar confiança é Howard Shultz, fundador e chairman da Starbucks. Em 1997, três empregados da Starbucks foram assassinados durante uma tentativa de assalto em uma das lojas da empresa em Washington. Quando soube disso, Howard Shultz imediatamente fretou um avião e foi para a capital. Gastou uma semana inteira ali, trabalhando junto com a polícia, consolando as famílias das vítimas e reunindo-se com seus empregados. Foi aos enterros. Ele foi bem além daquilo que normalmente seria esperado, anunciando que reservaria todos os lucros futuros daquela loja para ajudar as "organizações que trabalham pelos direitos das vítimas e pela prevenção da violência".

Ao demonstrar preocupação e interesse tão profundos pelos três empregados e por suas famílias, Howard Shultz comprovou importar-se com os milhares de empregados da Starbucks e com as famílias. E eles sentiram isso. Nenhum funcionário tinha qualquer dúvida de que Shultz se importava com eles. Eles pensaram: "Puxa, se ele fez isso para aquelas pessoas e suas famílias, ele faria o mesmo por mim. Sinto-me orgulhoso de trabalhar para essa empresa."

Ao aplicar um raciocínio oposto ao que consta no credo da máfia – "Puna um e ensinará cem" – Shultz demonstrou que seu interesse profundo por uns poucos, afetaria a empresa inteira. E aqueles que trabalhavam para a Starbucks estenderam o que sentiam por Shultz ao tratar bem os clientes, um resultado que Shultz chamou "um empregado de qualificação mais alta, um empregado que cuida mais de seus clientes". Essa é uma das razões pelas quais a Starbucks possui uma cultura tão boa, desempenha bem e foi considerada uma das 100 Melhores Empresas para se Trabalhar nos Estados Unidos.

Infelizmente, esse exemplo incrível não constitui a norma. Em muitas organizações, a mensagem comunicada sobre o comportamento não é "Nós nos importamos" e, sim, "Você é descartável, substituível. O que nos preocupa são os lucros". Aliás, a pesquisa comprova isso:

- Apenas 29% dos empregados acredita que a direção se preocupa em desenvolver suas habilidades.
- Apenas 42% acreditam que a direção se preocupa de alguma forma com eles.

Que tipo de impacto isso causa na confiança, na velocidade e nos custos dessas organizações para conseguirem que as coisas sejam feitas?

Agir no melhor interesse dos outros é um comportamento que normalmente flui para fora, a partir do motivo de se importar com os outros e de uma agenda de benefícios mútuos. No entanto, há ocasiões em que o comportamento observável que comunica dada mensagem é, na realidade, um ato de fingimento ou enganação. Trata-se da encenação "preocupo-me com você" que, na verdade, é "eu realmente não dou a mínima, mas quero projetar a imagem de que estou me preocupando com você". Não se esqueça de que *o comportamento verdadeiro aqui é a enganação*, e que, mais cedo ou mais tarde, isso transparecerá. Essa encenação não é sustentável, e a devastação resultante sobre a credibilidade – e, em última análise, sobre a confiança – é imensa.

O PADRÃO DO *TRUSTEE**

Quando acreditamos que as pessoas realmente agem em nosso melhor interesse, tendemos a confiar nelas. Quando acreditamos que elas não agem em nosso melhor interesse, não confiamos.

É simples assim.

Pense sobre a palavra *trustee*. Um *trustee* é alguém a quem é dada autoridade legal para administrar o dinheiro ou a propriedade de outra pessoa. O padrão fiduciário subentende que esse procurador agirá no "melhor interesse" da pessoa que representa. A própria palavra *trustee* comunica a idéia de que "confiou-se" nessa pessoa para fazer valer os desejos da pessoa que lhe auferiu tais poderes. Isso é o que eu chamo "padrão de trustee": agir no melhor interesse de outros.

Pense em toda a questão do sindicalismo. Os sindicatos são uma realidade na vida de muitas organizações mundiais e não são necessariamente ruins. Eles re-

---

**Nota do Tradutor:* O termo *trustee* significa "curador" (aquele a quem se confia a guarda de algum patrimônio) e foi mantido em inglês pela relação que tem com *trust* (confiança).

presentam pessoas boas e freqüentemente funcionam dentro de grandes empresas, como Southwest, Toyota e Saturn.

Porém, o motivo principal da formação da maioria dos sindicatos (particularmente nos Estados Unidos) é que os agrupamentos de empregados *não* confiam que a direção de suas empresas agirá para proteger seus melhores interesses. Em outras palavras, os empregados sentem que precisam organizar-se para agir em prol dos próprios e melhores interesses porque a direção não fará isso. Assim, o sindicalismo em si é normalmente fruto da desconfiança, provindo da percepção da violação do padrão do *trustee*.

> *Acredito realmente que toda boa empresa deve ter... um relacionamento de parceria com seus empregados. Deve trabalhar em prol de seu melhor interesse... e, eventualmente, isso retornará para a empresa.*
>
> – SAM WALTON, FUNDADOR, WAL-MART E SAM'S CLUB

A MÁ EXECUÇÃO DA BOA INTENÇÃO

É importante ter em mente que, infelizmente, às vezes, o comportamento insatisfatório torna-se a má execução de uma boa intenção. Este certamente foi o caso daquela situação quando meu pai deixou minha mãe na estrada! Sua intenção era boa, mas a execução foi ruim.

É também bom ter em mente que normalmente as pessoas julgam-nos – e nós a elas – com base no comportamento observável. Assim, devemos fazer de tudo para assegurarmos que nosso comportamento reflita exatamente os nossos verdadeiros motivos e agendas.

Também precisamos ter cuidado na maneira como julgamos os outros. Tenho um amigo que constantemente atribui motivos negativos a motoristas que exibem o que ele considera comportamento impróprio (tal como ultrapassá-lo quando está na estrada). Sua esposa sempre sugere outras possibilidades: "Bem, talvez ele tenha de ir ao hospital", ou "Talvez ele esteja atrasado para pegar o filho", ou "Talvez seu cão tenha morrido". Como disse o autor escocês J.M. Barrie: "Jamais atribua a um oponente [eu diria, a qualquer pessoa] motivos mais mesquinhos do que os seus."

Eu também diria que devemos ter cuidado em não interpretar a intenção dos outros ao projetar nossa intenção sobre o comportamento alheio e que devemos entender que freqüentemente as outras pessoas podem estar interpretando nossa intenção dessa maneira. Como sua experiência indubitavelmente lhe indicará (e como descobri há alguns anos pessoalmente durante a fusão da FranklinCovey), ninguém gosta que atribuam injustamente maus motivos ao seu comportamento. Uma vez mais, tendemos a julgar os outros com base no comportamento e a nós mesmos com base na intenção. Em quase todas as situações, seria bom se reconhecêssemos a possibilidade – até mesmo a probabilidade – de que os outros são bem intencionados... apesar de seu comportamento observável às vezes não indicar isso.

Decidindo enxergar além do comportamento observável das outras pessoas (especialmente dos adolescentes ou dos colegas com algum problema) e afirmando nossa crença nelas e em sua boa intenção, nós as elevamos. Esse nosso comportamento exprime nossos motivos mais nobres e nossa intenção de nos importarmos com os outros.

COMO MELHORAR A INTENÇÃO

Basicamente, intenção é uma questão do coração. É algo que você não consegue fingir – pelo menos não por muito tempo. Mas é algo que você pode trabalhar e melhorar.

Algumas pessoas realmente têm más intenções. Embora possam não estar cientes disso, nem admitir, no fundo procuram seu próprio interesse, posições ou posses acima dos outros, além dos princípios, além de tudo mais.

Outros têm boas intenções – eles sinceramente querem fazer aquilo que seja o correto e procuram o bem-estar dos outros – mas sua expressão ou execução da intenção é insatisfatória.

Ao deixar de notá-lo, a maioria de nós lida com algum grau de dificuldade nas duas áreas. Se somos realmente honestos, temos que admitir que às vezes nossos motivos não são totalmente probos. Às vezes abordamos situações com segundas intenções – ainda que minúsculas – que impedem que sejamos completamente transparentes com os outros. Às vezes manifestamos comportamentos que não demonstram a preocupação, a franqueza e o interesse por eles. Qualquer que seja o grau desse impedimento, esses desafios fazem parte de nossas vidas e, por isso, estamos sendo taxados, tanto pessoal quanto profissionalmente.

O desafio, portanto, consiste em melhorar a intenção. Portanto, aqui estão os três principais aceleradores que recomendo para ajudá-lo a alcançar isso.

1. Analise e refine seus motivos

Faz parte da natureza humana supor que temos boa intenção ou, ao menos, intenção justificável. Às vezes, nossa intenção é realmente boa; em outras ocasões, nós a racionalizamos (contamos "mentiras lógicas" para nós mesmos) para justificar nossa intenção a nós mesmos e aos outros. Então, como fazer para chegarmos ao fundo de nosso ser e realmente examinarmos nossos verdadeiros motivos, descobrirmos por que realmente fazemos aquilo que fazemos e para mudarmos o que precisa ser mudado?

Um bom jeito é regularmente fazermos perguntas que examinem nossa consciência, como as que seguem:

- ***Em uma interação com uma criança:*** Será que minhas ações são motivadas pelo verdadeiro desejo de querer cuidar dela e amá-la? Eu realmente busco os melhores interesses desta criança? Se estou errado, sou suficientemente humilde para admiti-lo? Ou, na verdade, estou tentando impor a essa criança a minha vontade?
- ***Em uma interação com um cônjuge:*** Será que eu sinceramente escuto o que meu esposo (minha esposa) tem a dizer? Será que me mantenho genuinamente aberto à sua influência? Será que entendo o que ele(a) quer dizer? Ou estou envolvido em explicar meu ponto de vista, provar que estou certo ou em fazer as coisas do meu jeito?
- ***Em uma interação com uma equipe de trabalho:*** Enxergo e reconheço rapidamente a contribuição de cada membro da equipe? Será que estou buscando uma "vitória" para toda equipe? Ou estou focado em meu próprio "ganho" – em ser o "herói", em ser reconhecido por minhas idéias?
- ***Em uma negociação:*** Será que quero realmente o melhor para as duas partes? Será que entendo realmente o que constitui um "ganho" para a outra parte? Será que tenho total clareza sobre o que constitui "ganho" para mim e consigo expressá-lo? Estou aberto a sinergias e a alternativas? Ou eu só quero "ganhar", sem levar em conta o que acontecerá ao outro lado?

Na minha vida, quanto mais interagia com os outros em cada situação da vida – na minha família, nas amizades, no trabalho, na igreja e nas associações comunitárias – cada vez me convencia da importância de analisar regularmente os meus motivos. Por exemplo, à medida que tive a oportunidade para falar a grupos na minha igreja, vim a compreender o valor de perguntar-me constantemente o seguinte: Estou procurando ajudar o grupo ou impressioná-lo? Isso ajuda a manter em mente o meu propósito e a falar com maior franqueza e integridade.

Outro jeito bom de analisar seus motivos consiste em usar uma adaptação dos "cinco porquês" – uma técnica simples de resolução de problemas – que se tornou popular nos idos dos anos 70 por meio do Sistema de Produção da Toyota. A idéia da Toyota consistia em começar com o problema pelo fim e trabalhar para trás por meio de uma série de "por quês" até que se chegasse à sua causa básica. Descobrimos que esse processo funciona muito bem com a gente e com os outros para descobrir a intenção real.

Por exemplo, suponha que você se sente subestimado, pouco apreciado e, de uma maneira geral, aborrecido com sua situação atual no trabalho, tendo decidido ter uma reunião com seu chefe para discutir tal estado de coisas. Se você ensaiar antecipadamente os "cinco porquês", tal exercício poderá ter efeito significativo no conteúdo da reunião e no respectivo desenlace.

1. Por que me sinto pouco apreciado e subestimado? *Porque não acho que as pessoas por aqui percebem o bom trabalho que faço.*
2. Por que acho que as pessoas não enxergam o bom trabalho que faço? *Porque parecem totalmente concentradas no sangue novo – "as estrelas em ascensão".*
3. O que me faz pensar que elas estão concentradas nas estrelas em ascensão? *O fato de Sarah ter sido promovida na semana passada – eu deveria ter sido!*
4. Por que acho que Sarah foi promovida em vez de mim? *Eu não sei. Talvez seja isso que eu queira realmente discutir com o meu chefe.*
5. Por que quero falar com meu chefe sobre isso? *Bem, suponho que minha intenção original seja descarregar minha raiva e queixar-me sobre a promoção da Sarah. Mas acho que o que eu realmente quero entender é o que posso fazer para agregar mais valor à empresa, de tal modo que, quando houver promoções futuras, eu seja considerado mais seriamente como candidato.*

Em geral, depois dos "cinco porquês", você consegue chegar à intenção real ou está bem próximo. Tendo descoberto o real "porquê", você poderá decidir se está satisfeito com sua intenção ou deseja modificá-la. A lógica disso é simples: Se sua intenção for baseada em princípios (interessar-se, contribuir, buscar o benefício mútuo, agir no melhor interesse de outros), isso resultará em dividendos de confiança; se não for, você pagará um tributo.

Portanto, se você precisa refinar ou melhorar sua intenção, sugiro aqui algumas idéias:

Em primeiro lugar, certifique-se de ter identificado os princípios que trarão os resultados que você deseja.

Segundo, reconheça que poderá necessitar de ajuda para promover essa profunda mudança interior – e busque-a. Para alguns, isso envolverá descobrir modelos de papéis a desempenhar, ler biografias de pessoas que souberam viver para os outros ou criar um regime diário, mental e espiritual de pensamentos de elevação espiritual e de boa vontade, expressos na literatura da sabedoria milenar. Isso talvez inclua buscar ajuda de terapeutas ou praticar a meditação e a oração. No mínimo – e algo fundamental para todos os outros tipos de ajuda – o ato de reescrever o seu roteiro de vida exigirá o auxílio constante de sua própria consciência. Escutar e responder aos chamados dessa profunda voz interior nos conduzirá a motivos mais elevados e à intenção mais clara.

Terceiro, comporte-se de tal maneira a se tornar a pessoa que deseja ser. O comportamento não é apenas o produto do motivo e da agenda; é também instrumento importante para melhorar a intenção. Por exemplo, se agora você não é a pessoa que se importa muito com os outros – mas deseja sê-la – então aja com base nesse desejo. Comporte-se de forma carinhosa. Faça coisas afetivas. No processo de fazer – seguindo nosso desejo – somos recriados como seres melhores do que éramos.

2. Declare sua intenção

Recentemente, um homem perguntou-me como poderia comunicar adequadamente a seus clientes potenciais as forças e os resultados de sua empresa, sem aparentar ser arrogante e querer vangloriar-se, e, por causa disso, afugentá-los no processo (algo que ele considerava um problema). Disse-lhe: "Declare-lhes sua intenção. Deixe seus clientes saberem por que você compartilha suas forças e resultados com eles – que isso não provém de sua vontade de exibir-se; é algo que você faz porque quer conquistar a confiança, demonstrando que sua empresa possui as competências e antecedentes para servi-los bem."

Declarar a intenção e expressar sua agenda e motivos pode ser muito poderoso, particularmente se o seu comportamento estiver sendo mal interpretado pelas outras pessoas. É também valioso como uma forma de estabelecer a confiança em novos relacionamentos.

Doug Conant, CEO da Campbell Soup Company, contou-me, recentemente, que já na primeira hora de seu encontro com novos colaboradores ou outros parceiros de negócios, ele os deixa saber como ele opera, de tal modo que as pessoas possam saber o que podem esperar dele. Ele lhes diz explicitamente que sua agenda inclui edificar a confiança mútua, e que ele quer conquistar a confiança à medida que eles perceberem que aquilo que diz é aquilo que faz. Além disso, Doug acha que declarar sua intenção não constrói apenas a confiança, mas também coloca mais responsabilidade nele para que cumpra o que disse.

A principal razão de a declaração de intenção aumentar a confiança é que isso "sinaliza seu comportamento" – deixa as pessoas saberem o que procurar, de modo que possam reconhecer, entender e conhecê-la quando a virem. Sua reação é, então, muito parecida com aquilo que acontece quando alguém compra um carro novo e repentinamente começa a observar o mesmo tipo de carro em toda parte. Não é que repentinamente haja mais desses carros rodando nas ruas; é que seu nível de conscientização foi ampliado.

Ao declarar sua intenção, cuide do seguinte: esteja sempre certo de ser honesto e sincero sobre ela. Fazer o contrário é parecer falso, algo que diminui a confiança. Você também irá querer assegurar que sua intenção não é meramente motivada pelo auto-interesse. O processo de considerar a maneira de declarar sua intenção em si o ajudará a melhorá-la.

3. Escolha a abundância

Abundância significa que há o suficiente para todos. O oposto – a escassez – significa que existem limites na disponibilidade de algo e, se você o obtiver, eu não o conseguirei. A escassez pode existir em algumas áreas (tal como nos esportes competitivos ou sistemas de avaliação de curva forçada) mas na maioria das coisas importantes na vida – como amor, sucesso, vigor, resultados e confiança –, a abundância não é apenas uma realidade, é um impulsor e gerador de mais abundância.

De acordo com Paul Zane Pilzer, ex-economista da Universidade de Nova York, a chamada "alquimia econômica" deriva dos princípios da abundância – e não da escassez –, sendo que a tecnologia libertou-nos do jogo de soma nula da economia tradicional, colocando-nos no novo mundo da abundância ilimitada.

A coisa importante a entender é: *a abundância é uma alternativa que existe!*

Pessoalmente, estou convencido de que, independentemente de nosso status econômico, cada um de nós pode fazer a escolha de ser generoso. Esse não é território exclusivo dos ricaços. Conheço indivíduos bem-sucedidos, com extrema mentalidade de avareza e pessoas muito menos afortunadas cuja mentalidade é de muita generosidade.

> *O valor de sua vida não está naquilo que você acumula, e, sim, naquilo que você doa.*
>
> – Dr. Wayne Dyer, autor, *O poder da intenção*

No capítulo anterior mencionei como Jon Huntsman (CEO da Huntsman Chemical) manteve a palavra em um negócio na base do aperto de mão, a despeito de isso ter lhe custado milhões de dólares. Huntsman é uma das pessoas mais generosas e benevolentes no mundo. Ele também é uma das pessoas mais ricas no mundo (número 198 na classificação Forbes 400, em 2005). Porém, curiosamente, decidiu ser generoso e compartilhava abundantemente com outros quando ainda era pobre. Talvez uma das razões de seu êxito encontre-se em sua decisão e no comportamento generoso, mesmo quando ele não tinha qualquer motivo econômico para tal. Seu filho Peter, que agora dirige a Huntsman Chemical, diz: "Nossa principal meta consiste em ganhar dinheiro mais rapidamente do que papai consegue gastá-lo."

A abundância é uma mentalidade, um meio de ser e de tornar-se. É também elemento fundamental da melhoria da intenção, que nos tornará mais confiáveis para as outras pessoas.

Então como você cria abundância e torna-se generoso?

Inicialmente – como já fizemos com os outros aceleradores deste capítulo – sugiro que examine suas opiniões atuais sobre a questão. Pergunte-se:

- Quando estou no meio de uma negociação, realmente acredito que seja possível encontrar uma solução que oferecerá benefícios para ambos – ou, no fundo, acredito que a outra pessoa só pode se beneficiar à minha custa?
- Quando estou em uma reunião e as idéias estão sendo discutidas, eu realmente acredito que haverá crédito e reconhecimento suficientes para todos – ou será que sinto que alguém os receberá e que esse alguém deva ser eu?
- Será que acredito que se amo outras pessoas, meu próprio "estoque de amor" aumentará – ou diminuirá?
- Será que acredito que haja lugar para as outras pessoas verem as coisas de forma diferente da minha... e que, apesar disso, elas possam ter razão?
- Será que acredito que nas minhas circunstâncias econômicas posso compartilhar meus bens com os outros e beneficiá-los?

Perguntas como essas o ajudarão a identificar se você possui mentalidade de abundância ou de escassez. Qualquer que seja o grau da avareza mental, reconhecer que ela existe é o primeiro passo no sentido de criar uma mentalidade de abundância e generosidade.

Mais uma vez, grandes exemplos ajudarão. Algumas pessoas parecem nutrir a abundância naturalmente. Madre Teresa dedicou sua vida inteira para ajudar os menos afortunados. Em dado momento de sua vida, o empresário Ted Turner comprometeu-se a doar US$1 bilhão, um terço de seu patrimônio, para caridade da Organização das Nações Unidas e depois desafiou outras pessoas a fazerem o mesmo. Bem perto de nós, muitos professores inspiram nossas crianças por meio da habilidade, dedicação e por acreditarem nos alunos. E voluntários comunitários dedicam seu tempo e energia para criar e sustentar centros de alfabetização, programas de esportes para a juventude, eventos para idosos e outros projetos que beneficiam muitos.

Algumas dessas pessoas – modelos de generosidade – demostram-nos claramente que nossa experiência – ainda que inclua infância dolorosa e injusta – pode ser reescrita a fim de criarmos abundância em nossas vidas e na vida dos outros. Veja, por exemplo, Oprah Winfrey, que foi criada no Mississippi rural pelos avós e estuprada na juventude por um parente. Ela escolheu modificar tais circunstâncias e elevar-se. Ela o descreve:

> *Eu não penso em mim como sendo uma pobre menina privada de tudo em um gueto, que conseguiu se sair bem. Eu penso em mim como alguém que desde a tenra idade soube que era responsável por si, e que eu tinha que me sair bem.*

Desde seu primeiro trabalho na televisão, onde ganhou US$100 por semana, Oprah criou abundância para si e para os outros, tendo se tornado uma das mulheres mais bem-sucedidas, mais influentes e mais generosas de nossos tempos. Sua generosidade é evidenciada por meio de seu apoio a causas e organizações filantrópicas numerosas demais para mencionar, incluindo sua própria Angel Network e seu serviço pessoal na África do Sul. Anos atrás – após queda nos índices de audiência – Oprah transformou a natureza de seu show, mudando-o de um programa genérico de entrevistas para um que faz enorme diferença para as pessoas. Há alguns anos, depois de se debater com a questão de permanecer ou não no ar, ao final de um programa particularmente inspirador, ela disse: "É isto que faz valer a pena permanecer no ar."

Como observou a proeminente psicóloga e escritora, Dra. Laura Schlessinger, em seu livro *Bad Childhood – Good Life: How to Blossom and Thrive in Spite of Unhappy Childhood:*

> *Você não deveria estar satisfeito em ser vítima nem em ser sobrevivente. Você deve aspirar tornar-se um conquistador. Há extraordinária força de espírito em aspirar conquistar em vez de sobreviver. Espero que você descubra esse espírito dentro de você.*

Modelos de pessoas como as que descrevi, líderes com visão e profissionais como esses servem de poderosos lembretes de que podemos fazer algo com relação às questões que impactam nossa credibilidade, mesmo que sejam muito profundas, pessoais e baseadas no caráter. E lembre-se: credibilidade é pré-requisito para a confiança.

Podemos aumentar nossa integridade. Podemos melhorar nossa intenção. E, possivelmente, podemos fazer isso mais rapidamente do que imaginamos.

DIMENSÃO 3 – CAPACITAÇÕES
VOCÊ É RELEVANTE?

[Pessoas] com capacitação inspiram-nos.

– SAMAVEDA (TEXTO SAGRADO HINDU)

Neste capítulo, caminhamos das dimensões da credibilidade que focalizam o caráter para as dimensões que salientam a competência. A primeira dimensão da competência são as *capacitações* – talento, habilidades, conhecimento e outras expertises que possuímos e que nos capacitam a executar nossas tarefas e trabalhos com excelência.

Voltando à metáfora da árvore, capacitações são os ramos que produzem frutos ou resultados. Com relação a nosso exemplo do perito, capacitações são uma necessidade indispensável. Quem começaria a prestar atenção ao testemunho de um "perito" que não tenha sido capacitado na área de sua suposta perícia?

Meu pai relata uma experiência que teve há alguns anos em uma apresentação para os comandantes da Força Aérea de um pequeno país. Perguntou a um dos participantes sobre a eficácia de seu processo de feedback de 360 graus, por meio do qual os pilotos avaliavam suas respectivas capacitações. Ele queria saber se o comando geral podia assegurar que não existia um mecanismo pelo qual cada piloto protegesse seus colegas, dando-lhes boas pontuações e elogios, para que todos pudessem ser promovidos. Evidentemente, o brigadeiro ficou completamente perplexo com a pergunta. Em síntese, respondeu: "O senhor não percebe que estamos cercados de inimigos por todos os lados, e que nossa sobrevivência como nação depende de nossas competências? Nessa força, ninguém jamais pensaria em falsificar as avaliações sobre as capacitações dos colegas."

Como essa experiência claramente demonstra, as capacitações são vitais para a criação da credibilidade – tanto no plano pessoal quanto no organizacional.

Nossas capacitações fazem com que os outros confiem em nós, particularmente quando são necessárias para a realização de uma tarefa específica. Nossas capacitações também nos mostram a autoconfiança de que podemos realizar o necessário.

Pense na diferença que existe entre uma criança que aprendeu a tocar um instrumento musical, ou é muito hábil nos esportes, no teatro ou em alguma outra área, e uma criança que essencialmente desperdiçou seu tempo e nada aprendeu. Pense na diferença que há entre as duas quanto aos respectivos níveis de confiança e disciplina – não só quanto a poderem realizar o que a primeira aprendeu a fazer bem e a outra não, mas também na capacitação em aprender e fazer outras coisas na vida. Quando a primeira chegar à adolescência e candidatar-se a um emprego, imagine o alto grau de confiança que os empregadores terão nela. Ainda que esse trabalho não exija seus talentos nem as habilidades já desenvolvidas, seus empregadores perceberão a sua vontade de apreender e a capacidade para desenvolver habilidades, pois ela já demonstrou isso no passado. À medida que esse jovem ingressa no ensino superior, constrói uma família e desenvolve uma carreira, suas capacitações existentes – e seu desejo e habilidades em desenvolver novas capacitações – constituirão elemento expressivo na construção da confiança dos outros nele, causando impacto dramático e positivo ao longo de toda a sua vida.

Pessoas capazes são confiáveis. Inspiram confiança. É tão simples assim. Você pode possuir as três outras dimensões – você pode ser íntegro e bem intencionado, até mesmo pode ter produzido bons resultados no passado. Mas, no final das contas – especialmente nesta economia em mutação rápida e do trabalhador da era do conhecimento –, se você não possuir capacitações atualizadas, não se destacar, você não terá credibilidade. Você será tributado. Você não receberá os dividendos da confiança.

Um exemplo de alguém que possui as outras três dimensões – mas não as capacitações – seria alguém honesto, preocupado com os outros e que produz os resultados necessários para ser promovido a um novo nível de responsabilidade para o qual não está capacitado. Esse é o Princípio de Peter em ação – o de promover pessoas ao nível de sua incompetência. Se essa pessoa confia nas habilidades que o conduziram ao cargo que até agora ocupava – se ela não aprende, não cresce e não desenvolve novas habilidades constantemente – não preencherá os requisitos necessários para progredir na nova situação. É como um clínico geral a quem se pede que faça uma cirurgia cerebral; ele pode ser muito competente na prática geral de medicina, mas não tem as qualificações para desempenhar com destreza a nova tarefa.

Do outro lado, você pode ter enormes capacitações, mas carecer de integridade, intenção ou resultados. Por exemplo, você talvez tenha tremendo potencial, mas nunca foi capaz de traduzi-lo em resultados. Isso fica sendo, então, apenas um potencial. Ou você talvez use sua grande inteligência e as habilidades para realizar metas não dignas ou levar tais metas ao término por meios torpes. Separar capacitações de suas raízes éticas é engajar-se em corrupção e manipulação. Isso não construirá credibilidade e destruirá a confiança.

Mais uma vez, as quatro dimensões são vitais. E as capacitações são particularmente essenciais na economia mutante atual, em que a tecnologia e a globalização sucateiam as habilidades – mais rapidamente do que nunca. A meia-vida de nosso conhecimento e habilidades atuais é muito mais curta do que antes, e alguém que era muito competente, mesmo que tenha tido um excelente currículo até ontem, repentinamente pode não ser mais competente no mundo atual.*

> *Se o conhecimento e as habilidades são descuidados, como acontece com todos os ativos, eles se depreciam em seu valor numa rapidez surpreendente.*
>
> – David Maister, autor e consultor em administração

A principal mensagem aqui, tanto para indivíduos quanto para organizações, é que, para manter-se confiável hoje, precisamos melhorar constantemente as nossas capacitações. Tenho um colega que afirma ser vital "reinventar-se" a cada três anos para melhorar significativamente as habilidades e os conhecimentos, de modo que possamos permanecer importantes e capazes de dar novas contribuições para um mundo em mudança constante. Essa reinvenção a cada três anos pode ser importante para as organizações também. Como o livro *Next Chapter*, da American Express, afirma: "A reinvenção é a chave da longevidade." Isso provavelmente nunca foi tão importante quanto na economia global mutante dos dias atuais, em que freqüentemente surgem novos concorrentes que começam de uma posição de força mercadológica e tecnológica, podendo tornar obsoleta, da noite para o dia, uma estratégia até então bem-sucedida.

Enquanto você se prepara para a Dimensão 3 – Capacitações, você talvez queira fazer a si mesmo as seguintes perguntas:

- Quais capacitações minhas tornam-me confiável e inspiram confiança nos outros?

---

*Para acessar a discussão gravada em áudio (gratuita e em inglês) que explica por que a alta confiança é *a* habilidade crítica necessária para o desenvolvimento de uma carreira na nova economia global, visite o site (em inglês) http://www.speedoftrust.com.

- Que experiência tive (ou não) em desenvolver minhas capacitações e como isso influencia minha autoconfiança?
- Qual impacto estão tendo, sobre as minhas capacitações atuais, fatores como a tecnologia e a globalização?
- Qual é a minha atitude e a minha abordagem com relação a melhorar minhas capacitações atuais e adquirir novas?

Na primeira parte deste capítulo, daremos uma olhada no que chamaremos de nossas "capacitações técnicas" – aquelas habilidades que são específicas e pertinentes a trabalho, situação ou tarefa que estamos desenvolvendo. Na última parte, analisaremos a capacitação que é vital em toda situação – a de estabelecer, fazer crescer, estender e recuperar a confiança, a qual me refiro como a "capacitação da confiança".

TAREFAS

Uma maneira de memorizar as várias dimensões das capacitações seria utilizarmos a TACHE.*

T alentos
A titudes
C onhecimento
H abilidades
E stilo

Os *talentos* são nossas aptidões e forças naturais. As *atitudes* representam nossos paradigmas – nossas maneiras de enxergar as coisas, assim como a nossa maneira de ser. O *conhecimento* representa nosso aprendizado, introspecção, entendimento e familiaridade com tudo. As *habilidades* são nossas proficiências, o que podemos fazer bem. O *estilo* representa nossa abordagem e a personalidade, que nos são únicas.

Todas essas são as partes do que chamamos as nossas capacitações. São nossos recursos para produzirmos resultados. Desdobrando-os nesses componentes, podemos explorá-los em sua maior plenitude, tanto independente quanto interdependentemente.

Aqui estão algumas perguntas a considerar:

**Nota do Tradutor*: O autor utiliza a acrossemia TASKS (tarefas): Talents-Attitudes-Skills-Knowledge-Style.

TALENTOS: Quais são minhas forças ou talentos singulares? Qual é a utilização mais extensa e melhor de meus talentos? Como posso maximizar melhor meus talentos? Quais talentos latentes posso eventualmente ter e que não desenvolvi ainda?

> *A verdadeira felicidade consiste no pleno uso do potencial e dos talentos de uma pessoa.*
>
> – JOHN GARDNER, AUTOR DE *EXCELLENCE* E *SELF-RENEWAL*

Os "talentos" vêm a nós naturalmente. Tenho um colega que tem talento para falar em público. Uma situação que estressa a maioria das pessoas, Barry a considera estimulante e renovadora. Ele possui a habilidade natural em relacionar-se com as pessoas, tornar divertido o aprendizado e em interligar as pessoas com as idéias. As habilidades e o conhecimento são úteis para ele, mas o que está no bojo de sua capacitação e da sua paixão é talento.

Outra amiga, Christi, tinha experiência em administrar negócios caseiros, mas buscava algo em que pudesse aproveitar melhor seus talentos naturais. Conversando com um *coach* que ajuda as pessoas a descobrirem seus talentos, ela percebeu que adorava organizar, então, decidiu dedicar-se a isso. Hoje, Christi é a presidente do capítulo estadual da Associação Nacional de Organizadores Profissionais e dirige um negócio de organização de casas e escritórios. Christi não atribui seu sucesso ao trabalho duro e, sim, a seu talento e paixão. Ela diz: "Não posso acreditar que estou sendo paga para fazer isto!"

À medida que pensamos em nossos talentos, temos que compreender que atualmente podemos ter dentro de nós talentos ocultos, os quais desconhecemos. Talvez não os tenhamos analisado em profundidade. Ou às vezes deixamos que as exigências do emprego, de outras circunstâncias ou certas pessoas identifiquem, em nosso lugar, os nossos talentos. Realizar a fundo um processo próprio de identificação de talentos pode nos revelar caminhos surpreendentes e animadores a trilhar.

Seria importante relembrarmos a parábola bem conhecida dos talentos (moeda da antiga Grécia e Roma). Nesta história, um homem parte para uma viagem, confiando a mercadoria a seus empregados. A um empregado, ele dá cinco talentos. A outro, dá dois. Ao último, deixa um. Na ausência do homem, os empregados com cinco e dois talentos negociam entre si, e dobram o valor. O empregado que recebeu apenas um talento, temendo que talvez o perca, enterra-o. Quando o patrão retorna e pede aos empregados que prestem contas, ele elogia os dois empregados que aumentaram os talentos e lhes diz que, por terem sido fiéis, ele lhes confiará muito mais coisas. Quando o terceiro empregado conta que enterrou seu talento por temer perdê-lo, o homem repreende-o, chamando-o de "empregado não-rentável". Ele pega aquele talento, entrega-o ao empregado que aumentou seus cinco talentos para dez, e demite o empregado não-rentável.

Quaisquer que sejam os outros propósitos a que essa parábola sirva, é um bom lembrete para todos nós da importância de desenvolvermos os talentos que nos foram dados, lembrando também da credibilidade que criamos e da confiança que inspiramos quando fazemos isso. Afinal, nossas maiores realizações e contribuições originam-se de nossos talentos.

> **ATITUDES**: Quais são minhas atitudes com relação ao trabalho? Com relação à vida? Com relação a aprender? Com relação a mim, minhas capacitações e minhas oportunidades de contribuir? Existem atitudes e paradigmas mais produtivos que eu poderia abraçar e que me ajudariam a obter resultados melhores?

Com referência a atitudes, reflita sobre a extraordinária maneira como Eugene O'Kelly, ex-CEO da KPMG, escolheu para viver os últimos 100 dias de sua vida. Diagnosticado, aos 53 anos, com câncer incurável no cérebro, O'Kelly soube que tinha três meses de vida. A maneira como enfrentou sua morte iminente é uma história de coragem e inspiração, descrita em *Chasing Daylight: How My Forthcoming Death Transformed My Life*. No livro, Eugene conta:

> *Fui abençoado. Tinham me dito que tinha três meses de vida... O veredicto que recebi em maio último (2005)... tornou-se um presente. Honestamente... Em resumo, me fiz duas perguntas: Deve o fim da vida ser sua pior parte? E pode esse período ser transformado em uma experiência construtiva – até mesmo na melhor parte de minha vida? Não e sim. É assim que responderia a essas duas perguntas, respectivamente. Pude chegar ao fim com meus amados junto a mim, enquanto ainda estava mentalmente lúcido e fisicamente (mais ou menos) saudável. Como disse: uma bênção.*

O'Kelly morreu no dia 10 de setembro de 2005, mas não antes de poder "resolver de maneira linda" relacionamentos pessoais e gozar de uma plenitude que ele chamou de "Momentos Perfeitos" e "Dias Perfeitos".

Reflita sobre a diferença que as atitudes a seguir talvez constituam para o prazer pessoal de sua vida e para sua capacidade de realizar algo:

Tenho que ir trabalhar.	ou	Eu realmente estou animado em ir trabalhar, onde posso empregar meus talentos e minhas habilidades para contribuir e agregar valor.

Trabalho que nem um louco e vivo para os fins de semana. Mal posso esperar até que me aposente e possa fazer aquilo que quero.	ou	Tenho uma vida equilibrada, na qual trabalho, divertimento e relacionamentos gratificantes constituem partes importantes. Espero manter esse tipo de equilíbrio ao longo de toda minha vida.
Neste relacionamento, meu parceiro(a) não satisfaz minhas necessidades.	ou	O que posso fazer para ajudar meu parceiro(a) a ser feliz e sentir-se realizado(a)?
Mal posso esperar até que minhas crianças cresçam.	ou	Aproveito cada dia com as minhas crianças porque sei que estamos construindo relacionamentos importantes que durarão a vida toda.

Assim como a diferença que essas atitudes talvez façam na sua vida, reflita sobre a diferença que fariam, ao longo do tempo, na vida de seus filhos. O que aconteceria se crescessem ouvindo constantemente os comentários da esquerda? Como suas vidas se modificariam se eles ouvissem constantemente os comentários da direita?

Uma atitude com que acredito que temos que tomar muito cuidado é a mentalidade do "tenho o direito": "Sou o gerente, investiram-me nessa posição e, portanto, posso flanar enquanto todos fazem o trabalho." Isso esgota rapidamente a credibilidade e é um tremendo mata-confiança. Quando o gerente flana, a capacitação de seus subordinados supera rapidamente a dele, e isso cria a tensão que freqüentemente leva o gerente a um ciclo de crescente mediocridade. Como afirmou Steve Jobs, CEO da Pixar e da Apple, são os gerentes classe B que contratam subordinados classe C, os quais, por sua vez, contratarão subordinados classe D.

Tenha em mente que gerentes classe A (sem a mentalidade do "tenho o direito") empregam subordinados A+, algo que conduza a capacitações maiores, credibilidade maior, confiança maior e maiores resultados em tudo. Essa prática demonstra uma filosofia de liderança praticada por muitos líderes excepcionais: Sempre se cerque de pessoas que sejam ainda mais talentosas e competentes do que você. Isso requer muita autoconfiança – a qual nasce da elevada integridade, da intenção positiva e de uma atitude de melhoria contínua – mas os resultados são incomparáveis.

CONHECIMENTO: Qual é o meu nível atual de conhecimento em meu campo específico? O que estou fazendo para manter-me atualizado? Quais outras áreas de conhecimento busco obter?

> *Continuo aprendendo. Isso é uma marca importante de um bom líder... saber que você não sabe tudo e que nunca irá sabê-lo.*
>
> – Anne Mulcahy, chairman e CEO, Xerox

Nunca esquecerei o que um CEO me disse sobre o risco de se investir em treinamento na sua empresa. Alguém perguntou-lhe: "O que acontecerá se você treinar todo mundo e todos se demitirem?" Ele respondeu: "O que aconteceria se nós não os treinássemos e todos ficassem na empresa?"

Evidentemente, aumentar o conhecimento é vital dentro da economia global, na qual o cabedal de informações do mundo dobra a cada dois ou dois anos e meio. Uma maneira de acelerar o índice de aprendizado, tanto o individual quanto o da organização, é aprender tendo a intenção de ensinar aos outros aquilo que aprendeu. Como Peter Drucker observou: "Os trabalhadores com conhecimento e os trabalhadores em serviços aprendem o máximo quando ensinam." Quando os líderes estruturam oportunidades e processos, de modo que as pessoas ensinem às outras dentro da organização o que aprendem, isso aumenta drasticamente o aprendizado e a transferência do conhecimento, tanto no plano individual quanto no organizacional. *Mentoring*, *coaching* e outros processos de treinamento podem facilitar tal aprendizado e tornar-se professor do que você aprende transforma-se em um novo paradigma de vida para muitos indivíduos que já vivenciaram o potencial desse processo.

Esse ponto é bem ilustrado pela história de uma mulher humilde em Londres, contada por Marion D. Hanks. Depois de assistir a uma palestra dada pelo renomado naturalista Dr. Louis Agassiz, ela queixou-se de que nunca teve oportunidade de estudar. Em resposta, ele perguntou-lhe o que ela fazia. Ela respondeu que ajudava a irmã em uma pensão, onde descascava batatas e cebolas.

Agassiz perguntou: "Onde a senhora se senta durante esses deveres interessantes, porém caseiros?"

"No degrau inferior da escada da cozinha."

"Onde seus pés descansam?"

"No tijolo vitrificado."

"O que é um tijolo vitrificado?"

"Eu não sei, senhor."

Ele disse: "Há quanto tempo a senhora está sentada ali?"

Ela respondeu: "Quinze anos."

"Madame, aqui está meu cartão pessoal", disse o Dr. Agassiz. "Será que a senhora faria a gentileza de me escrever uma carta concernente à natureza de um tijolo vitrificado?"

Ela o levou a sério. Procurou o termo no dicionário. Leu um artigo em uma enciclopédia e descobriu que um tijolo vitrificado é uma combinação de caulim e silicato de alumínio hidratado. Não sabendo o que aquilo significava, ela procurou descobri-lo. Foi a museus. Estudou geologia. Foi a uma olaria e aprendeu sobre mais de 120 tipos de tijolos e ladrilhos. Então, escreveu um tratado de 36 páginas sobre o tema dos tijolos vitrificados e ladrilhos, que enviou para o Dr. Agassiz.

Ele lhe respondeu, oferecendo pagar US$250 para que ela lhe permitisse publicar o artigo. Depois perguntou: "O que estava sob esses tijolos?"

Ela respondeu: "Formigas."

Agassiz disse: "Envie-me sobre as formigas."

Ela pesquisou profundamente as formigas e escreveu 360 páginas sobre o assunto, enviando-as ao Dr. Agassiz. Ele publicou tal material na forma de um livro e, com a renda, ela pôde viajar a lugares que sempre quis conhecer.

Ao comentar a experiência, Hanks pergunta:

> *Agora, enquanto escuta essa história, você sente intensamente que todos estamos sentados com os nossos pés apoiados em pedaços de caulim e silicato de alumínio hidratado – com formigas sob eles? Lord Chesterton responde: "Não existem coisas sem interesse; há apenas pessoas desinteressadas."*

HABILIDADES: Quais habilidades tenho atualmente? De quais habilidades necessitarei no futuro, de que não disponho atualmente? Até que ponto estou envolvido em melhorar constantemente minhas habilidades?

Depois de ganhar em 1997 o torneio Masters por 12 tacadas, um recorde, Tiger Woods, então iniciante, porém reconhecido como o melhor golfista do mundo, decidiu que queria melhorar seu *swing* e estava disposto a sacrificar um ano e meio de sua carreira para realizar o intento. Por quê? Porque acreditava que, ao fazer isso, ele seria capaz de jogar melhor por mais tempo. Declarou:

> *Você pode ter uma semana maravilhosa... mesmo quando seu impulso não é perfeito. Mas será que você pode competir com esse impulso em torneios quando sua*

> *sincronização não for boa? Será que você conseguirá competir por um longo período de tempo? A resposta para essas perguntas, com o impulso que tenho, é não. E eu quis mudar isso.*

Tiger saiu de sua reclusão auto-imposta para ganhar aquilo que se chamou "Tiger slam", conquistando todos os quatro títulos mais importantes – façanha realizada na história do golfe apenas uma única vez, pela lendária figura de Bobby Jones.

Então, inacreditavelmente para quase todos, Tiger decidiu reinventar seu impulso mais uma vez. Disse:

> *Gostaria de jogar melhor com mais freqüência e nisso está a idéia toda. Essa é a razão por que você faz mudanças. Achei que podia me tornar mais consistente e jogar com mais freqüência em um nível mais elevado. ... Eu sempre assumi riscos ao tentar me tornar um golfista melhor, e isso foi uma das coisas que me fez chegar até aqui.*

Embora seja ainda cedo para julgar, Tiger é evidentemente um grande exemplo de aperfeiçoamento contínuo. A *Golf Digest* referiu-se ao desejo inexorável de Tiger em melhorar como sendo "o credo de Tiger: eu melhoro, portanto sou". De acordo com a revista *Time*:

> *O que é o mais notável em Woods é sua vontade inquebrantável por aquilo que os japoneses chamam kaizen, ou seja, o aperfeiçoamento contínuo. Os engenheiros da Toyota forçarão uma linha de montagem perfeitamente boa até que ela entre em colapso. Acharão e consertarão o defeito, passando a forçar o sistema novamente. Isso é kaizen. Isso é Tiger.*

Tiger Woods demonstra o tipo de atitude e motivação vitais ao êxito na economia global. A menos que aperfeiçoe constantemente suas habilidades, você se tornará rapidamente ultrapassado. Ficando sem importância, você não é mais confiável e, sem credibilidade, você não inspirará confiança – algo que causará tremendo impacto tanto na velocidade como no custo.

Com relação às habilidades, algo para se ter cuidado é aquilo que o autor Jim Collins chama "maldição da capacitação". Trata-se de uma situação que, às vezes, ocorre quando nos tornamos bons em fazer algo para o qual não temos talento nem paixão. Como meu pai freqüentemente diz: "Seu conjunto atual de habilidades pode ou não corresponder a seus talentos naturais." Temos que nos assegurar de que as habilidades que desenvolvemos não nos limitem nem caracterizem, afinal, o talento realiza mais do que as habilidades.

ESTILO: Quão eficiente é o meu estilo atual de abordar problemas, oportunidades e de interagir? Será que minha abordagem facilita ou atrapalha aquilo que precisa ser feito? Como posso melhorar a maneira de fazer as coisas?

> *Há líderes de todas as espécies, com muitos estilos e diversas qualidades. Há líderes calmos e líderes que podemos ouvir da cidade vizinha. Alguns encontram forças em sua eloqüência, alguns em seu discernimento, alguns em sua coragem.*
>
> – JOHN GARDNER, AUTOR DE *EXCELLENCE* E *SELF-RENEWAL*

Nos idos dos anos 90, em meio à prosperidade das pontocom, Candice Carpenter, co-fundadora, chairman e CEO de iVillage, implementou um estilo que chamou "mentoring radical" – uma abordagem de ensino e treinamento linha dura voltada aos empregados jovens. De acordo com artigo publicado naquela época na revista *Fast Company*, Carpenter gostava de comparar a si mesma e a sua sócia, Nancy Evans, aos "sargentos preparadores que administram um acampamento de jovens líderes".

> *A cada mês e pouco, Carpenter e Evans escolhem uma estrela em ascensão para treinar. Há almoços, reuniões privadas e telefonemas ocasionais no meio da noite. Algo que é ainda mais importante é que elas dão feedback ao treinando – direto, apoiador, brutalmente honesto: "As pessoas não crescem se você for molenga com elas."*

Elas operam da maneira que alguns talvez considerem ser o exato oposto do estilo de liderança de John Mackey, fundador e CEO da Whole Foods* (que, por falar nisso, ultrapassou por quatro anos seguidos o Wal-Mart – a maior rede de supermercados dos Estados Unidos – em crescimento de vendas).

De acordo com a revista *Fast Company*, Mackey usa shorts e botas para trabalhar. Ele fecha cada reunião de negócios com uma rodada de "expressões de satisfação" ou expressões amáveis sobre os que compareceram. Ele publica o salário de todos os funcionários. Toma decisões por meio do voto de maioria (incluindo decisões relativas a novas contratações) e raramente rejeita essas decisões.

> *[John Mackey] não apenas delega; de fato, ele pode aparentar modéstia quando fala sobre sua empresa. Perguntado sobre como 140 caixas podem funcionar como uma única equipe... ao responder, ele parece ser um antropólogo que acabou de receber uma ótima pergunta de um aluno.*

**Nota da Editora:* Rede de mercados na linha natural. Vende produtos orgânicos, vitaminas, cosméticos e outros alimentos naturais.

"Isso aparenta ser um problema", ele diz. "Uma equipe tão grande poderia confundir o princípio operacional básico. Mas eu lhe digo, não tenho a menor idéia de como eles resolveram o problema. Isso não é mais minha tarefa. Mas fale com eles. Eu lhe asseguro de que eles acharam uma solução. Estou curioso em saber qual foi."

Obviamente, Candice Carpenter e John Mackey têm "estilos" totalmente distintos, mas ambos foram tremendamente eficientes em criar credibilidade e confiança.

Obviamente existe ampla variedade de estilos eficientes. O desafio consiste em combinar o estilo à maior eficácia para determinada tarefa. O problema ocorre quando você possui um "estilo" que atrapalha e cria desconfiança. Por exemplo, há vários anos, Al Dunlap – chamado por alguns "Al, a Motosserra" e por ele próprio de "Rambo em Terno Risca-de-Giz" – ganhou a atenção de Wall Street por suas abordagens "corte e queime", e "achate a estrutura, demita meio mundo". Dunlap era o herói temporário de Wall Street, mas ele nunca foi herói de seus colaboradores. Seu "estilo" – obter resultados a curto prazo por meio da destruição da confiança – também destruiu a sustentabilidade e o moral a longo prazo.

COMBINANDO O T-A-C-H-E ÀS TAREFAS

O objetivo aqui consiste em desenvolver TACHE e combiná-la às tarefas existentes – para criarmos o melhor alinhamento possível entre nossos dons naturais, nossas paixões, conhecimento, nossas habilidades e estilo e a oportunidade de ganhar e de contribuir.

De acordo com a pesquisa Gallup, apenas 20% dos empregados que trabalham nas grandes organizações por ela pesquisadas acham que suas forças estão sendo usadas todos os dias. Assim, oito em cada dez empregados pesquisados sentem que seus conhecimentos e potencial estão sendo subutilizados.

Em *Empresas feitas para vencer*, Jim Collins fala sobre a importância de ter "as pessoas certas a bordo" nas empresas bem-sucedidas e também de ter "as pessoas certas nos lugares certos". Na qualidade de líder, você quer ter pessoas capazes em sua organização, mas você também irá querer criar o casamento adequado entre as capacitações específicas da pessoa e o trabalho que você quer que ela execute.

Cada vez mais, as organizações se conscientizam do impacto do Princípio de Peter. Empresas perspicazes empenham-se em práticas como moldagem da capacitação, treinamento, mentoring e *coaching* para assegurar que os funcionários que são promovidos possuem a mescla TACHE adequada, a qual os ajudará a estabelecer a credibilidade que necessitam para progredir.

No nível individual, o problema a enfrentar são as muitas pessoas que não aderem à idéia do aperfeiçoamento contínuo. Essas pessoas trabalham em uma empresa – talvez estejam nela há dez ou quinze anos – mas, em vez de terem quinze anos de experiência, elas realmente têm um ano de experiência repetida quinze vezes! Elas não se adaptam às mudanças demandadas pela nova economia global. O resultado é que não desenvolvem a credibilidade que inspiraria confiança e lhes daria oportunidades maiores. Muitas vezes elas se tornam obsoletas. A empresa ou o mercado externo ultrapassam-nas.

O mesmo pode ser dito das corporações que confiam naquilo que garantiu seu sucesso no passado e não conseguem responder às necessidades e aos desafios da nova economia global. Se as corporações não estão empenhadas no aperfeiçoamento contínuo e, em alguns casos, em uma melhora radical, elas arriscam a se tornarem ultrapassadas e obsoletas. Demonstram a verdade das palavras pronunciadas pelo grande historiador Arnold Toynbee: "Nada fracassa mais do que o sucesso." Em outras palavras, elas continuam fazendo as coisas que lhes garantiram o sucesso no mercado passado, mas essas mesmas coisas não criam êxito na economia global dos dias atuais.

> *Se você não gosta de mudanças, você gostará ainda menos da insignificância.*
>
> – GENERAL ERIC SHINSEKI,
>
> CHEFE DO ESTADO-MAIOR DO EXÉRCITO DOS ESTADOS UNIDOS

As empresas que investem em aprendizado contínuo, em seu crescimento e se reinventam têm história diferente para contar. Considere o sucesso de Michael Dell e Kevin Rollins, da Dell Inc. Como líderes de uma das empresas de maior desempenho do mundo, eles têm em funcionamento um imenso processo de feedback de 360 graus. E grande parte de seu êxito decorre de os dois prestarem atenção a essa realimentação para se reinventarem – mesmo quando isso é muito difícil.

De acordo com artigo na *BusinessWeek*, em 2003, Dell e Rollins receberam avaliações pessoais decepcionantes:

> *Os subordinados achavam que Dell, 38 anos, era impessoal e sem expressão emocional, enquanto Rollins, 50 anos, era visto como autocrático e antagônico. Poucos funcionários sentiam forte lealdade aos líderes da empresa. Pior ainda, o descontentamento estava se espalhando. Pesquisa feita no verão daquele*

ano, depois de a empresa ter promovido demissão em massa, revelou que metade dos empregados da Dell, Inc. se demitiria se tivesse oportunidade melhor em outra empresa.

Em vez de ignorarem esse feedback (algo que teria sido fácil e poderia ser o comportamento típico de executivos altamente bem-sucedidos como os dois), eles imediatamente tomaram ações corretivas. Dell encontrou-se com seus gerentes seniores, criticou suas próprias deficiências como líder e comprometeu-se a se aproximar mais da equipe. A autocrítica de Dell foi gravada em vídeo e o filme foi mostrado a cada gerente da empresa, sendo que tanto Dell quanto Rollins fizeram sérios esforços para melhorar. Para se lembrar de que não devia forçar as idéias sem envolver os outros em sua elaboração, Dell usou um lembrete físico – uma motoniveladora de plástico, e Rollins recebeu um boneco do macaco Curious George* para ajudá-lo a lembrar que deveria escutar os outros antes de tomar decisões.

Em 2005, a Dell, Inc. foi classificada pela revista *Fortune* como sendo a Empresa Mais Admirada na América e a Terceira Empresa Mais Admirada no Mundo. O artigo da *BusinessWeek* continua:

> *Qual é o segredo da Dell? No fundo, é a crença de que o estado atual nunca é suficientemente bom, ainda que mudá-lo seja doloroso para seus líderes. Quando o sucesso é alcançado, é saudado com cinco segundos de elogios seguidos por cinco horas de* post-mortem *quando se discute o que poderia ter sido feito melhor. Diz Michael Dell: "Celebre por um nanossegundo. Então, vá para frente."*

Na atual economia global, a atitude e o hábito de aperfeiçoar-se continuamente é um dos principais diferenciadores entre as empresas que permanecem importantes e prosperam e aquelas que são eliminadas.

> *A empresa condescendente é uma empresa morta. O êxito hoje exige a agilidade e o direcionamento para repensar-se, revigorar-se, reagir e reinventar-se continuamente.*
>
> – BILL GATES,
> CHAIRMAN, MICROSOFT

**Nota do Tradutor*: Curious George é um personagem de uma série muito popular de livros infantis dos anos 1940-1960. George é um macaco, tendo inteligência humana, capturada na África por um homem de chapéu amarelo. Seu nome deriva da narrativa do primeiro livro, na qual, por causa de sua enorme curiosidade, George foi capturado pelo homem que o levou para a grande cidade. No Brasil, o desenho *George, o Curioso*, passa em TV a cabo no canal Bumerangue.

COMO AUMENTAR SUAS CAPACITAÇÕES

Ao trabalhar com clientes, topei com algumas excelentes idéias para aumentar a credibilidade por meio do aumento das capacitações, mas os três aceleradores que se seguem são os que fazem a maior diferença:

1. Muna-se de suas forças (e de seu propósito)

A idéia aqui consiste simplesmente em identificar suas forças (sejam elas Talentos, Atitudes, Conhecimentos, Habilidades ou Estilos) e, então, esforçar-se para empenhar, desenvolver e alavancar aquilo que é distintamente seu.

Peter Drucker encoraja os líderes a "alimentar as oportunidades e fazer os problemas morrerem de fome". Na mesma linha de raciocínio, sustento que devemos "alimentar as forças e fazer as fraquezas morrerem de fome". Não que devamos ignorar as nossas fraquezas; porém, em vez disso, tornaremos nossas fraquezas irrelevantes se trabalharmos eficientemente com as outras pessoas, de tal modo a compensarmos nossas fraquezas por meio da força destas e elas compensarem suas fraquezas por meio de nossas forças. Isso assegura que todo mundo está trabalhando no lugar certo.

Um exemplo bem conhecido de munir-se das próprias forças é o surpreendente atleta Michael Jordan. Em determinado momento, ele decidiu aposentar sua altamente bem-sucedida carreira em basquete para jogar beisebol, modalidade esportiva que ele sempre amou e que queria provar que podia jogá-la tão bem quanto o basquete. No entanto, ao abandonar o basquete para jogar beisebol, ele deslocou-se do "melhor no mundo" para o "medíocre". Então Jordan decidiu voltar ao basquete, e ganhou três campeonatos além dos três que havia ganhado anteriormente. Ele muniu-se de suas forças e, como resultado, não apenas tornou mais bem-sucedida e agradável a própria carreira como também deu contribuição única e muito bem-vinda ao basquete e ao mundo dos esportes em geral.

A título de exemplo nos negócios, uma vez tive um vendedor que era o "Michael Jordan" de vendas. Ele era fantástico – extraordinário em vendas e genial no trato com clientes. Era um vendedor de nível internacional. Mas esse homem não quis ser vendedor; ele queria ser gerente-geral. Finalmente, ele convenceu-me a deixá-lo tentar – apesar do fato de, no passado, ter tentado a mesma coisa em duas outras empresas e ter fracassado. Era medíocre – o Michael Jordan jogando beisebol – e, assim, ofereci-lhe para que voltasse às vendas. Mas ele não quis. Esse homem tornou-se, para mim, um exemplo da perda pessoal e organizacional que ocorre quando as pessoas não sabem avaliar suas próprias forças e limitações.

É importante compreender que existem ocasiões em que podemos suplantar nossas deficiências por outro tipo de força – a força do propósito – ou seja, a vontade de alcançarmos algo. Essa vontade pode ser motivada por nossa consciência ou impulsionada por algum propósito que nos sentimos compelidos a perseguir. E podemos ainda não ter desenvolvido as forças que provêm do TACHE e que são necessárias à concretização.

Em minha própria vida, encontrei grande satisfação em atuar na área da educação e achei oportunidades para trabalhar e contribuir em áreas nas quais tenho forças naturais. Mas também senti grande entusiasmo em reagir a uma voz interior que às vezes aconselhava-me a explorar fronteiras pouco conhecidas, forçando-me – às vezes deixando-me até incomodado – a descobrir novas forças ou adquirir novas habilidades para encarar tais desafios.

2. Mantenha-se atualizado

Durante anos, as pessoas reconheceram o valor do estudo superior de quatro anos, mas para prosperar na economia dos dias atuais, de fato você precisa adquirir uma graduação de quarenta anos. Em outras palavras, você precisa empenhar-se em aprender sempre. Os quatro anos de faculdade podem ensiná-lo a ler, escrever, pensar e argumentar, mas o principal objetivo desses cursos é ensiná-lo a estudar e aprender continuadamente, e sempre.

Conheço um homem extraordinário que durante anos levantava-se muito cedo de manhã e lia por duas horas. Sua meta era aprender tudo que fosse possível sobre comportamento e desenvolvimento organizacional, comportamento humano e administração e liderança de pessoas. E foi exatamente o que ele fez. Observei-o tornar-se extremamente competente. Cada vez que assumia mais responsabilidades, ele aumentava sua capacitação ao nível de sua promoção, algo que chamo Princípio de Peter Inverso em ação.

Voltando ao exemplo de Dell e Rollins, teria sido fácil, até mesmo justificável, para Michael Dell e Kevin Rollins ignorarem o feedback que receberam de seus subordinados. Afinal de contas, eles já eram líderes destacadamente bem-sucedidos. Porém, em vez disso, eles foram levados ao caminho do auto-aperfeiçoamento. Isso não apenas resultou no aumento da credibilidade já elevada, mas também capacitou-os a aumentar a confiança e a melhorar os resultados de seus comandados e da empresa.

> *Eu estou sempre aprendendo e trabalhando no limiar de minha ignorância.*
>
> – Harvey Golub, chairman da Campbell Soup Company e ex-CEO da American Express

3. Saiba para onde você vai

Em conversa recente com o estrategista e especialista em marketing Jack Trout, perguntei-lhe qual era, em sua concepção, o segredo da liderança. Nunca esquecerei sua resposta simples e retumbante: "As pessoas seguem aqueles que sabem para onde vão."

> *Quando você tenta liderar, é terrível olhar sobre o ombro e não achar ninguém ali.*
>
> – FRANKLIN DELANO ROOSEVELT

Lembro-me do passado, quando meu pai decidiu abandonar a posição de professor universitário para constituir sua própria empresa de treinamento e consultoria. Ele tinha 50 anos. Muitos amigos acharam que ele era louco em fazer aquilo e o desaconselharam. Ele tinha uma boa vida na universidade. Contribuía e sempre podia fazer consultoria à parte. Mas meu pai tinha uma visão clara, distinta de onde queria chegar – uma visão de contribuição totalmente diferenciada que ele acreditava só poder realizar caso tivesse uma organização própria. Então deu o passo... e outros o seguiram e, juntos, eles construíram a Covey Leadership Center – e, mais tarde, a FranklinCovey – uma das maiores e mais influentes empresas no mundo do desenvolvimento de liderança.

Saber para onde você vai e ter as capacitações para alcançar o objetivo são outro meio de comprovar a capacitação. E essa capacitação, em conjunto com o caráter, cria um líder confiável a quem os outros seguirão – não porque são forçados, mas porque estão inspirados a fazê-lo.

> *As pessoas que você dirige querem saber para onde vão.*
>
> – CHRISTOPHER GALVIN, CHAIRMAN E CEO, MOTOROLA

HABILIDADES DE CONFIANÇA

Conforme mencionei, enquanto o caráter é uma constante, a capacitação – ao menos a maior parte dela – é situacional; depende do que as circunstâncias exigem.

No entanto, existem algumas áreas de capacitação que são vitais em qualquer situação, aquilo que chamo "habilidades de confiança", e que estão no topo da lista. Basicamente, é sobre isso que este livro versa – sua habilidade de estabelecer, fazer crescer, estender e recuperar a confiança. Iria ao extremo de afirmar que suas capacitações técnicas podem ser tremendamente tributadas – a ponto de, às vezes, tornarem-se irrelevantes – se suas habilidades de confiança não forem adequadas. Por causa disso, afirmo, mais uma vez, que estas não são apenas vitais ao sucesso individual, mas representam competência-chave da liderança dentro da nova economia global.

Mesmo considerando quão importantes são as capacitações técnicas para a construção da confiança, estou convencido de que a prioridade deste capítulo é o reconhecimento da máxima relevância das habilidades de confiança. Para compreendê-las melhor, você pode sobrepor, mais uma vez, o modelo TACHE – talento, atitude, conhecimento, habilidades e estilo – e avaliar onde poderia se esforçar mais para aperfeiçoar suas habilidades de confiança. Poderia perguntar-se o seguinte:

- Até que ponto possuo algum grau de *talento* natural na área das habilidades de confiança? Integridade e boa intenção são naturais para mim? Procuro, naturalmente, o benefício mútuo? Sei e faço, inerentemente, coisas que inspiram confiança?
- Quais são minhas *atitudes* nesta área? Reconheço e respeito a necessidade da confiança? Abordo as questões e tento tratá-las de forma a inspirar confiança?
- Qual é o *conhecimento* e o entendimento que possuo sobre como estabelecer, fazer crescer, estender e recuperar a confiança?
- Tenho *habilidades* que constroem a confiança? Interajo com as pessoas de maneira a construir confiança?
- Meu *estilo* de atuar e interagir inspira confiança? Meu estilo estende confiança a outros?

O melhor "acelerador" para melhorar suas habilidades de confiança consiste em você imergir no conteúdo deste livro. À medida que aprender a estabelecer, fazer crescer, estender e recuperar a confiança de dentro para fora, você se surpreenderá com a credibilidade que isso lhe conferirá, com a autoconfiança que você sentirá e com os resultados que obterá em todas as dimensões da vida.

DIMENSÃO 4 – RESULTADOS
QUAIS SÃO SUAS REALIZAÇÕES?

Você não pode criar uma cultura de alta confiança, a menos que as pessoas desempenhem.

– CRAIG WEATHERUP, EX-CEO, PEPSICO

Em dezembro de 1994, fui solicitado a assumir os cargos de presidente e CEO da Covey Leadership Center. Já na primeira semana tive uma reunião difícil com um banco. A boa nova era que nossa empresa estava bem perante os clientes, como ficava evidenciado por meio da análise de nosso crescimento. A má notícia era que ainda não tínhamos desenvolvido nosso próprio modelo de negócios, como ficou evidenciado por nossa falta de lucros e dinheiro.

A despeito de nosso grande capital intelectual, alguns colaboradores impressionantes e crescimento surpreendente, a empresa enfrentava grandes dificuldades financeiras. Havia gerado, por 11 anos seguidos, fluxo de caixa negativo. Não tínhamos capital externo, operávamos sem margens e nossas contas bancárias eram nulas. Estávamos totalmente atolados com nossas contas a pagar e nossas linhas de crédito estavam esgotadas. Nosso índice das "dívidas sobre o patrimônio líquido tangível" era de 223 para 1. Basicamente, estávamos inchando sem condições de continuar operando, e a confiança do banco era praticamente nula. Para um empréstimo, exigiram que voltássemos ao esquema de garantias pessoais, e estavam no processo de decidir se iam parar de nos financiar.

Felizmente para nós, e para os nossos clientes, eles não pararam.

Dois anos e meio depois daquela reunião, tínhamos estabelecido um modelo sustentável de negócios que permitiu aumentar o valor da empresa de US$2,4 milhões para US$160 milhões. Aumentamos o lucro em 1.200%. Diminuímos a rotação do contas a receber de 87 para 48 dias. Diminuímos o índice de "dívidas sobre o patrimônio líquido tangível" de 223 a menos de 2 para 1. Não éramos apenas mais uma empresa de alto crescimento e, sim, também, de alta lucratividade.

Uma das coisas mais interessantes dessa experiência toda foi ver o efeito que esses resultados tiveram sobre nosso relacionamento com os banqueiros. À medida que, durante esses dois anos e meio e conforme tínhamos nos comprometido, viam-nos alcançando meta após meta – produzindo, ultrapassando as metas, aumentando as margens – e, aumentando o dinheiro em caixa, pudemos observar crescer a confiança deles em nós. Começaram a nos perceber como um risco bom. Aumentaram significativamente nossa linha de crédito – repetidas vezes. Quiseram nos dar mais dinheiro.

O que os levou a confiar mais em nós? Resultados!

OS RESULTADOS IMPORTAM!

Os resultados importam! Importam para a credibilidade. Importam para poder-se estabelecer e manter a confiança dos outros. Nas palavras de Jack Welch, obter resultados é como ter "vales de desempenho" na mesa. Eles lhe dão influência. Classificam você como sendo um produtor, um executor. Sem resultados, você não tem a mesma espécie de influência.

Retornando novamente à metáfora da árvore, resultados são os frutos – o propósito final tangível, mensurável, e o produto das raízes, tronco e ramos. Possuir as outras três dimensões sem resultados é como ter uma árvore estéril. Não importa quão fortes as outras três dimensões possam ser, a credibilidade não será criada. E não inspirará confiança, porque a árvore não produz o que deveria produzir.

Voltemos à idéia de se estabelecer a credibilidade de um perito. Uma testemunha pode ser vista como uma pessoa honesta, sem agendas escondidas e com uma abundância de credenciais. Mas se ela não apresentar boas realizações – uma sólida história de resultados – sua credibilidade será questionada e seu testemunho minimizado, significativamente.

Em resumo, sem resultados você não tem credibilidade. É como o ditado do Texas "Muito chapéu de vaqueiro, nenhum gado", ou a sabedoria popular brasileira que diz "na teoria a prática é outra". As pessoas não confiam porque você não faz as coisas acontecerem. E aqui não existe um lugar para se esconder – ou você produz ou não. Você poderá ter desculpas. Você pode, até mesmo, ter boas razões. Mas, no final das contas, se os resultados não aparecem, nem a credibilidade nem a confiança aparecerão. É tão simples assim; é tão brutal assim.

Por outro lado, se você está obtendo resultados mas transgride uma das outras três dimensões – digamos que você obtém resultados financeiros ao violar princípios de integridade ou causa prejuízos para os outros – sua produção não será sustentável nem dará fruta boa. Seu gosto será ruim. Ela cheirará mal. Ainda que pareça boa por fora, será podre por dentro, e não criará credibilidade e confiança a longo prazo. Você simplesmente não pode obter um rendimento sustentável de fruta boa se os resultados estão separados das raízes do caráter.

Isso cria enorme problema para as organizações atuais. O que você faz com um funcionário que obtém resultados, porém por meios que violam os valores da empresa? A abordagem da GE, que ilustra a dinâmica entre "obter resultados" e "ater-se aos valores", reconhece quatro alternativas. Eles dizem que é muito fácil saber o que fazer com a primeira categoria das pessoas, aquelas que obtêm resultados e atêm-se aos valores. Devem ser mantidos e promovidos. Também é muito fácil saber o que fazer com a segunda categoria, dos que nem obtêm resultados nem se vinculam aos valores. Devem ser demitidos.

No entanto, as outras duas categorias são mais difíceis de administrar. Os funcionários que se atêm aos valores, porém obtêm resultados baixos, podem ser muitas vezes treinados, podem receber coaching ou podem ser transferidos para outra função. Se eles não melhorarem, poderá ser necessário demiti-los. O mais difícil de lidar é com aqueles que obtêm altos resultados, mas por meios questionáveis, em oposição aos valores da organização. Esses alcançam o fim que todo mundo deseja, mas fazem-no por meios que desafiam descaradamente os valores da organização. De acordo com a GE, tais pessoas devem aprender a trabalhar dentro dos limites éticos estabelecidos pelos valores – ou, se não o fizerem e apesar de seus resultados, a empresa deve demiti-los. Mantê-los não é apenas insustentável, é também uma situação que causa sérios danos à organização e destrói a credibilidade e a confiança nela.

De acordo com Jack Welch:

> *Não é muito bom ter-se clareza quanto aos valores e comportamentos de uma empresa, a menos que eles sejam sustentados e praticados. Para que os valores realmente signifiquem algo, as empresas têm que recompensar as pessoas que os praticam e "punir" aquelas que não o fazem. Creia-me, isso tornará a vitória mais fácil. Digo isso porque, toda vez que demitimos um de nossos gerentes de alto desempenho por ele não ter praticado os valores – e tornamos isso de conhecimento público – a organização respondeu incrivelmente bem. Em pesquisas anuais que há 10 anos realizamos, os empregados nos contam que somos uma empresa que pratica cada vez mais seus valores. Isso faz com que as pessoas se tornem ainda mais comprometidas em também se aterem a eles. E, à medida que o grau de satisfação dos empregados com a ética da empresa melhorou, o mesmo aconteceu com nossos resultados financeiros.*

Não há dúvida de que os resultados conseguem cobrir um monte de falhas. Por exemplo, se você for um funcionário que obtém resultados excepcionais, a direção possivelmente será mais branda em lidar com seus relatórios de despesas atrasados. Todos vimos o equivalente disso em nossas empresas – onde isso, às vezes, cria um padrão duplo que realimenta sua própria hipocrisia. Mas, a longo prazo, mesmo os altos resultados não compensarão a falta de integridade.

Por outro lado, uma forte integridade também não compensará uma ausência de resultados. Uma vez mais, as 4 Dimensões são vitais para a credibilidade pessoal e da organização, e é isso que constitui a base para o estabelecimento da confiança.

À medida que nos preparamos para discutir a quarta dimensão, você pode querer se perguntar:

- Que tipo de resultados produzo atualmente? Esses resultados aumentam ou diminuem minha credibilidade pessoal?
- Se cogitasse empregar alguém, até que ponto as realizações e o desempenho atual dessa pessoa influenciariam minha decisão?
- Quão elogiáveis são minhas realizações? Qual a probabilidade de alguém me empregar com base nelas?
- Quão hábil sou em identificar os resultados desejados e em executar eficazmente as tarefas correlatas para obter tais resultados? Será que meu desempenho inspira confiança?

OS RESULTADOS – PASSADO, PRESENTE E FUTURO

Trabalhei em Wall Street e fui executivo em uma empresa pública por um breve período. Ficou evidente para mim que existem três indicadores-chave por meio dos quais as pessoas avaliam resultados. Um é o desempenho passado – suas realizações, sua reputação, as coisas que você fez e os resultados que você já alcançou. Outro é o desempenho atual – aquilo que você executa hoje. E o terceiro é o desempenho antecipado – como as pessoas acham que você desempenhará no futuro.

Você vê claramente essas três facetas entrarem em jogo quando agentes externos avaliam uma empresa. Eles examinam os lucros históricos (desempenho passado). Eventualmente, o multiplicarão por um fator, trazendo-o ao valor presente, para obter o valor real do negócio. Ou eles examinam os dados e resultados reais atuais (desempenho presente) e criam um multiplicador que estabeleça o valor presente. Ou (como é costumeiro no caso dos analistas de Wall Street) eles assumem a expectativa dos resultados antecipados (desempenho futuro) e, então, descontam-nos para chegarem ao valor presente. As três dimensões dos resultados – passado, presente e futuro – são importantes na avaliação do valor de uma empresa.

Essas três dimensões também entram em jogo quando se trata de cada um de nós como indivíduos. Nossa credibilidade deriva não apenas de nossos resultados passados e presentes, mas também do grau de confiança que os outros depositam em nossa capacidade de produzirmos resultados futuros.

Uma vez trabalhei com uma pessoa que era honesta, tinha boas intenções e era extremamente talentosa, porém, ao longo de toda sua vida, parecia ser incapaz de fazer algo acontecer. Fazíamos parte de uma equipe que trabalhava no desenvolvimento de um sistema de rotação para acompanhar prospectos. Quando apareceu uma grande oportunidade e chegou a hora de essa pessoa ser promovida, eu hesitei – aliás, todos da equipe hesitavam em oferecer-lhe essa chance porque ela não tinha produzido resultados. À medida que projetávamos suas realizações passadas sobre seu desempenho futuro, não achamos que ele satisfaria às necessidades da equipe. Ao longo do tempo, e apesar de seus talentos, ele perdeu cada vez mais a importância e acabou deixando a empresa.

Por outro lado, quando existe uma pessoa ou uma empresa que constrói uma reputação de sempre ter obtido resultados, a história é totalmente diferente. Veja só o setor de entregas noturnas de encomendas. Por muitos anos a confiabilidade era boa, porém não 100%. Aí apareceu a FedEx com o slogan "Quando a encomenda tiver que chegar lá com absoluta certeza e durante a noite!". Eles não tinham apenas um bom slogan, eles também tinham um serviço que o sustentava. Eles desempenhavam. Eles produziam resultados consistentemente. Como disse seu fundador, Frederick Smith: "Pensávamos estar vendendo transporte de mercadorias; na verdade, vendíamos paz de espírito." Em conseqüência do desempenho, eles ganharam credibilidade... e confiança... e negócios. Hoje em dia, as pessoas antecipam que a FedEx entregará suas encomendas na hora certa porque as entregaram no passado com pontualidade – várias vezes seguidas.

Muitas empresas, como a The Hartford (investimentos e seguros), utilizam suas realizações para conquistar confiança e garantir novos negócios. Até mesmo a publicidade refere-se aos resultados quando anuncia "servindo-o por mais de 50 anos" ou "neste negócio desde 1925", slogans concebidos para comunicar realizações que inspiram confiança. No entanto, uma das coisas mais empolgantes desta nova economia global é justamente o fato de um negócio relativamente novo, como a JetBlue, poder comprovar rapidamente suas realizações bem-sucedidas. Tendo começado em 2000, a JetBlue foi uma das poucas linhas aéreas dos Estados Unidos a obter lucros durante a aguda crise que se seguiu no setor após o 11 de Setembro, sendo reconhecida por sua clientela pelos bons serviços. De forma similar, a Google, fundada em 1999, foi consagrada pela pesquisa 2006 Reputation Quotient do *Wall Street Journal* como sendo a terceira marca mais forte nos Estados Unidos. Exemplos como esses confirmam o fato que, por meio de resultados, você pode estabelecer a confiança mais rapidamente do que acredita ser possível.

A experiência de um dos concorrentes da JetBlue, a Continental Airlines, confirma outro ponto – que por meio de resultados, você também pode recuperar a confiança mais rapidamente do que pensa. Após a concordata, em 1991, a Continental melhorou o desempenho significativamente, tendo conquistado o reconhecimento de ser a empresa de maior desempenho em um curto espaço de tempo e de apresentar o menor índice de bagagens extraviadas. A empresa também ganhou por mais vezes do que seus concorrentes o Prêmio J.D. Power, pelo excelente serviço aos passageiros. Em 2005, a Continental recebeu o prêmio concedido pela revista *Fortune* de Linha Aérea Global Mais Admirada.

Resumo: se você lida com as questões e os desafios de se recuperar a confiança de uma empresa que a perdeu ou de estabelecê-la em uma empresa iniciante, saiba que são os resultados que convencerão os céticos.

O impacto dos resultados sobre a confiança entra em jogo em cada dimensão da vida. Tenho um amigo que ia fazer uma viagem por alguns dias e planejou deixar sua casa aos cuidados da filha adolescente e uma amiga. Disse-me que se sentia perfeitamente à vontade em fazer aquilo, mas que também tinha certeza de que nunca o teria feito com seu filho mais velho quando ele era adolescente. Por quê? Tanto seu filho quanto sua filha eram crianças "boas". No entanto, a filha tinha demonstrado maturidade e responsabilidade; o filho não. O grau de confiança que esse homem depositava em cada jovem – e, portanto, o grau de confiança que estava disposto a lhes conferir – fora uma projeção do desempenho passado sobre os resultados futuros.

"O QUE" E "COMO"

Ao analisar resultados, você deve fazer duas perguntas críticas: *Que* resultados estou obtendo? E *como* obtive esses resultados? A maioria das pessoas só faz a primeira pergunta. Elas não percebem que a resposta ao *como* poderá prejudicá-las.

Por exemplo, suponha que você consiga fazer com que sua equipe obtenha os resultados financeiros desejados, mas, nesse processo, você acaba criando uma competição entre seus membros do tipo ganha-perde, forçando-os a trabalhar até a exaustão emocional e, ainda por cima, depois você assume todo o crédito pelo desempenho da turma. Na próxima vez, quando você quiser que eles atinjam novos resultados, qual será a atitude dos membros dessa equipe? Será mais fácil – ou mais difícil – conseguir motivá-los novamente para que alcancem os resultados desejados?

Por outro lado, suponha a mesma situação; você obtém os resultados, porém, para isso, você desenvolveu um espírito de equipe de generosidade e colaboração. Você ajuda os membros da equipe a trabalharem juntos, de modo que todos prosperem, que ninguém sofra esgotamento emocional e o crédito pela realização é compartilhado por todos. Na próxima vez que surgir um novo desafio, qual será a atitude dessa equipe? Que tal se você puder obter os mesmos ótimos resultados – só que desta vez, o processo será 30% mais rápido e mais fácil?

Esse é o motivo pelo qual você tem que fazer a pergunta: *Como* obtenho os resultados? O *como* pode gerar enormes obstáculos à obtenção dos resultados – ou pode lubrificar as engrenagens. Se as pessoas confiam em você, é tão mais fácil obter resultados na próxima vez... se souberem que você lhes dará crédito, procurará o benefício comum, não culpará ninguém. Elas irão querer empenhar-se, dar-lhe informações, ajudá-lo porque, aos olhos delas, você tornou-se confiável. Elas confiam que você buscará resultados por meios que beneficiarão todos os envolvidos.

Esse é o motivo pelo qual as habilidades de confiança que mencionei no capítulo anterior são tão importantes. E é por isso que defino liderança como sendo a *obtenção de resultados por meio de práticas que inspirem confiança*. Estou convencido de que, com relação aos resultados, o *como* importa tanto quanto o *que*. E você vê isso se manifestando em cada plano – individual, nos relacionamentos, dentro das equipes, dentro da organização e socialmente.

Nessa economia em rápida mudança, vi muitas empresas sendo forçadas a mudar seu modelo de negócio, reavaliar a estrutura de custos e despedir empregados para conseguir resultados sustentáveis. Nesse processo, algumas criaram enorme tributo – não apenas por terem demitido gente, mas também porque aqueles que ficaram viram o que aconteceu aos que foram demitidos.

Vi também algumas empresas importantes que, nesse processo, construíram confiança de fato. Em um caso, aconselhei uma empresa que, para manter-se competitiva e viável, estava passando por um processo radical que demandava uma transformação dolorosa. Depois de fazer muitas mudanças, cortando os custos, essa empresa tinha alcançado um ponto no qual, para recuperar a rentabilidade, tinha que fazer um grande downsizing. Nesse momento, a empresa decidiu ser aberta, transparente e honesta com seu pessoal. Tendo concebido generosos pacotes de indenização e ajudado os demitidos com a recolocação, demonstrou tamanho interesse pelos que saíam que aquilo realmente aumentou a confiança dos funcionários que permaneceram. Todos compreenderam que a empresa tinha que confrontar a realidade, mas o fazia por meio de procedimentos éticos, demonstrando cuidados e preocupando-se com todos.

Tenha em mente que os "resultados" nem sempre podem ser medidos em termos de dólares e centavos. Aliás, ignorar em qualquer análise o tributo ou o dividendo de confiança é distorcer os resultados. O lucro maior poderá não estar na transação contabilizada, mas sim na credibilidade e na confiança que provém dessa transação, algo que pavimenta o caminho para resultados maiores no futuro.

DEFININDO "RESULTADOS"

Em Wall Street, aprendi que a diferença entre os "resultados" medidos em termos da última linha do demonstrativo de lucros e perdas e aqueles representados pela credibilidade corporativa é freqüentemente brutal. Uma empresa pode alcançar continuamente bons resultados, mas se tropeçar em um trimestre – mesmo que seja por um montante pequeno – a reação poderá ser como se os resultados anteriores sequer existissem. De certa forma, isso é até pior, pois a organização é agora percebida como imprevisível.

No entanto, fora de Wall Street, aprendi que a sensatez sugere que, às vezes, devemos olhar os "resultados" de outras maneiras. Como Robert S. Kaplan e David P. Norton destacam em seu livro *A estratégia em ação: o Balanced Scorecard*, existem vários *stakeholders* e medidores que servem como indicadores da sustentabilidade dos resultados financeiros. Uma coisa importante a se considerar é o tributo ou o dividendo de confiança que acabamos de discutir. Não há maneira alguma de obter quadro exato do resultado de algo se você não levar em consideração esse multiplicador ou divisor.

Outra coisa a considerar é a definição de resultados. É possível fazer tudo direitinho – você pode ser íntegro, sua intenção e capacitações podem ser boas e você pode ter alcançado tais resultados por meio de princípios éticos – ainda assim, seu negócio pode fracassar, seu cônjuge talvez o(a) abandone, suas crianças talvez façam bobagens ou um tsunami ou um furacão Katrina podem destruir tudo que você construiu. Há algumas coisas que simplesmente estão fora de controle, e há ocasiões quando você tem que definir "resultados" de uma maneira diversa daquela que talvez tenha imaginado:

> *Sim, meu negócio passa por momentos difíceis. Mas o que estou descobrindo? Que forças estou adquirindo? Quais capacitações novas ou ampliadas terei de aplicar aos esforços futuros para sair das dificuldades?*

Sim, meu casamento fracassou. Mas qual é o resultado? O que aprendi? Fiz o melhor que podia? Atravessei o episódio com minha integridade intacta? Tornei-me, por causa disso, uma pessoa melhor, mais forte? Estou modelando o tipo de comportamento que gostaria que meus filhos vissem?

Sim, este desastre acabou com minha casa e com o meu negócio, porém, em conseqüência, que novas oportunidades apareceram? Há agora algum jeito melhor de usar meus talentos e habilidades? Quais forças tenho que me capacitarão a trabalhar com os outros na reconstrução?

Você pode progredir enormemente, mesmo quando os resultados observáveis aparentam ser negativos, aumentando, no processo, sua autoconfiança por meio do reconhecimento, da redefinição e da reavaliação de seus resultados sob outra ótica, quando, então, perceberá que eles não são apenas positivos, mas talvez sejam mais expressivos a longo prazo.

Por nove anos tive a oportunidade de treinar um time de futebol da Pequena Liga, e via o impacto emocional que a mentalidade dos pais e treinadores, que diziam ganhar ser o único resultado desejável e verdadeiro, causava na meninada. Para mim, existiam outros resultados – particularmente nessa idade – que eram mais importantes. Daí, trabalhei com as equipes que treinava para chegarmos a uma relação de seis objetivos:

1. Jogar, esforçando-se muito
2. Divertir-se
3. Saber perder
4. Ser um bom membro e jogador em equipe
5. Aprender algo
6. Ganhar

Observe que "ganhar" era o último item na lista. Havia uma porção de bons resultados, um monte de coisas para celebrar, ainda que a outra equipe ganhasse o jogo. E esses resultados precisavam ser comemorados. Eram coisas que beneficiariam essas crianças por toda a vida.

Por outro lado, vemos casamentos ou famílias que aparentam ser felizes – mas não o são realmente. Há negócios ou empresas que parecem ser lucrativos e estar prosperando – mas não estão. Há estudantes que só tiram nota 10 mas não têm nenhuma educação de fato. Temos que ter cuidado para não nos tornamos superficiais na definição ou avaliação dos resultados, tanto dos nossos quanto dos outros. E, quando estamos no papel do avaliador, ao projetarmos o desempenho passado sobre os resultados futuros, também temos que exercitar nossa sensatez. Como dizem aqueles prospectos sobre investimentos: "Desempenho passado não é garantia alguma de resultados futuros."

Conforme reportado no *Wall Street Journal* em certa ocasião, David Sokol, CEO da MidAmerican Energy (subsidiária totalmente controlada pela Berkshire Hathaway), teve que encarar o CEO da Berkshire Hathaway – Warren Buffett – com algumas informações altamente perturbantes. Parecia que a concessionária de Iowa teria que lançar prejuízos por volta de US$360 milhões por causa de um projeto de zinco que tinha descambado. Sokol estava preparado para ser despedido e ficou totalmente perplexo com a reação de Warren Buffett. "David", ele disse, "todos cometemos erros. Se você não cometer erros, não pode tomar decisões. Cometi muitos erros maiores". A reunião toda acabou em 10 minutos.

Em nossos negócios, relacionamentos, famílias e vida pessoal é sábio saber reconhecer que as pessoas têm capacidade de aprender com os erros e mudar. Também é sábio criar uma cultura na qual seja seguro que aquilo aconteça. Em uma cultura transparente de aprendizado e crescimento, geralmente se criará a credibilidade e a confiança, mesmo quando os resultados imediatos não forem os melhores. O resultado desejado mais importante é o crescimento, e crescimento não pode acontecer sem riscos. Tomar decisões e aproveitar oportunidades, tão-somente com base no desempenho observado no passado, resultará na limitação severa de nossa capacidade de alcançar resultados maiores no futuro.

Por fim, temos que ter ciência e valorizar a importância que um papel de suporte pode desempenhar no processo de se alcançar resultados, a despeito dos méritos poderem ser atribuídos a outros. A verdade é que nenhum resultado provém exclusivamente do trabalho de um indivíduo nem de uma organização; os resultados representam os esforços de muitos. Isso pode ser visto no mundo científico, no qual a maioria das "novas descobertas" evidentemente resulta do trabalho e, às vezes, até mesmo dos erros, daqueles que faziam pesquisas no passado. Nos esportes, tal como no basquete, você vê o reconhecimento do mérito dos colaboradores, pois os especialistas nas respectivas estatísticas não mensuram apenas os pontos marcados pelos jogadores, mas também os pontos que nascem de jogadas feitas por apoiadores; no beisebol acontece o mesmo, pois os sacrifícios são medidos assim como as corridas. Entender e dar valor para a importância de um papel apoiador na obtenção de resultados ajuda-nos a valorizarmos mais adequadamente nossas próprias contribuições, assim como as contribuições dos outros.

COMO COMUNICAR OS RESULTADOS

Quando adolescente, trabalhei em uma organização na qual deveria passar uma série de incumbências para outros colegas antes de poder ser considerado para uma promoção. Animado quanto ao trabalho e querendo fazê-lo bem, trabalhei muito, preparando-me com antecipação, tendo conseguido, já em meu primeiro dia, transferir todas minhas incumbências. Acontece que meu chefe também entrou na empresa no mesmo dia que eu. No meio de toda a agitação (para mim desconhecida), nunca chegou à sua atenção que eu tinha conseguido passar minhas incumbências.

Durante os próximos oito meses, não importando quão duro trabalhava, outras pessoas foram promovidas mas eu não. Perguntava-me porque isso acontecia, mas não disse nada. Tentava trabalhar ainda mais. Finalmente, meu chefe me disse: "Stephen, eu não entendo. Você é um excelente trabalhador. Faz tudo direito. Eu não entendo por que você não passa suas incumbências para seus colegas para que, então, possamos colocá-lo em posição de maior responsabilidade."

Chocado, exclamei: "Mas eu as passei já no meu primeiro dia!" Ambos ficamos espantados ao perceber o que poderia ter acontecido se meu chefe tivesse tomado conhecimento daquilo. Eu tinha obtido resultados, mas o fato de eles não terem sido percebidos afetou sua percepção sobre mim e sobre minha credibilidade e, portanto, o nível de confiança que ele estava disposto a depositar em mim. No entanto, uma vez tendo tomado conhecimento desses resultados – e, principalmente, quando foram combinados com os resultados que tinha alcançado mesmo trabalhando em uma posição de menor responsabilidade – toda a percepção do chefe mudou. Ele foi generoso em confiar em mim, e eu podia contribuir com maior relevância.

Ao criar credibilidade junto a outras pessoas, não são só os resultados que contam; conta também a conscientização e percepção das pessoas desses resultados. Assim, é importante saber comunicar adequadamente nossos resultados aos outros.

COMO MELHORAR OS RESULTADOS

Dada a importância dos resultados em estabelecer credibilidade e confiança, tanto em nós mesmos como nos outros, a pergunta é: Como podemos melhorá-los? Acredito que os três aceleradores a seguir são os mais eficientes para isso.

1. Assuma a responsabilidade pelos resultados

Como meu pai me ensinou quando eu tinha 7 anos, o verdadeiro segredo para o sucesso está em aceitar responsabilidade pelos resultados – não pelas atividades. Ele me disse que eu ficaria responsável por manter o gramado "verde" e "limpo"; ele não me disse para regar o gramado duas vezes por semana, cortá-lo no sábado, nem colher o lixo e pô-lo na lata. De fato, ele me disse eu podia deixar o gramado "verde" e "limpo" por qualquer meio que me conviesse. A questão é que quando prestei contas a ele, tive que responder pelos resultados.

Essa lição passou a ser o início de um aprendizado maior na minha vida: é vital assumir responsabilidade pelos resultados – não pelas atividades. Essa forma de agir desencadeia a criatividade. Ajuda-o a entender que, se não puder alcançar um objetivo por meio de determinada maneira, você tenta outra – você não fica apenas sentado ali, se lamentando: "Bem, eu fiz aquilo que você mandou fazer!" O ensinamento de meu pai ajudou-me a liberar engenhosidade tanto no trabalho com colegas quanto com meus filhos.

Veja só o contraste:

ATIVIDADES	RESULTADOS
Telefonei ao cliente.	Fechei a venda.
Fiz a pesquisa e escrevi o relatório.	Recebi a subvenção.
Assisti à aula.	Aprendi como fazer uma palestra eficiente.
Mantive minha dieta.	Perdi 6kg.
Tentei.	*"Faça ou não faça; não há outra opção."* – Mestre Yoda

Ter foco nos resultados é uma maneira de pensar. É uma mentalidade diferente da de concentrar-se nas atividades. Kozo Ohsone, da Sony, uma vez trouxe para sua equipe de engenharia um pequeno pedaço de madeira e lhes disse que queria que construíssem um aparelho estéreo daquele tamanho. Daquilo nascia o Walkman. Em seu livro, *Thriving in Chaos*, Tom Peters conta a história de como Lee Iacocca, ex-chairman e CEO da Chrysler, quis adicionar um modelo conversível à linha da Chrysler. Ele escreve:

> *Seguindo os procedimentos-padrão de operação, ele* [Iacocca] *pediu ao engenheiro-chefe que desenvolvesse um modelo conversível. O engenheiro, fiel aos padrões da indústria, respondeu: "Certamente. Podemos montar um protótipo em nove meses." Vários espectadores relataram a furiosa resposta de Iacocca: "Você simplesmente não entende. Vá achar no pátio um carro e serre a capota daquela maldita coisa!"*

Iacocca conseguiu seu protótipo rapidamente, e esse carro tornou-se enorme sucesso. Quanto ao desenvolvimento tanto do Walkman quanto do conversível Chrysler, evidentemente que o foco não se restringia às atividades e, sim, aos resultados.

Além dos benefícios de se diferenciar resultados de atividades, existe outro aspecto positivo em assumir responsabilidades pelos resultados. Como destaquei várias vezes neste capítulo, obter resultados construirá credibilidade e confiança. Porém, a simples atitude de assumir a responsabilidade pelos resultados também construirá credibilidade e confiança – às vezes, mesmo quando os resultados não forem bons... ainda que isso não seja sua culpa.

Você talvez lembre de um episódio em 1982, quando sete pessoas nos Estados Unidos morreram por terem ingerido cápsulas de Tylenol contaminadas com cianureto. A nação apavorou-se. Alguns previram que a Johnson & Johnson nunca conseguiria vender outro produto. Mas a Johnson & Johnson assumiu a responsabilidade pela situação. Eles imediatamente alertaram os consumidores para pararem de usar o Tylenol até que pudessem determinar a extensão da adulteração. Fizeram o *recall* de aproximadamente 31 milhões de frascos de Tylenol, que no varejo valiam mais de US$100 milhões. Ofereceram trocar por tabletes todas as cápsulas de Tylenol que já tinham sido compradas, algo que lhes custou outros milhões a mais. Estabeleceram relações com a polícia em todos os níveis, querendo ajudá-la na busca da pessoa que contaminou o medicamento e para prevenir outras contaminações. Ofereceram uma recompensa de US$100 mil por pista que levasse à pessoa que cometeu o crime. Quando reintroduziram o produto no mercado, ele tinha um novo lacre triplo e uma embalagem resistente à violação. Como resultado dessas ações, transformaram em vitória uma situação que podia ter sido um desastre, restabelecendo a credibilidade e a confiança do público consumidor.

Curiosamente, a base para a decisão que a empresa tomou era um "credo" escrito em meados dos anos 40 por Robert Wood Johnson, o líder da empresa por 50 anos. Seus valores eram claros, e expressavam nitidamente o "benefício mútuo", como reportou um observador:

> *Johnson esboçou as responsabilidades da empresa dizendo que elas se estendiam "aos consumidores e profissionais da medicina usuários de seus produtos, aos empregados, às comunidades onde seus funcionários trabalhavam e viviam e a seus acionistas". Johnson acreditava que, se sua empresa permanecesse fiel a essas responsabilidades, seu negócio prosperaria no longo prazo. Ele achava que seu credo não era apenas moral, mas também lucrativo.*

E foi o que aconteceu. Concentrando-se no benefício mútuo e aceitando a responsabilidade pelos resultados, ainda que eles fossem ruins e não tivessem ocorrido por sua culpa, a empresa foi capaz de restabelecer a credibilidade e a confiança dos consumidores.

É surpreendente como o impacto de assumir responsabilidades pelos resultados influencia positivamente a vida pessoal e familiar também – em que, em vez de culpar e acusar os outros, um cônjuge dirá: "Sinto muito pela parte que me toca nisto. O que posso fazer para remediá-lo?" Ou um pai dirá: "Talvez nesta questão eu não tenha me expressado claramente. Deixe-me tentar explicar um pouco melhor." Ou um irmão ou irmã marginalizado aceitará a responsabilidade pelo rompimento familiar e tomará a iniciativa de reconstruir a relação. Quando você diz: "Aceito a responsabilidade por minha parte nisto, qualquer que ela seja..." e também: "Aceito a responsabilidade de ajudar a encontrar uma solução", você está construindo credibilidade e confiança... e conseguindo melhorar os resultados.

> *Não adianta dizer "Estamos fazendo o melhor". Você tem que ser bem-sucedido fazendo aquilo que é necessário.*
>
> – WINSTON CHURCHILL

2. Espere ser bem-sucedido

De acordo com a mitologia grega, Pigmaleão, rei de Chipre, esculpiu uma estátua de marfim da mulher ideal. Deu-lhe o nome de Galatéia. Era tão bela que Pigmaleão apaixonou-se por ela e, por causa de seu profundo desejo de torná-la real, com a ajuda da deusa Vênus, ele realmente conseguiu avivá-la, e eles viveram felizes para sempre.

Esse antigo mito veio a servir de metáfora que ilustra o poder da expectativa muito grande. Esse fenômeno é comumente chamado "efeito Pigmaleão", ele também é conhecido como efeito Galatéia, efeito Rosenthal, profecia que se cumpre, auto-expectativa positiva, confiança, otimismo ou, simplesmente, fé. Nos tempos modernos, isso tornou-se popular no musical *My Fair Lady*, uma história moderna de Pigmaleão na qual as expectativas de um professor de retórica tornam-se o catalisador que inspira a transformação de uma pobre vendedora de flores londrina em uma dama.

O princípio é simplesmente este: tendemos a obter aquilo que esperamos conseguir – seja de nós mesmos, seja dos outros. Quando esperamos mais, tendemos a obter mais; quando esperamos menos, tendemos a obter menos.

Esse fenômeno manifestou-se claramente em um estudo realizado pelo Dr. Robert Rosenthal, em 1968. Disse-se a um grupo de professores que, com base nos testes de QI, os estudantes de um grupo de controle eram muito mais capazes – embora, de fato, os membros do grupo tivessem sido escolhidos ao acaso. Quando, meses depois, esses estudantes foram testados, aqueles que pertenciam ao grupo de controle saíram-se destacadamente melhor nos testes do que seus pares. As expectativas mais altas dos professores tinham sido traduzidas pelos alunos do grupo em esforço maior para aprender.

Em nossas vidas, ter uma mentalidade dessas – a de esperar ser bem-sucedido – aumenta as chances de isso acontecer. Ajuda-nos a obter resultados melhores. E melhores resultados ajudam-nos a aumentar nossa credibilidade e autoconfiança, algo que conduz ao maior número de novas expectativas e, portanto, a novos sucessos – e o ciclo ascendente continua. A profecia se cumpre.

Como observou a professora de Harvard e escritora Rosabeth Moss Kanter: "A confiança consiste em expectativas positivas por resultados favoráveis... ter sucesso gera sucesso, porque produz confiança em quatro níveis." O primeiro desses níveis, ela diz: é a "autoconfiança: um clima emocional de altas expectativas". O segundo nível é a "confiança de uma pessoa na outra".

Portanto, se quiser aumentar seus resultados, espere ter sucesso – não só seu, mas também de sua equipe. Não a todo custo, e sim honradamente. Não à custa dos outros, mas junto com os outros. Esperar ter sucesso – e esperar que os outros também o alcancem – é uma abordagem fundamental para ajudar a concretizá-lo.

3. Esforce-se e não desista

Meu filho Stephen, que era um ótimo jogador de futebol e capitão da equipe no colégio, decidiu que queria jogar basquete. Ele foi aceito na equipe, mas para sua decepção, seu desempenho era mediano e passou a maior parte do ano sentado no banco de reservas. Um mês antes da temporada acabar, machucou seu ombro e o médico disse que ele não poderia jogar mais naquele ano. Sua reação inicial foi de desistir da equipe. Estava machucado e não ia jogar, então, na sua cabeça, não havia razão para continuar no time.

Mas Jeri e eu tínhamos outra percepção. Para nós, havia um princípio em jogo. Stephen atuava em uma equipe, e a equipe ainda jogava. Se ele iria jogar ou não era irrelevante; a equipe precisava de seu apoio.

No princípio, Stephen relutou. Disse que seria um desperdício de tempo. Ele até usou a "chantagem" final: "Mas, papai, eu podia estar estudando!" Mas no fim, ele cedeu e permaneceu na equipe até o final da temporada. Ajudou-a nos treinos. Apoiou a equipe. Tanto seu treinador quanto seus colegas elogiaram-no por isso.

Na formatura do colégio, ele fez um discurso no qual agradeceu aos treinadores e disse que, em conseqüência de praticar esportes, ele tinha aprendido duas grandes lições na vida: a primeira, era a de que é preciso trabalhar duro; a segunda era a importância de esforçar-se e não desistir. Nós vemos os resultados positivos dessas lições em tudo que ele faz desde então.

Todo o assunto relativo aos resultados versa sobre terminar algo que tenha sido começado. Você provavelmente conhece o velho ditado: "Os que começam uma corrida são muitos; os que chegam à reta final são poucos." Cada vez mais parece que vivemos em uma sociedade de vítimas e pessoas que desistem. O próprio número de pessoas que desiste de seus empregos, pais que abandonam seus filhos (física e financeiramente), casais que se divorciam e jovens que sequer se formam no nível médio indica, ao menos em algumas situações que, quando surgem as dificuldades, as pessoas simplesmente desistem. Evidentemente, existem circunstâncias em que tomar alguma dessas decisões é o melhor caminho a seguir. Mas em muitas, e sem um motivo válido, as pessoas simplesmente não têm a motivação e a perseverança para terminarem o que começaram.

Sem dúvida, terminar algo começado é um antídoto poderoso para uma cultura de desistentes. Mas será que você já pensou nessa atitude em termos de seu impacto ainda maior sobre a credibilidade e a confiança?

Meu lema é: sempre que possível, termine o que quer que tenha planejado fazer, e faça-o de forma definitiva. Um colega meu que treinava para uma maratona compartilhou comigo alguns excelentes conselhos que recebeu de um corredor de nível internacional. "Quando você 'esbarrar na parede'", disse o corredor, "e sentir que não pode continuar, em vez de concentrar-se em seu esgotamento e procurar subterfúgios, levante a cabeça e acelere o passo". À primeira vista, esse conselho pode parecer contra-intuitivo, mas, pensando bem, faz muito sentido. Acelerando o passo, você realmente diz para si que não irá apenas terminar a corrida mas que, também, a terminará bem e definitivamente.

RESUMO DAS 4 DIMENSÕES

Nesta seção, exploramos a Primeira Ondulação do Confiar em Si. Examinamos as 4 Dimensões que criam a credibilidade – o caráter e a competência necessários para confiar em nós e merecermos a confiança dos outros. Vimos maneiras de se construir caráter ao aumentar nossa integridade e melhorar nossa intenção. Falamos também sobre os meios de se construir competência ao aumentar nossas capacitações e os resultados do que fazemos. Fazendo essas coisas, edificamos nossa credibilidade e inspiramos confiança.

Como mencionei antes, em nossos workshops sobre confiança um dos exercícios que realizamos com os participantes consiste em utilizar um instrumento de feedback de 360 graus para obter input dos chefes, pares, subordinados e outras pessoas cujos nomes fornecem. Esse feedback é, então, compilado e analisado por uma empresa independente – nós sequer o vemos. No dia seguinte, reservamos tempo para aqueles que quiserem discutir os resultados do feedback com seus coaches e compartilhá-los com o grupo.

Para muitos, é surpreendente ver como os outros os avaliam nesses quatro quesitos.

Em um workshop recente, um CEO disse:

Dei-me notas muito severas, mas minha percepção foi a de que eu era tremendamente hábil em obter resultados. Mas os outros disseram: "Você não obtém resultados" e isso abriu meus olhos. Minha empresa está indo muito bem, mas comecei a pensar: se escutar mais o meu pessoal e me colocar de lado, parando de verificar as minúcias – se sair da frente deles – imagine quão grande a empresa pode ser!

Um líder de uma ONG disse:

Uma das coisas que realmente me chocaram foi um dos comentários que dizia que eu era egoísta. Pensei, egoísta? Como alguém pode dizer que sou egoísta? Mas, quando me encontrei com meu coach e discutimos algumas questões, tive que parar e dizer: "Bem, talvez seja egoísta porque minha atitude é sempre a de 'tirar o meu da reta a todo custo'. Talvez tenha que mudar esse comportamento para que meu pessoal possa perceber minha intenção: 'Ei, isto é um ganho para todos nós.'"

Esteja você ciente ou não, as pessoas notam as 4 Dimensões. Elas afetam sua credibilidade. Entendê-las dará a você uma competência consciente. É como se você colocasse seus óculos de confiança. Isso o capacitará a enxergar embaixo da superfície, ver especificamente por que você – ou os outros – inspiram confiança. Também o capacitará a salientar o que pode fazer na sua vida para aumentar a confiança, e também como pode apoiar os outros e ajudá-los a aumentar a confiança em sua organização ou nos lares.

A SEGUNDA ONDULAÇÃO – CONFIANÇA NOS RELACIONAMENTOS

O Princípio do Comportamento

Toda a Segunda Ondulação – Confiança nos Relacionamentos – versa sobre o comportamento... o comportamento consistente.

Trata-se de aprender a interagir com as pessoas de forma a aumentar a confiança e evitar interagir de maneira a destruí-la.

Mais especificamente, este capítulo trata dos 13 Comportamentos que são comuns aos líderes altamente confiáveis e às pessoas em todo mundo que possuem a mesma característica. Esses comportamentos são poderosos porque:

> ***São baseados em princípios que governam os relacionamentos confiáveis.*** *(Não são baseados em modismos nem técnicas, nem mesmo em práticas, mas sim em princípios duradouros que conduziram ao sucesso todas as civilizações prósperas, em todas as épocas.)*
>
> ***Eles se originam das 4 Dimensões.*** *(São baseados em credibilidade pessoal – tanto de caráter quanto de competência. Fluem para fora daquilo que você é, não daquilo que você talvez finja ser.)*
>
> ***Eles podem ser postos em ação.*** *(Podem ser implementados imediatamente.)*
>
> ***São universais.*** *(Podem ser aplicados em qualquer relacionamento – com seu chefe, seus pares, associados, clientes, cônjuge, filhos, família mais ampla ou amigos. Eles também podem ser aplicados em qualquer organização – negócios, governo, educação, saúde ou ONGs – e em qualquer cultura, embora aplicações culturais específicas possam variar.)*

Posso prometer a você que os 13 Comportamentos aumentarão significativamente sua capacidade de inspirar confiança em todos os seus relacionamentos, tanto pessoais quanto profissionais.

OS 13 COMPORTAMENTOS

Você não pode, apenas falando, escapar de um problema no qual se meteu por causa de seu comportamento.

– Stephen R. Covey

De fato não, mas você pode escapar desse problema comportando-se adequadamente... e, muitas vezes, mais rapidamente do que imagina!

– Stephen M. R. Covey

Alguns anos depois de casados, Jeri e eu nos mudamos para Boston, onde eu cursava a faculdade de administração. Na época, nosso filho Stephen tinha 1 ano. Em um fim de semana, meus pais vieram nos visitar. Levaram-nos para jantar em um restaurante que tinha um bufê rodízio, e eu estava tão animado com a visita que voltei à minha infância. Atulhei rapidamente meu prato com comida, sentei-me e comecei a rir, relembrando nosso convívio passado com meus pais, que tinham chegado antes para poderem achar uma mesa vazia. Fazendo isso, praticamente ignorei Jeri, que continuava na fila, lutando com o nosso filho e com a sacola de fraldas, enquanto tentava colocar comida no prato dos dois. Finalmente juntou-se a nós, mas ao longo da noite ela manteve-se concentrada no bebê e não falou muito.

Quando chegamos em casa, suspirei com satisfação e disse: "É tão legal ter meus pais aqui, não é mesmo?" Então virei para ela e disse: "Sem dúvida, amo você!"

Ela respondeu: "Não, você não me ama."

Surpreendido, respondi: "Claro que amo!"

Ela disse: "Não, você não me ama – Freddy!"

"Freddy!" Exclamei. "Quem é Freddy?"

"Ele é o rapaz do *My Fair Lady*", ela respondeu com algum menosprezo, "Sabe... aquele cara que conversa sobre o amor mas nada faz a respeito".

"O quê?", disse incredulamente, "do que você está falando?".

Ela olhou-me diretamente nos olhos. "Quando esta noite estávamos naquele restaurante, você ficou completamente alienado! Eu tentava cuidar do pequeno Stephen, arrumar seu prato, alimentá-lo e mantê-lo feliz e calmo, e tudo em que você podia pensar era se divertir com seus pais. Você não foi absolutamente de ajuda alguma – Freddy!"

Com isso, ela lembrou-me das palavras que Eliza – a personagem principal em *My Fair Lady* – cantou (com algum menosprezo) para Freddy: "Não fale de estrelas ardendo no firmamento; Se você me ama, *mostre-me*!" Eliza não queria palavras; queria um comportamento que demonstrasse os sentimentos. E Jeri também.

À medida que pensava sobre os acontecimentos daquela noite sob a sua perspectiva, senti-me péssimo. Ela estava certa – eu tinha sido estúpido. Deveria ter sido mais sensível e presente. Minhas ações – até mesmo mais do que minhas palavras – deveriam ter demonstrado claramente meu amor por ela.

> *As pessoas não escutam você falar; elas observam os seus pés.*
>
> – ANÔNIMO

O COMPORTAMENTO IMPORTA

A verdade é que, em todo relacionamento pessoal e profissional, aquilo que você faz causa impacto muito maior do que algo que você diz. Você pode dizer que ama alguém – mas, a menos que demonstre esse amor por meio de suas ações, suas palavras deixam de ter sentido. Você pode afirmar que deseja empenhar-se em uma negociação ganha-ganha – mas a menos que seu comportamento sustente que você realmente quer fazer aquilo, suas palavras soarão falsas. Poderá dizer que sua empresa coloca o cliente em primeiro lugar; que reconhece que os funcionários são seu ativo mais importante; que se submeterá às regras, que não se envolverá em práticas antiéticas, que respeitará o sigilo de uma informação confidencial, que manterá um compromisso, ou produzirá resultados. Poderá dizer todas essas coisas, mas a menos que as faça realmente, suas palavras não inspirarão confiança; aliás, elas a destruirão.

Promessas e palavras bonitas têm o seu lugar. Sinalizam comportamento. Declaram intenção. Podem criar enorme esperança. E quando essas palavras são seguidas de comportamentos que as validem, elas aumentam a confiança na pessoa que as pronunciou, às vezes, de forma drástica. Mas quando o comportamento não acompanha nem combina com a mensagem verbal, as palavras transformam-se em saques na Conta de Confiança.

> *A confiança é estabelecida pela ação. ...*
>
> – Hank Paulson, chairman e CEO, Goldman Sachs

Esta seção trata dos 13 Comportamentos das pessoas e líderes mundiais altamente confiáveis. Esses comportamentos são poderosos porque fundamentam-se nos princípios que governam relacionamentos confiáveis. Derivam das 4 Dimensões, podem ser postos para funcionar e são universais. Como você verá, são validados por pesquisa e pela experiência.

Com certeza você já vivenciou alguns desses comportamentos e auferiu os dividendos da alta confiança que deles resultaram. Existem outros que você provavelmente não vivenciou e, em conseqüência, pagou um imposto. À medida que for lendo os curtos capítulos que se seguem e que descrevem esses comportamentos, poderá escolher aqueles que criarão a maior diferença em seu aperfeiçoamento.

No entanto, antes de prosseguirmos para os capítulos, gostaria de compartilhar algumas idéias importantes que o ajudarão a entender e aplicar os comportamentos em situações específicas.

VOCÊ PODE MUDAR O COMPORTAMENTO

Algumas pessoas dizem que você não pode mudar o comportamento. Mas há evidência clara que indique o oposto – que as pessoas podem mudar, e mudam, seu comportamento, às vezes dramaticamente, e isso muitas vezes produz resultados extraordinários.

Veja Anwar Sadat, que mudou seu comportamento antiisraelense de forma tão drástica que trouxe o Egito e Israel, dois inimigos de longa data, para a mesa de negociações em prol da paz. Veja Nelson Mandela, no passado a cabeça do braço armado da ANC (African National Congress), que acabou dirigindo sua nação em uma transição dramática com um espírito de não-violência, perdão e reconciliação. Olhe para os muitos pais que se tornaram as pessoas de "transição", recusando-se a passar o mau comportamento dos próprios pais para seus filhos, transformando uma herança de abusos em legado de amor. Veja aqueles que conseguem ter sucesso nos programas de reabilitação do alcoolismo e do consumo de drogas. Pense sobre sua própria vida. Não houve momentos nos quais você escolheu mudar seu próprio comportamento conscientemente e teve sucesso?

Na maioria das vezes, a diferença entre aqueles que modificam seu comportamento e os que não o fazem é um senso irresistível de propósito. Quando seu propósito é conseguir resultados por meio da edificação da confiança, repentinamente os comportamentos que constroem confiança não são mais apenas coisas legais "para se fazer"; tornam-se poderosos instrumentos que o capacitam a desfrutar de relacionamentos preciosos, maior colaboração, realizações compartilhadas e mais diversão.

Recentemente, muita ênfase foi colocada na importância das "mudanças de paradigma" – mudanças na maneira como enxerga ou pensa sobre as coisas, mudanças estas que criam alterações significativas no comportamento. Espero que este livro o ajude a criar, na sua vida, mudanças valiosas de paradigmas com relação à confiança.

Mas também espero que o livro o ajude a criar "mudanças de comportamento" significativas – mudanças na forma de fazer as coisas, algo que realmente modifica a maneira como você enxerga e pensa. Adoro a história creditada ao pastor George Crane sobre uma mulher que um dia veio a seu escritório tão zangada com o marido que, além de querer divorciar-se dele, queria lhe causar dor. O Dr. Crane lhe disse: "Vá para casa e aja como se você realmente amasse seu marido. Diga-lhe o quanto ele significa para você. Elogie-o por cada coisa decente que fizer. Faça o máximo para ser gentil, atenciosa e generosa. Não poupe esforços para agradá-lo e alegrá-lo. Faça-o acreditar que você o ama. Depois que você o convencer de seu eterno amor e que não pode viver sem ele, então jogue a bomba. Conte-lhe que quer o divórcio. Isso o magoará realmente." A mulher achou que se tratava de uma idéia brilhante, então, mergulhou totalmente na trama de convencer seu marido de que ela o amava profunda, sincera e completamente. Todos os dias ela fazia de tudo para que ele acreditasse em suas palavras e intenções. Vários meses depois, ela ficou espantada em perceber que o amava realmente. Ela realmente tinha se comportado de maneira a reconquistar seu amor.

A lição dessa história é a seguinte: se você não for agora uma pessoa que se preocupa com os outros – porém deseja ser uma pessoa afetiva – então passe a se comportar como tal. Se você não é agora uma pessoa honesta – mas deseja ser honesta – então passe a se comportar como uma pessoa honesta. Simplesmente faça aquilo que as pessoas afetivas e honestas fazem. Pode levar tempo, porém, à medida que fizer essas coisas, perceberá que o processo a transformará na pessoa que desejava ser.

CONSTRUINDO "CONTAS DE CONFIANÇA"

À medida que se esforça em comportar-se de forma a edificar a confiança, uma maneira prática de visualizar e quantificar seus esforços consiste em pensar nesse processo em termos de "Contas de Confiança". Elas são semelhantes às

"Contas Bancárias Emocionais" que meu pai concebeu em seu livro *Os 7 Hábitos das Pessoas Altamente Eficazes*. Comportando-se de forma a construir confiança, você faz depósitos. Comportando-se de forma a destruir a confiança, você faz saques. Em qualquer momento, o "saldo" nessa conta reflete a "quantia de confiança" que detém em um determinado relacionamento.

Um dos maiores benefícios da metáfora da Conta de Confiança é que ela lhe oferece uma linguagem para falar sobre a confiança. Ela também é valiosa porque o ajuda a conscientizar-se de várias realidades importantes:

Cada Conta de Confiança é única. Existe uma enorme diferença entre a conta que tenho com minha filha de 3 anos e a que tenho com o meu filho de 19 anos. Enquanto minha filha confia em mim implicitamente, meu filho me relembra constantemente as palavras de Mark Twain: "Quando tinha 14 anos, meu pai era tão ignorante que mal podia ficar perto do velho. Mas quando fiz 21, fiquei espantado em constar o quanto o homem tinha aprendido em sete anos!" Reconhecer essa singularidade pode ajudá-lo a constituir mais eficientemente cada conta.

Os depósitos e os saques não são todos iguais. Muitas vezes coisas pequenas fazem diferença enorme. Quando o furacão Katrina atingiu o litoral do sudeste americano, um de meus sócios enviou um breve e-mail perguntando sobre o bem-estar de uma cliente que teve de sair de sua casa em uma ilha. Na mensagem ele dizia que esperava que ela estivesse bem, que ele pensava nela em suas orações e que falaria com ela quando retornasse a seu escritório. Mais tarde, ela escreveu: "Este foi o único e-mail que recebi, fora de minha família, perguntando pelo meu bem-estar, e ele significou muito para mim. Muito obrigada." Por outro lado, coisas pequenas, como esquecer o aniversário de um membro da família (ou pior, os aniversários de casamento), esquecer de dizer "obrigado", ou deixar de praticar outras pequenas cortesias ou costumes, podem criar enormes saques, particularmente com algumas pessoas, ou com a maioria delas em determinadas culturas ao redor do mundo.

Aquilo que constitui um "depósito" para uma pessoa pode não ser percebido como tal por outra. Posso achar que levar você e a sua esposa para jantar constitui um depósito. Mas, para você, isso poderá ser um saque. Talvez você não queira jantar fora com colegas de trabalho, talvez esteja fazendo uma dieta ou realmente queira ficar em casa à noite, porém sente-se obrigado a sair comigo para não me ofender. Ou posso achar que elogiá-lo em público por alguma coisa positiva que fez seja um depósito. Mas para você poderá ser um saque – até mesmo um enorme saque – porque você quis que seu feito permanecesse no anonimato. Lembre-se sempre: ao tentar construir confiança, é importante saber o que constitui um depósito para determinada pessoa.

Geralmente, os saques são maiores do que os depósitos. Como afirmou Warren Buffett: "Leva-se vinte anos para construir uma reputação e cinco minutos para arruiná-la." Em geral, os saques podem causar impactos dez, vinte, ou até mesmo cem vezes maiores do que os depósitos, mas existem alguns saques que são tão significativos a ponto de esvaziarem uma conta de uma tacada só. Certa vez ouvi a analogia de que a confiança é como um grande balde enchido com água (depósitos) a conta-gotas, e alguns saques (os imensos) são como se alguém "chutasse o balde" – em outras palavras, por causa de uma única ação, você simplesmente nada mais tem dentro do balde. A coisa importante a lembrar aqui é: não é nada inteligente chutar o balde! Você cometerá erros – todo mundo os comete – porém, tente não cometer aqueles que destroem a confiança completamente e faça grande esforço para construir confiança e recuperar qualquer confiança perdida.

Às vezes, o jeito mais rápido de se construir a confiança consiste em parar de fazer saques. Quando aceitei o desafio de arrumar a casa da Covey Leadership Center, tínhamos cinco negócios diferentes, quatro dos quais eram lucrativos. O quinto perdia dinheiro, tomando 20% de meu tempo e retornando apenas 2% das receitas. Embora esse negócio fosse popular entre alguns líderes da empresa, percebi que o jeito mais rápido de melhorar o lucro total não consistia em me concentrar nos outros quatro, mas sim, em eliminar o quinto. Então o vendemos, o que criou enorme diferença, alterando os rumos da organização e recuperando a confiança dos banqueiros e de outros agentes envolvidos. Como essa experiência demonstra, para elevar o nível de desempenho (ou, nesse caso, a confiança) você não deve fortalecer apenas as forças que impulsionam a empresa, você também tem que eliminar as forças que a bloqueiam. Se você não faz isso, é como se tentasse dirigir um carro com um pé no acelerador e o outro no freio. Às vezes, o jeito mais rápido de se alcançar resultados consiste em tirar seu pé do freio.

Perceba que cada relacionamento tem duas contas de confiança. A maneira como percebe o montante de confiança em um relacionamento e a maneira como outra pessoa o percebe podem ser distintas. Portanto, é geralmente recomendável pensar em qualquer relacionamento em termos de duas contas – não uma – e tentar concentrar-se no saldo em cada conta. Muitas vezes pensei quão proveitoso seria se pudéssemos enxergar sobre as cabeças das pessoas aquelas barrinhas que sobem e descem em um equalizador de som. Em vez de sinalizarem o volume de som, essas barras mostrariam o efeito de cada interação – se fiz um depósito ou um saque, e o saldo resultante. Mas sem tal ajuda gráfica, é melhor esforçar-se sinceramente para entender o que constitui para a outra pessoa um depósito ou um saque e sempre tentar agir de forma a reforçar a confiança.

> *Não existem fatos, só interpretações.*
>
> – Friedrich Nietzsche

COISAS A SE TER EM MENTE

À medida que avançamos agora para os 13 Comportamentos, gostaria de chamar sua atenção para algumas idéias que o ajudarão no entendimento e na implementação.

Em primeiro lugar, os 13 Comportamentos exigem combinação tanto de caráter quanto de competência. Os primeiros cinco comportamentos relacionam-se com o caráter, os cinco seguintes, com a competência, e os três restantes, com uma mistura em partes quase iguais de caráter e de competência. Isso é importante para percebermos que, geralmente, o jeito mais rápido de diminuir a confiança consiste em violar um comportamento de caráter, enquanto o jeito mais rápido para ampliar a confiança passa pela demonstração de um comportamento de competência.

Em segundo lugar, como qualquer coisa boa ou positiva, é possível levar qualquer um desses comportamentos ao extremo. E qualquer virtude levada ao extremo torna-se fraqueza. À medida que discutirmos cada um dos comportamentos, será vantajoso ter em mente o gráfico a seguir. No decorrer da explanação, destacarei maneiras específicas de se utilizar as 4 Dimensões, fortalecendo seu juízo de valor para que possa situar-se no "ponto ideal"* da curva correspondente a cada comportamento.

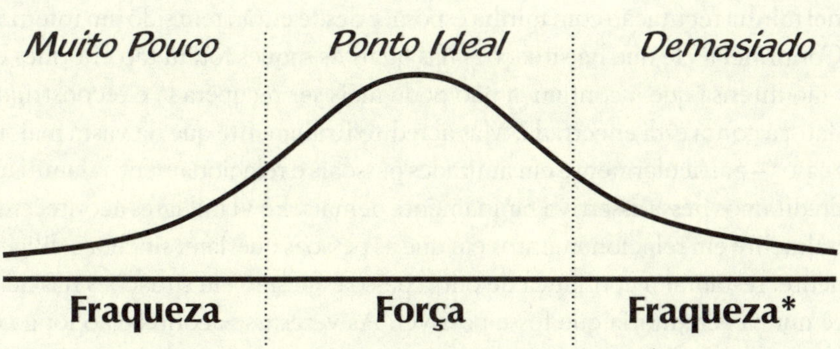

**Qualquer força levada ao extremo pode tornar-se uma fraqueza.*

**Nota do Tradutor*: No original, "*sweet spot*", jargão do esporte que denota o ponto de um bastão de beisebol, raquete de tênis ou taco de bilhar que causa o arremesso ou propulsão mais eficiente da bola.

Em terceiro lugar, os 13 Comportamentos trabalham juntos para criar um equilíbrio. Por exemplo, "Falar com Franqueza" deve ser equilibrado com "Demonstrar Respeito". Em outras palavras, você não quer conversar com tal franqueza que alguém o veja como um elefante em uma loja de cristais, exteriorizando descaradamente que você não liga para o valor das idéias e os sentimentos das outras pessoas.

Em quarto lugar, junto a cada comportamento, mencionarei os princípios sobre os quais ele se fundamenta. Também destacarei o *oposto* e a *simulação* para cada comportamento. São esses opostos e simulações (freqüentemente não reconhecidos) que criam os maiores saques.

Em quinto lugar, no final de cada capítulo, sugerirei algumas "Dicas de Confiança" que incluirão idéias para fortalecer suas 4 Dimensões, de forma que possa se aproximar do "ponto ideal" na curva correspondente, mencionando também algumas sugestões específicas sobre as maneiras de se aplicar o comportamento em questão. Tenha em mente que, em cada capítulo, o comportamento em si constitui a ação propriamente dita, ou seja, o "fazer"; as sugestões de aplicação são concebidas para estimulá-lo a pensar sobre os "próximos passos".

TORNANDO PESSOAL

No final de uma de minhas apresentações, um homem veio falar comigo, com lágrimas nos olhos. Ele me disse: "Gostaria de ter ouvido tudo isso há dez anos. Aquela citação de Warren Buffett, 'Leva-se vinte anos para construir uma reputação e cinco minutos para arruiná-la' é tão verdadeira. Em cinco minutos arruinei minha reputação com minha esposa, e desde então tem sido um inferno."

Confirmei a ele que há situações nas quais os saques foram tão enormes e a dor tão intensa que a confiança não pode mais ser recuperada e reconstruída. De fato, a conta está encerrada. Mas acredito firmemente que na vasta maioria dos casos – particularmente em amizades pessoais e relacionamentos familiares – acreditamos nessa assertiva rapidamente demais. Eu vi milagres acontecerem literalmente em relacionamentos em que as pessoas queriam, sincera e diligentemente, restaurar a confiança de outra pessoa, mesmo em situações nas quais você nunca acreditaria que fosse possível. Às vezes isso acontece ao longo de certo tempo; freqüentemente, acontece mais rapidamente do que as pessoas imaginam. Em alguns casos, a confiança reconstruída torna-se mais forte do que o fora antes.

Portanto, encorajo-o a dar alta importância a esta seção toda, pensando em dois relacionamentos específicos de sua vida – um profissional e o outro pessoal – nos quais o saldo das respectivas Contas de Confiança atualmente seja baixo.

Os relacionamentos que você escolher devem ser aqueles com os quais gostaria de aumentar a confiança, sendo que no primeiro, ao aumentar a confiança, você obterá resultados profissionais muito melhores e gratificantes, e no segundo encontrará mais felicidade no plano pessoal.

No final da exposição dos 13 Comportamentos você terá a oportunidade de olhar para trás, identificando os dois ou três comportamentos que concretizariam os objetivos citados, permitindo-lhe criar um plano de ação para realizar as mudanças necessárias.

> *Os únicos relacionamentos deste mundo que sempre foram vantajosos e duradouros foram aqueles nos quais uma pessoa podia confiar na outra.*
>
> – Samuel Smiles, autor e biógrafo britânico

Enquanto você reflete sobre as maneiras de se comportar para edificar a confiança, tenha em mente que cada interação com cada pessoa é um "momento de confiança". A maneira como você se comporta em dado momento aumentará ou diminuirá a confiança de seus interlocutores. Esta oportunidade possui uma característica exponencial e multiplicadora. A maneira como você se comporta com um membro de sua família é notada por outros membros da família. A maneira como você se comporta com um subordinado será discutida entre os outros subordinados. Como você interage com um cliente é observado por outros clientes. Esse é o mecanismo que cria lendas pessoais corporativas. É um efeito de reverberação – uma vez mais, trata-se do oposto do credo da máfia: comportando-se de maneira a construir a confiança com uma pessoa, você a constrói com muitas outras.

COMPORTAMENTO 1: FALE FRANCAMENTE

As pessoas com as quais tenho problemas para lidar... são as que tendem a não dar toda informação. Elas omitem intencionalmente certas partes da história – elas deturpam os fatos.

– Shelley Lazarus, chairman e CEO, Ogilvy & Mather

Trabalhei com uma pessoa que nunca deixava que soubéssemos onde se posicionava em uma questão até que a decisão tivesse sido tomada e o acerto fosse validado ou fosse comprovado que a decisão era errada. Nunca conseguíamos que se comprometesse. No entanto, após tomada a decisão e os resultados serem conhecidos, ela assumia imediatamente os créditos, afirmando enérgicamente que desde o começo aquela tinha sido sua opinião.

Em determinado momento, surgiu uma proposta muito importante em nossa reunião executiva. Sabia que se agíssemos, o resultado seria fantástico ou uma bomba. Como era de costume, essa pessoa falou muito na reunião, mas não se comprometeu realmente com qualquer das alternativas.

Cansado das escapatórias, quis forçá-la a se comprometer de uma forma ou de outra. Assim, naquela noite, fui até sua casa para conversarmos. Ela sabia que eu era contra a proposta. Então, quando lhe perguntei sobre sua posição, ela me disse: "Oh, sou totalmente contra a proposta."

No dia seguinte, na frente do grupo inteiro, falei: "Ontem, em nossa reunião, não ficou claro para mim qual é a sua posição na questão. Por favor, compartilhe-a." O chairman da empresa estava presente e, sabendo que ele queria aceitar a proposta, ela posicionou-se de forma inteiramente diferente da que havia declarado na noite anterior.

Um tanto exasperado, eu disse: "Isso de jeito algum foi o que você me disse ontem à noite. Você me disse sem rodeios que era contra a proposta." Ela pigarreou, embaraçada, e respondeu: "Sim, bem, era aquilo que pensava então, mas ..." Era perita em esquivar-se e manipular as preferências dos envolvidos.

CONTE A VERDADE E DEIXE A IMPRESSÃO CORRETA

Na sua vida pessoal ou profissional, você já esteve em situações em que queria que as pessoas fossem honestas e francas, lhe dissessem o que pensam, expondo os fatos, deixando sua agenda clara?

O que acontece com a confiança quando as pessoas não agem assim?

O que acontece com a confiança quando elas agem dessa maneira?

"Fale Francamente" é a honestidade em ação. Esse comportamento é baseado nos *princípios* da integridade, honestidade e franqueza. Como mencionei anteriormente, significa duas coisas: dizer a verdade e deixar a impressão correta. E ambos são vitais para a construção da confiança. É possível dizer a verdade e deixar a impressão errada. Deixar a impressão correta significa comunicar-se tão claramente, que não haja mal-entendidos.

> *Aquilo que dizemos é verdadeiro e disponível – não somente tecnicamente correto.*
>
> – CÓDIGO DE CONDUTA DA DELL INC.

Um bom exemplo do Fale Francamente é um homem que conheço, chairman de uma grande divisão de uma sociedade anônima. Sempre que ele tem que dar feedback formal a alguém cujo emprego está em risco, esse homem sempre dirá muito claramente o seguinte: "Aqui estão as tarefas específicas que você deve fazer, e se você não as fizer, *será demitido*." Ele não permite que as pessoas pensem que, caso não cumpram suas responsabilidades, eventualmente receberão uma advertência ou serão transferida para outra divisão. As pessoas sabem, sem sombra de dúvida: se elas não tiverem desempenho, serão d-e-m-i-t-i-d-a-s. Isso é duro de ouvir. Indubitavelmente também é duro de dizer. Mas falar isso sem rodeios é muito mais gentil do que deixar a impressão de que existe qualquer outra alternativa na cabeça desse executivo.

Outro excelente exemplo do Fale Francametne é Warren Buffett. A cada ano, ele escreve uma carta aos acionistas para o relatório anual da empresa. Suas cartas são descrições das coisas da maneira como realmente são, sem rodeios. Por exemplo, ele escreve:

- *Fiz esse tipo de negócio algumas vezes – e, no frigir dos ovos, minha atuação custou dinheiro para você.*
- *No ano passado, não executei muito bem esse trabalho. Esperava fazer várias aquisições de vários bilhões, que acrescentariam novas e grandes fontes aos lucros que já temos. Mas falhei.*

- *Em vez de encarar a situação desperdicei vários anos enquanto tentávamos vender essa operação. ... Culpem-me por vacilar.*

Em contraste, muitas cartas aos acionistas em relatórios anuais são redigidas como as conversas fiadas típicas de relações públicas, fazendo as respectivas empresas parecerem tão boas quanto legalmente possível. Quando uma carta dessas começa com a declaração "2005 foi um ano de grandes desafios para a Empresa X. ..." você já sabe que a empresa provavelmente teve um ano porcaria, mas tentará maquiar isso. Buffett chamaria um ano porcaria de porcaria.

Outro exemplo é Abraham Lincoln, cuja capacidade de inspirar a confiança nos outros – mesmo em seus rivais – era lendária. Indubitavelmente, há muitas razões para isso, mas evidentemente uma de suas características, que lhe era peculiar, era seu método de comunicação. Ele era descrito como abrupto, que é outra maneira de dizer franco. Algumas pessoas discordavam dele e ninguém o via como tortuoso. Lincoln disse, com seu humor característico: "Se tivesse duas caras, por que estaria usando esta?"

O oposto do Fale Francamente é mentir ou enganar. Tal comportamento cria enorme tributo nas interações – imediatamente ou em algum momento futuro, quando o embuste for descoberto. O escândalo presidencial de Watergate, no início dos anos 70, é um poderoso exemplo do impacto que a mentira, a enganação e o tentar encobrir podem causar. Quando as pessoas mentem, destroem a confiança. Ponto final. Elas o fazem de tal maneira que ninguém mais possa acreditar em suas palavras.

> *O que me chateia não é que você tenha mentido para mim e sim não poder mais acreditar em você.*
>
> – FRIEDRICH NIETZSCHE

A maioria de pessoas não mente diretamente – pelo menos não descaradamente. Em vez disso, elas se engajam nos comportamentos *fingidos* do Fale Francamente. Esses fingimentos incluem comportamentos como ficar dando voltas, reter informações, ser ambíguo, bajular, não se posicionar, simular, e o avô de todos eles: a comunicação "distorcida", que visa manipular os pensamentos, sentimentos ou as ações dos outros. Outro embuste perigoso consiste em contar a verdade "tecnicamente", porém, deixar impressão falsa. Isso consiste em argumentar sobre pequenas diferenças ou detalhes irrelevantes. Todos esses comportamentos, invariavelmente, diminuem a confiança.

O IMPACTO SOBRE A VELOCIDADE E O CUSTO

De acordo com estudo de 2005 da Mercer Management Consulting, apenas 40% dos empregados acreditam que seus chefes se comunicam honestamente, o que significa que seis em cada dez funcionários não acreditam que seus chefes dizem as coisas com franqueza.

Que tipo de impacto você acha que isso causa sobre a velocidade e os custos?

Em vez da franqueza, muito da vida organizacional é ocupado com desvirtuamento. Isso cria aquilo que chamo "tributo da distorção", e é uma das principais razões pelas quais a confiança é baixa em tantas organizações. Quando as pessoas ficam ouvindo distorções de seus líderes, tendem a se tornar céticas e cínicas – algo parecido com a maneira como muitas pessoas reagem às declarações dos políticos. Então, quando ocorrem grandes mudanças – demissões, reestruturações ou as incorporações – as pessoas não dão o benefício da dúvida àquilo que a direção superior diz ou faz. Em vez disso, desde o início desses processos, elas a taxam.

Às vezes, culturas inteiras tornam-se reféns de um ciclo de distorções e dissimulação. Isso diminui a confiança e cria um "imposto retido" adicional, quando as pessoas retêm informações e mantêm as cartas embaixo da manga. Em conseqüência, há empresas que amiúde têm três reuniões em vez de uma: a pré-reunião (preparar e posicionar-se), as reuniões propriamente ditas (em que, por causa de todo esse jogo de distorções e dissimulação, pouco do assunto real é discutido) e, depois, as reuniões depois das reuniões (as reuniões menores em que a discussão real acontece e as questões verdadeiras são trazidas à tona).

Quando uma cultura entra em um ciclo de distorções e dissimulações, exige-se grande coragem para falar francamente. Talvez você se lembre da história de Hans Christian Andersen: "As Roupas Novas do Imperador". Um imperador é convencido de um esquema por dois charlatões que afirmam poder tecer um pano mágico que é invisível a todos aqueles que são estúpidos ou incompetentes no que fazem. Não querendo parecer estúpido ou incapaz, todo mundo que vem ver o tecido (inclusive o imperador) elogia sua excelência. Logo mais – apesar do óbvio – todo mundo é pego nesse jogo de distorções e fingimentos, seguindo a "linha da empresa".

Quando o imperador finalmente coloca as "roupas" feitas desse tecido e sai em cortejo, todas as pessoas apinhadas nas ruas exclamam "ooohs" e "ahhhs" de admiração. Mas finalmente, uma criança diz: "Mas ele está nu!" À medida que as pessoas assimilam a realidade, todos começam a gritar: "Mas ele não está vestindo nada!"

Quando as pessoas têm a coragem de parar esse ciclo da dissimulação, tornando-se, em vez disso, francas, coisas surpreendentes acontecem. A comunicação fica clara. As reuniões são poucas, breves e objetivas. A confiança aumenta. A velocidade aumenta. O custo cai.

QUANDO A FRANQUEZA É LEVADA LONGE DEMAIS

Como acontece a todos os outros comportamentos, o Fale Francamente pode ser levado longe demais. Conheci um líder que, em nome da franqueza, justificava a comunicação cruel e brutal. Ou ele não reconhecia o impacto prejudicial que sua abordagem causava sobre os outros e à confiança, ou a reconhecia e, mesmo assim, a praticava – e, neste caso, sua "conversa franca" torna-se fraqueza extrema.

A conversa franca é vital para se estabelecer confiança e, na maioria das situações, precisa ser temperada pela habilidade, tato e pelo bom senso. Isso me ficou gravado permanentemente na mente quando nossa família passava férias na praia e decidi nadar. Quando tirei minha camisa, minha filha de 3 anos olhou-me e exclamou: "Puxa, papai! Você tem uma barriga grande!" Infelizmente, aquilo era franqueza – porém, não temperada por tato nem deferência!

Esses exemplos simples demonstram como os comportamentos precisam ser equilibrados e como as 4 Dimensões fornecem o discernimento que o conduzirá ao "ponto ideal" da curva de Gauss. Quando você combina a coragem (Integridade) com uma agenda que é verdadeiramente benéfica para todos (Intenção), com a capacidade de tratar as situações sem rodeios (Capacitações) e com a atenção focada em construir a confiança (Resultados), você obtém o discernimento que o capacitará a Falar com Franqueza, de tal forma a aumentar, significativamente, a confiança das pessoas.

CONVERSA FRANCA EM CASA

Falar Francamente não é importante apenas na vida das organizações, mas também nos relacionamentos pessoais e familiares. Particularmente, em tais relacionamentos íntimos, é muitas vezes útil começar a conversa ao declarar sua intenção – especialmente se você precisa comunicar coisas difíceis de dizer ou de ouvir.

Bons exemplos de conversa franca incluem:

- Um pai ou uma mãe, de maneira franca e clara, ensinar ou ajudar seus filhos até mesmo a lidar com temas difíceis, como abuso de drogas, escolha de amizades ou sexo.
- Casais que expressam um com o outro, de forma carinhosa, porém clara, os pensamentos e sentimentos, e se esforçam no sentido de encontrar soluções ganha-ganha, mesmo quando lidam com temas difíceis como a educação dos filhos, os sogros ou as finanças domésticas.

- Membros da família que assumem a responsabilidade de dizer: "Ei, fiz algo aqui que gostaria que você percebesse", em vez de se sentirem menosprezados e vitimados ou acusarem os outros de serem insensíveis ou indiferentes.

À medida que você analisa o tema Fale com Franqueza, pense como isso poderia se tornar poderoso diferencial em seus relacionamentos com as pessoas mais importantes de sua vida.*

DICAS DE CONFIANÇA

Quando você coloca a Conversa Franca sobre a curva de Gauss, nota que os comportamentos à esquerda – aqueles que representam a falta de franqueza suficiente – se originarão de questões de Integridade (falta de coragem), Intenção (uma pauta centrada em você – você se importa mais consigo mesmo do que em buscar o melhor interesse dos outros), Capacitações (falta de habilidades verbais ou de relacionamento interpessoal) e de Resultados (falha em concentrar-se nos resultados que geram confiança). Obviamente, os comportamentos no lado esquerdo da curva não maximizarão os momentos de confiança.

Porém, o mesmo ocorrerá com os comportamentos excessivos no lado direito. É aí que você acha exemplos como os que mencionei sob o tópico "Quando a Franqueza é Levada Longe Demais". Eles também incluiriam o casal que vai a um conselheiro matrimonial para aprender a comunicar-se com maior destreza, só para, ao chegar em casa, ter mais capacidade de brigar. Ou a pessoa que, em nome da "conversa franca", difama constantemente os outros pelas costas. Comportamentos excessivos como esses refletem também as questões das 4 Dimensões – talvez uma falta de humildade (Integridade) ou afeto (Intenção), ou um estilo dominador (Capacitações), ou falta de sensibilidade às conseqüências de suas ações (Resultados).

Novamente, a chave para a otimização consiste em assegurar-se de que cada comportamento situa-se em seu ponto mais alto da sua conexão com as 4 Dimensões. Isso maximizará seu discernimento na utilização desse comportamento e assegurará o alinhamento com os princípios que governam relacionamentos confiáveis. Em conseqüência, isso o capacitará a criar mais dividendos de confiança e evitar os respectivos impostos.

A seguir estão algumas sugestões para melhorar a capacidade de Falar Francamente:

---

*Isso funciona com os adolescentes? Descubra esses e outros relacionamentos pessoais difíceis em http://www.speedoftrust.com.

- Pergunte-se: O que me bloqueia de falar francamente? É o temor das conseqüências? É o temor da dor? É o medo de estar errado, de magoar os sentimentos dos outros? É um desejo de ser popular? É uma falta de coragem? Trata-se do desafio de conviver ou trabalhar em um ambiente onde as pessoas não Falam Francamente? Identifique os dividendos de ser honesto e franco e o custo da falta de franqueza e honestidade. Depois, esforce-se para fortalecer suas 4 Dimensões e sua capacidade de Falar Francamente.
- Conscientize-se de suas conversas. No meio de uma conversa, pare e pergunte-se, estou sendo franco – ou estou distorcendo? Se você estiver distorcendo, descubra o motivo, reconheça que por causa disso está pagando um imposto, e esforce-se em reforçar sua Integridade e Intenção.
- Aprenda a chegar rapidamente ao ponto que deseja discutir. Evite preliminares e divagações. Reconheça que, na maioria dos casos, "menos" é "mais". No vernáculo mundial jurídico, "Se você está explicando, está perdendo o processo". A disciplina pessoal de falar com franqueza cria precisão de linguagem, economia de palavras e elimina as distorções.

Embora não a liste como sendo pertinente a todo comportamento, tenho mais uma sugestão a ser mantida em mente:

- Envolva outras pessoas. Diga-lhes: "Eu realmente tento melhorar minha capacidade de Conversar Francamente em minhas comunicações com os outros. Você estaria disposto a me ajudar, dando-me feedback para que eu saiba como estou me saindo no relacionamento?"

Envolver os outros fará duas coisas importantes:

Primeiro, isso lhe facilitará mudar. Recrutar as pessoas no processo de crescimento e desenvolvimento transforma uma cultura que tipicamente resiste às mudanças em uma que a estimula.

Em segundo lugar, isso o permitirá enxergar melhor a situação atual e o progresso. Quando examinamos nosso comportamento, amiúde, temos a tendência a criar "pontos cegos" – coisas que não podemos enxergar, mas os outros podem. A realimentação que receber deles ajuda-nos a perceber esses pontos cegos.

No entanto, se você decidir envolver outras pessoas, esteja ciente de que será avaliado por padrões mais altos. Ao engajar os outros em seus esforços para melhorar, você também aumenta as expectativas. Se não der conta do recado estará definitivamente fazendo saques. Mas se der, esse processo de feedback se tornará outra grande maneira de se construir confiança.

RESUMO: COMPORTAMENTO 1 – FALE FRANCAMENTE

Seja honesto. Diga a verdade. Deixe as pessoas saberem onde você está. Use linguagem simples. Chame as coisas por seu nome. Demonstre integridade. Não manipule as pessoas nem deturpe os fatos. Não distorça a verdade. Não deixe impressões falsas.

COMPORTAMENTO 2: DEMONSTRE RESPEITO

Você pode avaliar o caráter de uma pessoa pela maneira como ela trata aqueles que não podem ajudá-la nem feri-la.

– ANÔNIMO

Segundo a revista *Fortune*, a Synovus Financial Corporation é uma das 100 Melhores Empresas para se Trabalhar nos Estados Unidos, e sempre obteve esse título desde que tal premiação foi instituída, sendo que, em 1999, chegou ao primeiro lugar. Seu chairman, James Blanchard, revelou a razão principal de sua empresa – e outras como essa – ser capaz de prosperar no mercado e ser, ao mesmo tempo, lugar tão agradável de se trabalhar:

> *Há um fio comum que une aquelas pouquíssimas organizações que estão se superando o tempo todo. Elas atingem e excedem suas metas. Realizam suas visões e aspirações. Estão sempre acima de suas expectativas... No entanto, esse grupo de organizações robustas, estimuladoras, entusiasmadas, sempre bem-sucedidas, parece ter um segredo. E francamente, nós as estudamos, nós fomos à escola, nós consultamos especialistas, fizemos de tudo ao nosso alcance para tentar achar essa fórmula, que diz: "Faremos parte desse muito pequeno, seleto, grupo que parece alcançar êxito perpétuo."*
>
> *O segredo, a pista, o fio comum, é simplesmente a maneira como essas empresas tratam todos os agentes relacionados a seus negócios; a maneira como você trata seus semelhantes, seus membros de equipe, seus clientes, seus organismos reguladores, seu público em geral, suas audiências, suas comunidades. É o valor que você dá a um indivíduo, a importância real que confere ao fator humano, e não apenas por meio de uma declaração inserida em seu relatório anual.*

O Comportamento 2 é Demonstre Respeito. Existem duas dimensões críticas para esse comportamento – em primeiro lugar, significa comportar-se de maneira a mostrar o respeito básico às pessoas e, em segundo lugar, comportar-se de maneira a demonstrar preocupação e interesse pelos outros. Em muitas culturas – particularmente as orientais – esse comportamento é altamente valorizado, sendo evidência de boa educação. Conseqüentemente, a informalidade do Ocidente é considerada por alguns como algo rude. O entendimento de uma diferença cultural como essa torna-se tremendamente importante quando se busca construir Contas de Confiança na atual economia globalizada.

Demonstre Respeito é baseado nos princípios de respeito, imparcialidade, bondade, amor e civilidade. No entanto, o princípio maior é o do valor intrínseco da importância dos indivíduos – de cada ser humano como parte da família humana. Esse comportamento é a Regra de Ouro em ação – uma regra que é abraçada por quase toda cultura e religião do mundo. Veja os seguintes exemplos:

Cristianismo:	*"Faça aos outros aquilo que você quer que os outros façam a você."*
Judaísmo:	*"Não faça aos outros o que você não quer que os outros façam a você."*
Islamismo:	*"Ninguém é um crente até que ame o seu irmão como ele ama a si próprio."*
Hinduísmo:	*"Nada façais a vosso vizinho o que não queirais que ele faça a vós."*
Budismo:	*"Não magoe os outros com o que causa dor a você."*
Siquismo:	*"Trate os outros como você trataria a si mesmo."*
Confucionismo:	*"Aquilo que você não quer que seja feito a você, não faça aos outros."*
Aristóteles:	*"Devemos nos comportar com os nossos amigos assim como desejamos que os nossos amigos se comportem conosco."*
Platão:	*"Devo fazer aos outros o que gostaria que fizessem a mim."*

O *oposto* de Demonstre Respeito é não respeitar as outras pessoas. Isso geralmente é exteriorizado pelo desacato, assunto muito crítico tanto no trabalho quanto em casa. O oposto também inclui *não* demonstrar afeto ou interesse pelas pessoas que lhe são importantes – seja porque você realmente não se importa, seja porque você não sabe como fazê-lo nem dedica tempo para isso.

A *simulação* de Demonstre Respeito é fingir respeito ou interesse ou, o mais insidioso de todos, demonstrar respeito e interesse por algumas pessoas (aquelas que podem fazer algo por você), mas não por outras (aquelas que não lhe podem ser úteis). Essa incongruência está se tornando conhecida como a "Regra do Garçom". Ela se baseia na idéia de que você pode aprender muito sobre o caráter de uma pessoa pela maneira como ela trata o garçom em um restaurante. A CEO da Sara Lee, Brenda Barnes, ela mesma ex-garçonete, diz: "Sentar-me na cadeira de CEO não me torna uma pessoa melhor do que o operador da empilhadeira em nossa fábrica. Se você trata o garçom, ou um subordinado, como lixo, adivinha o que acontece? Será que lhe oferecerão todo empenho? Penso que não."

> *Tento tratar as pessoas como seres humanos. ... Se elas sabem que você se importa, elas lhe darão o melhor de si.*
>
> – SIR RICHARD BRANSON, FUNDADOR E CHAIRMAN, THE VIRGIN GROUP

Gosto muito da história da estudante de administração que foi muito bem em seu exame final até que se deparou com a última pergunta: "Qual é o nome da pessoa que limpa seu dormitório?" Ela ficou espantada. Como alguém podia esperar que ela soubesse a resposta para tal pergunta? E o que aquilo tinha a ver com a formatura em administração? Finalmente, perguntou ao professor se a pergunta realmente pesava em sua nota final. "De fato pesa!", ele respondeu. "A maioria de vocês sonha em ser o presidente e CEO de uma empresa bem-sucedida. Mas o êxito provém de um esforço de equipe. Um bom líder sabe que nada está garantido e reconhece as contribuições feitas por todos – mesmo aquelas pessoas que aparentam fazer os trabalhos mais insignificantes."

No local de trabalho, problemas como discriminação e assédio sexual conferiram à questão do respeito um papel importante na avaliação da excelência da organização, tanto porque é a coisa correta a fazer quanto por ser uma maneira melhor de se fazer negócios. O Great Place to Work Institute, parceiro da revista *Fortune* na produção da lista das 100 Melhores Empresas para se Trabalhar, classifica o respeito como um dos três pilares da confiança nas organizações. A Sirota Survey Intelligence considera o respeito uma das características-chave que definem as organizações de moral elevadíssimo e observa que nas organizações bem acima da média – 10% do universo – os empregados em níveis hierárquicos mais baixos são tratados da mesma maneira que os executivos seniores. Muitos empregadores estão tomando medidas para assegurar ao menos a conformidade com o comportamento respeitoso. Evidentemente, a verdadeira oportunidade consiste em superar a conformidade e penetrar nas mentes e corações das pessoas.

AS COISAS PEQUENAS

Demonstre Respeito é um exemplo claro do impacto imenso que as "coisas pequenas" causam na construção das Contas de Confiança. Lembro-me de quanto uma coisa pequena significou para minha assistente executiva quando visitei sua mãe no hospital. Minha visita era uma coisa pequena, mas para minha assistente aquilo era uma demonstração de que eu me preocupava, e aquilo realmente significou muito para ela. Sua reação foi semelhante à de nosso cliente no Texas, a quem meu colega enviou um e-mail durante o movimento de retirada na passagem do furacão Katrina. Como se diz por aí: "Não existem coisas pequenas."

Uma de nossas participantes em um workshop, que trabalhou por aproximadamente dez anos como assistente executiva do presidente de uma universidade, contou a seguinte experiência:

> *Uma tarde, estávamos nos preparando para um jantar especial na casa do presidente. No dia seguinte começariam as aulas e, nessa noite, iríamos ser os anfitriões de um jantar para os doadores importantes da universidade e um homenageado da América Latina que receberia título honorífico.*
>
> *Enquanto montávamos as mesas, chegou um belíssimo arranjo de flores, obviamente enviado pelo escritório de desenvolvimento universitário. A esposa de nosso presidente foi a ele e disse, perplexa: "Temos um problema." Ela segurava uma simples vasilha com violetas de seu jardim. Lola – uma mulher européia mais idosa, que tinha sido sua governanta durante muitos anos – já havia preparado os "arranjos" para o jantar.*
>
> *O presidente olhou para a esposa e disse: "Não, nós não temos um problema. Simplesmente envie as flores de volta para a floricultura. Usaremos as peças que Lola preparou."*
>
> *Para mim esse foi um momento de enorme impacto. Ensinou-me que não importa quão pequena seja a contribuição para uma atividade ou um esforço, essa contribuição precisa ser honrada e respeitada.*

Pense sobre o depósito que essa "pequena" demonstração de interesse e respeito teve na conta da governanta. E pense sobre o impacto exponencial daquilo na Conta da Confiança desse presidente universitário com todos os envolvidos, incluindo pessoal de apoio, convidados, pessoas que trabalhavam no escritório de desenvolvimento universitário e participantes do workshop. Aliás, tenho certeza de que todos com quem ela compartilhou a história (incluindo a mim) foram influenciados por esse momento de confiança. E a coisa não parou aí. Depois de compartilhar a experiência em nosso workshop, essa senhora continuou nos contando como em seu trabalho atual (que não tem qualquer ligação com a universidade) ela integrou aquilo que aprendeu naquele momento, e seu efeito nas Contas de Confiança que detém com as pessoas com as quais trabalha atualmente.

Medite, pois, sobre a confiança que fora criada em conseqüência daquele momento excepcional!

DEMONSTRANDO RESPEITO EM CASA

Em casa, as "coisas pequenas" são ainda mais importantes. Simplesmente dizer "por favor" ou "obrigado", escutar alguém com atenção, limpar a mesa depois de uma refeição, compartilhar o controle remoto ou surpreender alguém com flores ou algum outro símbolo de amor são coisas que resultam em enormes depósitos nas Contas de Confiança da família.

Enquanto crescia, lembro-me de minha mãe e meu pai andando todos os dias de bicicleta por meia hora, ao redor da vizinhança, para poderem ter um tempo especial juntos e conversarem. Lembro-me de como os membros da família muitas vezes me paravam e saudavam, com carinho e com amor, quando entrava pela porta da frente de casa. Lembro-me das vezes em que minha mãe ou pai recomendavam que nos esforçássemos para surpreender um ou outro antes de chegarem em casa, limpando a cozinha, a garagem ou o terreno, e que divertido era ver a surpresa e a satisfação no rosto deles. Agora, na minha própria casa, vejo como os olhos de nossa filha de 3 anos se iluminam quando o irmão de 13 a leva para um passeio de bicicleta no quintal, ou como eles se iluminavam quando seu irmão de 19 anos estava em casa e se vestia de príncipe para unir-se à sua "princesa" para um chá.

Sei a diferença que essas "pequenas coisas" podem fazer!

> *O resultado final da amabilidade é que ela atrai pessoas a você.*
>
> – ANITA RODDICK, FUNDADORA E CEO, THE BODY SHOP

No entanto, também sei que demonstrações aparentemente pequenas de desacato podem levar a saques maiores que, em última análise, limpam completamente aquelas Contas de Confiança. Como destaca uma publicação sobre abuso:

> *Os abusos, tanto de cônjuges como de crianças, podem ser identificados em coisas aparentemente insignificantes, como menosprezar a capacidade e a competência do outro, criticar constantemente, insultar ou xingar, recusar-se a falar, mani-*

pular, incutir sentimentos de culpa, fazer promessas repetidamente e não cumpri-las, intimidar, ameaçar com agressão física, fazer acusações infundadas ou destruir propriedades.

Em uma cultura popular que gira em torno de televisão, música, livros e filmes que freqüentemente refletem, debocham e até mesmo glorificam atitudes desrespeitosas e pequenos comportamentos abusivos, é fácil entorpecer-se com os efeitos que têm nos relacionamentos que mais prezamos. Nunca devemos esquecer que – para o bem ou para o mal – as coisas "pequenas" *são* as coisas grandes em casa.

O IMPACTO ECONÔMICO

Para alguns, Demonstre Respeito pode parecer um comportamento intangível, e eu sustento que tem relação absolutamente direta sobre a confiança e, portanto, sobre os lucros.

Lembre algumas pesquisas que compartilhei neste livro. *Por que* apenas 29% dos empregados acreditam que seus líderes se importam em desenvolver suas habilidades? *Por que* apenas 42% acreditam que seus líderes têm alguma preocupação? Embora em muitos casos a direção possa *falar* sobre isso, fundamentalmente a maioria dos líderes *comporta-se* sem demonstrar respeito, e, em conseqüência, os empregados não confiam.

> *Em última instância, o que cria confiança nos liderados é o respeito manifesto de seus líderes por eles.*
>
> – James O'Toole, autor de *Leading Change*

E qual é o impacto sobre a velocidade e o custo? Quando os empregados acreditam que seus líderes realmente não se preocupam, quão dispostos estarão em dar o melhor de si? Ser inovadores? Colaborar? Por outro lado, quão rápidos serão em se queixar, criticar, unir-se a sindicatos e fazer greves?

Sob a perspectiva do consumidor, Demonstre Respeito causa impacto enorme. Há vários anos, houve competição feroz entre corretores de imóveis para representar um empreendedor na venda de alguns terrenos exclusivos perto de Park City, estado de Utah. O lote de quase 2 milhões de metros quadrados havia pertencido a uma família que criava ovelhas desde os dias dos pioneiros americanos.

O empreendedor convidou vários dos mais importantes corretores de Park City para fazerem apresentações. Dentre eles estava Tom Peek, que fez uma apresentação bastante similar às demais. No entanto, Tom fez uma coisa distintamente diferente. Mandou ao empresário uma pequena nota pessoal, escrita a mão, agradecendo-lhe a oportunidade de poder fazê-la. O empresário disse que aquele ato garantiu sua escolha. Para Tom o envio do bilhetinho era algo natural. Declarou: "É importante mostrar respeito aos outros e pensar neles quando você não está presente."

Esse empreendimento imobiliário, chamado de The Colony, tornou-se o maior de uma estação de esqui, com lotes mínimos de 16 mil metros quadrados e casas de até 2.800 metros quadrados. E Park City tornou-se um dos locais das competições dos Jogos Olímpicos de Inverno, em 2002.

Existem incontáveis exemplos de escolhas econômicas que são feitas com base em uma demonstração (às vezes pequena) de interesse e cortesia. Os publicitários sabem disso e procuram convencer os consumidores de que um produto em particular – cuja campanha desenvolveram – é o resultado do interesse do fabricante por eles.

DICAS DE CONFIANÇA

Observando o Demonstre Respeito sobre a curva de Gauss, torna-se óbvio que os comportamentos à sua esquerda – que representam pouco respeito – derivam de questões de Integridade (humildade insuficiente), Intenção (ego demasiado; não se interessar muito pelos outros) e Capacitações (não saber como demonstrar interesse nem respeito). Comportamentos excessivos do lado direito – incluindo excessos de interesse, ciúmes, alcovitagem e preocupações improdutivas – podem se originar de Intenção (maior foco sobre si mesmo em vez de agir no melhor interesse de alguém), Capacitações (atitudes e estilo) e Resultados (assumir responsabilidades em demasia; não ter sensibilidade aos efeitos do comportamento).

Mais uma vez, é interessante observar que neste, assim como em todos os outros comportamentos, o discernimento que provém do fortalecimento e da mistura das 4 Dimensões é vital para atingir o "ponto ideal" da curva.

A seguir estão algumas idéias que podem ajudar na busca de como Demonstrar Respeito:

- Aplique em si a "Regra do Garçom" em termos de como você trata as pessoas no trabalho e em casa. Você gosta do que vê? Se não, concentre-se em melhorar a Intenção.
- Pense sobre coisas específicas que poderá fazer para demonstrar aos outros que você se interessa. Telefone-lhes. Escreva um bilhetinho de

agradecimento. Confirme e forneça feedback. Envie e-mails indagando sobre seu bem-estar. A cada dia, tente fazer algo para uma pessoa sorrir – mesmo que essa pessoa seja um zelador no edifício onde você trabalhe. Não deixe que exista uma lacuna entre a maneira como você se sente e o modo como age.

- Jamais considere que seus relacionamentos existentes são seguros – particularmente seus relacionamentos com pessoas amadas, a família e os amigos. Evite a tendência comum de colocar mais energia em relacionamentos novos, supondo que as pessoas dos relacionamentos existentes sabem que você se importa com elas. Provavelmente existe necessidade maior em demonstrar o interesse em relacionamentos existentes do que nos novos.

RESUMO: COMPORTAMENTO 2 – DEMONSTRE RESPEITO

Preocupe-se genuinamente com os outros. Demonstre afeto. Respeite a dignidade de cada pessoa e cada papel. Trate todos com respeito, especialmente os que nada podem fazer por você. Seja amável nas coisas pequenas. Não finja interessar-se. Não tente ser "eficiente" com as pessoas.

COMPORTAMENTO 3: CRIE TRANSPARÊNCIA

Para algumas pessoas, tornar-se líder pode ser verdadeira viagem à satisfação do ego. Elas saboreiam a sensação de controlar tanto as pessoas quanto as informações. Por isso, mantêm segredos, revelam pouco do que pensam e de seu desempenho e escondem o que sabem sobre o negócio e seu futuro. Esse tipo de comportamento certamente firma a percepção de um líder como sendo o patrão, mas de cara drena a confiança de sua equipe.

– Jack Welch

Há poucos anos, quando Donald Carty era CEO da American Airlines, visando a mantê-la em funcionamento e, para evitar a concordata, a empresa esforçou-se para obter concessões salariais significativas de seus sindicatos. Acabou negociando um acordo que representou corte de US$1,8 bilhão nos salários anuais e nos benefícios já concedidos em acordos prévios.

Entretanto, durante esse processo de negociação, a empresa fez arranjos para assegurar a seis principais executivos da American Airlines bonificações substanciais de "permanência" e criou um fundo especial, de modo que as aposentadorias fossem pagas para 45 executivos do topo, mesmo que a empresa viesse a falir. Nada disso era ilegal, mas o esquema não foi exposto durante as negociações com os sindicatos.

No entanto, essas vantagens aos executivos tiveram que ser reveladas no relatório anual que a empresa tinha que enviar à SEC, e tal informação tornou-se de domínio público no dia em que o sindicato aprovou os cortes de salários. Essa informação pegou os sindicatos totalmente desprevenidos. Imediatamente destruiu qualquer confiança que Carty tivera – não apenas nos sindicatos, mas também em alguns membros do Conselho. De acordo com a *BusinessWeek*: "Repentinamente, os apelos de Carty por 'sacrifícios compartilhados' soaram ocos", e "o preço do trabalho malfeito de Carty custou-lhe o emprego". Dentro de dias, Carty renunciou.

Quando Gerard Arpey tornou-se o novo CEO da AA, ele imediatamente enfrentou enorme "imposto herdado" criado por esse comportamento anterior. Arpey afirmou que trabalharia para "restaurar a confiança de todos os empregados". Sua abordagem era aberta em vez de secreta, transparente em vez de escondida. Criou um ambiente de portas abertas, começou expondo todas as questões financeiras para seus sindicatos, recusou aumento que o Conselho lhe ofereceu e vendeu todas as obras de arte da empresa, que tinham se tornado símbolo inadequado em tempos de dificuldades. E, o mais importante, envolveu os sindicatos diretamente nos problemas da empresa, convidando seus representantes para as reuniões dos comitês superiores da direção, de modo que pudessem presenciar as dificuldades do mesmo ponto de vista da diretoria. Arpey disse: "Algumas pessoas pensam que os sindicatos são um problema, mas nós achamos que são parte das soluções."

> *Tente ser transparente, claro e sincero. Mesmo quando é difícil e, acima de tudo, quando é difícil.*
>
> – Jean-Cyril Spinetta, chairman e CEO, Air France

O comportamento de Arpey não era um "show"; era a extensão de seu caráter e de competência verdadeiros (suas 4 Dimensões). Ele disse: "O único meio de se construir confiança profissional e pessoal é sendo fidedigno. Espero ser condizente com esses padrões." Em conseqüência, Arpey pôde recuperar a confiança, e a American Airlines conseguiu evitar a falência, enquanto as outras quatro maiores linhas aéreas tradicionais dos Estados Unidos não conseguiram. O líder sindical Campbell Little disse: "Acredito que Gerard seja uma pessoa sincera, compassiva e alguém que quer fazer a American dar a volta por cima."

Há vários meses encontrei um piloto da American Airlines em um elevador e lhe perguntei: "O que você pensa de Gerard Arpey?"

Sem hesitar, respondeu: "Ele é fora de série! Posso confiar nele."

> *Reputações fortes resultam quando empresas são transparentes na maneira como conduzem seus negócios.*
>
> – Charles Fombrun, autor de *Reputation*

Comportamento 3 – Crie Transparência – versa sobre ser aberto. Trata-se de ser verdadeiro, genuíno e contar a verdade, de tal forma que as pessoas possam conferir. É com base nos *princípios* da honestidade, franqueza, integridade e autenticidade que gosto também de incluir o princípio da luz, porque, quando algo é transparente, a luz flui. Nas palavras do ex-juiz da Corte Suprema americana, Louis Brandeis: "A luz solar é o melhor desinfetante." Limpa. Dissipa as sombras.

Expulsa a escuridão. Capacita pessoas a verem. Dá a elas um senso de conforto e confiança porque sabem que nada está escondido.

O *oposto* de Crie Transparência é esconder, cobrir, obscurecer ou tornar escuro. Inclui provisionar, reter, ter segredos e deixar de expor. Inclui segundas intenções, significados ocultos e objetivos escondidos. O antônimo de transparente é opaco – significando algo que é impenetrável à luz e por meio do que as imagens não podem ser vistas.

A *simulação* da transparência é iludir. É fingir, "parecer" em vez de "ser", fazer as coisas aparentarem diferentes do que realmente são. A Internet é um bom exemplo, tanto de transparência como de ilusão. Ao mesmo tempo em que gera transparência extraordinária, permitindo às pessoas receberem informações e o acesso à verdade onde quer que estejam, a Internet também cria um lugar onde as pessoas podem simular personagens, criar pseudônimos e interagir com os outros dentro de uma ilusão – a virtualidade – onde ninguém conhece a verdadeira identidade, nem suas intenções.

CONSTRUINDO RAPIDAMENTE A CONFIANÇA

Em nossa economia global, a transparência é cada vez mais reconhecida como valor crítico nas organizações de alta confiabilidade. De acordo com a PricewaterhouseCoopers, o "espírito de transparência" é o primeiro segredo para se restaurar a confiança pública.

E, normalmente, a transparência estabelecerá rapidamente a confiança. Por exemplo, quando recentemente certa instituição beneficente teve problemas, adotou o caminho mais rápido para restaurar a confiabilidade, que consistiu simplesmente em mostrar às pessoas onde seus fundos eram aplicados. Em situações em que exista conflito de interesses, o melhor jeito de preveni-lo é simplesmente ser aberto sobre a própria questão e abordá-la dentro do espírito de divulgação completa. Empresas transparentes expõem constantemente, e antes de crises, seus relacionamentos, interesses e conflitos, de modo que tudo sempre seja aberto e para que ninguém possa questionar as intenções.

Em particular, quando a confiança é baixa, as pessoas não confiam no que não podem ver. Abrindo-lhes, você garante que nada há para se esconder.

Um bom exemplo de transparência é a maneira como a Toyota opera com seus fornecedores. Em uma indústria onde a maioria dos fabricantes de carros concentra-se em obter o preço mais baixo e mostra aos fornecedores o que devem fazer, a Toyota adota uma abordagem bem diferente. A empresa concentra-se em construir relacionamentos de longo prazo com e entre seus fornecedores, os quais, por sua vez, colaboram com a Toyota e entre si. Embora o conhecimento de produto seja tratado com confidencialidade, espera-se que o conhecimento dos processos seja compartilhado dentro de sua cadeia de valor. A abordagem da Toyota não poderia funcionar sem a abundante transparência de todos os participantes, e é essa transparência que está no cerne dos relacionamentos de todos os fornecedores da Toyota.

Outro ótimo exemplo – para mim – foi a maneira como um CEO de uma empresa de US$500 milhões negociou comigo. Ele e eu nos encontramos e expusemos a estrutura básica para o negócio, mas ele não o finalizou porque, para que o negócio fosse bem-sucedido, era crítico que suas equipes de vendas, de desenvolvimento de produtos e jurídica opinassem. Escrevi os pontos básicos do negócio e os enviei ao CEO por e-mail, a título de uma folha de intenções. Depois que esse CEO se reuniu com seu pessoal, recebeu essas folhas de volta anotadas, contendo comentários e preocupações. Em vez de ele resumir tais comentários e me enviar o resumo, ele simplesmente remeteu-me diretamente as folhas anotadas, sem editá-las. Isso me deixou pasmo e também permitiu que eu entendesse e endereçasse as questões que realmente os preocupavam, sem ter que ficar adivinhando. Decidi retribuir a transparência, enviando para seu pessoal um documento semelhante, contendo meus comentários sobre o que eles tinham feito. Como resultado, fomos capazes de realizar um negócio melhor para as duas partes e provavelmente o fizemos em um terço do tempo que normalmente levaria se não tivesse havido a transparência.

Do ponto de vista da velocidade e do custo, a transparência faz todo sentido. Você não tem que se preocupar com segundas intenções. Você não tem que ficar fazendo suposições. Você não tem que desperdiçar tempo e energia tentando manter uma fachada nem contabilizando o que disse a quem.

Muitas empresas criam transparência com seus próprios funcionários ao adotar a Política de Livros Abertos (*Open Book Management*) – abrindo seus demonstrativos financeiros para a empresa inteira ver. Trabalhei com um CFO que disse que aquela confiança nos empregados construía confiança mais rapidamente do que qualquer outra coisa que a empresa jamais tivesse tentado. Ele me disse: "Inicialmente, houve algum ceticismo sobre se aquilo que tínhamos divulgado eram os números verdadeiros, porém, mantivemos a abordagem, e esta logo criou excitação e significativo aumento da confiança do pessoal em nós. Foi então que a empresa começou a tornar-se altamente lucrativa."

> *Adotamos uma filosofia que consiste em não escondermos nada, nenhum de nossos problemas, dos empregados.*
>
> – ROLLIN KING, FUNDADOR, SOUTHWEST AIRLINES

Criar transparência leva ao *buy-in*. Por exemplo, em uma família, ser transparente com as crianças sobre assuntos financeiros e convidá-las a participar em decisões sobre gastos não apenas facilita o entendimento de por que às vezes você tem que dizer "não", como também ajuda a sensibilizá-las sobre a inconveniência de pedir certas coisas, fazendo com que você não tenha que desperdiçar tempo e energia emocional em lidar com as exigências. Como vantagem adicional, essa transparência oferece para as crianças entendimento sobre a economia doméstica, ajudando-as, à medida que amadurecem, a se tornarem mais responsáveis por suas próprias decisões de gastos.

Negociar com transparência não significa ter que colocar sempre todas as cartas na mesa. Contudo, significa sim que você deve ser transparente na divulgação das informações pertinentes e com aquilo que tenta realizar.

DICAS DE CONFIANÇA

Como em todos os comportamentos, em Crie Transparência deve existir um equilíbrio responsável. Especificamente, nas sociedades anônimas existem certos assuntos e informações que a lei não permite expor a qualquer um, a menos que possam ser expostos para todo mundo. Há outras coisas que são confidenciais e não-divulgáveis. O bom senso lhe indicaria que você não deve conversar sobre questões confidenciais, assuntos privados nem outras coisas que você não tem o direito de comentar.

Estive envolvido em uma situação na qual um CEO tentou criar transparência em uma reunião da diretoria, expondo os salários de todo mundo, inclusive os da equipe líder da empresa. Isso mudou rapidamente o tom da reunião, à medida que, repentinamente, os participantes começaram a olhar ao redor, indagando por que alguns de seus pares ganhavam duas vezes mais do que eles. Desequilibrada por outros comportamentos, como Demonstre Respeito, essa atitude chocou o sistema. Ela situava-se no extremo direito da curva de Gauss. Tratava-se de transparência irresponsável – transparência demais, rápido demais. Na maioria das vezes, esse tipo de comportamento provém de: falta de humildade (Integridade), querer promover uma agenda de benefícios mútuos (Intenção), falta de habilidade para lidar com assuntos confidenciais (Capacitações) ou não saber prever adequadamente os resultados de uma ação ou comportamento (Resultados).

Por que você limitaria a transparência, deslocando-se para o lado esquerdo da curva? Por que você reteria informações? Por que você não exporia ao menos todos os seus objetivos, não colocaria todas suas cartas na mesa? A incapacidade de criar transparência normalmente indica falta de honestidade ou coragem

(Integridade), segundas intenções (Intenção) ou falta da Capacidade para Confiar, sendo portanto incapaz de discernir a importância da transparência e de criá-la (Capacitações).

Mais uma vez, tenha em mente que fortalecer suas 4 Dimensões o manterá no "ponto ideal" da curva de Gauss, e que todos esses comportamentos funcionam juntos, equilibrando-se.

À medida que você se esforça para Criar Transparência, aqui estão alguns pontos a considerar:

- No trabalho e em casa, pergunte-se periodicamente: "Retenho informações que devem ser compartilhadas?" Se a resposta for sim, pergunte-se por quê. Reflita sobre o imposto que você pode estar pagando em conseqüência desse comportamento. Medite sobre os dividendos que você poderia estar auferindo se fosse mais transparente.
- Se você ocupa posição de direção em seu trabalho, avalie a transparência da organização com relação a seus vários *stakeholders*. Então, reflita sobre cada situação e pergunte-se: "Se fôssemos mais transparentes, que diferença isso faria?" Procure os meios apropriados para aumentar a transparência – e os dividendos de confiança!
- Se compartilhar suas finanças com alguém – por exemplo, um cônjuge – reflita sobre quão transparente você é ao lidar com questões financeiras. Tenha em mente que as questões monetárias ainda são destacadas por muitos como sendo uma das causas principais dos divórcios. Se você não for transparente com relação às suas prioridades, decisões e gastos financeiros, indague-se por quê. O fortalecimento de suas 4 Dimensões não irá apenas ajudá-lo a agir e interagir com seu cônjuge de forma mais transparente, como também aumentará sua capacidade de trabalhar no sentido de uma abordagem unificada.

RESUMO: COMPORTAMENTO 3 – CRIE TRANSPARÊNCIA

Diga a verdade de tal maneira que as pessoas possam verificá-la. Seja autêntico e fidedigno. Mantenha-se aberto. Exagere do lado da ampla divulgação. Aja, assumindo a premissa de que "aquilo que você vê é aquilo que você recebe". Não tenha segundas intenções. Não oculte informações.

COMPORTAMENTO 4: CORRIJA OS ERROS

Saber o que é o correto e nada fazer a respeito é a pior covardia.

– Confúcio

Enquanto crescíamos, meus irmãos e eu adorávamos os esportes e éramos extremamente competitivos. Esse entusiasmo manteve-se forte ao longo do tempo e sinto dizer que, há alguns anos, durante um jogo, fui tomado pelas emoções e ofendi meu sobrinho adolescente Kam.

Era o dia do grande jogo de basquete entre os times da Brigham Young University (BYU) e a Universidade de Utah – o mais importante jogo no estado de Utah. Essa rivalidade é lendária. Sem levar em conta as vitórias e perdas do passado, a rivalidade entre os torcedores dos dois times é sempre intensa. Tendo em vista que meu cunhado tinha freqüentado a Universidade de Utah, ele e seu filho Kam eram grandes fãs do time. Foi dito a Kam que torcesse com moderação para não embaraçar o restante de nossa grande família presente, especialmente porque, fora ele e seu pai, a grande maioria torcia para a BYU.

Kam conteve seu entusiasmo até que, em um momento crucial, o árbitro tomou uma decisão extremamente questionável em favor da Universidade de Utah. Kam pulou espontaneamente de alegria agitando os braços no ar. Quando sentou-se, não consegui me conter. Agarrei meu cantil e descarreguei a água na sua cabeça! Kam ficou chocado, depois decepcionado e, por fim, magoado. Era óbvio que ele não podia acreditar no que eu acabara de fazer.

Imediatamente fiquei envergonhado e senti profundamente ter cometido ação tão imatura. Sabia que tinha feito um grande "saque" em nosso relacionamento. Quis compensar meu sobrinho e, então, fiz a única coisa que me veio à mente naquele momento. Depois de pedir desculpas, comprei um refrigerante e exigi que Kam o jogasse na minha cara! Kam ficou embaraçado e recusou-se a fazer aquilo. Disse-me que entendia que fui levado por minhas emoções e que me perdoava. Mas eu não me perdoei.

Ao longo dos dois meses seguintes telefonei para Kam quase que a cada semana. Toda vez que conversava com ele eu dizia: "Ei, só queria que você soubesse que sinto muitíssimo por ter jogado aquela água na sua cabeça. Por favor, me perdoe!" No próximo jogo entre a BYU e Utah comprei entradas para Kam e para minha irmã. Dessa vez o jogo não ia bem para a Universidade de Utah, e forcei-me a ficar sentado sem gritar absolutamente nada. Comprei para o Kam um uniforme de Utah e todo tipo de guloseimas que ele podia consumir, repetindo, outra vez: "Vou mencionar apenas mais uma vez, Kam, que sinto muitíssimo pelo que fiz." O pobre menino finalmente respondeu: "Tá bom, tá bom! Eu realmente já o perdoei! Vamos esquecer esse incidente!"

Curiosamente, apesar de tudo isso, meu relacionamento com Kam tornou-se realmente mais forte. Meus repetidos esforços de me desculpar e recompensá-lo de alguma maneira convenceram-no de que eu realmente estava profundamente preocupado com ele e com nosso relacionamento. Além do mais, essa experiência ajudou-me a controlar meu temperamento. Embora eu ainda vá aos jogos e queira que meu time ganhe, nunca mais perdi o controle de minhas emoções.

FAZENDO UM ESFORÇO EXTRA

O Comportamento 4 – Corrija os Erros – é mais do que simplesmente desculpar-se; trata-se também de redimir-se e de consertar o estrago. Trata-se de agir. Fazer tudo que possa para corrigir o erro... e ainda um pouco mais.

Nos negócios, Corrija os Erros engloba retificar os erros cometidos com os clientes – esperando que o reparo seja tão bom que os clientes não fiquem apenas satisfeitos, mas também incentivados a serem ainda mais leais à empresa. Para incentivar tal lealdade, o "algo mais" que uma empresa adicionaria poderia ser uma coisa pequena, como juntar ao objeto consertado um pequeno mimo ou um vale-presente para desculpar-se pela inconveniência. Ou poderia ser uma coisa grande, como aquilo que a JetBlue faz, não cobrando dos clientes quaisquer multas caso percam algum de seus vôos.

No plano pessoal ou familiar, a recuperação de um relacionamento prejudicado por algum erro também deve passar pelo "algo mais", por meio de uma expressão de amor, acompanhada das desculpas e de um pequeno gesto de carinho, como um buquê de flores ou um desjejum servido na cama.

HUMILDADE E CORAGEM – OU EGO E ORGULHO?

Corrija os Erros está baseado nos *princípios* da humildade, integridade e reparação. Seu *oposto* é negar ou justificar o erro, racionalizar um comportamento errado ou não admitir erros até que seja forçado a fazê-lo. O comportamento oposto envolve o ego e o orgulho. Consiste em ser humilhado pelas circunstâncias em vez de pela consciência.

O *fingimento* do Corrija os Erros consiste em encobri-los. Trata-se de esconder um erro em vez de corrigi-lo. No caso do comportamento Corrija os Erros, seu fingimento, na verdade, cria um imposto duplo de confiança, o primeiro, tributado quando você comete o erro, o outro – normalmente um imposto muito maior – quando você tenta encobrir o erro e é apanhado. Na verdade, todo o mundo comete erros. A questão não é se você os cometerá, e sim o que você fará a respeito. Se escolherá o caminho da humildade e da coragem ou o caminho do ego e do orgulho.

Reflita sobre alguns exemplos daqueles que escolheram o caminho da humildade e da coragem. Recentemente, Oprah Winfrey ajudou a colocar o livro de James Frey, *A Million Little Pieces*, na lista dos best-sellers do *New York Times* por ter-lhe conferido o título do livro do mês de seu clube de livros. Quando surgiram acusações de que Frey tinha maquiado incidentes em um livro supostamente "não-ficção", inicialmente Oprah defendeu o autor. No entanto, quando descobriu a verdade, ela o trouxe de volta a seu show. Ela desculpou-se sinceramente com o público telespectador e criticou duramente Frey por trair tanto seus leitores quanto os telespectadores. Ela disse: "Sinto-me ludibriada. Mas o que é mais importante, sinto que você traiu milhões de leitores." Ela também reconheceu ter cometido um erro ao telefonar e defender o autor no show de Larry King. "Lamento aquele telefonema, cometi um erro, deixando a impressão de que a verdade não importa, e estou profundamente arrependida por isso. Esses não são os valores nos quais acredito. A todos aqueles que me questionaram neste episódio, digo que vocês estão absolutamente certos." O comportamento de Oprah ratificou a confiança das pessoas em sua integridade e seu genuíno interesse pelos outros, atitudes que eram a marca registrada de seu programa e de sua reputação.

No excelente livro de Adrian Gostick e Dana Telford, *The Integrity Advantage*, os autores relatam a experiência de Wayne Sales, chairman e CEO da Canadian Tires, que lhes contou o seguinte:

> A Chrysler *deixa que seus executivos dirijam seus novos veículos*. *Eles os devolvem com alguns milhares de quilômetros rodados*, *mas alguém estava zerando os hodômetros e vendendo-os como carros novos*. *Quando isso foi descoberto*, *con-*

sigo imaginar o que aconteceu dentro da organização. ... Fazendo a coisa certa, Lee Iacocca comprou um anúncio de página inteira no Detroit Free Press *e declarou: "Olhe, nós cometemos um erro. Quebramos a confiança e a integridade de nossos clientes. Reconhecemos que fizemos isso e prometemos que jamais acontecerá novamente." E sabe o que aconteceu? A vida seguiu seu curso normal.*

Em março de 2005, Doug Wead, ex-assessor especial do presidente George W. Bush, escreveu uma carta de desculpas por ter escrito um livro que continha material de suas conversas com o presidente, gravado sem permissão. Wead divulgou o conteúdo dessa carta em uma entrevista na televisão com Chris Matthews e também em uma carta que ele enviou ao editor do jornal *USA Today*.

Na carta, Wead disse que tinha começado a gravar essas conversas em 1987, com a permissão de Bush. Wead continuou:

Quando em 1997 nossas conversas recomeçaram, inicialmente comecei a tomar notas. Nessas conversas, muitas opções foram discutidas e descartadas. Eventualmente, foi-me solicitado que levasse uma mensagem delicada para um repórter ou até mesmo para um oponente político. O fraseado exato era crítico e achei que não era a pessoa adequada para tal tarefa. Então, no ano seguinte, começou minha gravação secreta de George W. Bush. No início, era apenas uma forma de me assegurar de que agia corretamente, fazia aquilo que ele queria, porém, fui soberbo e arrogante em achar que minhas boas intenções justificavam minhas ações. Gravei as conversas de Bush sem sua permissão e ele foi eleito para a presidência. Minha decisão de tornar pública uma porção das fitas custou um preço terrível para minha família e magoou profundamente muitas pessoas mais.

Fui tolo e agi erroneamente gravando o Sr. Bush sem sua permissão. Errei ao mostrar qualquer parte das fitas para meu editor, sem levar em conta as circunstâncias. Errei ao mostrar qualquer parte delas para um jornalista. Desculpei-me ao presidente antes de a história ter vazado e o fiz outra vez depois. Apesar da mágoa pessoal, ele foi paciente.

Hoje, o trabalho de reparação do erro começou.

- *A promoção do livro foi cancelada.*
- *Os royalties futuros, decorrentes de sua venda, foram destinados a uma instituição beneficente.*
- *Todas as gravações, pelas quais me ofereceram milhões de dólares, foram entregues ao presidente.*
- *O trabalho de reconstruir meus relacionamentos com Deus, o presidente e amigos começou.*

Se pudesse reviver minha vida, há muitas coisas que faria de forma diferente. Não posso desfazer a mágoa que causei, mas posso, com a ajuda de Deus, carregar na consciência a punição que mereço e seguir em frente.

O interessante dessa situação é que ela nunca se tornou realmente questão política importante – acredito que isso se deveu, em boa parte, ao fato de a desculpa ter sido dada rápida, humilde e sinceramente, e por ter sido seguida de ações (abrir mão dos royalties e do possível ganho financeiro com a venda das fitas), algo que claramente confirmou a veracidade de suas palavras.

Muitas vezes as histórias que ouço sobre o poder da correção dos erros sobre a edificação da confiança não provêm dos principais implicados; originam-se de empregados quando perguntados sobre a questão da confiança em suas organizações. Em outras palavras, a atitude dos líderes dessas organizações sobre os comportamentos que inspiram a confiança tornou-se símbolo organizacional. Esse é mais outro exemplo do crescimento exponencial que ocorre e que causa impacto ao poder da confiança: quando você constrói confiança com uma pessoa, você a constrói com muitas.

Agora confronte os resultados dessas experiências positivas com aquelas nas quais as pessoas escolheram o outro caminho – do ego e do orgulho. Um exemplo digno de nota é o escândalo de Watergate, nos anos 70. Quando foi descoberto que a administração do presidente Richard Nixon envolveu-se em atividades ilegais para obter informações confidenciais, aqueles que estavam envolvidos – incluindo o presidente – deixaram de assumir a responsabilidade e de se desculpar por seus delitos; aliás, tentaram encobri-los. Conseqüentemente, a confiança foi destruída totalmente e, sob a ameaça de um impeachment, Nixon foi forçado a renunciar.

> *O escândalo Watergate não foi tanto um caso de arrombamento e sim da incapacidade em reconhecer erros, assumir a responsabilidade por eles e desculpar-se.*
>
> – JON HUNTSMAN, CHAIRMAN, HUNTSMAN CHEMICAL

Em um exemplo mais recente, o então receptador dos Philadelphia Eagles, Terrell Owens, fez comentários para os meios de comunicação que pareceram críticas deselegantes a seu *quarterback* e à direção do time. De acordo com a mídia, ao longo da primeira metade da temporada, ele persistiu em seu comportamento rude, não-colaborador e continuou a fazer críticas sutis à direção e aos outros membros do time. Finalmente, apesar de seu imenso talento, a equipe decidiu que o dano tinha sido grande demais. Suspenderam-no pelo resto da temporada por "conduta prejudicial à equipe". Imediatamente após a suspensão, Owens apareceu desculpando-se, dizendo: "Sei, dentro do meu coração, que posso... ser um jogador de equipe." Mas a desculpa, demasiadamente pequena, veio tarde demais, e era por demais indiferente. A confiança já havia sido perdida. Ele não conseguiu se safar do problema que ele mesmo havia criado.

Observe nos exemplos positivos deste capítulo como em cada um deles as pessoas foram *rápidas* em admitir o erro e esforçaram-se em retificá-lo. Quando erros acontecem, e você os reconhece e desculpa-se rapidamente, na maioria dos casos você toca sua vida normalmente. O que na maioria dos casos estraga a credibilidade e a confiança é o fato de as pessoas que erraram não reconhecerem o fato nem se desculparem. Isso faz com que incidentes pequenos descambem para questões muito maiores e, quando se tenta encobri-los, a situação piora. Desculpar-se mais tarde é evidentemente melhor do que não se desculpar, mas desculpar-se e retificar *imediatamente* os erros ajudará muito mais a reconstrução e a recuperação da confiança.

O IMPACTO ECONÔMICO

Corrija os Erros afeta os lucros. Apesar de a maioria das seguradoras dizerem aos médicos para não se desculparem com seus pacientes quando cometerem erros, existe evidência cada vez maior comprovando que os médicos que se desculpam, são respeitosos e demonstram empatia, são os menos processados. As pessoas são mais propensas a processar outras quando estão com raiva. Ficam com raiva quando sentem que lhes é devida uma desculpa e esta não é oferecida. Em muitos casos, oferecer desculpa cordial diminui a beligerância. Como evidenciado pelos dividendos de confiança que a Johnson & Johnson continua a receber 25 anos depois de retificar seu erro no escândalo do Tylenol, ocorrido em 1982, "os erros" podem criar momentos extremamente significativos de confiança.

Mesmo quando você se encontra na outra ponta – quando alguém lhe fez algum mal – você pode fazer coisas importantes para ajudar a Corrigir os Erros e construir confiança. Por exemplo, ao perdoar os ofensores, você lhes facilita se desculparem e retificarem o mal que fizeram e, reconhecendo seus próprios erros, lhes dá a liberdade para fazerem o mesmo, algo que é extremamente enobrecedor para uma cultura, tanto no trabalho quanto em casa.

DICAS DE CONFIANÇA

Se seu comportamento situa-se demasiadamente na extremidade esquerda na curva de Gauss – se você não se esforça suficientemente para corrigir seus erros

– poderá querer trabalhar sobre sua honestidade, humildade ou coragem (Integridade), seu nível de afeto (Intenção) ou no alinhamento entre o comportamento e os resultados desejados (Resultados). Se você se situa muito à direita – desculpando-se demais ou desculpando-se repetidamente pelos mesmos erros – poderá querer trabalhar mais sobre sua coerência (Integridade), motivação (Intenção) ou o juízo que provêm do fortalecimento e da mistura das 4 Dimensões.

À medida que você se esforça em aumentar sua capacidade de Corrigir os Erros, aqui estão algumas idéias:

- Na próxima vez em que cometer um erro, preste atenção em sua reação. Você está tentando ignorá-lo, justificá-lo ou encobri-lo? Ou você admite-o rapidamente e faz de tudo para repará-lo? Se agora você não possui a humildade e a coragem para Corrigir os Erros rapidamente, esforce-se em comportar-se no sentido de se tornar a pessoa que você quer ser.
- Pense um pouco em seu passado. Existem erros que não foram corrigidos? Existem relacionamentos rompidos à espera de reparos e reconstrução? Mesmo que a tentativa de reconstrução pareça impossível, posso lhe assegurar que qualquer que seja o mal-estar que poderá sentir durante a tentativa de consertar um mal-entendido do passado, ele é muito menos penoso do que conviver com a dor crônica da desconfiança. E o alívio que chega quando você realmente fez um esforço para corrigir um erro do passado é imenso.
- Na próxima vez em que alguém lhe fizer mal, seja rápido em perdoar. Tente fazer com que seja mais fácil para os outros Corrigirem seus Erros. Isso não irá apenas ajudá-los, isso o ajudará também.

RESUMO: COMPORTAMENTO 4 – CORRIJA OS ERROS

Corrija as coisas quando elas estão erradas. Desculpe-se rapidamente. Retifique onde for possível. Demonstre humildade. Não encubra as coisas. Não deixe que o orgulho atrapalhe o caminho para agir corretamente.

COMPORTAMENTO 5: DEMONSTRE LEALDADE

Tem sido minha experiência que as pessoas que conquistam rapidamente confiança, lealdade, estímulos e energia são as que repassam o crédito da realização para as pessoas que realmente fizeram o trabalho. Um líder não precisa de qualquer crédito... De qualquer jeito, ele recebe mais créditos do que merece.

– Robert Townsend, ex-CEO, Avis

Há muitos anos, trabalhei em uma empresa onde ia almoçar quase diariamente com um grupo de aproximadamente 12 colegas. Quando terminavam de comer, algumas das pessoas no grupo levantavam-se e iam embora, e os outros imediatamente começavam a falar sobre elas. Quando outros dois ou três saíam, o grupo falava sobre eles. Chegou a um ponto que não tinha coragem de deixar a mesa, pois sabia que no minuto seguinte os que ficaram falariam de mim!

Minha experiência com esse grupo era um exemplo do *oposto* do Comportamento 5. Demonstrava deslealdade e fazia enormes saques – não apenas às pessoas sobre as quais falavam, como também a todos presentes. Todos sabíamos que o tratamento dado aos ausentes indicava como seríamos tratados quando não estivéssemos presentes. E isso certamente não construía confiança!

Demonstre Lealdade, por outro lado, é uma forma de fazer enormes depósitos na Conta da Confiança – não apenas com a pessoa a quem você demostra lealdade, como também a todos que notam a sua atitude.

No livro de John Marchica, *The Accountable Organization*, Colleen Barrett, chairman e COO (Chief Operating Officer) da Southwest Airlines, cita uma maneira de Demonstrar Lealdade aos empregados que nitidamente constrói confiança na organização. Ela diz:

É tudo muito lógico para mim, mas acredito que nossa política surpreenda algumas empresas orientadas para serviços e que afirmam o cliente sempre ter razão. Nós não concordamos com isso. E o dizemos publicamente, algo que me custou uma ou duas cartas de reclamações! Mas essa é a maneira de ganharmos a confiança de nossos empregados. Não estou dizendo que, se um empregado comete um erro, e o erro for suficientemente sério, ele não será censurado ou disciplinado. Mas digo que se o cliente estava errado, e se seu comportamento era condenável, então defenderei e apoiarei o empregado. Nós não praticamos isso muitas vezes, mas ocasionalmente já dissemos ao cliente que não desejávamos vê-lo voando em nossa linha aérea.

Demonstre Lealdade é baseado nos *princípios* de integridade, lealdade, gratidão e reconhecimento. Há muitas maneiras de Demonstrar Lealdade – grandes e pequenas – mas neste capítulo nos concentraremos em apenas duas dimensões: dar crédito a quem merece e falar sobre as pessoas como se elas estivessem presentes.

DÊ CRÉDITO

Uma importante maneira de Demonstrar Lealdade consiste em dar crédito aos outros, reconhecendo a contribuição aos resultados. Dando crédito, você não apenas afirma o valor da contribuição individual, mas também cria um ambiente no qual as pessoas sentem-se encorajadas a serem inovadoras e a colaborarem, compartilhando livremente suas idéias, colocando em ação o multiplicador exponencial da confiança.

Com relação a dar crédito, me agrada pensar na metáfora "a janela e o espelho", articulada por Jim Collins. Ele basicamente diz que quando as coisas vão bem, você olha pela janela; em outras palavras, você olha todos lá fora e tudo aquilo que contribuíram, e lhes dá crédito, atribuição, reconhecimento, confirmação do feito e sua estima. Quando as coisas não vão bem, você olha no espelho. Você não olha lá fora, culpando e acusando os outros; você olha para si.

O *oposto* de dar crédito é assumir o crédito para si. Em um de nossos programas, um vendedor contou um episódio sobre como ele identificou um cliente especial, foi atrás da oportunidade, fez todo o trabalho e, nas etapas finais do negócio, foi a seu chefe pedir ajuda. Quando seu chefe viu como a conta era grande, assumiu-a. Ficou com todo o resultado e todo o reconhecimento. Isso criou enorme desconfiança – não apenas com a pessoa de quem ele tomou a conta, mas também com todos os outros membros da equipe. Ninguém mais quis pedir a ajuda do chefe porque eles sabiam que podia fazer a mesma coisa com eles. Esse é mais um exemplo de como quando você constrói (ou destrói) confiança com uma pessoa, você constrói (ou destrói) confiança com muitas.

> *Os líderes também criam confiança dando crédito onde o crédito é devido. Os bons líderes nunca superam seus subordinados, roubando-lhes uma idéia e reivindicando-a como sendo sua.*
>
> – Jack Welch

O *fingimento* de dar crédito é ter duas caras: aparentar estar dando crédito para alguém quando a pessoa está presente, mas subestimando sua contribuição e assumindo todo o crédito quando ela não está. Esse tipo de duplicidade raramente fica oculta e estraga a relação de confiança com todos.

A autora em assuntos de negócios, Dottie Gandy, observa que não é apenas importante dar crédito às pessoas por *aquilo que elas fazem*, mas também por *aquilo que elas são*. Há muitas maneiras de reconhecer o mérito das pessoas e lhes dar crédito por suas contribuições, tanto no trabalho quanto em casa. Você pode celebrar e homenagear. Você pode criar lendas e fábulas nas histórias que conta. Você pode enviar agradecimentos (cartas, cartões ou flores). Você pode publicar histórias de sucesso nos boletins da empresa ou da família. Você pode se exceder no captar das coisas certas que as pessoas realizam.

Em um de nossos workshops, um executivo sênior compartilhou esta idéia:

> *Sempre que nosso departamento é solicitado a opinar aos altos escalões, eu participo o pedido ao pessoal ligado ao assunto. Quando as boas sugestões retornam, em vez de sintetizá-las ou enviá-las com minha assinatura, eu as anexo a um e-mail e simplesmente digo "Nossos comentários seguem anexos". Isso fornece o reconhecimento aos membros da equipe por seu trabalho. Também cria enorme credibilidade e um fator de lealdade entre mim e meu pessoal porque eles sabem que, quando e onde for possível, eu lhes darei o reconhecimento e o crédito merecido.*

Qualquer que seja a maneira que escolher, garanto que dar o crédito às pessoas aumentará significativamente a confiança e os resultados econômicos – assim como outros resultados – em todos os níveis. E eu o estimulo a dar crédito abundantemente. "Dar crédito onde o crédito é devido" é uma questão de juízo, porém dar crédito abundantemente deriva de um coração generoso.

> *Você pode realizar qualquer coisa na vida desde que não se importe com quem receberá o crédito.*
>
> – Harry S. Truman, ex-presidente dos Estados Unidos

FALE SOBRE OS OUTROS COMO SE ESTIVESSEM PRESENTES

A segunda dimensão de Demonstrar Lealdade é falar sobre os outros como se estivessem presentes. Aprendi a importância desse comportamento em primeira mão, quando tive aquela experiência com o grupo de almoço que mencionei anteriormente. Vi como essas conversas de restaurante, que se centravam naqueles que já tinham ido embora, acabavam por estragar a confiança de todos os envolvidos.

Obviamente esse era um exemplo do *oposto* de falar sobre os outros como se estivessem presentes – deixando de ser leal ou não representando adequadamente alguém quando a pessoa não está presente. O *fingimento* desse comportamento, que é igualmente danoso, consiste em falar bem de alguém na sua frente e difamá-la pelas costas. Muitas vezes sequer estamos cientes que estamos envolvidos em comportamentos opostos ou fingidos – nem de seu impacto sobre a confiança. Uma CEO de uma empresa de software confidenciou seus sentimentos sobre um feedback de 360 graus que recebeu em sua Auditoria Fiduciária. Ela disse:

> *Na parte dos "comentários", uma pessoa escreveu: "Quando alguém deixa a empresa, não a difame na frente de seus empregados atuais. Faz me sentir como se aquilo que contribuo para essa empresa fosse esquecido no momento em que a deixar, não importando sob quais circunstâncias eu sair." Ai! Eu não fazia idéia de estar fazendo aquilo e do impacto que aquilo causava. Foi muito humilhante para mim ouvir aquilo.*

Curiosamente, as pessoas que falam sobre os outros pelas costas amiúde parecem achar que estão construindo algum tipo de camaradagem e confiança com os presentes. Porém, ocorre o exato oposto. Quando você fala mal dos outros pelas costas, faz os presentes pensarem que você fará o mesmo quando eles estiverem ausentes. Portanto, sem dúvida, essa atitude tem impacto exponencialmente negativo sobre a confiança.

Em contraposição, minha esposa Jeri tem uma amiga sobre quem disse: "Confio na Karen em tudo. Nunca a ouvi difamar nem criticar outra pessoa. Ela simplesmente nunca faria isso." O que também ouço Jeri dizer é: "E sei que ela não me criticará."

Um excelente exemplo desse comportamento ocorreu quando Sam Alito foi designado procurador dos Estados Unidos em Nova Jersey. Herdou de seu predecessor um caso que acabou descambando, fazendo-o perder o processo. Dadas as circunstâncias, teria sido fácil para Alito jogar a culpa sobre seu antecessor, porém, de acordo com um artigo do *USA Today*: "Alito recusou-se a culpar seu antecessor, que tinha começado o caso, ou os seus assistentes." Em conseqüência: "O novo procurador dos Estados Unidos marcou 'enormes pontos' com seu pessoal."

> ***Para manter a confiança daqueles que estão presentes, seja leal aos que estão ausentes.***
>
> – STEPHEN R. COVEY

Conheço também a história de um homem que há alguns anos teve uma experiência semelhante quando substituiu o ex-chairman de uma empresa de médio porte. Embora esse novo presidente tenha herdado problemas de monta da administração passada, ele tomou a decisão de não difamar seu antecessor – nem publicamente nem em particular – sob quaisquer circunstâncias. Isso representou imenso desafio para ele. Houve muitas ocasiões quando quis fazê-lo, mas não o fez, e sua abordagem ajudou-o a conseguir que a organização viesse a confiar nele muito mais rapidamente. Também lhe permitiu criar um excelente relacionamento com o talentoso filho do ex-chairman, a quem ele quis manter na empresa, e que ficou por causa do tratamento respeitoso que ele concedeu a seu pai.

Uma jovem conhecida minha disse-me que à medida que crescia, ela sempre soube que o quer que dissesse confidencialmente a seus pais, nunca seria discutido com qualquer outro membro da família. Eles nunca diriam ao seu irmão: "Oh, você devia ter ouvido o que sua irmã disse outro dia!" Nem iriam comentar suas conversas privadas com outros membros da família. Essa demonstração de lealdade criou um relacionamento de alta confiança entre os pais e seus filhos.

Obviamente, para o bem ou mal, a maneira como conversamos – ou não – sobre os outros quando ausentes cria efeito exponencial e multiplicador. Isso pode construir ou destruir a confiança... rapidamente.

QUANDO VOCÊ TEM QUE FALAR SOBRE AS PESSOAS

Pois então, o que acontece em uma situação em seu trabalho que envolva falar sobre as pessoas? Você não pode simplesmente enfiar a cabeça na terra e dizer: "Eu não falarei sobre quem quer que seja." Então o que você faz?

Um ex-executivo de RH compartilhou a seguinte experiência:

> *Em determinado momento, tive um emprego onde o dia todo tinha que falar sobre os funcionários. Os gerentes vinham a mim e diziam: "Tenho um problema com Jim ou Lori." Obviamente, tínhamos que discutir o indivíduo e, às vezes, aquilo que conversávamos não era muito lisonjeiro. Então, tive que me perguntar, como posso ser leal a essa pessoa que não está presente, e continuar fazendo bem o meu trabalho?*

Finalmente, compreendi que a diferença entre ser leal e ser desleal encontra-se na intenção. Se o objetivo era melhorar o desempenho ou o relacionamento de um funcionário e se a conversa era justa e respeitosa com ele, então eu podia assumir que estava sendo leal. A maioria dessas conversas acabava por centrar-se no gerente e naquilo que ele podia fazer em vez de discutirmos as falhas (reais ou imaginárias) da pessoa de quem estávamos falando.

A chave da questão consiste em conversar de maneira a mostrar respeito. Mais uma vez, você constrói a confiança dos presentes comunicando-lhes que, se estivessem ausentes, você falaria com respeito sobre eles também.

Outro elemento decisivo consiste em se ter a coragem de falar diretamente com a pessoa sobre quem existem queixas. Às vezes a pessoa que necessita mudar é a última a saber das queixas. Exercitar coragem – indo falar com a pessoa sobre as queixas que existem contra ela – é também demonstração de lealdade.

DICAS DE CONFIANÇA

Vamos dar uma olhada na curva de Gauss para esse comportamento. No lado esquerdo você se comporta demonstrando pouca lealdade. Talvez você seja leal desde que isso lhe seja conveniente. Ou talvez você demonstre algum grau de lealdade, mas não a ponto de defender o outro (um ausente) firmemente quando alguém discordar de sua postura.

No lado direito da curva, você talvez se comporte de forma a parecer ser extremamente leal a alguém naquele momento, comportamento esse que não se preocupa com bem-estar ou princípios. Por exemplo, você talvez concorde em ficar calado sobre um ato criminoso cometido por alguém, ou talvez você permaneça ferozmente "leal" a uma ideologia ou sistema de crenças, mesmo quando existam informações que comprovem claramente a inadequação de seu posicionamento.

A Integridade (particularmente a coragem e a coerência), a Intenção (motivo e comportamento) e as Capacitações (habilidades de confiança) têm papel vital em ajudá-lo a manter-se na região do "ponto ideal" da curva. Tenha em mente que a aderência a um princípio muitas vezes é o melhor meio de demonstrar lealdade às pessoas.

Quando estiver trabalhando no sentido de melhorar esse comportamento, você talvez queira considerar as seguintes idéias:

- Na próxima vez em que participar de uma conversa em que as pessoas comecem a difamar alguém ausente, avalie suas opções. Você pode participar da conversa. Você pode ir embora. Você pode ficar, mas em silêncio.

Você pode dizer algo positivo sobre a pessoa, tentando contrabalançar a conversa, ou você pode dizer: "Eu realmente não me sinto à vontade nesta conversa quando esta pessoa não está aqui. Se temos uma queixa dela, vamos conversar com ela diretamente." Reflita sobre qual seria o comportamento mais ético naquela determinada situação e assuma-o.

- Na próxima vez em que você trabalhar com outros em um projeto, seja no emprego ou em casa, exceda-se, dando crédito abundantemente. Ajude a criar um ambiente no qual as contribuições de todos são reconhecidas e cada pessoa é reconhecida. Dê crédito generosamente.
- Tenha como regra nunca falar negativamente sobre os membros da família. Tome cuidado sobre como você conversa com seu cônjuge sobre os membros da família, incluindo seus filhos. Atente para as coisas que seus filhos fazem direito – e compartilhe com os outros seu entusiasmo sobre as boas ações.

RESUMO: COMPORTAMENTO 5 – DEMONSTRE LEALDADE

Dê crédito profusamente. Reconheça as contribuições dos outros. Fale sobre as pessoas ausentes como se estivessem presentes. Represente os ausentes que não estão ali para se defenderem. Não difame os outros pelas costas. Não divulgue informações particulares de outras pessoas.

COMPORTAMENTO 6: PRODUZA RESULTADOS

Os líderes do futuro estarão menos preocupados em dizer o que realizarão e mais preocupados em cumprir aquilo que disseram que iriam realizar.

– DAVE ULRICH, AUTOR DE LIVROS SOBRE NEGÓCIOS E PROFESSOR

Muitas vezes as pessoas me perguntam: "Se quiser estabelecer um relacionamento com um novo cliente, qual é a coisa que constrói confiança mais rapidamente?" Sem hesitação, respondo: "Produza resultados!" Os resultados dão-lhe instantaneamente credibilidade e confiança. Dão-lhe influência. Eles demonstram claramente que você agrega valor, que você pode contribuir, que você pode realizar. Além de constituírem parte integral de sua credibilidade pessoal (uma das 4 Dimensões), resultados fornecem um poderoso instrumento para construir confiança em seus relacionamentos com as pessoas.

Ao Produzir Resultados, nós nos deslocamos dos comportamentos que são baseados principalmente em caráter para aqueles fundamentados principalmente em competência. Esse comportamento deriva dos *princípios* da responsabilidade, prestação de contas e desempenho. O *oposto* de Produza Resultados consiste em fazer mal as coisas ou não fornecer aquilo que havia sido prometido. O *fingimento* consiste em produzir atividades em vez de resultados.

Ao longo dos anos, trabalhei com muitas pessoas – particularmente vendedores – que são bons de papo mas ruins em produzir resultados. Eles fazem todo tipo de apresentações fantásticas e promessas sobre os maravilhosos resultados que prometem alcançar, mas quando chega a hora da verdade, eles ou não os produzem ou fornecem muito menos do que prometeram. Finalmente aprendi a buscar as pessoas que falam pouco, porém produzem muito.

Não que estes não façam excelentes apresentações ou não antecipem grandes êxitos. Fazem isso também. Mas eles não enganam ou enrolam. Eles apenas fornecem resultados consistentemente. Aprendi que é mais eficiente oferecer as melhores oportunidades ao grande produtor que não conversa muito do que ao grande tagarela que não produz.

> *Nós nos julgamos por aquilo que sentimos sermos capazes de fazer, enquanto os outros nos julgam por aquilo que já fizemos.*
>
> – Henry Wadsworth Longfellow

Quando penso em Produza Resultados, penso na trilogia do filme O *Senhor dos Anéis*. Você assiste a nove horas de filme, mas no fim tudo se resume a Frodo conseguir colocar o anel no vulcão. Sem tal seqüência, o restante realmente não importa.

O IMPACTO SOBRE AS CONTAS DE CONFIANÇA

Quando entrei na Covey Leadership Center como CEO, havia uma divisão que era vista como "passatempo", ou um negócio onde as pessoas gostavam de trabalhar, mas que não ganhava (e possivelmente nunca ganharia) dinheiro. Embora tenha havido muito papo por três anos seguidos, essa divisão não forneceu qualquer produto ou resultado, e a sensação era a de que a divisão estava sendo "carregada nas costas". Reuni-me com o líder dessa unidade e juntos concordamos que eles produziriam resultados dentro de seis meses – sem exceções. Montamos uma meta clara e alocamos responsabilidades a essa meta.

Ao longo do tempo, comecei a receber feedback das pessoas dentro da divisão, dizendo que o prazo final era demasiadamente apertado e eles simplesmente não conseguiriam alcançá-lo. Disse-lhes: "Vejam, nossa credibilidade está em jogo. Até que exista um produto, essa divisão é apenas um passatempo. Temos conversado sobre um produto durante anos; esse prazo será cumprido."

Odiaram-me. Quiseram que lhes desse mais tempo, mas achei que, sem dúvida, teria que fazê-los cumprir o acordado. Por fim, eles o conseguiram. O produto foi lançado na data de nosso acordo e, dentro dos primeiros meses, produziu milhões de dólares.

Isso mudou totalmente a percepção de que a divisão era somente um passatempo. Tinham obtido resultados, e isso construiu confiança – confiança nas pessoas da divisão, confiança na cultura, dando autoconfiança àqueles que fabricaram o produto e o entregaram no prazo.

No setor doméstico, recentemente Jeri e eu demos a nosso filho de 12 anos, Christian, a incumbência de levar para fora as latas de lixo e trazê-las de volta. Trata-se de um grande trabalho em nossa casa porque os latões pesados têm que ser carregados ladeira abaixo até a calçada, algo que pode ser difícil quando neva. Na qualidade de pais, ficamos emocionados ao ver como Christian executou suas responsabilidades. Nós lhe dissemos apenas uma vez o que tinha de fazer. Ele nunca fala, mas todas as quartas-feiras à noite, quando volto para casa, as latas estão lá fora. E quando volto na quinta-feira, elas estão dentro. Ele simplesmente faz aquilo que se comprometeu a fazer.

Em parte, o motivo de ficarmos tão emocionados com o comportamento de Christian é que vivenciamos o contrário também. Quando seu irmão teve que realizar o mesmo trabalho, nós tivemos que lembrá-lo disso repetidas vezes – e, ainda assim, o serviço não era feito na metade das ocasiões.

O impacto na Conta de Confiança (e na velocidade e no custo) foi enorme, tanto nas ocasiões quando esse trabalho foi executado com responsabilidade, quanto quando não foi. Descobrimos que somos muito mais rápidos em escutar as solicitações e estender privilégios quando uma criança produz resultados e sua conta é alta.

E a mesma dinâmica funciona no trabalho, onde produzir resultados quase sempre oferece a uma pessoa mais escolhas, mais opções, mais flexibilidade. Jack Welch fala dessa flexibilidade quando a correlaciona com a boa vontade do chefe em manter um equilíbrio entre as necessidades do trabalho e as exigências particulares:

> *Sim, os chefes são propensos a permitir que as pessoas trabalhem de acordo com os horários de seu agrado – mas somente depois que conquistaram tal privilégio com seu desempenho e resultados. De fato, eu descreveria como o equilíbrio entre as necessidades do trabalho e da vida particular funciona usando o velho modelo do vale. As pessoas com grande desempenho acumulam vales, que podem ser trocados por flexibilidade. Quanto maior o número de vales, maior será a oportunidade de trabalhar quando, onde e como quiser.*

Produza Resultados é a maneira de converter os céticos. É como você estabelece rapidamente confiança em um novo relacionamento. É como você conquista flexibilidade e escolhas. É como você pode reconstruir rapidamente a confiança quando ela foi perdida por falta de competência. É também a primeira metade da maneira como defino liderança: liderança consiste em *obter resultados* de forma a inspirar confiança.

> *Não acredito que você possa ter um relacionamento de plena confiança até que chegue ao ponto de ter sido bem-sucedido repetidamente. Quando um de meus maiores fornecedores me diz que deseja ter um relacionamento de confiança, penso: "Mas que monte de porcaria é esta!" Eu me viro e digo: "Eu não confio em você. Não confiarei até que você demonstre ter obtido sucesso repetidamente."*
>
> – Peter Lowe, diretor de TI, Home Office, Grã-Bretanha

ESCLAREÇA DESDE O INÍCIO SUAS EXPECTATIVAS DE "RESULTADOS"

Às vezes converso com pessoas que obtêm resultados, mas não conseguem aquilo que gostariam. Elas antecipam um depósito de mil dólares na Conta de Confiança, mas no fim obtêm um depósito de dez, ou pior – um saque. E elas perguntam-se por quê?

Em quase todos os casos, o motivo é o mesmo: antes de começarem a trabalhar, elas não dedicaram tempo para estabelecer com clareza o que se deseja que obtenham. O que elas consideraram um "bom" ou até mesmo um "ótimo" resultado fora apenas "medíocre" para as pessoas a quem estavam atendendo. Ou, então, "o montante de seus resultados" situou-se em um patamar completamente diferente daquele esperado pelo receptor – tal como o pai que trabalha 80 horas por semana para poder comprar muitas coisas para seu filho, pensando que este lhe fará um enorme depósito, quando o que a criança realmente quer é passar mais tempo com o pai. Ou, então, como aquela equipe de desenvolvimento de produtos que trabalha para criar uma característica em um produto para o qual o consumidor não dá a mínima bola.

Em recente conferência na Grã-Bretanha, os principais líderes de informática e outros profissionais do ramo discutiram a tecnologia e a confiança nas organizações. Um dos temas-chave foi que, apesar de a tecnologia criar muitas promessas estimulantes, elas não significam muito, a menos que os resultados básicos apareçam todos os dias. Nessa conferência, Paul Coby, CIO (Chief Information Officer) da British Airways disse:

> *Ao tentar construir confiança, minha abordagem é que eu não entro na sala do Conselho para falar sobre as maravilhas que iremos realizar no site BritishAirways.com nem sobre algum outro desenvolvimento novo espetacular, a menos que já esteja fazendo funcionar a contento as operações de informática, 24 horas por dia, 7 dias por semana... Quando você consegue fazer isso, então você pode conversar com eles sobre idéias mais criativas e inovadoras.*

Na economia atual, dedicar tempo para definir antecipadamente os resultados esperados é particularmente importante porque uma grande parcela da mão-de-obra está realizando trabalhos nos quais muitas vezes é difícil identificar resultados mensuráveis. Por isso, é importante definir, em cada situação, os resultados que construirão confiança e depois obtê-los – consistentemente, pontualmente e dentro do orçamento.

> *A primeira coisa que você faz é fornecer estatísticas – resultados. Se você não tem funcionando os sistemas críticos para a missão da empresa, nada mais acontece, você não progride.*
>
> – JP RANGASWAMI, CIO GLOBAL, DRESDNER KLEINWORT WASSERSTEIN

DICAS DE CONFIANÇA

Vemos agora, na curva do sino, as dimensões da competência. No lado esquerdo da curva você vê resultados não-realizados ou longe de terem alcançado as expectativas, o que revela a necessidade de fortalecer Integridade, Capacitações e, naturalmente, Resultados – na maioria das vezes, chegando-se aos resultados desejados se forem definidos com antecedência. No lado direito você vê resultados em abundância, mas sem qualquer correlação com os objetivos nos quais você deveria concentrar-se. (Por exemplo, um empregado que trabalhe que nem louco, mas não sobre as prioridades do chefe... ou aquele pai que faz horas extras em vez de passar algum tempo com seu filho.) Uma vez mais, a concentração sobre a Integridade (particularmente sobre a coerência) e o alinhamento das Capacitações com a definição dos Resultados o ajudarão a deslocar-se para o "ponto ideal" da curva.

À medida que você se esforça em Produzir Resultados, talvez queira tentar o seguinte:

- Na próxima vez em que planejar Produzir algum Resultado, assegure-se de ter entendido completamente a expectativa. Não assuma que, por estar obtendo aquilo que julga ser um bom resultado, você de fato está alcançando o desejado. Se você realmente quer construir a confiança, você tem que saber o que a palavra "resultado" significa para a pessoa a quem está atendendo.
- Na próxima vez em que planejar assumir um compromisso de Produzir Resultados, pare e medite se o compromisso é realista. Prometer demais ou produzir de menos constituem saques em sua Conta de Confiança.
- Tente antecipar as necessidades de seus clientes e colegas e forneça-as antes que eles peçam. O grande jogador canadense de hóquei, Wayne Gretzky, disse: "Patino para onde a roda irá, não para onde ela foi." Antecipar as necessidades dos outros lhe fornecerá um dividendo adicional ao depósito de sua Conta de Confiança.

RESUMO: COMPORTAMENTO 6 – PRODUZA RESULTADOS

Desenvolva um passado de resultados. Faça as coisas certas. Faça as coisas acontecerem. Realize aquilo para o qual tenha sido contratado. Seja pontual e mantenha-se dentro do orçamento. Não prometa demais nem realize de menos. Não arranje desculpas para a não-realização.

COMPORTAMENTO 7: APERFEIÇOE-SE

Os analfabetos do século XXI não serão aqueles que não sabem ler e escrever, mas aqueles que não sabem aprender, desaprender e reaprender.

– ALVIN TOFFLER

Quando era adolescente, costumava esquiar a cada inverno. Realmente esforçava-me muito no esporte e, a cada temporada, esquiava cada vez melhor. Sabia que estava melhorando não apenas porque meu desempenho era melhor, mas porque eu caía regularmente. Isso talvez soe contraditório, mas vim a compreender que se não caía, não estava me esforçando o suficiente para melhorar.

Aos 18 anos atingi meu pico como esquiador. Foi quando comecei a me tornar mais conservador. Tinha motivações diferentes. Não quis mais cair. Não quis mais quebrar a perna. Então, desisti dos riscos do esporte.

Ainda sou um bom esquiador, mas não melhorei ao longo dos últimos 25 anos. Vivo completamente no passado, confiando nas habilidades que adquiri há anos. Esqui é daqueles esportes em que existe uma "escala variável de dificuldades", representada por círculos verdes (corridas fáceis), quadrados azuis (corridas difíceis) e losangos pretos (corridas bem difíceis). Hoje se me puserem em uma corrida verde simples, ou em uma corrida azul moderada, eu ainda terei bom desempenho. Mas se me puserem em uma corrida de duplo losango preto, aquela que passa por colinas abruptas e montículos, meu desempenho será ridículo. No inverno passado tentei uma pista dessas e compreendi imediatamente que não podia mais manter o equilíbrio nem o controle do deslizamento.

> ***Uma das razões pelas quais as pessoas param de aprender é que estão cada vez menos dispostas a arriscar o fracasso.***
>
> – JOHN GARDNER, AUTOR DE *EXCELLENCE* E *SELF-RENEWAL*

Hoje vivemos em um mundo do losango preto duplo. A tecnologia, a globalização e a economia do trabalhador com conhecimento aumentaram o grau de dificuldade de se realizar qualquer coisa e nos coloca em um contexto mais desafiante. Nesse novo contexto, tentar aplicar as mesmas habilidades que sempre tivemos é como tentar realizar uma corrida do losango preto com as capacitações dos círculos verdes.

A menos que melhoremos drasticamente nossas capacitações, não estaremos à altura do desafio. E, no ambiente atual, progressivamente mais competitivo, isso se tornará muito óbvio. É como o meu esquiar: nas corridas verdes, posso obter desempenho similar ao de outro esquiador mais competente. Mas, se você colocar ambos na pista dos losangos pretos duplos, obviamente seremos dois mundos à parte.

Sem dúvida, são os esquiadores (e líderes) dos losangos pretos duplos que realmente inspiram confiança.

APERFEIÇOAR-SE CONSTRÓI CONFIANÇA

Aperfeiçoe-se é baseado nos *princípios* de melhoria, aprendizado e mudança contínuos. É o que os japoneses chamam de *kaizen*, e que constrói enorme confiança. Como Produza Resultados, este comportamento é um exemplo de como uma das 4 Dimensões (Capacitações) pode ser convertida diretamente em instrumento poderoso da construção de relacionamentos. Quando as pessoas vêem que você aprende, cresce e se renova como indivíduo – ou sua empresa faz o mesmo como uma organização – elas adquirem confiança em sua habilidade de prosperar em um ambiente rapidamente mutante, capacitando-o a construir relacionamentos de alta confiança e fazendo com que você se movimente com incrível velocidade.

O *oposto* de Aperfeiçoe-se é a entropia, deterioração, o descansar sobre louros ou tornar-se alguém sem importância. Com a velocidade das mudanças, se você não faz esforço consciente para Aperfeiçoar-se, você não fica apenas parado; você se distancia cada vez mais dos outros. Você se torna cada vez menos importante porque, as pessoas a seu redor, progridem. Assim, manter-se simplesmente onde está não inspirará confiança; tal atitude a diminuirá.

Aperfeiçoe-se apresenta dois *fingimentos* comuns. O primeiro é representado pelo "eterno estudante", a pessoa que está estudando sempre, porém jamais produz. O segundo é representado pela observação feita pelo autor Frank Herbert: "As pessoas em quem menos confio são as que querem melhorar nossa vida mas só conhecem um caminho para isso." Tal atitude consiste em tentar forçar que tudo caiba dentro daquilo que você já sabe fazer. É a manifestação do pensamento do psicólogo Abraham Maslow: "Aquele que é bom com um martelo tende a pensar que tudo seja um prego."

EXEMPLOS DE APERFEIÇOAMENTO

Um bom exemplo de Aperfeiçoe-se é o gerente que mencionei no capítulo Capacitações, que a cada manhã estudava duas horas até tornar-se altamente competente e perito em seu campo de atuação. Outros exemplos incluem Jack Canfield, co-autor da série de livros *Chicken Soup*, que lê pelo menos um livro por dia, e os fundadores Bill Gates, da Microsoft, Fred Smith, da FedEx, e Mary Kay Ash, da Mary Kay Cosmetics, pessoas rápidas e aprendizes constantes, que se tornaram importantes não apenas quando fundaram suas empresas mas também ao longo das épocas quando seus respectivos setores estavam em mutação.

> *Qualquer um que pára de estudar é velho, seja quando isso acontece aos 20 seja aos 80 anos. Qualquer um que continue estudando não apenas permanece jovem, mas torna-se também constantemente mais valioso, sem que se leve em conta sua capacitação física.*
>
> – HARVEY ULLMAN

Um bom exemplo do Aperfeiçoe-se nos esportes é Karl Malone, o poderoso jogador de basquete, que jogou vinte anos na NBA. Quando Malone era iniciante, ele acertava 48% dos lances livres. Reconhecendo que ao longo de sua carreira ele iria jogar muitos lances livres, ele decidiu transformar essa fraqueza em força. Treinou muito, conseguindo alcançar a marca de 75%, média que manteve pelo resto de sua carreira, algo notável para um homem tão grande.

Além do mais, depois de sua temporada como iniciante, Malone decidiu treinar com pesos, exercitando-se a um nível de intensidade nunca antes visto. Quando no ano seguinte ele apareceu para os treinos, ficou óbvio que tinha se exercitado ao extremo e estava em forma muito melhor do que na temporada anterior. Também ficou óbvio que seus colegas ainda jogavam no mesmo nível. Em conseqüência de seus esforços de Aperfeiçoar-se, Malone não apenas melhorou seu próprio jogo, tornando-se candidato certo ao título do Hall da Fama, como também era o candidato provável a se tornar o catalisador a elevar o nível de força e de condicionamento da liga inteira. Jerry Rice, o grande jogador de futebol da NFL, causou impacto similar na liga do futebol americano, e Tiger Woods fez o mesmo no golfe.

Um excelente exemplo de Aperfeiçoe-se na área dos negócios é a empresa finlandesa Nokia, considerada a marca mais confiável na Europa e agora a maior empresa de telefones celulares do mundo, com vendas de US$40,5 bilhões, operando em mais de 130 países. Mas a Nokia não começou fabricando telefones celulares. Há quase um século e meio, a Nokia era uma empresa que fabricava papel. Naquela época, seus líderes introduziram na cultura da empresa a inovação como sendo sua capacitação-chave. Chamaram-na "renovação", e essa filosofia tem sido praticada nos últimos 140 anos. Como a revista *Fast Company* reportou:

> *A Nokia passou da fabricação de papel industrial a botas de borracha, depois capas de chuva, rifles de caça e produtos eletrônicos de consumo, até que finalmente apostou suas fichas na fabricação de telefones celulares. Tudo isso faz parte de uma continuada ênfase em renovação... A Nokia é uma empresa que se recusa a tornar-se grande, a envelhecer ou a crescer lentamente.*

Hoje em dia, a Nokia pertence a um setor desafiador, e sua direção reconhece que se a empresa não inovar e melhorar constantemente, seguindo as demandas do mercado, ela será ultrapassada. Assim, a Nokia continua inovando.

Não importa se chamada de renovação, reinvenção, recriação, inovação, melhoria contínua ou tornar-se melhor, a exigência desse comportamento tornou-se pré-requisito para a prosperidade em um mundo de duplo losango preto. Como disse Jeffrey Imelt, CEO da GE: "A reinvenção constante é a necessidade central na GE. ... Estamos a apenas um palmo de distância do inferno das commodities."

COMO APERFEIÇOAR-SE

Ao procurar Aperfeiçoar-se, existem duas estratégias que são particularmente úteis para aumentar ao máximo os resultados de seu esforço: procurar feedback e aprender com os erros.

Busque Feedback

Procurar e utilizar eficientemente o feedback são vitais para a melhoria da qualidade. Na minha vida, o feedback fez parte de cada esforço bem-sucedido no qual estive envolvido, desde pesquisas internas e visitas externas aos clientes, até perguntar constantemente a Jeri o que fazer para tornar sua vida em casa melhor.

Quando penso em como Michael Dell e Kevin Rollins, da Dell Inc., procuraram obter feedback, quando poderiam tê-lo ignorado em vista de seus antecedentes de sucesso, aquilo me inspira a fazer o mesmo. Lembro-me de um episódio quando não quis receber feedback em um projeto específico de desenvolvimento de produto e quando, assim mesmo, o recebi e ignorei-o. Imagine meu desgosto mais tarde quando a morna resposta do mercado validou aquilo que o feedback dizia!

Buscar feedback apropriado e agir de acordo com ele é a marca registrada de uma empresa que aprende, cresce e inova. A Marriott International envia-me uma solicitação de feedback por e-mail quase sempre quando me hospedo em um de seus hotéis. A Amazon.com pede que eu avalie cada pedido que faço por meio de um revendedor, e meu feedback passa a fazer parte da avaliação de desempenho do respectivo afiliado. Quase todas as organizações grandes fazem alguma pesquisa de avaliação por meio do feedback de seus empregados, fazendo perguntas sobre a satisfação, o comprometimento com a empresa etc. O que diferencia as melhores empresas das boas não é se fazem perguntas, é como tratam as respostas.

O feedback é tão vital para a melhoria que, como comentei, incluímos em nossos programas a Velocidade da Confiança, um instrumento detalhado de feedback de 360 graus, pesquisando a percepção de confiança entre os participantes. Sempre me fascina observar as pessoas aprendendo a trabalhar com esse processo – comparando suas próprias percepções de suas forças e fraquezas com as percepções dos outros e, às vezes, ouvindo coisas que as assustam, fazendo-as reconsiderar seus paradigmas, ajudando-as a abrir suas mentes e corações e criando a trajetória para uma mudança construtiva.

Alertamos nossos participantes de que é possível colocar ênfase demais no feedback ou reagir excessivamente a ele e, nesse processo, ignorar os próprios instinto e visão. Além do mais, muitas vezes o feedback diz mais sobre a pessoa que o forneceu do que sobre você mesmo. No entanto, mesmo essa informação pode ser extremamente útil na construção da confiança porque oferece insights sobre o significado que os outros trazem para o relacionamento e sobre quais são os comportamentos que fazem depósitos na Conta de Confiança que você compartilha com eles.

Você também tem que garantir que agradecerá àqueles que deram seu feedback e os deixará saber como planeja implementar as sugestões. Quando as pessoas vêem que você leva a sério suas opiniões, isso não apenas inspira confiança em você, mas também cria um ambiente de crescimento e mudança. No entanto, como discutimos em Produza Resultados, você sempre deverá implementar ou realizar aquilo que aceitou como sendo sugestões válidas, do contrário, sua intenção não-realizada – uma sugestão aceita mas não colocada em prática – criará um saque, e você acabará ficando em situação pior do que antes de ter pedido opiniões.

Aprenda com os erros

Conforme descobri nos declives das pistas de esqui, se você não está disposto a cometer erros, não melhorará. As pessoas não estão dispostas a cometer erros porque têm medo de fracassar ou querem fazer boa figura. Pessoas e empresas espertas compreendem que cometer erros faz parte da vida. Vêem erros como uma espécie de feedback que os ajudará a melhorar e tornar-se peritas em aprender a aprender com os erros.

Na maioria das vezes, aliás, são os fracassos que ocasionam os avanços e insights. Albert Einstein disse: "Penso e penso durante meses e anos. Noventa e nove vezes a conclusão é errônea. Na centésima vez eu acerto." Ao comentar o processo de aperfeiçoamento da lâmpada incandescente, Thomas Edison disse: "Eu não fracassei dez mil vezes. Eu eliminei dez mil vezes, com sucesso, materiais e combinações que não funcionavam."

As empresas de nível internacional adotaram maneiras similares de pensar sobre a inovação. Soichiro Honda, o fundador da Honda Motor Co., disse: "Para mim o sucesso só pode ser alcançado por meio de fracasso e introspecção repetidos. Aliás, o sucesso representa o 1% de um trabalho que resulta de 99% de um trabalho chamado fracasso."

> *Você nada aprende de seus sucessos, a não ser pensar demais sobre si. É do fracasso que todo crescimento provém, desde que você consiga reconhecê-lo, admiti-lo, aprender com ele, superá-lo e então recomeçá-lo.*
>
> – Dee Hock, fundador e ex-CEO, Visa International

Líderes inteligentes criam um ambiente que encoraja as pessoas a assumirem riscos, um ambiente no qual é seguro cometer erros. Um bom exemplo é o fundador da IBM, Tom Watson Sr. Em *Leaders: Strategies for Taking Charge*, Warren Bennis e Burt Nanus relatam a seguinte história sobre Watson:

> *Um promissor executivo júnior da IBM esteve envolvido em um empreendimento arriscado no qual a empresa acabou perdendo US$10 milhões. Era um desastre. Quando Watson chamou o nervoso executivo a seu escritório, o jovem balbuciou: "Acredito que o senhor queira minha demissão." Watson disse: "Você não pode estar falando sério. Acabamos de gastar US$10 milhões em seu treinamento!"*

Foi esse tipo de aprendizado que fez Watson dizer: "Se você quer aumentar seu índice de sucessos, dobre seu índice de fracassos."

DICAS DE CONFIANÇA

Na curva de Gauss, para Aperfeiçoar-se eficientemente é preciso envolver as 4 Dimensões. Você precisa de Integridade para assumir e cumprir compromissos de melhoria. Você estará no pico da curva quando sua Intenção for melhorar sua habilidade de contribuir na melhoria de vida dos outros – sejam esses outros os beneficiários de seus talentos e habilidades mais aguçados ou (como no caso da família) aqueles que se beneficiam de sua habilidade em ganhar dinheiro. Aperfeiçoar-se envolve Capacitações. Além do óbvio, isso inclui a capacitação de estabelecer e alcançar metas significativas e também a habilidade de estabelecer, fazer crescer, estender e recuperar a confiança. Também envolve Resultados, tanto em termos da maximização da taxa de entrada/saída de seu esforço em tornar-se melhor, como também na percepção do relacionamento que existe entre aquilo que se quer melhorar e os resultados que você tenta alcançar.

Para Aperfeiçoar-se, você talvez queira fazer o seguinte:

- Envie uma enquete "Continue/Pare/Comece" a seus subordinados diretos, a seus clientes, aos membros de sua equipe ou aos membros de sua família. Faça três perguntas simples:
  1. O que fazemos agora e que, na sua opinião, deveríamos *continuar* fazendo?
  2. O que fazemos agora e que, na sua opinião, deveríamos *parar* de fazer?
  3. O que *não* fazemos agora e que, na sua opinião, deveríamos *começar* a fazer?

Agradeça às pessoas por suas opiniões, diga-lhes o que você planeja fazer e informe-as sobre o progresso.

- Na próxima vez em que cometer um erro, em vez de se angustiar, reformule-o como um feedback. Identifique a lição que pode extrair do episódio e as maneiras de agir que o levarão a resultados diferentes e melhores da próxima vez.
- Se você desempenha papel de liderança em uma organização, em uma equipe ou em uma família, tome medidas para criar um ambiente no qual seja seguro cometer erros. Encoraje as pessoas a assumir riscos calculados e a aprender do fracasso, de modo que se crie alta confiança, alta sinergia e produtividade de alto nível.

RESUMO: COMPORTAMENTO 7 – APERFEIÇOE-SE

Aperfeiçoe-se continuamente. Aumente suas Capacitações. Seja um eterno aprendiz. Desenvolva sistemas de feedback – tanto formais quanto informais. Aja sobre o feedback que receber. Agradeça às pessoas pelo feedback recebido. Não ache que está acima dos feedbacks. Não assuma que seus conhecimentos e habilidades atuais serão suficientes para enfrentar os desafios de amanhã.

COMPORTAMENTO 8: ENFRENTE A REALIDADE

A primeira responsabilidade de um líder é definir a realidade.

– MAX DEPREE, CHAIRMAN E CEO, HERMAN MILLER

Será que você já participou daquelas "reuniões depois das reuniões" – aquelas conversas informais nas quais grupos menores conversam sobre todas as coisas que deveriam ter sido discutidas na reunião formal, mas não foram? Quanto tempo e dinheiro você acha que foi desperdiçado porque as verdadeiras questões não foram tratadas e resolvidas onde deveriam ser?

Será que você já esteve em uma situação familiar na qual era óbvio que todos evitavam aquilo que a autora Kathleen Ryan chamou os "indiscutíveis" – aquilo que atrapalha os relacionamentos abertos, de confiança, mas que ninguém jamais parece ter a coragem de trazer à baila? Quão diferente você acha que seria se não houvesse nenhum assunto "indiscutível" – se as pessoas se sentissem à vontade para interagir sobre qualquer assunto com franqueza e respeito?

O Comportamento 8 – Enfrente a Realidade – trata de confrontar as questões difíceis. Trata de compartilhar as más notícias assim como as boas, "dando nomes aos bois", falar sobre as "vacas sagradas" e discutir o "indiscutível". À medida que faz isso apropriadamente, você constrói confiança – rapidamente. As pessoas sabem que está sendo honesto e autêntico. Você não se esquiva das questões melindrosas. Trata diretamente as questões difíceis que estão nas mentes e nos corações das pessoas e que afetam suas vidas.

Enfrente a Realidade se baseia nos *princípios* da coragem, responsabilidade, consciência e respeito. Um exemplo que se sobressai em Enfrente a Realidade é o almirante James Stockdale. Ao lidar com as duras realidades de ter que sobreviver oito anos como prisioneiro de guerra no Vietnã – e conquistando enorme confiança e respeito de todos que foram encarcerados junto com ele – Stockdale demonstrou aquilo que Jim Collins chamou "Paradoxo de Stockdale". Em seu livro *Empresas feitas para vencer*, Collins cita Stockdale:

> *Você nunca deve confundir a fé – algo que você nunca pode perder – com a disciplina de confrontar os fatos mais brutais de sua realidade atual, quaisquer que eles sejam.*

Collins continua, dizendo que "o Paradoxo de Stockdale é a marca de todos aqueles que criam grandeza, seja quando lideram suas próprias vidas, seja dirigindo a dos outros".

Outro bom exemplo de Enfrentar a Realidade é Anne Mulcahy. Conforme a revista *Fortune*, quando ela se tornou a CEO da Xerox, em agosto de 2001, os fatos brutais eram exatamente isto: brutais. A Xerox não estava apenas perdendo dinheiro, mas tinha dívidas enormes, custos altos e vendas decrescentes. Estava no meio de uma crise de liquidez, e havia um êxodo significativo de talentos. Por cima de tudo isso, a empresa enfrentava um escândalo contábil com a SEC, tinha um modelo de negócios antiquado e produtos e serviços que há muito não passavam por inovações. A diretoria anterior havia adiado as decisões difíceis que a empresa teria que tomar quanto à tecnologia, desenvolvimento de produtos e serviços. Além do mais, a economia na época era muito ruim, e a Xerox operava em um setor altamente competitivo. No ano anterior, suas ações tinham caído de US$63,69 para US$4,43.

Estes eram, verdadeiramente, fatos brutais. Mas em vez de contorná-los, Mulcahy encarou-os. Dedicou-se, primeiramente, em sobreviver e evitar a falência – apesar de consultores a aconselharem a fazer o oposto. Ela disse: "Quaisquer que sejam as vantagens [da falência] sob o ponto de vista financeiro, acho que tal ação seria funesta e desmoralizadora para uma empresa que quer desesperadamente dar a volta por cima e recuperar a reputação."

Então Mulcahy tomou as medidas. Fechou a divisão de desktops. Reduziu a estrutura de custos. Resolveu o escândalo contábil. Mudou as linhas de produtos e serviços. Acima de tudo, contou a verdade, mesmo quando era impopular e outros não quiseram ouvi-la. Em uma ocasião, ela disse honestamente que o modelo de negócios da Xerox não era sustentável e precisava ser reconcebido. Wall Street não quis ouvir isso, e a ação caiu 26% em um único dia. Mas enquanto as ações caíam, sua credibilidade perante os funcionários aumentava. Aqui estava uma líder disposta a enfrentar questões que tinham sido negligenciadas durante anos. Seu nível de confiança aumentou – inicialmente, com os colegas da Xerox, depois, com os clientes e investidores, incluindo os banqueiros. As pessoas enxergavam em Mulcahy uma líder que aceitou tratar das questões que os ex-líderes da Xerox talvez consideravam não ser possível – nem estavam dispostos a tratar.

Desde então, a Xerox melhorou significativamente. A empresa é lucrativa. A dívida foi reduzida expressivamente. As ações voltaram a subir de valor. Embora seja muito cedo para julgar a situação futura da empresa, Anne Mulcahy é exemplo de uma líder que adquire confiança por enfrentar as questões difíceis.

O *oposto* do Enfrente a Realidade é ignorá-la, agir como se não existisse. Enterrar a cabeça na areia, pensando que o problema talvez sumirá ou que, afinal das contas, não existe. O *fingimento* consiste em agir como se estivesse confrontando a realidade quando, de fato, você está fugindo dela. É manter-se ocupado com questões periféricas enquanto você se esquiva das questões e dos problemas reais.

Um dos problemas, tanto com o oposto quanto com o fingimento, é que, por qualquer razão que seja, sempre que você não consegue lidar com as questões reais e difíceis, as pessoas tendem a percebê-lo de uma das duas maneiras: ou o enxergam como uma pessoa sem caráter (você não está sendo honesto, não é transparente, não conversa com franqueza) ou como alguém sem competência (você está perdido, é ingênuo, é incompetente; você sequer sabe quais são os verdadeiros problemas). De qualquer forma, você não inspira confiança.

VELOCIDADE E CUSTO

Quando você Enfrenta a Realidade abertamente, aquilo afeta a velocidade e o custo pelo menos de duas maneiras importantes. Primeiro, você constrói um tipo de relacionamento que facilita a interação aberta e a implementação rápida. Segundo, em vez de ter de brigar, sozinho e corpo a corpo, com todas as questões difíceis, enquanto está tentando pintar um quadro para os outros, você, na verdade, estimula sua criatividade, suas capacitações e sua sinergia na solução dessas questões. As idéias fluem livremente. A inovação e a colaboração acontecem. As soluções chegam muito mais rapidamente, são melhores e são implementadas com entendimento, consenso e, muitas vezes, com o entusiasmo dos outros envolvidos no processo de resolver o problema.

Minha própria experiência, após a fusão da FranklinCovey, constitui, para mim, comprovação poderosa dos dividendos de confiança que provêm do Enfrente a Realidade. Naquele dia em Washington, quando sugeri que se colocasse de lado a agenda da reunião e conversássemos sobre as questões que realmente interessavam às pessoas, pude sentir o choque. Podia sentir a incredulidade. Porém, em menos de uma hora, era como se uma enorme represa tivesse se rompido. Podia sentir a franqueza e a confiança inundando o lugar e o enorme alívio e reconhecimento de todos os presentes. Era realmente uma experiência singular, e aquilo representou diferença para nossa capacidade de trabalhar juntos – e, eventualmente, para nossa habilidade de, a partir daquele ponto, criar mais valor para os clientes.

ENTÃO, POR QUE NÃO ENFRENTAMOS A REALIDADE?

Em seu livro, *Open Book Management*, John Case, escritor veterano de livros sobre negócios, sugere que o segredo para a gestão bem-sucedida está em tratar as pessoas como adultos. "Quando tratadas como adultos", ele diz, "as pessoas agem como adultos". Esse é o paradigma por trás do "abrir os livros", confrontando as pessoas com a realidade e compartilhando com elas tanto as más quanto as boas novas. De acordo com Case, esse tipo de abordagem demonstra respeito. Ela diz aos outros: "Você é um adulto. Você pode lidar com isso." A mim ela também diz: "Valorizo sua opinião sobre o modo como podemos melhorar a situação."

Você raramente ganha algo ao bloquear as pessoas que estão na melhor posição de ajudá-lo a resolver os desafios e problemas que enfrenta. Como disse o CEO da American Airlines, Gerard Arpey, sobre sua decisão de envolver abertamente os sindicatos em confrontar a realidade da empresa: "Se o pessoal não for verdadeiramente seu sócio nos negócios, subverterá sua estratégia."

Então por que as pessoas não enfrentam a realidade?

Em alguns casos, elas querem ser populares. Elas não querem ser as portadoras de más notícias. Às vezes alguns líderes deixam a má notícia ser comunicada por seus subordinados, achando que eles precisam criar alguma distância das coisas que vão mal para manter a credibilidade e a confiança. Mas, na verdade, tal atitude tem efeito contrário. Cria um enorme tributo porque as pessoas sentem que seu líder não é honesto e claro, que está tirando o corpo fora, não interagindo com elas com relação a essas questões difíceis e deixando o "trabalho sujo" para outros fazerem.

> *Os líderes têm que ser mais sinceros com os que pretendem liderar. Compartilhar boas notícias é fácil. Quando for a hora de comunicar as más notícias, seja mais sincero e assuma a responsabilidade. Não retenha o conhecimento sobre os eventos desagradáveis e não incumba os subordinados de comunicá-los. Nivele-se de forma adequada com os empregados sobre os problemas.*
>
> – JON HUNTSMAN, CHAIRMAN, HUNTSMAN CHEMICAL

Em alguns casos, as pessoas querem evitar o incômodo. Por exemplo, às vezes, pais não querem ouvir que seus filhos estão envolvidos com drogas, ou algum outro vício. Aquilo lhes causa dor demais, então eles ignoram os indícios, não confrontam os filhos – em vez de reconhecerem a existência do problema e desencadearem uma ação rápida que talvez poupe o filho de vício mais sério.

Em alguns casos, as pessoas não querem ser humilhadas. Certa vez vi isso quando aconselhei uma família que teve problemas financeiros sérios. Repentinamente a renda diminuiu muito, mas persistiram em viver o estilo de vida que sua renda anterior lhes permitia. Resultado: eles estavam atrapalhados. Ficaram preocupados em não aparentar serem tão bem-sucedidos quanto haviam sido e não queriam ser humilhados na frente dos amigos. Decidiram tentar encobrir a situação, drenando a poupança e assumindo dívidas. Mas a realidade era que, se continuassem nesse caminho, faliriam e se meteriam em complicações sérias. Eles não quiseram encarar a realidade, tinham enterrado as cabeças na areia. Foi preciso muita terapia e meses de conversas claras, mas finalmente reconheceram a realidade da situação e deram os passos necessários para enfrentá-la.

Na minha experiência, tanto pessoal quanto profissional, aprendi que para enfrentar a realidade você não deve esperar. As coisas não ficam mais fáceis com o decorrer do tempo. Elas não melhoram. E, em alguns casos, se não receber das pessoas a informação relevante e agir rapidamente, você começa a perder alternativas de ação. Você entra em uma fase de ter que "apagar o incêndio".

De acordo com estudo da Mercer Human Resources Consulting, apenas 39% dos empregados acreditam que suas diretorias enfrentam em tempo as questões problemáticas *antes de se tornarem problemas sérios*. Pense no custo disso! Quão mais eficiente seria confrontar imediatamente as questões problemáticas, quando o custo de lidar com elas ainda é relativamente baixo.

Resumindo: não tenha medo de comunicar as más notícias. Não sinta que você tem que apresentar tudo sob os refletores positivos. Naturalmente, você não quer se situar na extremidade direita da curva de Gauss, dizendo: "Tudo está péssimo e todos iremos morrer!" Mas como Jim Collins destaca, você "pode confrontar os fatos brutais mas nunca perder a fé", aliás, as empresas (e os líderes) que ele analisou, e que se tornaram de boas a excelentes, fizeram justamente isso, e sua abordagem, na verdade, tornou-se a fonte de suas forças. Collins disse:

> *Ao confrontarem os fatos brutais, as empresas que se tornaram de boas a excelentes saíram desses episódios mais fortes e mais resilientes, e não mais fracas e desanimadas. Há uma sensação de alegria e liberdade que aparece quando se encara as duras verdades, dizendo: "Nós nunca desistiremos. Nós nunca capitularemos. Talvez leve um longo tempo, mas acharemos um jeito de levarmos a me-*

lhor." Da mesma forma, você pode dizer: "Estes são os fatos. Vamos lidar com eles. Deixe-me também dizer a vocês por que levaremos a melhor", ou "Isto é o que faremos para que esta equipe siga adiante".

DICAS DE CONFIANÇA

O "ponto ideal" do Enfrente a Realidade reflete nitidamente o discernimento que provém da interação entre as 4 Dimensões. No lado esquerdo da curva, a confrontação é ignorada ou, no melhor dos casos, diluída. É uma ação por demais branda para ser eficiente. Ou talvez haja enfrentamento, mas não de modo continuado. O movimento no sentido do "ponto ideal" ocorre aumentando-se a coragem (Integridade), melhorando-se a Intenção, esforçando-se em conseguir habilidades de confiança (Capacitações) e ganhando-se a confiança que provém da experiência com os Resultados decorrentes de se confrontar a realidade.

No lado direito da curva, as pessoas estão confrontando outras pessoas em vez de os problemas – e, às vezes, o fazem com brutalidade. Ou então caem em extremismos ("Isto é terrível e todos iremos morrer!") ou sentem-se vítimas ("Esta situação é horrorosa e não há absolutamente nada que eu possa fazer"). Uma vez mais, o segredo encontra-se em fortalecer as 4 Dimensões.

Em seu esforço de melhorar a capacidade de Enfrentar a Realidade, você poderá querer considerar as seguintes idéias:

- Na próxima vez em que perceber-se relutante em confrontar a realidade no trabalho ou em casa, analise seus sentimentos. Você hesita por causa do medo do resultado ou medo da dor? Reflita sobre as conseqüências de não enfrentar a realidade. Se for necessário, tente reformular sua atitude em relação aos envolvidos. Veja-os como adultos (ou, se for o caso, como crianças ou jovens fortes e resilientes) que são capazes de lidar com as coisas como são. Vá em frente. Confronte a realidade e trate-os com respeito.
- Pense sobre sua vida financeira, suas qualificações profissionais ou sua saúde. Você está enfrentando a realidade ou vive no "reino das fadas"? Esforce-se para ser completamente honesto consigo mesmo. Aceite o desafio de alinhar sua vida com os princípios que criarão os resultados que deseja obter.
- Se você se sente desconfortável em um relacionamento pessoal ou profissional, pergunte-se por quê. Há alguma questão que bloqueia um relacionamento aberto e de ampla confiança? Considere enfrentar a questão de frente, com respeito.

RESUMO: COMPORTAMENTO 8 – ENFRENTE A REALIDADE

Enfrente diretamente as situações difíceis. Admita o não dito. Avance corajosamente nas conversas. Desarme-os. Não encubra as questões reais. Não enterre a cabeça na areia.

COMPORTAMENTO 9: ESCLAREÇA AS EXPECTATIVAS

Quase todo conflito se origina de expectativas transgredidas.

– Blaine Lee, autor de *The Power Principle*

Uma noite, há alguns meses, minha esposa Jeri disse para nossa filha de 16 anos: "Você não pode sair com seus amigos esta noite até que tenha limpado seu quarto e o banheiro." Mais tarde, Jeri veio a mim e exclamou: "McKinlee quebrou um compromisso! Eu lhe disse que ela não podia sair até que limpasse seu quarto e o banheiro, e ela não o fez e, assim mesmo, saiu."

"Vou chamá-la", disse. Ela estava com os amigos e quando consegui ligar para seu celular, disse: "McKinlee, você tem que voltar para casa agora mesmo. Você prometeu que limparia o quarto e o banheiro antes de sair, e não o fez."

"Mas eu o fiz, papai!", ela exclamou.

"Evidentemente você não o fez."

"Sim, fiz!"

"Então você não fez um trabalho muito bom."

"Mas, papai, eu fiz aquilo que sempre faço."

Minha filha pensou ter cumprido seu dever. Ela achou que tinha feito aquilo que sua mãe havia pedido que fizesse. No entanto, para minha esposa, isso era uma questão de confiança. Sob sua perspectiva, McKinlee tinha assumido um compromisso e saído para se divertir com seus amigos sem ter acompanhado o resultado.

À medida que Jeri e eu analisávamos a situação, percebemos que o problema residia no que McKinlee considerava "limpo" e o padrão de Jeri, sendo que os padrões não eram os mesmos. E não tinha havido uma discussão que definisse claramente o que "limpar seu quarto e banheiro" significava. No fim, permitimos que McKinlee ficasse com os amigos com a promessa de termos uma conversa quando voltasse para casa.

AS EXPECTATIVAS E A CONFIANÇA

O Comportamento 9 – Esclareça as Expectativas – consiste em criar um entendimento compartilhado e um acordo sobre o que deve ser feito – *antes* de ser feito. Esse é um dos comportamentos a que as pessoas raramente prestam a atenção adequada. Eu o chamo comportamento de prevenção porque se você se preocupar com ele antes da execução de uma tarefa evitará pesares e dores de cabeça mais tarde. Em contrapartida, se você não o fizer, enfrentará questões de confiança, que afetarão a velocidade e o custo.

Reflita sobre sua própria experiência, tanto no trabalho quanto em casa. Quanto tempo e esforço são desperdiçados porque as pessoas não deixam claras as expectativas? "Supostamente você deveria ter feito isto. ..." "Pensei que tivesse dito para fazer isso. ..." "Você queria isto para *quando*?" "O que você quer dizer com 'isto estoura o orçamento'? Você nunca me disse. ..." "Bem, você nunca me disse que eu não podia. ..." Quantas vezes as pessoas se desviam das metas de um projeto porque os chefes não foram suficientemente claros em descrever o caminho correto? Quanto "desempenho ruim" nasce da falta de clareza sobre o que é esperado? E qual é o efeito de tudo isso sobre a confiança?

Esclareça as Expectativas é baseado nos *princípios* da clareza e da responsabilidade. O *oposto* de Esclareça as Expectativas é deixá-las indefinidas – supor que já sejam conhecidas ou não conseguir expô-las para que se forme uma visão compartilhada dos resultados desejados. Isso força as pessoas a adivinhar, questionar-se ou presumir quais serão as expectativas. Então, quando os resultados aparecem, mas não são do gosto daqueles que encomendaram, todo mundo fica decepcionado e a confiança, a velocidade e o custo sofrem impacto.

O *fingimento* de Esclareça as Expectativas é a criação de falsas expectativas – é falsear o esclarecimento das expectativas, deixando de estabelecer as especificidades (resultados desejados, prazos finais ou dinheiro que pode ser gasto) que possibilitam um processo significativo de prestação de contas. Ou ficar flutuando ao sabor das ondas de expectativas situacionais que mudam em função da memória ou das interpretações das pessoas, ou com aquilo que lhe seja conveniente para dado momento ou situação.

Esclarecer as expectativas pode ser difícil. Em nossos workshops, às vezes realizamos um pequeno exercício de grupo no qual pedimos às pessoas em cada mesa que listem as dez principais palavras que lhes vêm à mente ao responder à pergunta: "O que é confiança?" Surpreendentemente, e apesar de "confiança" ser uma palavra que usamos o tempo todo, em cada mesa de seis ou sete pessoas não aparecem mais do que uma ou duas palavras em comum. Acredito que isso demonstre a dificuldade de esclarecer expectativas. Cada um de nós traz seu próprio significado para a linguagem e para a sua experiência. O significado não se encontra em coisas; sequer em palavras. O significado encontra-se nas pessoas. Então, mesmo que você e eu concordemos com algo, precisamos nos assegurar de que entendemos da mesma maneira as palavras que usamos.

Uma das razões pelas quais o impacto de Esclarecer as Expectativas é tão profundo é que em cada interação – explícita ou implicitamente, entendida ou não-entendida – existem expectativas. E o nível em que essas expectativas são realizadas ou violadas afeta a confiança. Aliás, expectativas não-esclarecidas são uma das razões primárias para a quebra de confiança, pois – como aconteceu na situação com Jeri e McKinlee – as expectativas violadas quase sempre se convertem em questões de confiança: "Você não fez isto. ..." "Você não fez o que disse que faria."

ESCLARECENDO AS EXPECTATIVAS EM NEGÓCIOS

Uma vez alguém me perguntou por que colocamos os acordos de negócios por escrito se as partes confiam umas nas outras. Minha resposta foi que os acordos identificam e esclarecem as expectativas, algo que, na verdade, ao longo do tempo, ajuda a conservar e até mesmo a aumentar a confiança. Conheci vários negócios na base do "aperto de mão" que descambaram porque além dos entendimentos iniciais nunca houve esclarecimento de expectativas, ou porque os parceiros mudaram e, com isso, mudou também o entendimento do negócio. Não sou contra acordos com base no aperto de mão, mas prefiro que eles também sejam escritos, de tal forma que as expectativas de ambas as partes fiquem claras.

No entanto, acordos, mesmo os escritos, têm suas limitações e não podem substituir a confiança. Aliás, tenho dificuldades em aceitar acordos legais quando são escritos em linguagem unilateral, leonina, desconfiada ou quando se pretende que sirvam de substitutos para um relacionamento de confiança.

Em contraposição, a confiança pode trazer vida, significado e entendimento para os acordos escritos, e pode melhorar o desempenho total. Por exemplo, no primeiro capítulo deste livro, me referi a um estudo patrocinado pela Warwick Business School, no qual os pesquisadores analisaram 1.200 contratos de terceirização ao longo de um período de 10 anos. Os relacionamentos que se basearam em confiança como sua força motriz primária (em vez de confiarem na seca letra do escrito nos respectivos contratos) apresentaram desempenho de 20% a 40% melhor.

É preciso dizer mais sobre os dividendos da confiança?

Marshall Thurber, um protegido de W. Edwards Deming e Buckminster Fuller, fez uma observação muito interessante ao dizer que "clareza é poder". Um exemplo desse tipo de poder pode ser visto no que Jim Collins oferece de "Cork"

Walgreen III, CEO da Walgreens, durante a época de sua transformação de empresa boa para excelente. A empresa havia decidido que o que eles sabiam fazer melhor no mundo era operar as drogarias, não os restaurantes, apesar de terem estado por gerações no negócio da alimentação. No livro de Collins, *Empresas feitas para vencer*, Dan Jorndt, o CEO que substituiu Cork, explicou:

> *Cork disse em uma de nossas reuniões do comitê de planejamento: "Está bem, agora gravarei os limites em pedra. Dentro de cinco anos estaremos completamente fora do negócio de restaurantes." Na época, tínhamos mais de quinhentos restaurantes. Podia-se ouvir um alfinete caindo. Cork continuou: "Quero que todo mundo saiba que o relógio começou a marcar a hora. ..." Seis meses mais tarde, estávamos em nossa reunião do comitê de planejamento e alguém comentou de passagem que só tínhamos cinco anos para cairmos fora do negócio de restaurantes. Cork não era uma pessoa particularmente irritadiça, porém bateu na mesa e disse: "Escuta, nós só temos quatro anos e meio. Eu disse que você tinha cinco anos há seis meses. Agora você só tem quatro anos e meio." Bem, no dia seguinte as coisas realmente pegaram fogo para liquidarmos nosso negócio de restaurantes.*

Na minha própria experiência, lembro-me de ter estado em uma reunião em que um executivo quis assegurar-se de que todos entenderiam a natureza confidencial do que estaríamos conversando. Nesse grupo ocorreram algumas violações de confidencialidade porque as pessoas tinham sido demasiadamente casuais e criado um ambiente de baixo nível de confiança. Em um esforço para tornar a expectativa bem clara, esse executivo andou ao redor da mesa e falou diretamente com cada pessoa – e encarando-as, perguntou: "Você entende que isto é confidencial e concorda em manter a confidencialidade?" Era um meio eficiente e dramático de esclarecer sua expectativa.

ESCLARECENDO AS EXPECTATIVAS EM CASA

Como disse, Esclarecer as Expectativas faz enorme diferença tanto em casa quanto no trabalho. Por exemplo, se você for casado, reflita sobre quantas decepções e brigas ocorrem em conseqüência de expectativas não-claras ou divergentes com relação aos papéis e responsabilidades de cada cônjuge. Talvez seu cônjuge espere que você trate das finanças, discipline as crianças ou leve o lixo para fora porque esse era o costume na casa onde ele(a) cresceu – porém, você espera que seu cônjuge faça essas coisas porque era assim que a coisa funcionava em seu lar. Vocês nunca discutiram essa questão nem chegaram a um consenso, então, o assunto sempre fica como uma marca dolorida no relacionamento.

Se você for pai ou mãe, medite sobre quanto tempo e energia são desperdiçados quando você não dedica o tempo suficiente para Esclarecer as Expectativas quanto às responsabilidades ou outras questões domésticas. Depois de nossa experiência com McKinlee, conversei com uma amiga que me contou que quando suas crianças eram jovens, ela esclareceu suas expectativas em casa colocando uma lista atrás de cada porta de armário ou porta de banheiro que definia especificamente o que ela queria dizer com "limpar" o lugar. Então treinou as crianças e as responsabilizou pelos critérios da lista, para que não existisse qualquer dúvida sobre o que era esperado delas. Ela me disse que isso não eliminou todos os problemas, mas foi uma boa maneira de diminuir o tempo e a energia desperdiçados, aumentando a qualidade do trabalho e favorecendo a construção de um ambiente de confiança.

TRATA-SE DE UMA VIA DE MÃO DUPLA

De acordo com estudo recente feito pela AMA/HRI (American Management Association/Human Resource Institute), o motivo número um para o comportamento corporativo antiético são as expectativas irreais. São comunicadas às pessoas expectativas, prazos finais, e lhes é dito que as tarefas têm que ser feitas dentro de certo prazo e determinado custo. A pressão para entregar o resultado no prazo torna-se intensa, então começam os cambalachos. Para satisfazer as expectativas, as pessoas começam a fazer coisas contrárias à ética.

Mantenha em mente que o esclarecimento eficiente das expectativas é sempre uma via de mão dupla. As pessoas devem ter a oportunidade de recusar imposições absurdas ou irreais pois somente assim a expectativa será realista e elas trabalharão em consenso.

Uma vez, na Covey Leadership Center, representantes de uma empresa vieram a mim com uma proposta para formarmos uma aliança estratégica em torno de uma idéia em particular. Nós exploramos seriamente as possibilidades, mas acabamos por concluir que ela não fazia sentido para nenhuma das partes.

Uma das pessoas dessa organização voltou e me disse, com alguma ênfase: "Estou realmente decepcionado com você. Você sequer pratica aquilo que seu pai ensina."

Aquilo me chocou. Em um esforço para não reagir de maneira irritada, respondi: "Sinto muito. Conte-me mais."

Ela me disse: "Seu pai ensina o conceito ganha-ganha. Viemos aqui para fazer um negócio ganha-ganha com vocês, mas você sequer o considerou!"

Algo aliviado, disse: "Veja, eu concordo totalmente com o conceito ganha-ganha. O problema é que o que vocês propõem não é um esquema ganha-ganha; é um ganha-perde. Esse negócio não representaria um ganho para nós. Para torná-lo um ganho, teríamos que fazê-lo ser uma perda para vocês. Isso não é o que meu pai ensina. Ele ensina 'ganha-ganha ou nada feito' – se ambos não podemos ganhar, nós não fazemos o negócio. É neste ponto que estamos com a proposta."

Essa pessoa tinha deixado convenientemente fora a parte do "nada feito". Mas você não pode omitir o "nada feito"; senão você se torna refém de negociações que só podem acabar em perde-perde. Tendo essa pessoa entendido aquilo que eu disse – uma vez esclarecidas as expectativas (ganha-ganha ou nada feito) – ela mudou seu ponto de vista.

FAZENDO ACONTECER

Ao longo dos anos aprendi várias coisas importantes sobre Esclarecer as Expectativas.

Primeiramente, aprendi a quantificar tudo: Qual é o resultado desejado? Feito por quem? Para quando? A que custo? Como o avaliaremos? Como saberemos quando ele foi completado? E quando e a quem cabe a responsabilidade – tanto em termos de *benchmarks* como dos resultados finais? Como comentei sobre os Resultados, no capítulo onde discuti as 4 Dimensões, geralmente é mais eficiente concentrar-se em resultados do que nas atividades, embora às vezes, com crianças, você tenha que ser um pouco mais orientado para as atividades específicas. No entanto, mesmo quando tinha 7 anos, meu pai me disse que eu podia tornar o gramado "verde e limpo" de qualquer maneira que me agradasse. Ele me disse que eu podia usar mangueiras ou baldes ou até mesmo podia cuspir nele se quisesse. Portanto, ele encorajou minha criatividade e deu-me a liberdade para alcançar os resultados pelos meios que me fossem convenientes. Mas ele também me indicou os regadores automáticos e mostrou-me como usá-los.

Segundo, aprendi que, na maioria das circunstâncias, é sensato examinar três variáveis – qualidade, velocidade e custo – e entender que normalmente você pode escolher quaisquer duas, mas não todas as três. Por exemplo, se quiser alta qualidade com rapidez, normalmente isso lhe custará mais. Se o quer rápido e a baixo custo, você provavelmente sacrificará a qualidade. Se quer um produto de qualidade a custo baixo, é provável que demandará mais tempo. É quase sempre uma escolha: obtendo duas variáveis, terá que abandonar uma. Esse entendimento me foi útil para o esclarecimento das expectativas e o entendimento do compromisso das trocas envolvidas no processo. No entanto, há uma variável que pode alterar essa equação de trocas, e ela se chama alta confiança. Quando o ambiente de confiança é suficientemente sólido, a realização de um resultado que envolva alta qualidade (valor), alta velocidade e custo baixo torna-se possibilidade real.

Finalmente, aprendi que apesar de, às vezes, ser muito difícil esclarecer expectativas – por exemplo, estabelecer uma data realista de entrega em vez de, por exemplo, fazer a um cliente uma falsa promessa que ele quer ouvir – é muito melhor garantir desde o começo uma data que possa ser cumprida do que decepcionar mais tarde.

DICAS DE CONFIANÇA

Alcançar o "ponto ideal" em Esclareça as Expectativas demanda Integridade (ser honesto e corajoso em estabelecer as expectativas e comunicá-las aos outros); demanda Intenção para se criar expectativas que representem um "ganha" para todos os envolvidos; necessita de Capacitações, incluindo a capacitação de organizar os elementos do acordo, para estabelecer as responsabilidades e executar o trabalho com excelência. E também exige competência para identificar o Resultado desejado, de tal maneira que todos os envolvidos o entendam.

Se estiver do lado esquerdo da curva, até certo ponto você não será suficientemente claro. No direito, você pode ser demasiadamente detalhista, demasiadamente orientado para as atividades, demasiadamente avesso a adaptações e retificações de rota, se necessárias, ou demasiadamente desconfiado. Por exemplo, para muitas pessoas, um acordo pré-nupcial se situaria na extrema direita. Apesar de esclarecer as expectativas, é provável que ao longo do processo isso subverta a confiança.

Examine as 4 Dimensões e reflita sobre onde você talvez necessite melhorar. Além disso, talvez queira tentar o seguinte:

- Quando você se comunica com os outros, reconheça que clareza é poder. Um meio de verificar se sua comunicação foi clara é "checar a clareza" e fazer algumas perguntas simples:
    - O que você entendeu desta conversa?
    - Em conseqüência de nossa conversa, quais são os seus próximos passos? Quais são os meus?
    - Você acha que os outros têm entendimento claro das expectativas?
    - O que podemos fazer para tornar as coisas mais claras?
- Na próxima vez em que tiver um projeto em elaboração, crie com antecedência um claro acordo. Se você for o gestor, reúna todos, encorajando-os a expressarem quaisquer idéias e preocupações que tenham. Esforce-se

para obter um acordo claro que seja realista e que represente um ganho para todos os envolvidos. Se você não for o gestor ou o líder, sugira a idéia para o líder da equipe ou escreva um acordo por conta própria. Diga ao líder de equipe: "Este é meu entendimento daquilo que você espera e o que eu posso fazer. Você vê isso de forma diferente?" Isso lhe dará a chance de esclarecer as expectativas e fixá-las de modo que você não tenha problemas mais tarde.

- Esclareça as expectativas em casa. Planeje dedicar algum tempo com seu cônjuge para um "investimento no casamento". Separadamente, os dois devem anotar as três maiores frustrações no casamento. Depois, devem examinar cada frustração e fazer esta pergunta: Que expectativa tenho aqui que não está sendo alcançada? Compartilhem qualquer insight relacionado com as frustrações e expectativas mútuas e trabalhem juntos para alcançarem clareza e entendimento mútuo.

RESUMO: COMPORTAMENTO 9 – ESCLAREÇA AS EXPECTATIVAS

Exponha e revele suas expectativas. Discuta-as. Valide-as. Renegocie-as, se for necessário e possível. Não transgrida as expectativas. Não presuma que as expectativas estejam claras para todos nem que já sejam compartilhadas.

COMPORTAMENTO 10: PRATIQUE A RESPONSABILIDADE

Todo poder é uma expressão da confiança; e somos responsáveis por seu exercício.

– Benjamin Disraeli

O Comportamento 10 é Pratique a Responsabilidade. O motivo pelo qual o comportamento Esclareça as Expectativas precede esse comportamento é que você pode praticar a responsabilidade muito melhor se antes as expectativas tiverem sido esclarecidas. É duro responsabilizar alguém se não está claro para a pessoa o que se espera dela.

Evidentemente, esse comportamento causa impacto significativo na confiança. Em pesquisa da Golin/Harris, de 2002, "assumir responsabilidade pessoal e a prática da responsabilidade" foram classificados em segundo lugar como os fatores mais importantes para a edificação da confiança. A PriceWaterhouse-Coopers relaciona "uma cultura de praticar a responsabilidade" como um dos três quesitos-chave para a construção da confiança pública.

Existem duas dimensões básicas para o Pratique a Responsabilidade. A primeira é *ser* responsável; a segunda é fazer com que os *outros* sejam responsáveis. Os líderes que inspiram confiança fazem as duas coisas.

SEJA RESPONSÁVEL

Em recente programa Velocidade da Confiança, um dos participantes contou uma história sobre outro participante, "Matt", que era comprador de um grande fornecedor americano de carnes. Um dos funcionários de Matt envolveu-se em um acidente enquanto guiava um carro de sua empresa. O acidente não foi sério, mas a política era a de que, toda vez que houvesse um acidente envolvendo um veículo de empresa – ainda que fosse em um estacionamento ou batida em uma árvore – a pessoa teria que comunicar, na hora, a ocorrência à polícia. Matt não estava ciente dessa política. Então, quando seu chefe veio a ele e disse: "Seu funcionário não fez uma ocorrência, portanto, você deve relatar por escrito o descumprimento dessa norma", Matt disse: "Bem, ele não sabia dessa política porque eu não a conhecia." Matt fez um relatório sobre a quebra de uma norma de seu funcionário – e depois escreveu um no qual confessava sua culpa. Entregou os dois relatórios ao chefe. Quando ele os recebeu, disse: "Eu não aceitarei isto." Matt respondeu: "É minha responsabilidade assegurar que meu funcionário conheça as regras e políticas da empresa."

O comportamento de Matt é um excelente exemplo do que significa ter responsabilidade. Demonstra um dos pontos que Jim Collins destaca em sua metáfora da janela e do espelho. Essa situação era o momento de parar de olhar pela janela – não olhar os outros, culpando e acusando-os – e sim, de olhar no espelho, enxergando sua própria responsabilidade na situação.

Esse comportamento é construído sobre os *princípios* de prestar contas, responsabilidade, administração e zelo pela propriedade dos outros. O *oposto* desse comportamento é não assumir a responsabilidade, não admitir a culpa, e, em vez disso, dizer: "Não foi minha culpa." Seu *fingimento* consiste em apontar o dedo para os outros e culpá-los, dizendo: "É sua culpa."

Para captar a dimensão do impacto desse comportamento sobre a confiança, veja os seguintes exemplos.

Na rodada final de um jogo importante, o famoso *quarterback* Steve Young, do San Francisco 49ers, jogou a bola para onde o receptador deveria estar, mas não estava. A bola foi interceptada, e o 49ers perdeu o jogo. Depois, um entrevistador salientou para Young que aparentemente seu receptador tinha corrido na direção errada e perguntou-lhe se ele confirmava a falha. O receptador realmente tinha corrido na direção errada, e deve ter sido tentador para Young concordar com o entrevistador, evitando ser culpado injustamente pela interceptação, porém, lembro-me da resposta de Young: "Arremessei uma interceptação. Era minha responsabilidade. Sou o *quarterback* desta equipe e não acertei." Conseqüentemente, os fãs e os comentaristas caíram matando sobre Young. Mas os treinadores e outros jogadores do time (que sabiam que a intercepção fora uma falha do receptador) reagiram à atitude generosa de Young ao demonstrar enorme aumento de lealdade e confiança.

> ***Um bom líder assume mais do que a sua parte na culpa e cede mais do que a sua parte do crédito.***
>
> – Arnold Glasnow

Outro grande exemplo é Scott Waddle, ex-comandante do USS *Greeneville* – o submarino nuclear de 6.900 toneladas que bateu em um pesqueiro japonês no litoral havaiano, matando nove pessoas. Durante a investigação, ficou claro que havia muitas pessoas na cadeia de comando, e muitos erros foram cometidos por oficiais jovens e tripulantes ao não transmitir adequadamente à Waddle as informações. Mas o comandante Waddle adiantou-se – e a um grande custo pessoal – assumiu plena e única responsabilidade pelo incidente, na qualidade de líder da tripulação. Opondo-se ao firme conselho de seus advogados, Waddle bastou-se de seu próprio testemunho durante o inquérito. Ele disse:

> *Durante toda minha carreira, incluindo o dia 9 de fevereiro de 2001, cumpri meu dever dentro dos limites de minha competência. ... Se cometi um erro ou erros, esses erros foram involuntários e sem intenção. Sinto muitíssimo pelo acidente. Foi uma tragédia para as famílias dos que morreram, para a tripulação do USS* Greeneville, *para suas famílias, para a força naval dos submarinos, para mim e para minha família. Entendo que ao falar agora posso ser privado de minha capacidade em me defender com sucesso em uma corte marcial. ... Essa corte e as famílias precisam ouvir isso de mim, a despeito do prejuízo jurídico pessoal... e porque é a coisa certa a se fazer.*

Waddle foi desapossado do comando e demitiu-se da Marinha. Viajou ao Japão para dar suas desculpas pessoais aos membros das famílias das vítimas do acidente. Mesmo que isso tenha acabado com sua carreira militar, a maneira como assumiu a responsabilidade pessoal e comportou-se durante o processo inteiro deu a Waddle enorme credibilidade, respeito e confiança – tanto dentro quanto fora do meio militar e da sociedade em geral.

Confronte os exemplos com o comportamento de Michael Brown, ex-diretor da Federal Emergency Management Agency (FEMA), com relação às acusações feitas ao governo federal no episódio do furacão Katrina. Depois de ter testemunhado perante o Congresso, a manchete de primeira página do *USA Today* captou a percepção do testemunho de Brown com a seguinte manchete: "Ex-Chefe da FEMA Culpa as Autoridades Locais." O artigo começa assim:

> *Em um combate opondo um não-arrependido Michael Brown contra os frustrados membros do Congresso, o ex-diretor da FEMA defendeu sua atuação durante o furacão Katrina e colocou a culpa pelos fracassos na operação de retirada, na governadora da Louisiana, Kathleen Blanco, e no prefeito de Nova Orleans, Ray Nagin.*

A manchete do site CNN.com era semelhante: "Brown Põe a Culpa nas Autoridades de Louisiana." Apesar de ter aceitado parte da responsabilidade,

Brown, essencialmente, disse: "Não foi minha culpa. A culpa foi da administração local." Muitos acharam que, além de ele não ter desempenhado bem as funções, também apontou o dedo, tentando culpar outros.

Um dos motivos pelos quais assumir a responsabilidade e sermos responsáveis é tão difícil encontra-se no fato de vivermos em uma sociedade que é cada vez mais injusta. Praticar Responsabilidade é essencialmente o exato oposto desse fenômeno cultural básico e esmagador do "injustiçamento" coletivo. Como diz o provérbio russo: "O sucesso tem muitos pais, enquanto o fracasso é órfão."

Por outro lado, essa é também uma das razões de a atitude de assumir a responsabilidade ser tão poderosa na construção da confiança. Enquanto a injustiça cria dependência e desconfiança, praticar a responsabilidade cria independência e confiança. E o efeito exponencial multiplicador é poderoso. Quando as pessoas – líderes em particular – mostram-se responsáveis, aquilo encoraja os outros a fazerem o mesmo. Quando um líder diz: "Poderia ter feito isto melhor – e eu deveria ter feito isto melhor!", isso encoraja os outros a responderem: "Bem, não é bem assim, na verdade era eu quem deveria ter notado isso. Podia tê-lo ajudado mais."

Isso também procede em um casamento ou em uma família. Quando alguém diz: "Sinto muito ter gasto esse dinheiro impulsivamente. Isso não obedeceu ao nosso acordo", ou então, "Eu não deveria ter gritado com você. Isso não demonstrou respeito", ou então, por outro lado: "Prometi a você que estaria a seu lado sempre, e estava", essa confirmação de estar praticando a responsabilidade encoraja os outros a se comportarem da mesma maneira. Isso também cria um ambiente de franqueza e confiança.

FAÇA OS OUTROS SEREM RESPONSÁVEIS

Além de ser responsável, é importante fazer com que os outros também o sejam, tanto no trabalho quanto em casa. Na verdade, as pessoas reagem positivamente à responsabilidade – particularmente as que apresentam alto nível de desempenho. Elas querem ser responsabilizadas. Sentem que com isso a confiança de seus chefes, diretores, membros de equipe, pares e outros *stakeholders* cresce à medida que lhes é dada a oportunidade de prestar contas daquilo que executaram. Elas também sentem que a autoconfiança aumenta à medida que assumem e cumprem repetidamente seus compromissos de desempenho.

Além do mais, as pessoas de alto desempenho querem também que os outros sejam responsáveis. Elas prosperam em um ambiente onde sabem que todos agem da mesma maneira, onde podem ficar tranqüilas que os de baixo desempenho e irresponsáveis não progredirão.

> *Contrate pessoas competentes e espere que elas desempenhem. Se tiver feito a escolha errada, demita-as rapidamente e sem rodeios.*
>
> – J. Willard Marriott Jr., chairman e CEO, Marriott International

A responsabilidade constrói enorme confiança na cultura quando as pessoas sentem-se seguras sabendo que todos estarão sujeitos a certos padrões. Quando os líderes não responsabilizam as pessoas, acontece o oposto. As pessoas acham que isso é injusto: "Bem, veja o que ele(a) fez... e safou-se!" Isso cria sensações de desapontamento, injustiça e insegurança. Você vê isso bastante nas famílias em que a disciplina é inconsistente, em que um pai responsabiliza uma criança e não a outra, ou a responsabiliza em determinada situação, mas não em outra.

Com a permissão de meu filho, gostaria de compartilhar uma história pessoal sobre esse comportamento. Quando Stephen fez 16 anos, tirou sua carteira de motorista. Jeri e eu sentamos com ele e dissemos: "Está bem, se você quer dirigir, existem certas regras e responsabilidades sobre as quais temos que conversar." Escrevemos um contrato de uma página com todas as regras que você talvez já tenha advinhado – coisas como "dirija com cuidado", "ponha sempre o cinto" e "obedeça às leis do trânsito". Nós também lhe dissemos que para manter os privilégios de dirigir, ele teria que fazer outras coisas, inclusive cumprir suas responsabilidades em casa e tirar boas notas na escola.

Menos de um mês depois que Stephen começou a dirigir, sua equipe de futebol foi eliminada nas partidas finais. Todos ficaram aborrecidos. Stephen e um par de amigos saíram em seu carro. Por volta da meia-noite recebi um telefonema da polícia. Stephen tinha sido pego dirigindo em excesso de velcidade – realmente rápido. Não tinha ingerido bebida alcoólica, mas a infração era suficientemente séria para que a polícia me chamasse. Disse ao policial que iria buscá-lo. Jeri veio comigo para poder trazer o outro carro para casa.

Jeri e eu tínhamos sido claros com Stephen em termos de nossas expectativas: "Se você não obedecer à lei, perderá o privilégio de dirigir." Agora era questão de responsabilizá-lo. E, como qualquer pai ou mãe que já criou um adolescente sabe, isso não é fácil. Sabíamos que nossa vida havia se tornado muito mais simples desde que ele começou a dirigir e, às vezes, Stephen nos ajudava tratando de incumbências e outras necessidades da família. Se aderíssemos ao nosso acordo, perderíamos tudo isso. Além do que, eu tinha um pouco de pena dele. Ele só tinha 16 anos. A multa era enorme. Como iria pagá-la? O que isso faria à sua reputação e a seu relacionamento com seus amigos? E seu relacionamento conosco?

Compreendi que não tínhamos escolha. Stephen tinha que ser responsabilizado. E cabia a nós fazê-lo. Se não o fizéssemos, como ele poderia confiar em nós? E como os outros garotos poderiam confiar em nós? Evidentemente era uma questão relativa não só a Stephen, mas também a toda a cultura de nossa família.

No final, Stephen pagou a multa. Ela lhe custou US$555, que consumiu toda a poupança conseguida durante seu trabalho de verão. A polícia não confiscou sua carteira de motorista, e nós a retivemos – não para sempre, mas durante os vários meses que tínhamos determinado em nosso acordo. Aquilo foi muito, muito duro. Mas ele aprendeu uma lição, e tornou-se motorista modelo. Aliás, ganhou entre seus amigos a reputação de motorista mais confiável. Tornou-se piada entre seus amigos que sempre que eles tinham que ir a algum lugar e seus pais lhes recomendavam que dirigissem com cuidado, eles responderiam: "Não se preocupem – estamos indo com o Covey!" Isso significava que obedeceriam ao limite de velocidade, usariam cintos de segurança e obedeceriam à lei.

Um grande exemplo de responsabilizar as pessoas no trabalho é Ursula Burns, presidente de Operações do Grupo de Produtos para Escritório na Xerox. Burns tem sido uma colaboradora indispensável da equipe da CEO Anne Mulcahy e para a melhoria do grupo Xerox. Em revisões operacionais, seu estilo é de responsabilizar as pessoas que não alcançaram suas metas. Como Mulcahy disse à revista *Fortune*: "Ela diria: 'Jim, você falhou; conte-nos o que aconteceu.'" Burns não era maldosa, mas era inexorável. Na mesma revista, Betsy Morris descreveu o efeito de seu estilo, observando: "Logo, logo, as pessoas captaram a mensagem: se elas atingissem suas metas, poderiam relaxar e observar os outros se debaterem."

Nem sempre é fácil responsabilizar os outros. Aliás, às vezes, é realmente duro. Porém, em termos de confiança, os benefícios são incríveis. Existe uma conexão clara e direta com a velocidade e o custo.

DICAS DE CONFIANÇA

Na curva de Gauss para esse comportamento, o pico inquestionavelmente reflete o poder das 4 Dimensões. No lado esquerdo da curva, você é irresponsável. Isso provém da incapacidade de aceitar adequadamente plena responsabilidade ou finalizar suas responsabilidades... ou falhar em criar um sistema eficiente de responsabilidades dentro de uma organização ou de uma família. Muitas vezes, para se chegar ao "ponto ideal", é preciso fortalecer o caráter (Integridade e Intenção), particularmente tornando-nos responsáveis. Mas é sempre necessário fortalecer a Competência – melhorando a capacidade de definir consistentemente as expectativas pessoais, indo a seu encontro e também transformando a responsabilidade em uma cultura, seja em casa, seja no trabalho.

No lado direito da curva encontra-se a responsabilidade excessiva. Seria o caso de uma pessoa que em um casamento abalado assume a culpa por tudo, inclusive pelas coisas detestáveis praticadas pelo cônjuge. É a criança que assume a responsabilidade por seu mau relacionamento com os pais ou pelo divórcio deles. São os pais que fazem todo o possível para educar adequadamente os filhos e depois sentem-se culpados e responsáveis quando algum deles sai da linha. São os gestores que usam a responsabilidade com a intenção errada – para punir ou validar sua opinião errada sobre alguém em vez de ajudá-lo a produzir resultados e melhorar. São os homens de negócios que assumem a responsabilidade pelos efeitos de coisas que eles não podem controlar, como as flutuações financeiras ou a alta das taxas de juros. O retorno ao "ponto ideal" exige tanto caráter quanto competência e o bom juízo criado pelas 4 Dimensões.

À medida que você se engaja em Pratique a Responsabilidade, talvez queira considerar o seguinte:

- Preste atenção em sua linguagem e em seus pensamentos. Quando as coisas vão mal e você percebe estar culpando ou acusando os outros, pare. Retroceda e pergunte-se: Como posso fechar a janela e olhar no espelho? Em sua mente, compare a diferença entre estabelecer confiança por meio de uma abordagem que culpa os outros e uma que consiste em assumir pessoalmente a responsabilidade.
- No trabalho, Pratique a Responsabilidade, responsabilizando seus subordinados diretos por suas ações. Sempre esclareça, antes, as suas expectativas para que todos saibam pelo que são responsáveis e quando. Quando as pessoas reportarem-se a você, permita que avaliem inicialmente seus resultados, comparando-os aos que você estabeleceu (a maioria das pessoas julga-se com maior rigor do que você os avaliaria); depois, prossiga acompanhando aquilo que fora acordado ou com as conseqüências naturais das pessoas que desempenharam (ou não). Lembre-se: as pessoas em quem você mais confia na sua empresa – os executores – gostam de ser responsabilizadas e querem que os outros sejam também.
- Busque meios de criar em sua casa um ambiente de responsabilidade. Converse com seu cônjuge sobre questões que vocês acordaram administrar juntos, tal como as finanças. Crie acordos com seus filhos com relação às responsabilidades em casa, tanto sobre as questões naturais e lógicas quanto as boas ou más, incluindo as conseqüências do descumprimento. Acompanhe o cumprimento de seus acordos. Seja uma pessoa na qual os membros de sua família podem confiar e crie em casa uma cultura de confiança que se origina na responsabilidade.

RESUMO: COMPORTAMENTO 10 – PRATIQUE A RESPONSABILIDADE

Seja responsável. Faça os outros serem responsáveis. Responsabilize-se pelos resultados. Seja claro na maneira de comunicar seu progresso nos trabalhos sob sua responsabilidade – e como os outros estão progredindo. Não evite as responsabilidades. Quando as coisas forem mal, não culpe os outros.

COMPORTAMENTO 11: ESCUTE PRIMEIRO

Se há algum grande segredo para o sucesso na vida, este consiste na habilidade de se pôr no lugar da outra pessoa e ver as coisas sob a perspectiva dela – assim como sob a sua.

– Henry Ford

À medida que examinamos o Comportamento 11 – Escute Primeiro – passamos a analisar os três comportamentos finais, que exigem uma mescla, quase em proporções iguais, de caráter e competência.

Escute Primeiro não significa apenas *escutar* de verdade (procurar entender genuinamente os pensamentos, sentimentos, experiência e pontos de vista de outra pessoa), mas também *escutar antes de falar* (antes de você tentar diagnosticar aquilo que ela disse, antes de influenciar sua opinião ou antes de contestá-la).

Anos atrás, quando estava no colégio, aprendi um pouco sobre o valor de escutar primeiro. Decidi unir-me a uma equipe de debates e fiquei animado em debater meu primeiro caso. Enquanto fazia minha apresentação, notei que em certas ocasiões o juiz levantava a mão, movendo-a rapidamente, em movimentos circulares. Achava que ele tentava me dizer que elaborasse mais sobre a questão que estava debatendo, então procurava abordá-la sob outros ângulos. Essa situação se repetiu várias vezes e por isso eu voltava a falar das mesmas questões sob outras perspectivas. Lembro-me de ter achado que provavelmente não estava me saindo muito bem no debate, não conseguindo explicar meus pontos de vista.

No entanto, depois que o debate terminou, descobri que o que o juiz realmente tentava me comunicar era exatamente o contrário do que havia suposto. Ele queria me dizer: "Certo. Compreendi. Prossiga!" Não havia compreendido os sinais do juiz, o que causou embaraço e perda para nossa equipe!

Anos mais tarde, encontrei-me em situação semelhante, quando fazia uma apresentação para um grupo de uma grande corporação. Estava ali facilitando o debate sobre a cultura dessa empresa, trazendo à tona todos os tipos de questões complicadas e desagradáveis. As pessoas estavam realmente envolvidas e participavam. Repentinamente, o ambiente silenciou-se e ninguém parecia querer mais debater as questões delicadas. Sem saber, havia entrado na sala o gerente da fábrica (em quem ninguém confiava) e estava sentado na platéia. Percebendo minha confusão, alguém atrás desse homem apontou para ele, tentando me comunicar: "Ele está aqui. Esse é o motivo do emudecimento da platéia." No entanto, interpretei seu gesto como se quisesse me comunicar: "Pergunte a ele. Questione-o." E, então – para o assombro de meus colegas e de todos os participantes –, fiz exatamente isso. (Deixe-me terminar dizendo que esta não foi uma de minhas melhores experiências em apresentações!)

Tenho certeza de que você agora compreende a questão. É vital escutar, entender *primeiro* o que seu interlocutor está querendo comunicar, do contrário, você poderá estar agindo com base em suposições totalmente incorretas – agindo de formas que acabarão sendo embaraçosas e contraproducentes.

Os *princípios* por trás de Escute Primeiro incluem entendimento, respeito e benefício mútuo. O *oposto* consiste em falar primeiro e escutar depois – ou nada escutar. Significa concentrar-se em sua agenda sem levar em consideração se os outros têm informações, idéias ou perspectivas que possam influenciar o que você tem a dizer. Significa ignorar as necessidades das outras pessoas de serem entendidas – muitas vezes antes de elas estarem preparadas para escutar qualquer coisa mais. É um comportamento autocentrado, compelido pelo ego, e que não constrói confiança.

> *Todos temos ouvido a crítica "ele(a) fala demais". Quando foi a última vez que você ouviu alguém ser criticado por escutar demais?*
>
> – NORM AUGUSTINE, EX-CHAIRMAN, LOCKHEED MARTIN

A *simulação* consiste em fingir estar escutando. Significa gastar tempo "ouvindo" e pensando sobre sua resposta, esperando apenas a sua vez para falar. Ou escutar sem entender. Em qualquer caso, você não está sendo influenciado por aquilo que os outros têm a dizer, e normalmente seu "escutar" faz com que eles sintam que você não os entendeu, mesmo tendo deixado que falassem.

Curiosamente, quando dou entrevistas ou quando as pessoas vêm a mim depois de um programa ou apresentação, fazendo-me perguntas, de longe a recomendação que faço para a maioria é Escute Primeiro. É o ponto de partida em quase toda situação. É tão freqüente as pessoas terem problemas, tanto no trabalho quanto em casa, porque elas realmente não Escutam Primeiro.

O IMPACTO NA VELOCIDADE E NO CUSTO

Algumas pessoas dizem que Escutar Primeiro é ineficiente, que consome tempo demais. Discordo totalmente. Estou firmemente convencido de que esse comportamento é altamente pragmático – que ele causa impacto positivo inigualável no processo de se estabelecer confiança e sobre a velocidade e o custo.

Em artigo publicado e reimpresso pela *Harvard Business Review*, a autoridade em administração Peter Drucker relaciona oito práticas dos executivos eficazes. No fim do artigo, conclui:

> *Acabamos de revisar oito práticas dos executivos eficazes. Como brinde, adicionarei uma prática final. Esta é tão importante que a elevarei à categoria de regra:* "***Escute primeiro, fale depois.***" [o destaque é meu].

Por que ele elevaria esse princípio a uma regra? Porque quando você Escuta Primeiro, obtém insights e a compreensão que não teria sem tal comportamento. Você toma decisões melhores. Também demostra respeito. Oferece espaço psicológico para as pessoas. E o impacto sobre a confiança é surpreendente.

Organizações inteligentes reconhecem o poder de Escute Primeiro, particularmente quando isso diz respeito aos clientes e outros *stakeholders* externos. Se as empresas não fazem pesquisa de mercado, *antes* de produzirem seus produtos, para determinar as necessidades e preferências de seus consumidores, elas não ganham dinheiro. Por causa disso, às vezes elas têm que investir tempo e dinheiro para reformular e relançar produtos. Às vezes acabam ficando fora do negócio.

Líderes argutos reconhecem o poder de Escute Primeiro, particularmente com relação a colegas e clientes internos. Se eles não o fazem, enganam a si mesmos e à empresa, pois deixam de obter informações, feedback, sugestões, colaboração e parcerias inerentes a um ambiente de alta confiança e vitais para o sucesso na economia global dos dias atuais.

> *A liderança tem menos a ver com estar à frente e mostrar o caminho do que com escutar as necessidades das pessoas na empresa e satisfazê-las.*
>
> – Charles M. Cawley, chairman e CEO, MBNA America

Quando Mike Garrett tornou-se presidente da Georgia Power, perguntei-lhe quais eram seus planos no novo papel. Disse-me: "Vou começar e basicamente ficar escutando durante um par de meses. Verei o que acontece. Se eu começasse expondo uma visão e um plano sem escutar, eu nem de perto teria a eficácia e a confiança para realizar aquilo que quero fazer. Eu sempre escuto primeiro."

A sabedoria dessa abordagem foi tremendamente útil quando entrei na Covey Leadership Center como CEO. Na época, tínhamos oito processos jurídicos em andamento. Essas disputas vinham se arrastando por meses e, em um caso, por anos. Consumiam enorme tempo e energia e eu me sentia frustrado porque achava que deveríamos concentrar nossos esforços em outros assuntos. Além do mais, fiquei decepcionado de termos esse tipo de briga. Então determinei que teríamos que resolver todos em dois meses.

Minha abordagem básica consistiu em escutar primeiro o outro lado. Em sete dos oito casos, escutar as partes criou a franqueza, confiança e entendimento necessários para que surgisse uma solução (que muitas vezes era sinérgica) e que atendia aos interesses de todos. No último caso, a pessoa envolvida não teve a intenção de criar uma situação que fosse mutuamente benéfica e simplesmente tentou manipulá-la, e acabamos fazendo um acordo. Acho que o resultado final teria sido o mesmo se não tivéssemos escutado e simplesmente continuássemos pelo caminho legal, mas ainda assim me sinto melhor por ter tentado Escutar Primeiro. E, com exceção do último caso, que levou alguns meses a mais, atingimos nossa meta de liquidar todos os processos em dois meses.

> *Descobri que as duas melhores qualidades que um CEO pode ter são a capacidade de escutar e de admitir que os outros sempre têm boas intenções.*
>
> – Jack M. Greenberg, chairman e CEO, McDonald's

Em outra situação, no Leadership Center, achamos que deveríamos terminar nosso relacionamento com um colaborador que não mostrava bom desempenho. Sabia que ele achava existirem diversas variáveis envolvidas que influenciavam sua falta de desempenho, então quando me encontrei com ele, disse: "Só quero escutar. Deixe-me ouvir a sua percepção." Depois que fiquei mais ou menos duas horas escutando, ele reclinou e disse: "Sinto-me tão compreendido que sequer me importo com aquilo que você irá decidir. Agora sinto que você entende todas as coisas que achava que talvez não soubesse nem considerasse, e acredito que você levará essas coisas em consideração quando tomar a decisão." Enfim, encerramos aquela relação profissional, mas esse homem saiu do negócio de cabeça erguida. Se ele não tivesse se sentido compreendido, a situação toda bem que poderia ter acabado em outra disputa legal, custando-nos muito mais e tomando-nos muito mais tempo do que aquele que gastei escutando-o.

FAZENDO DEPÓSITOS

Um dos enormes benefícios de se Escutar Primeiro é que esse comportamento ajuda o aprendizado do *como* construir confiança. Ajuda a entender quais comportamentos fazem depósitos em dada Conta de Confiança e quais não. A atuação com esse entendimento resulta em velocidade maior porque você está falando – e comportando-se – na mesma linguagem da pessoa com quem está tentando construir tal conta.

No livro de Gary Chapman sobre relacionamentos, *The Five Love Languages*, ele apresenta um argumento interessante ao dizer que apesar de existirem infinitas expressões de amor, existem apenas cinco linguagens emotivas do amor. Ele diz: "Sua linguagem emotiva de amor e a linguagem de seu esposo(a) podem ser tão diferentes quanto o chinês e o inglês. ... Se queremos ser comunicadores eficientes do amor, devemos estar dispostos a aprender a linguagem primária de amor do cônjuge." Chapman aplica essa linguagem de amor aos relacionamentos pessoais, mas o mesmo conceito aplica-se também a nossos relacionamentos profissionais. Ao aprendermos e falarmos a "língua nativa" dos clientes, investidores, fornecedores, distribuidores e colegas, podemos nos entender e comunicar melhor com eles. Como Heinrich Pierer, CEO da Siemens AG, disse: "Afinal de contas, liderança nada mais é do que entender as pessoas."

Nos relacionamentos é importante ter em mente que, às vezes, as palavras comunicam apenas uma pequena parte daquilo que a pessoa realmente pensa, sente ou quer dizer. Aliás, às vezes, as palavras nada comunicam. A pesquisa sobre atitudes e sentimentos demonstra que, nas comunicações interpessoais, 7% da interação representam aquilo que as pessoas dizem, 38% como o dizem e 55% ficam por conta da linguagem corporal. Portanto, Escutar Primeiro significa mais do que escutar com seus ouvidos; significa também escutar com seus olhos e o coração. Hoje em dia isso torna-se ainda mais difícil, pois são muitas as comunicações realizadas remotamente e com pessoas que nunca vimos pessoalmente. Isso realmente valoriza mais – não menos – a capacidade de escutar. O CEO da Barnes & Noble, Leonard Riggio, diz: "Tento ouvir as coisas através dos ouvidos dos outros, e ver as coisas através de seus olhos."

Escutar Primeiro, além do escutar propriamente dito, significa escutar *com alguma finalidade*. Quando você escuta seus clientes, você escuta *aquilo* que importa para a maioria deles. Quando você escuta seus investidores, você escuta *aquilo* que é relevante para eles. Quando você escuta seus colaboradores, você escuta *aquilo* que os faz empenhar seu interesse e criatividade. Um observador, ao escutar *uma* conversa junto a um bebedouro, por exemplo, identificaria como as pessoas se comportam – algo que lhe diria muito mais sobre a cultura da empresa do que suas declarações de missão e valores.

Finalmente, e talvez o mais importante, Escute Primeiro significa escutar a si mesmo, seus sentimentos, sua própria voz interior, antes de decidir, antes de agir. Lembro-me de um episódio quando tive que tomar uma grande decisão sobre *downsizing*, que teria enormes implicações para a empresa e para muitas pessoas cujas vidas seriam afetadas. Escutei o conselho de muitas pessoas com relação a essa decisão – pessoas em quem realmente confiava e que considerava confiáveis, vários membros do Conselho, consultores externos, colegas e meus subordinados diretos. Todos esses conselhos eram tão contraditórios... Era como se fosse um gráfico de dispersão – opiniões das mais diversas espalhadas pela mesa. Fiquei confuso e oprimido, sentindo o peso de tantas vidas dependendo de minha decisão.

Perplexo, cheguei à conclusão de que escutava demais os outros. Devia escutar apenas a mim – meus instintos, minha voz interior – e que isso me conduziria à melhor decisão. Tendo feito isso, tornou-se claro o que deveria fazer, e a decisão foi implementada com sucesso. Aprendi com esse caso que quando se tem um fundamento de Autoconfiança, às vezes a melhor voz a escutar é a nossa própria voz interior.

DICAS DE CONFIANÇA

Obviamente, o "ponto ideal" na curva de Gauss localiza-se em Escute Primeiro com Integridade, Intenção, Capacitações e Resultados. Se estiver à esquerda – ou você não escuta, ou não escuta antes de falar – e terá que exercitar sua humildade (Integridade), desenvolver uma agenda mútua de benefício (Intenção), adquirir habilidades de empatia (Capacitações) ou assegurar que a outra pessoa sinta-se compreendida (Resultados). Aqui estão duas sugestões que podem lhe ser úteis para melhorar seus Resultados:

1. Geralmente, quando uma pessoa está se comunicando e seu nível emocional é elevado (ela está irritada, ela sente-se frustrada, ela tem vontade de chorar etc.), ela não se sente ainda compreendida.
2. Normalmente, uma pessoa não pedirá seu conselho até que se sinta compreendida. Oferecer conselhos cedo demais normalmente só servirá para excitar mais as suas emoções – ou fará com que ela ignore aquilo que você esteja lhe dizendo.

Se você se encontra no lado direito da curva – gastando todo seu tempo escutando e nunca trazendo a conversa para um ponto de se tomar uma decisão, de aconselhar ou de influenciar – você poderá querer concentrar-se em coragem (Integridade), *agir* no melhor interesse da pessoa em questão (Intenção), desenvolver suas habilidades de tomar decisões e de colaboração (Capacitações), ou simplesmente fazer com que as coisas andem para frente (Resultados).

Enquanto você aperfeiçoa suas habilidades de Escutar Primeiro, pode achar úteis as seguintes idéias para aumentar a confiança.

- Pondere sobre suas interações com outras pessoas durante a semana passada, tanto no trabalho quanto em casa. Pense sobre algum momento quando você Escutou ou não Escutou Primeiro. Quais foram os resultados? Quais teriam sido os resultados se você tivesse se comportado de maneira diferente?
- Na próxima vez em que iniciar uma conversa, pare e pergunte-se: Eu realmente escutei esta pessoa? Eu realmente entendo como ela se sente? Se não, simplesmente pare e escute. Ponha suas prioridades de lado e, antes de expressar o seu ponto de vista, concentre-se realmente em entender as intenções da outra pessoa.
- Em sua empresa, aja proativamente para entender seus *stakeholders* – tanto internos quanto externos. Não acalente a ilusão de que você sabe tudo nem de que sabe todas as respostas corretas. Reflita sobre o que você pode fazer para assegurar aos outros que você os escuta e se esforça para ir ao encontro de seus interesses e necessidades.

RESUMO: COMPORTAMENTO 11 – ESCUTE PRIMEIRO

Escute antes de falar. Entenda o que está sendo dito. Diagnostique. Escute com seus ouvidos – e seus olhos e coração. Descubra os comportamentos mais importantes para as pessoas que trabalham com você. Não infira que sabe o que importa para os outros. Não presuma conhecer todas as respostas – ou todas as perguntas.

COMPORTAMENTO 12: CUMPRA AS PROMESSAS

Em questões pequenas e grandes, defenda aquilo que é o certo e faça sempre o que você promete.

– Reuben Mark, chairman e CEO, Colgate-Palmolive

Comportamento 12 – Cumpra as Promessas – é o "Grande Kahuna"* de todos os comportamentos. É o jeito mais rápido de construir confiança em qualquer relacionamento – seja junto a um empregador, chefe, membro de equipe, cliente, fornecedor, cônjuge, filho ou público em geral. Seu *oposto* – deixar de cumprir promessas ou violar compromissos – é, sem dúvida, a maneira mais rápida de destruir a confiança.

Obviamente, esse comportamento envolve fazer promessas, assim como cumpri-las. Para parafrasear meu amigo Roger Merrill, quando você faz uma promessa, você cria uma expectativa; quando você a cumpre, você constrói confiança. Dado o impacto causado pela transgressão de promessas, é fundamental tomar cuidado com as que faz.

No entanto, o *fingimento* desse comportamento é fazer promessas que são tão vagas ou enganosas que ninguém consegue determinar se você realmente as assumiu ou, o que é pior, você fica tão amedrontado de quebrar tais promessas que sequer as assume. Isso segue a linha de raciocínio de Napoleão Bonaparte: "A melhor maneira de manter a palavra é não dá-la." Porém, evidentemente que esse tipo de abordagem demonstra falta de coragem e certamente não funcionará na economia global dos dias atuais, na qual, às vezes, as empresas precisam fazer e cumprir grandes promessas só para serem notadas na barafunda de tantas que oferecem os mesmos produtos e soluções.

**Nota do Tradutor*: Padre, bruxo, mágico, xamã ou especialista em qualquer assunto. A expressão "Grande Kahuna" nasceu de uma gincana havaiana na qual os competidores ganham pequenos ídolos que são entregues ao "deus" Grande Kahuna.

Além do mais, na verdade, essa atitude não funcionou para Napoleão, e posso lhe assegurar que não construirá confiança para você ou qualquer um.

> *É responsabilidade do líder mostrar o que significa manter sua palavra e conquistar reputação de credibilidade.*
>
> – HANK PAULSON, CHAIRMAN E CEO, GOLDMAN SACHS

Recentemente dei uma entrevista na qual discuti que o fazer e cumprir (ou não) promessas era o comportamento primordial para construir ou destruir confiança. Quando acabei, o entrevistador disse-me: "Você quer mais uma comprovação?" Contou-me, então, como tinha recentemente comprado uma empresa de milhões de dólares. Essa era a terceira vez que nos últimos quatro anos a empresa havia sido comprada, e os gerentes e funcionários estavam muito céticos porque os outros compradores fizeram muitas promessas que nunca cumpriram. No entanto, esse novo líder reuniu todos e escutou-os expressarem suas frustrações e interesses não satisfeitos. Depois disso, esse homem fez 14 promessas aos empregados quanto a melhorias que iria implantar, estabelecendo prazos de término para cada uma. Todos expressaram extremo ceticismo. Porém, em uma semana, esse líder cumpriu cada promessa que havia feito. Reuniu novamente o grupo e disse: "Disse-lhes que faria tais coisas e as fiz. Agora, o que mais precisa ser feito?" Sua credibilidade explodiu instantaneamente. Quase que da noite para o dia ele criou um ambiente de confiança, transformando o tributo de longa data em um dividendo. E os resultados apareceram rapidamente. Depois de vários anos de estagnação ou crescimento negativo, as receitas dobraram no primeiro ano, e os lucros aumentaram ainda mais rapidamente.

> *Sempre cumpra o que diz que cumprirá. Nunca faça uma promessa que você não pode cumprir. Em certo sentido, a maneira como você realmente constrói confiança é por meio de provações. Você tem que comprovar que fará a sua parte, ainda que isso seja difícil.*
>
> – DENNIS ROSS, EX-EMBAIXADOR AMERICANO

Cumpra as Promessas é fundamentado nos *princípios* de integridade, desempenho, coragem e humildade. É bastante relacionado com outros comportamentos, incluindo Fale com Franqueza e Produza Resultados. É o equilíbrio perfeito ente o caráter e a competência. Em particular, envolve integridade (caráter) e sua habilidade de fazer aquilo que você diz que fará (competência).

O IMPACTO SOBRE A CONFIANÇA

Em quase qualquer discussão sobre confiança, cumprir promessas surge como o comportamento principal que a influencia. No estudo da AMA/HRI, de 2005, sobre a ética nos negócios, "cumprir promessas" foi classificado como o comportamento número um para se criar uma cultura ética. Por outro lado, pesquisa de 2002, realizada junto a líderes do Fórum Econômico Mundial, identificou o "não cumprir o prometido" como o fator número um para a quebra de confiança.

Cumpra as Promessas é um desses comportamentos que parecem óbvios e que se originam do simples bom senso. Como se diz por aí: "O senso comum nem sempre é a prática comum." E o impacto sobre a confiança é devastador.

Trabalhei com um líder que era brilhante, talentoso e extremamente capaz, mas ele não conseguia respeitar a confidencialidade. Tendo em vista que seus colaboradores tinham feito uma promessa de confidencialidade, ele provocou saques enormes e literalmente modificou a natureza de suas conversas com eles porque o pessoal sentia que não podia confiar em sua decisão. Em conseqüência, ele não recebia as informações que realmente podiam tê-lo ajudado a dirigir a empresa, informações necessárias para a tomada de decisões.

Em outra ocasião, li sobre um líder que, depois de abrir o capital de sua empresa, recomendou à equipe sênior que não vendesse suas ações, pois aquilo ajudaria a estabilizar seu preço. E depois ele vendeu as próprias ações. Justificou seu ato dizendo que, no contexto de todas as ações da empresa, as suas representavam porcentagem minúscula. Mas aos olhos dos membros de sua equipe sênior, as instruções para não venderem as ações pareciam incluir uma promessa implícita de que ele não venderia as suas, e, em conseqüência, pagou um imenso tributo em confiança.

Em uma terceira situação, uma empresa tinha compilado uma base de dados e seus líderes tinham prometido explicitamente que não venderiam nem alugariam essa lista. Mas alguns anos depois, um novo executivo entrou na empresa e decidiu alugar a lista. Passado pouco tempo, um cliente reconheceu que as etiquetas das malas diretas que começou a receber de empresas desconhecidas continham os mesmos erros típicos das etiquetas de malas diretas que ele recebia da empresa que tinha prometido não alugar essa lista. Achou que era coincidência e ligou para a empresa para verificar o que estava acontecendo. A empresa reconheceu que tinha alugado sua lista e se desculpou, mas o cliente disse que ele não podia mais confiar em uma empresa que assumia um promessa explícita e depois quebrava-a, e parou de fazer negócios com ela.

> *Existem três sinais que identificam um hipócrita: quando fala, ele diz mentiras; quando faz uma promessa, ele as quebra; e quando as pessoas confiam nele, ele trai a confiança.*
>
> – Maomé

Como esses exemplos demonstram claramente, existem promessas implícitas assim como explícitas, e infringir qualquer uma delas causa saques enormes na conta de confiança. Muitas pessoas supõem que, na maioria dos negócios, prevalece a honestidade, a integridade e a qualidade. Porém, quando entidades como a Enron, WorldCom, Parmalat ou o município de San Diego (apelidado "Enron à beira-mar" por seus deslizes fiscais) agem transgredindo essas promessas implícitas, aquilo cria enormes perdas e desconfiança imediata. O mesmo acontece nos relacionamentos pessoais. Por exemplo, a maioria das pessoas casadas supõe que seu cônjuge comprometer-se-á completamente com o relacionamento do casamento e com o bem-estar de qualquer filho nascido nesse relacionamento. Quando um cônjuge trai essa promessa, cria-se uma séria ruptura de confiança.

Quer sejam explícitos ou implícitos, os comprometimentos causarão impacto sobre a velocidade e o custo. Transgredi-los cria dúvidas, suspeitas, cinismo e desconfiança que enferruja as rodas do progresso. Cumpri-los gera esperança, entusiasmo, segurança e confiança que aumentam a impulsão e lubrificam a realização dos resultados.

INTELIGÊNCIA CULTURAL

Na nova economia global, é fundamental entender que, às vezes, culturas diferentes percebem promessas de formas diferentes. Entender essas diferenças é o segredo para realizar depósitos e evitar saques nas contas de confiança.

Não estou falando apenas de culturas étnicas ou geográficas. Por exemplo, conheci muitas culturas corporativas em que, quando se marca uma reunião para as 14:00h, espera-se que todo mundo esteja presente às 14:00h, pronto para começar. Estive em outras culturas onde a natureza do compromisso é melhor expressa por um relógio com o mostrador de horas indicando "mais ou menos 13:00h", "mais ou menos 14:00h", "mais ou menos 15:00h", e assim por diante; a hora depende daquilo que as pessoas consideram mais importante em determinado momento. Essa diferença é refletida pelas palavras gregas *chronos* e *kairos*. *Chronos* registra o tempo cronológico e *kairos*, a experiência qualitativa do tempo, ou o valor que você extrai de qualquer tempo disponível.

Lembro-me bem da primeira reunião que tivemos depois do anúncio da fusão da FranklinCovey. O pessoal da Franklin estava na sala de reuniões, formalmente vestido em ternos e pontuais. Nós do grupo Covey chegamos em trajes mais esportivos, dez minutos mais tarde. O pessoal da Franklin provinha de uma cultura organizacional que advogava "administre seu tempo"; nós viemos de uma cultura que realçava "dirija sua vida". Sei que as pessoas de ambas as empresas pensavam: O que fizemos de errado?

A questão aqui é que ao ser sensível à natureza das compromissos – tanto os explícitos quanto os implícitos – em culturas diferentes, você está construindo a confiança muito mais rapidamente do que se for insensível ou alienado a ela.

AS PROMESSAS MAIS IMPORTANTES ENTRE TODAS

Quando se trata das promessas feitas a um cliente, as pessoas tendem a ser mais rígidas, mas quando se trata de uma promessa feita dentro da família, elas tendem a ser mais flexíveis. Porém, afirmo que as promessas em casa são tão importantes – ou até mais importantes – do que as assumidas no trabalho.

Há algum tempo, minha filha McKinlee obteve o papel principal em um musical do colégio, e eu lhe prometi que estaria presente ao espetáculo. Tinha programado viajar, mas planejei voar de volta a tempo de vê-la na peça. Para mim, parecia que não tinha feito uma promessa do tipo "estarei aí a qualquer custo"; a promessa me parecia ser mais algo como: "Oh, sim. Acho que poderei voltar a tempo." Para ela minha promessa era importante.

Várias semanas antes de minha viagem, enquanto conversava com os representantes do cliente, eles me disseram: "Stephen, nós realmente precisamos que você fique por mais tempo." Fui falar com minha filha para ver se podia renegociar minha presença. No entanto, rapidamente compreendi que até mesmo essa tentativa era um grande saque na conta de confiança. Então tentei diminuir as expectativas do cliente. Eles não ficaram felizes com tal solicitação e realmente me forçaram a ficar por mais tempo.

Estava diante de um dilema. Decidi aplicar aquilo que meu colega Blaine Lee chama a "Regra dos 10 Anos". Perguntei-me: Daqui a dez anos, qual atitude me deixará contente? Concluí claramente que, daqui a dez anos, eu ficaria mais feliz se tivesse mantido a promessa que fiz à minha filha. Então disse ao cliente que não poderia ficar por mais tempo. Em conseqüência, perdi algumas oportunidades econômicas, mas o cliente sobreviveu e estava feliz. Minha filha ficou emocionada. Na noite de sua apresentação, ali estava eu na primeira fila com uma dúzia de rosas nos braços.

Tendo em vista que manter as promessas causa tal impacto sobre a confiança – e porque a confiança é tão vital para uma cultura familiar próspera – é sensato ter em mente que promessas feitas para membros da família são as promessas mais importantes entre todas. E também – como discutimos no capítulo sobre a

Integridade – assumir e cumprir promessas consigo mesmo é a chave para ser bem-sucedido em assumir e cumprir promessas com os outros. Eis o lugar onde tudo começa, e é isso que lhe confere o poder e a confiança – a Autoconfiança – que o capacita a construir confiança junto aos outros.

DICAS DE CONFIANÇA

Se neste comportamento você se situa no extremo esquerdo da curva de Gauss – você não está fazendo promessas suficientes nem cumprindo-as adequadamente – e poderá ter que se concentrar em aumentar a sua Integridade, fortalecendo sua Intenção de procurar o benefício mútuo, desenvolvendo a Capacitação de executar repetidamente esse comportamento para que ele se torne um hábito ou tornando-se mais consciente dos Resultados da construção da confiança.

Se você se situa no extremo direito – talvez indo a extremos por fazer promessas demais ou cumprindo-as a todo custo, mesmo quando mudanças de situação tornam aquilo complicado ou imprudente – você talvez tenha que se concentrar em adquirir o discernimento que provém do fortalecimento das 4 Dimensões. Em particular, você pode querer concentrar-se na Integridade e levar em consideração os Resultados provenientes de se fazer promessas que não possa ou não deva cumprir.

Enquanto você se esforça em Cumpra as Promessas, poderá querer fazer o seguinte:

- Ao estabelecer um novo relacionamento no qual você deseja construir rapidamente a confiança, adote este processo: ache um motivo que agregue valor para a pessoa, fazendo-lhe uma promessa correlata e cumprindo-a... e faça isto outra vez... e outra vez... e outra vez. Enquanto você implementa o ciclo "Fazer-Cumprir-Repetir", observe quão rapidamente cresce a Conta de Confiança.
- Na próxima vez em que fizer uma promessa a alguém no trabalho, assegure-se de que esta é realista. Ainda que tenha que decepcionar alguém, é muito melhor não prometer do que prometer e não cumprir. Assegure-se de cumprir aquilo que você prometeu fazer. Se tiver que deixar de cumprir um prazo, tente renegociá-lo o mais cedo possível, não fazendo isto na última hora; não o ignore simplesmente e depois atrase seu cumprimento.
- Preste atenção a seu linguajar em casa. Entenda que quando você diz que fará algo, os membros da sua família vêem aquilo como um compromisso. Trate seriamente o que você diz que fará e cumpra o prometido. Reconheça que a confiança que você constrói em casa provavelmente é a confiança mais importante de todas.

RESUMO. COMPORTAMENTO 12 – CUMPRA AS PROMESSAS

Diga o que fará, depois faça aquilo que disse. Faça promessas cuidadosamente e cumpra-as. Faça das promessas o símbolo de sua honra. Não revele confidências. Não tente justificar e manipular a justificativa das promessas que não cumpriu.

COMPORTAMENTO 13: CONFIE NOS OUTROS

Confie nos homens e eles lhe serão fiéis; trate-os com grandeza e eles se mostrarão magnânimos.

– Ralph Waldo Emerson

Em uma temporada, quando treinei o *flag football* da Little League,* tive na minha equipe uma jogadora muito corajosa chamada Anna Humphries. Era a única menina da equipe. Aliás, do que me lembro, havia só uma ou duas outras meninas jogando na liga inteira. Anna não era uma má jogadora, porém não tinha o mesmo nível de experiência e habilidade dos outros jogadores.

De acordo com as regras da Pequena Liga, eu deveria fazer cada jogador jogar pelo menos durante a metade de cada jogo. Esse esquema supunha que eu teria quatorze jogadores para preencher as sete posições. No entanto, naquela temporada, só tive dez jogadores. Considerando a limitada experiência e habilidade de Anna, eu poderia fazê-la jogar a metade de cada jogo e depois tirá-la, mas achava que ela era corajosa em competir com os garotos e quis encorajá-la, então decidi mantê-la durante um tempo justo.

Tudo ia bem até que chegamos ao grande jogo. Era o final da temporada e ambas equipes estavam invictas. Na segunda metade do jogo, a outra equipe correu na direção da Anna e marcou um *touchdown*. Estavam agora apenas um ponto atrás de nosso time. Com apenas uma jogada para terminar o jogo, eles iam tentar conseguir os dois pontos e obter a vitória.

**Nota do Tradutor*: Modalidade muito popular do futebol americano em que em vez de se derrubar o jogador que está correndo com a bola, a defesa tem que arrancar da sua cintura uma bandeirola. A cintura com a bandeirola chama-se *flag belt*. O objetivo é minimizar a possibilidade de se machucar um jogador. Quando se consegue arrancar a *flag belt*, o corredor tem que parar e o jogo se reinicia do ponto de onde partiu o arremesso. Little League é uma ONG americana que organiza nos Estados Unidos e pelo mundo times e associações municipais de beisebol e futebol americano infantil, realizando campeonatos anuais regionais e nacionais.

Eu tinha uma escolha: tirar Anna e colocar outro jogador em seu lugar ou deixá-la jogar até o fim. Anna tinha competido muito durante o ano todo e com base em minha decisão anterior de deixar todos jogarem o tempo justo, ainda era a sua vez de jogar. Arriscando a vitória de nosso time, decidi deixar que ela jogasse e disse-lhe que se corressem para o seu lado outra vez, ela poderia garantir o jogo e parar o corredor.

Anna sentiu a extensão de minha confiança e fez jus à ocasião. Evidentemente que a outra equipe correu em sua direção, mas Anna fez a jogada, puxando a bandeirola do corredor, parando-o a apenas poucas polegadas antes da linha do *touchdown*. Essa era apenas a segunda bandeirola que ela tinha puxado o ano inteiro, e ela o fez no jogo mais importante do ano.

Ganhamos o jogo e o campeonato extra-oficial da Liga. Até hoje, cada vez que a vejo, sinto-me feliz por ter acreditado em Anna, por ter estendido minha confiança. Digo a ela: "Você é minha heroína! Você fez a coisa acontecer!"

DE PESSOA DE CONFIANÇA A LÍDER CONFIANTE

O Comportamento 13 – Confie nos Outros – é diferente do restante dos comportamentos. Trata-se de mudar a palavra "confiança", como substantivo, para a palavra "confiar em", como verbo. Enquanto os outros comportamentos ajudam a torná-lo pessoa ou administrador em quem os outros confiam mais, esse comportamento ajudará a torná-lo um líder mais confiante. Esse comportamento não constrói apenas confiança, ele a multiplica. Cria reciprocidade; quando você confia nas pessoas, em retribuição, as pessoas tendem a confiar em você. Adicionalmente (e ironicamente), confiar é um dos melhores meios de fazer com que os outros confiem em você quando eles ainda não confiam.

> *A liderança sem confiança mútua é uma contradição dos [dois] termos.*
>
> – WARREN BENNIS, AUTOR DE *ON BECOMING A LEADER*

Veja só a aquisição de Warren Buffett da McLane Distribution. Esse negócio só podia acontecer com tal velocidade e custo baixo porque Warren Buffett estava disposto a confiar. Um exemplo semelhante é a maneira como A.G. Lafley, CEO da Procter & Gamble, e Jim Kilts, CEO da Gillette, confiaram um no outro durante o processo de fusão das respectivas empresas. Na revista *Fortune*, Lafley descreve esta notável operação, como se segue:

Decidi que colaboraríamos nas negociações. Tínhamos aqui um negócio amigável, e não havia absolutamente motivo para não colocar as cartas na mesa. Cha-

mei uma pessoa em quem Jim e eu confiávamos, Rajat Gupta, o principal líder da McKinsey, que aconselhou Jim a me permitir análise transparente das sinergias dos custos e uma visão da tecnologia futura da Gillette. Nós certamente colaboramos mutuamente – e sem todos aqueles conselheiros típicos nos dizendo o que fazer. Em dado momento, Jim me disse: "Você não está trazendo algum banqueiro?" Respondi: "Nós não precisamos de qualquer banqueiro." Aí ele me perguntou: "Você não está trazendo os advogados?" Disse-lhe: "Nós não precisamos de quaisquer advogados." Aquilo era um sinal muito importante que afirmava que confiávamos um no outro.

Esta última ilustração é um exemplo de *transferência* da confiança, na qual Rajat Gupta, da McKinsey, agiu como o que chamo "ponte de confiança" entre os dois lados. Tendo em vista que ambas as partes confiavam no mesmo indivíduo, e esse indivíduo expressou sua confiança em cada uma delas, as duas partes podiam, então, passar a confiança uma para a outra.

Certamente não sugiro que a maneira como Warren Buffett ou A. G. Lafley lidaram com essas fusões seja o jeito como todo mundo deva fazer negócios. Você facilmente poderia encontrar alguém, apertar suas mãos em um negócio, não fazendo a "auditoria necessária" só para descobrir, depois, que comprou um armazém que sequer existe! Aliás, durante um intervalo em um de meus programas, uma mulher me procurou e contou-me que tinha tido experiência terrível por ter confiado em alguém. Ela me disse: "Há algum tempo, comprei uma empresa. Durante as negociações, quando comecei a falar sobre a necessidade de assinarmos um contrato de trabalho, o CEO cuja empresa estava comprando disse-me que não estava disposto a assinar tal documento. Ele argumentou: 'Veja, você está comprando minha empresa. Deve confiar em mim. Se você não confia em mim, por que quer comprá-la?' Pareceu-me um argumento muito lógico, então, disse-lhe: 'Está bem, confio em você.'" No entanto, de acordo com o relato da mulher, depois que o negócio foi fechado, esse CEO (cujo conhecimento e cujos relacionamentos ela precisava desesperadamente para tocar a nova empresa) causou todos os tipos de tumultos, ameaçando deixar a empresa se não recebesse mais dinheiro. A falta do contrato de emprego quase transformou o negócio inteiro em desastre absoluto. No final, ela me disse, aquilo fez com que nunca mais quisesse confiar em alguém.

Evidentemente, você não quer ser um crédulo. Você não quer ser uma Poliana. Você não quer confiar indiscriminada nem imprudentemente. Você se queimaria. Por outro lado, você também não quer se privar dos enormes benefícios de confiar nas pessoas.

A última seção deste livro trata totalmente da questão de Inspirar Confiança. Ali conversaremos em detalhes sobre quando e como estender às pessoas aquilo que chamo "Confiança Inteligente", de modo que você possa reduzir seu risco e não entrar em situações como a citada. Contudo, neste capítulo, quero simplesmente destacar que na maioria das vezes confiar nos outros causará impacto extraordinário na construção da confiança, tanto nos relacionamentos quanto na cultura. Sem dúvida, é uma das melhores e mais rápidas maneiras de se estabelecer e fazer crescer a confiança, e este é o aspecto que focalizaremos agora.

O QUE ACONTECE QUANDO SE CONFIA

Confie nos Outros é baseado nos *princípios* de *empowerment*, reciprocidade e na crença básica de que pode-se confiar na maioria das pessoas; elas querem que você confie nelas, e que elas farão jus à confiança que nelas depositarmos.

O *oposto* de Confie nos Outros é não confiar nas pessoas, algo que cria, em toda parte, um enorme custo, especialmente nas organizações.

Se pensar bem, por que será que porcentagem tão baixa de empregados confia em seus líderes maiores? Indubitavelmente há muitas razões, porém sustento que uma das principais é que os gestores seniores não confiam em seus colaboradores, e essa desconfiança torna-se mútua. Assim, na verdade, os líderes são cúmplices em ajudar a criar a desconfiança dos empregados. Tal atitude torna-se um círculo vicioso: as pessoas tendem a não confiar nas pessoas que não confiam nelas.

A título de exemplo, muitas empresas não permitem que seus empregados façam horas extras, trabalhem depois do expediente normal ou fim da semana, a menos que um supervisor esteja presente. Por quê? Porque, no fundo, sua direção não confia que os empregados farão seus trabalhos sem supervisão. Um empregado certa vez me disse: "Eles pensam que vamos nos sentar ao redor de uma mesa para comer rosquinhas e ficar colecionando horas extras!"

Agora contraste esse tipo de comportamento com a abordagem da Ritz-Carlton Hotels, onde a direção capacita cada empregado – incluindo as arrumadeiras – a resolver os problemas dos hóspedes e dispõe de até US$2 mil sem aprovação. Ou a rede de lojas Nordstrom, onde os empregados que atendem os compradores têm a regra: "Em todas situações, use o seu bom senso."

Ou compare a abordagem da JetBlue, amplamente reconhecida por seus serviços de qualidade. A JetBlue não tem uma central de reservas – em vez disso, as pessoas que as fazem trabalham a partir de suas casas. Na vasta maioria dos casos, essas atendentes são mães que querem harmonizar o tempo no trabalho com suas famílias e não querem sair de casa. Os gerentes da JetBlue montam em suas casas terminais de reserva e confiam que elas desempenharão suas tarefas quando for necessário. Uma empresa que confiasse menos em seus empregados talvez ficasse preocupada que, em vez de atenderem os passageiros, essas mães estariam cuidando de seus filhos ou tratando de outros problemas ou tarefas. Mas essas atendentes são reconhecidamente consideradas responsáveis e incrivelmente gentis, agradáveis e empenhadas no telefone – parcialmente porque devolvem ao cliente a maneira como são tratadas por seu empregador, transferindo-lhes o respeito que recebem e como se sentem com relação à sua empresa e seu trabalho.

Curiosamente, outras linhas aéreas tentaram copiar o modelo de linha aérea com desconto da JetBlue (e da Southwest), incluindo a Ted (operada pela United) e a Song (operada pela Delta). No entanto, até agora, elas conseguiram copiar a estratégia, mas não puderam implementá-la tão eficientemente quanto a JetBlue porque não podem copiar a cultura de confiança. Quando Vincent Stabile, vice-presidente de Gestão de Pessoas, foi indagado sobre como a JetBlue se diferenciava das outras empresas aéreas tradicionais, respondeu: "Tratamos nosso pessoal como queremos que tratem os nossos clientes."

> *As empresas deveriam confiar mais para que seus empregados pudessem trabalhar em suas casas. Viajar diariamente de casa para o trabalho e de volta para casa mata muito tempo e energia que poderia ser gasto em criação.*
>
> – SIR RICHARD BRANSON, FUNDADOR E CHAIRMAN, THE VIRGIN GROUP

A Best Buy confia de maneira similar em seus empregados. Em 2002, depois de significativo aumento da rotatividade e de reclamações sobre estresse no trabalho, a empresa decidiu permitir que seus empregados trabalhassem quando e onde quisessem, desde que cumprissem as tarefas que lhes eram designadas. Em recente entrevista ao programa *60 Minutes*, um de seus gestores, Chap Achen, disse: "Confio que minha equipe realizará seu trabalho neste ambiente, e... a ironia deste esquema é que essa confiança é justamente o fator que faz esse pessoal dar mais duro." Obviamente o esquema funciona – a produtividade aumentou 35%.

Gordon Forward, ex-presidente e CEO da Chaparral Steel, disse:

> *Nós não temos políticas. Essencialmente, começamos com algumas idéias muito básicas. Em primeiro lugar, decidimos que confiança e honestidade iriam desempenhar papel importante no que fazíamos. Parecia-nos que muitos dos procedimentos em muitas organizações eram concebidos para apanhar os 3% que, de uma maneira ou outra, tentavam trapacear. Decidimos conceber as nossas regras para os 97% em quem confiávamos. Achamos que os outros se sobressairiam que nem zebra no meio de uma tropilha de cavalos brancos, e eventualmente eles se demitiriam. Foi exatamente o que aconteceu.*

Uma das maiores forças que restringe o trabalho em casa resulta do fato de os empregadores realmente não saberem se podem confiar em seus funcionários, então, em vez de inverterem o raciocínio, escolhem tratar os 97% nos quais poderiam confiar como tratariam os 3% não-confiáveis.

Alguns poderiam argumentar que 3% para os empregados nos quais não se pode confiar talvez fosse um número por demais baixo – que ele provavelmente estaria mais próximo dos 10%. Mas ainda que esse fosse o número real, que tal os 90% nos quais você pode confiar? Deixamos os "poucos" definirem o tratamento dado aos "muitos?" E se deixamos, qual é o impacto disso sobre a velocidade e o custo?

Afirmo que o impacto é devastador! Literalmente, mata o entusiasmo, o comprometimento, a colaboração e a confiança mútua em potencial que poderia impulsionar tremendamente a organização, conforme demonstram claramente os exemplos de empresas como a JetBlue e a Best Buy.

O *fingimento* do Confie nos Outros assume duas formas. A primeira consiste na "falsa confiança", em delegar a responsabilidade para as pessoas, mas não lhes conferir nem autoridade nem recursos para que realizem suas tarefas. A segunda é representada pela "confiança fingida" – agir como se confiasse em alguém quando, de fato, não confia. Em outras palavras, você incumbe alguém de um trabalho, mas no final do expediente, você a "espiona", fica rodeando-a, banca o "Grande Irmão" ou, quem sabe, acaba fazendo seu trabalho.

Um exemplo simples de alguém que confia fingindo é o conselheiro de grêmios em escolas do ensino fundamental. Um dos filhos de um colega meu, que atua em um grêmio, foi recentemente encarregado por um desses conselheiros de telefonar para uma universidade local, pedindo um jogo emprestado, para uma atividade. Quando ele telefonou, descobriu que o conselheiro já havia telefonado antes e acertado o empréstimo do jogo. Evidentemente, essa é uma experiência típica para os membros do conselho.

E qual é o impacto disso sobre a iniciativa e a confiança?

UM PODEROSO MOTIVADOR

Conforme aprendi quando meu pai me incumbiu de fazer nosso terreno ficar "verde e limpo", nada motiva ou inspira mais as pessoas do que ter alguém confiando nelas. Quando isso acontece, as pessoas não precisam ser supervisionadas; elas se administram.

Aliás, quando se pede às pessoas que pensem sobre a pessoa que foi mais influente em sua vida e para que descrevam por que foi tão influente, elas normalmente dizem: "Ela acreditou em mim quando ninguém mais acreditava", ou

"Ele via algo em mim que ninguém mais via". O que estão dizendo basicamente é que essa pessoa confiou nelas, e que elas foram influenciadas poderosamente por essa demonstração de confiança, tendo retribuído adequadamente.

> *As pessoas me perguntam como conservei o interesse e o zelo para me manter ali e fazer aquilo que fiz. Eu lhes respondo: "Porque meu pai tratou-me com uma disciplina muito severa: ele confiava em mim." Não tenho outra alternativa, tenho que transmitir tal confiança. Ele confiou em mim. Eu confio nas outras pessoas. E elas fizeram seu trabalho.*
>
> – Robert Galvin Jr., ex-CEO, Motorola

Confiando nos outros você potencializa as pessoas. Você alavanca a sua liderança. Cria uma cultura de alta confiança que extrai o melhor das pessoas, cria sinergia de alto nível e aumenta ao máximo a capacitação de qualquer organização – seja um negócio, uma escola, uma ONG ou uma família – para realizar aquilo a que se propôs.

DICAS DE CONFIANÇA

Sem dúvida, Confiar nos Outros retira sua força da Integridade, da Intenção, das Capacitações e dos Resultados. Se você se encontra no lado esquerdo da curva de Gauss, provavelmente não confia nos outros suficientemente ou não o faz eficientemente. Em particular, você pode querer aumentar sua disposição de delegar (Integridade) ou aumentar sua propensão para confiar nos outros (Intenção), ou ainda, em melhorar sua habilidade de esclarecer expectativas, em delegar ou de Confiar Inteligentemente (Capacitações).

Se você está no lado direito, provavelmente você confia demasiadamente nos outros e está se queimando. Você precisa adquirir o discernimento que provém do desenvolvimento das 4 Dimensões. Na última seção deste livro, darei mais detalhes que o ajudarão a mover-se para o "ponto ideal", aprendendo a "Confiar Inteligentemente".

Enquanto você se concentra neste comportamento, talvez queira considerar as seguintes idéias de aplicação:

- Pense sobre um relacionamento no qual você sente que alguém não confia em você. Pergunte-se: Será que a falta de confiança dessa pessoa em mim poderia se originar, ao menos parcialmente, de minha falta de confiança nela? Se você estiver preso a esse círculo vicioso descendente, tente revertê-lo. Comece a se comportar de maneira a confiar mais nos outros e observe os resultados.

- Usando uma escala de 1 a 10, determine onde você acha que se encontra em termos de confiar nos outros, seja no trabalho, seja em casa. Imagine o que aconteceria se seu ponto de desempenho se movesse para a esquerda (confiar menos)... e, então, para a direita (confiar mais). Se sua avaliação for de 5 pontos ou menos, identifique uma ou duas atitudes que poderia tomar para confiar mais nos outros.
- Se você for pai ou mãe, preste atenção na maneira como age com seus filhos. Você tende a ser desconfiado, rodeá-los ou controlá-los em minúcias? Ou tende a tratá-los como pessoas responsáveis, dignas de confiança? Na seção Inspirar Confiança, conversaremos sobre como praticar com as crianças a "Confiança Inteligente", porém, neste ponto, você talvez queira ao menos avaliar suas tendências e que mensagem elas comunicam aos membros de sua família... e quais são seus resultados.

RESUMO: COMPORTAMENTO 13 – CONFIE NOS OUTROS

Demonstre propensão a confiar. Confie amplamente naqueles que conquistaram a sua confiança. Confie condicionalmente naqueles que estão no processo de conquistar a sua confiança. Aprenda a a confiar nos outros em função da situação, risco e credibilidade (caráter e competência) das pessoas envolvidas. Porém, esteja propenso a confiar. Não deixe de confiar porque existe risco envolvido.

CRIANDO UM PLANO DE AÇÃO

No começo da seção dos 13 Comportamentos, estimulei-o a transformar o material em algo altamente importante e funcional, identificando dois relacionamentos – um profissional e outro pessoal – com os quais gostaria de construir a confiança. Disse-lhe também que no final desta seção eu lhe daria a oportunidade de revê-la, determinando aqueles dois ou três comportamentos que maior influência exerceriam no processo e criando um plano de ação que lhe permitisse mudar o comportamento para atingir seus objetivos.

Pois bem, aqui estamos. Se você não o fez antes, encorajo-o a fazê-lo agora. Este é o lugar onde você poderá tomar decisões que construirão confiança, transformando impostos em dividendos, melhorando seus relacionamentos com duas pessoas, e – por meio de um efeito multiplicador – com muitas outras, também.

Muitas pessoas acham útil usar o diagrama das páginas que se seguem. Se essa abordagem lhe convém, sugiro que comece com um dos dois relacionamentos. Repasse os comportamentos. Marque na escala onde você pensa estar agora com relação a cada quesito. Então retorne e marque os dois ou três comportamentos que na sua opinião farão grande diferença construtiva no esforço de melhorar ou construir o relacionamento com a pessoa.

Identifique um ou dois passos a dar em seguida, a fim de realizar, em cada um desses comportamentos, mudanças no próprio comportamento. Você poderá querer referir-se às Dicas de Confiança mencionadas no final de cada capítulo, ou poderá pensar em algo que poderá funcionar melhor na situação específica.

A chave para o sucesso consiste em tornar funcionais essas iniciativas, assumindo o compromisso de realizá-las, cumprindo-as.

Então, retorne e repita esse procedimento para o segundo relacionamento escolhido.

Durante a criação de seu plano, tenha em mente que a maneira mais rápida de se fazer um saque é violar um comportamento de *caráter*, sendo que o jeito mais rápido de fazer um depósito passa pela comprovação de um comportamento de *competência*. Essas duas constatações poderão ajudá-lo a determinar a maneira mais rápida de se construir confiança junto àquelas duas pessoas.

Se você preferir utilizar uma abordagem diferente para a implementação de seu plano, nada tenho contra. Entretanto, você ainda poderá querer examinar o diagrama, que lhe permitirá obter uma visão geral dos 13 Comportamentos, incluindo seus opostos e os respectivos fingimentos. Essa análise constitui um bom jeito de capturar a visão de como os líderes de alto nível de confiança interagem com as outras pessoas.*

	COMPORTAMENTO	DESEMPENHO ATUAL	O OPOSTO/O FINGIMENTO
C	Fale Francamente		Mentir, enrolar, contar meias-verdades, falar de forma ambígua, lisonjear.
A R Á	Demonstre Respeito		Não se importar ou não demonstrar preocupação com os outros; desacatar ou respeitar apenas quando alguém pode fazer algo por você.
T	Crie Transparência		Reter informações; manter segredos; criar ilusões; fingir.
E	Corrija os Erros		Não admitir nem reparar os erros; encobrir erros.
R	Demonstre Lealdade		Entregar os outros; roubar o crédito; elogiar as pessoas na sua frente e difamá-las por trás.

*Você pratica os 13 Comportamentos ou seus fingimentos mais comuns? Descubra visitando http://www.speedoftrust.com.

	COMPORTAMENTO	DESEMPENHO ATUAL	O OPOSTO/O FINGIMENTO
C O	Produza Resultados		Deixar de produzir resultados; produzir atividades, não os resultados.
M P	Aperfeiçoe-se		Piorar; não investir em melhoria pessoal; forçar cada problema a ter uma solução única – a sua.
E T Ê	Enfrente a Realidade		Enterrar sua cabeça na areia; focar atividades improdutivas para manter-se ocupado, evitando os problemas verdadeiros.
N C	Esclareça as Expectativas		Assumir que sabe quais são as expectativas ou não revelá-las; criar expectativas vagas e que variam.
I A	Pratique a Responsabilidade		Não assumir responsabilidades; "Não é minha culpa!"; não responsabilizar os outros.
A	Escute Primeiro		Não escutar; falar primeiro, escutar depois; fingir escutar; escutar sem entender.
M B	Cumpra as Promessas		Quebrar compromissos; não cumprir promessas; fazer promessas vagas e esquivas ou não assumir quaisquer compromissos.
O S	Confie nos Outros		Não confiar ou desconfiar; fingir confiança, depois controlar por trás; delegar responsabilidade, mas não a autoridade.

A TERCEIRA, QUARTA E QUINTA ONDULAÇÃO – CONFIANÇA DO STAKEHOLDER

Você agora possui os instrumentos para a construção da confiança – as 4 Dimensões da Credibilidade e os 13 Comportamentos. Nesta seção, focalizaremos o contexto dentro do qual você pode usar esses instrumentos para aumentar a velocidade, baixar os custos, criar valor, estabelecer confiança e maximizar sua influência e a de sua organização.

Na Terceira Ondulação – Confiança Organizacional – trataremos do estabelecimento da confiança com os *stakeholders internos*. Nosso foco será a criação do *alinhamento* que elimina tributos e aumenta os dividendos dentro da organização.

Na Quarta Ondulação – Confiança do Mercado – lidaremos com o estabelecimento da confiança com *stakeholders externos*. Nosso foco será a construção de uma *reputação* ou de uma marca que inspire confiança no mercado.

Na Quinta Ondulação – Confiança Societária – conversaremos sobre a construção da confiança dentro da sociedade, com base nos princípios da *contribuição* e da cidadania global, fatores que estão se tornando reconhecidos rapidamente como sendo necessidade econômica, bem como social.

À medida que prosseguimos nesta seção, recomendo que faça uma escolha que afetará a maneira como lerá (e entenderá) os próximos três capítulos e o impacto que causarão sobre sua capacitação para edificar a confiança dos *stakeholders*. Escolha a definição do termo "organização" que melhor se adapte ao nível ou ao contexto das circunstâncias de sua atuação no local de trabalho.

Se você for o presidente e/ou o CEO de uma organização, poderá querer definir organização em seu sentido "macro", mais amplo. Os "óculos" através dos quais você examinará esse material enxergarão sua organização como um todo, portanto seus *stakeholders* internos seriam todos os que trabalham dentro da empresa. Todos os outros *stakeholders* – incluindo clientes, fornecedores, distribuidores e investidores – seriam considerados externos.

Se você for o gerente de um departamento ou de uma unidade dentro de uma organização, irá querer definir organização em um nível mais "micro". Sua organização será seu departamento. Seus *stakeholders* internos serão aqueles que trabalham em seu departamento. Neste contexto, seus *stakeholders* externos incluirão todos os indivíduos e agentes externos a seu departamento, inclusive outros departamentos dentro da empresa, clientes fora da empresa, ou até mesmo os assim chamados "clientes internos" que você porventura atenda dentro da empresa.

Se você for o superintendente distrital de uma escola, sua organização será seu distrito escolar. Se for diretor de uma escola, sua organização será sua escola. Se for um professor, sua organização será sua classe. Se for um estudante, sua organização também será sua classe. Se trabalhar em equipe, sua organização será a equipe. Se tiver família, sua organização será sua família. Em todos os casos, os *stakeholders* internos serão os discutidos no capítulo Confiança Organizacional e os *stakeholders* externos, os agentes comentados nos capítulos Confiança do Mercado e Confiança Societária.

Qualquer que seja seu papel, acredito que você aproveitará mais os ensinamentos desta seção se definir sua organização no nível mais operacional possível – em outras palavras, no contexto mais relevante de sua atuação e influência diretas – e você usará isso para definir o enfoque a ser dado à leitura para entendimento e aplicação do conteúdo. No entanto, ao completar a leitura da seção, você poderá querer reler a partir de um nível mais alto, definindo sua organização como sendo a empresa inteira, abrindo com isso um novo nível de percepção e aplicabilidade.

A TERCEIRA ONDULAÇÃO – CONFIANÇA ORGANIZACIONAL
O PRINCÍPIO DO ALINHAMENTO

As organizações não são mais construídas com base na força, e sim na confiança.

– Peter Drucker

Muitas vezes, em nossos trabalhos com clientes – antes mesmo de conversarmos sobre as 4 Dimensões ou os 13 Comportamentos – apresentamos quatro perguntas que gostaria de lhes mostrar agora. Se, antes de prosseguir com a leitura, você dedicar alguns minutos a respondê-las mentalmente, estabelecer-se-á grande diferença em sua habilidade de aplicar as idéias deste capítulo.

Como você descreveria uma organização de baixo nível de confiança?
Como você descreveria uma organização de alto nível de confiança?
Qual das duas descrições representa melhor a sua organização?
Quais são os resultados?

Em nossos workshops e apresentações, os participantes geralmente dizem que em uma organização de baixa confiança, eles enxergam comportamentos culturais como os que se seguem:

- As pessoas manipulam ou deturpam os fatos
- As pessoas retêm e guardam informações
- Receber o crédito por algo é muito importante
- As pessoas distorcem a verdade buscando vantagem
- Resiste-se abertamente às idéias novas e estas são abafadas
- Erros são encobertos
- A maioria das pessoas está envolvida em jogar a culpa nos outros e em falar mal dos outros
- As conversas de corredor são abundantes
- Há numerosas “reuniões após as reuniões”
- Há muitos assuntos “indiscutíveis”
- As pessoas tendem a prometer demais e a cumprir de menos
- Há muitas expectativas descumpridas, para as quais as pessoas tentam arranjar desculpas
- As pessoas fingem que não acontecem coisas ruins ou as negam
- O nível de energia é baixo
- Muitas vezes as pessoas sentem uma tensão improdutiva – às vezes até mesmo temor

Os participantes dizem que em uma organização de alta confiança, geralmente enxergam comportamentos diferentes, como:

- As informações são compartilhadas abertamente
- Os erros são tolerados e encorajados, sendo vistos como meio de aprendizado
- A cultura é inovadora e criativa
- As pessoas são leais aos que estão ausentes
- As pessoas conversam com franqueza e confrontam os problemas verdadeiros
- Há comunicações e colaboração verdadeiras
- As pessoas compartilham o crédito amplamente
- Há poucas “reuniões após reuniões”
- A transparência é um valor praticado
- As pessoas são espontâneas e autênticas
- Há alto grau de responsabilidade
- Existem vitalidade e energia palpáveis – as pessoas podem sentir o impulso positivo

Antes mesmo de conseguirmos com que os participantes apurem as características da empresa onde trabalham, a maioria já examina a primeira lista, ri e diz: "Esta é a *nossa* empresa. Isso é exatamente o que acontece na organização onde trabalho."

Então lhes fazemos perguntas sobre os resultados desses comportamentos:

- Como é trabalhar em sua empresa?
- Qual é a porcentagem de seu tempo aplicada em trabalhos verdadeiros?
- Qual é a sua capacidade de colaborar – internamente? E externamente?
- Como lida com as "vacas sagradas"?
- Quanto se colabora em sua cultura?
- Como é a inovação?
- Os colaboradores estão empenhados?
- Quão capazes são as pessoas na execução da estratégia?
- As pessoas sabem quais são as prioridades da organização?
- Aqueles que tomam decisões obtêm os dados de que precisam – sem serem filtrados?
- Como são as reuniões?
- Que tal a questão ética... esta é percebida como uma questão de conformidade ou sua organização acha importante agir corretamente?
- Qual é a amplitude de controle?
- Que tipos de sistemas e processos estão funcionando?
- Qual é o impacto sobre a velocidade?
- Qual é o impacto sobre o custo?

É interessante observar que as reações mais importantes não surgem quando as pessoas vêem os efeitos da baixa confiança em suas organizações. Esse é o seu mundo. É a realidade com a qual a maioria lida todos os dias.

As maiores reações surgem quando os participantes compreendem o que acontece como conseqüência da violação de princípios – não apenas no plano individual, mas também no plano organizacional. Não se trata de violar apenas as 4 Dimensões e os 13 Comportamentos; trata-se também de infringir os princípios da concepção organizacional que criam o *alinhamento* com as dimensões e os comportamentos. E isso acontece quando os participantes – particularmente os líderes – culpam os comportamentos das pessoas na organização pelo ambiente de baixa confiança, sem entenderem que é de sua própria responsabilidade criar, incutir e manter sistemas que promovam um ambiente de alta confiança.

Arthur W. Jones, especialista em projeto de organização, disse: "Todas as organizações estão perfeitamente alinhadas para obter os resultados que obtêm." Eu acrescentaria: "Todas as organizações estão perfeitamente alinhadas para obter os níveis de *confiança* que obtêm." Portanto, se você não tem em sua organização o nível de confiança e os dividendos de alta confiança que deseja, é hora de examinar o princípio do alinhamento. É hora de examinar as estruturas e os sistemas que comunicam – muito mais eloqüentemente do que as palavras – os paradigmas subjacentes e que afetam a confiança cultural.

> *Uma empresa que está em guerra consigo mesma [não alinhada] não terá nem a força nem o foco para sobreviver e prosperar no ambiente competitivo dos dias atuais.*
>
> – Professor John O. Whitney, Columbia Business School

Disse anteriormente que a confiança é a variável oculta que afeta tudo. O motivo pelo qual ela está escondida nas organizações é que os líderes não a procuram nos sistemas, estruturas, processos e políticas que embasam os comportamentos cotidianos. Eles estão concentrados nos sintomas – no reflexo do Sol na superfície da água. Eles não põem os óculos que lhe permitirão ver o "peixe" movendo-se embaixo. Como líder, você pode ser bem-sucedido em termos da Autoconfiança e da Confiança nos Relacionamentos, de modo que as pessoas confiam em você como pessoa; porém, apesar disso, poderá fracassar no nível da Confiança Organizacional por não conceber e alinhar sistemas que promovam a confiança.

SÍMBOLOS: AS MANIFESTAÇÕES DO ALINHAMENTO (OU DE SUA AUSÊNCIA)

Em um de nossos workshops, uma participante contou que seu marido deixou recentemente a empresa onde trabalhava para entrar no meio acadêmico, porque achava que aquele era realmente o ambiente que o interessava. Mas depois de quatro dias na universidade, ele voltou para a ex-empresa. Com todas as políticas e procedimentos burocráticos da universidade, para obter uma caneta ele tinha que preencher uma requisição, com três níveis de aprovação! Ele disse: "Não quero lidar com isto, não gosto do que isso faz à minha pessoa. Não gosto de como isso me faz sentir." Claramente as políticas da universidade eram um *símbolo* de desconfiança.

> *A confiança é o sinal mais expressivo da satisfação dos indivíduos dentro de suas organizações.*
>
> – Jim Kouzes e Barry Posner, autores de livros sobre negócios

Eu vi um desalinhamento semelhante em uma grande empresa de consultoria. A empresa tinha começado a ter dificuldades financeiras e em um esforço para administrar seus custos, seus novos executivos financeiros colocaram em funcionamento uma política altamente detalhista e complicada com relação ao reembolso de despesas efetuadas em viagens. Esta continha exigências minuciosas como: "Se você chega no aeroporto para devolver seu carro alugado e não enche o tanque, terá que pagar a gasolina pessoalmente e a um custo mais alto." Os consultores que estavam em campo, correndo de cliente em cliente, em cidades diferentes e mal conseguindo pegar seus vôos, foram tratados como se fossem preguiçosos e irresponsáveis. Outro requisito consistia em a empresa não reembolsar os telefonemas feitos em celulares de consultores enquanto estivessem fora, a menos que a pessoa tivesse o cargo de sócio. Uma vez mais, o pressuposto comunicado era o de que esses consultores gastariam o tempo de seus celulares fazendo chamadas pessoais em vez de usá-los para telefonemas relativos a trabalho.

A política toda tornou-se símbolo de desconfiança. Felizmente, essa empresa tinha alguns consultores altamente confiáveis que forçaram-na a recuar. Eles disseram: "Nós não gostamos disto. Estão nos tratando como crianças. A política sinaliza confiança zero em nós." Em conseqüência, as políticas foram mudadas e alinhadas com os valores mais altos de uma empresa respeitosa e confiável.

> *Os bons líderes deveriam confiar naqueles que estão a seu redor.*
>
> – Sir Richard Branson, fundador e chairman, The Virgin Group

Os dois exemplos demonstram o impacto causado sobre o clima organizacional e o funcionamento de uma organização quando suas estruturas e sistemas não estão alinhados com os princípios que promovem a confiança. Também demonstram o poder dos *símbolos* organizacionais – aquilo que representa e comunica os paradigmas subjacentes para todos na organização.

Realmente, os símbolos são poderosos. Eles carregam um peso desproporcional e sempre anulam a retórica. Comunicam paradigmas muito mais claramente do que as palavras e o fazem com influência exponencial e multiplicadora. Foi dito que "uma imagem vale mil palavras". O mesmo pode ser dito de um símbolo. Ele comunica tanta coisa, tão rapidamente e para tantos...

Os símbolos podem ser positivos ou negativos e podem assumir muitas formas, incluindo objetos tangíveis, sistemas ou processos, comportamentos aplicados consistentemente ou histórias lendárias. Os símbolos incluem tudo, desde os manuais de política com 500 páginas, até os estacionamentos privativos dos executivos onde os diretores estacionam seus carros luxuosos, a recusa de um CEO recentemente empossado de aceitar aumento de salário, pois aquilo talvez enviasse mensagem errada aos funcionários, ou as lendas, como a de Howard Shultz, que agiu com coração e sensibilidade quando os empregados da Starbucks foram assassinados. Eles também incluem os caros objetos de arte comprados para a sala do Conselho enquanto as pessoas estão sendo demitidas e o CEO que lê todas as 10 mil cartas de feedback enviadas pelos clientes porque ele realmente se preocupa com sua opinião. Ainda incluem lendas, tradições e crenças da organização que são citadas e recitadas por todos em uma empresa, como a história sobre o CEO da JetBlue, David Neeleman, que dirigiu até o Aeroporto JFK e embarcou seus passageiros por meio de seu computador pessoal durante uma pane de energia elétrica em Nova York.

Durante uma fase de minha vida, trabalhei para uma grande empresa de desenvolvimento imobiliário que tinha três valores básicos – trabalhar duro, trabalhar de modo inteligente e divertir-se. Em dado momento, um corretor nos procurou, representando um cliente que queria realizar um enorme projeto. Ele havia decidido obter orçamentos das 10 maiores imobiliárias da região. Ficamos muito animados com essa oportunidade, mas à medida que as negociações progrediam, descobrimos que o corretor era tão difícil de tratar e tão antagônico em suas exigências que nossas reuniões tornaram-se árduas, unilaterais e realmente desagradáveis. Quando nos sentamos na décima reunião, o sócio sênior encarregado do projeto me disse: "Stephen, tenho uma pergunta: Você tem se divertido trabalhando neste negócio?" Tive que admitir que não. "Bem", ele disse, "eu também não. O divertimento é um de nossos valores. Nós não estamos nos divertindo, então vamos cair fora disso". Nossa desistência dessa grande oportunidade potencial chocou o corretor e o cliente, mas estava completamente alinhada com os valores da empresa, e enviou uma mensagem clara a todos de que a direção levava esses valores a sério. Essa decisão tornou-se símbolo de nossos valores, e foi contada e recontada como grande parte das tradições da empresa.

Qualquer forma que assumam, os símbolos tornam-se exageradamente valorizados como sendo representações, ícones e imagens daquilo que é correto ou errado dentro de uma organização.

> *A longo prazo, um líder de confiança só pode permanecer em uma grande organização se sobre ele existirem bons mitos, particularmente sobre sua consistência.*
>
> – Henk Broeders, líder da Cap Gemini, E&Y for the Netherlands

Aqui estão alguns exemplos de símbolos que comunicam e constroem confiança alta.

1. Em um fim de semana, alguns anos depois de começar a Hewlett-Packard, seu co-fundador, Bill Hewlett, parou em um almoxarifado da empresa para pegar uma ferramenta e descobriu que havia um cadeado na caixa de ferramentas. Aquilo contrariava a prática explícita que a empresa havia estabelecido desde seu início, que era a de manter todas as caixas de ferramentas e almoxarifados abertos, de modo que os empregados tivessem livre acesso a quaisquer ferramentas que eventualmente necessitassem. A decisão de manter as caixas abertas havia sido tomada conscientemente para demonstrar a confiança da HP nos empregados. Aquilo nasceu da experiência do co-fundador David Packard que anteriormente havia trabalhado para uma empresa que vigiava excessivamente as ferramentas e caixas para "garantir que os empregados não roubassem nada".

Irritado com o cadeado no almoxarifado, Hewlett quebrou-o, jogou-o fora e colocou um letreiro onde o cadeado estava. O letreiro dizia: A HP CONFIA EM SEUS EMPREGADOS. A partir daquele dia, as caixas abertas tornaram-se realmente um símbolo de confiança – um símbolo que inspirou lealdade e criatividade. Afirmava mais eloqüentemente do que qualquer outra coisa que a empresa "depositava grande fé e confiança nos empregados". Como Packard mais tarde disse: "As caixas e almoxarifados abertos eram símbolo de confiança, uma confiança que é fundamental à maneira como a HP faz negócios."

2. Em uma época quando muitos manuais dos empregados e de políticas corporativas têm centenas de páginas, o manual de políticas da Nordstrom consiste de um só cartão. A frente do cartão diz:

MANUAL DO EMPREGADO
Bem-vindo à Nordstrom
ESTAMOS FELIZES DE TÊ-LO COMO NOSSO FUNCIONÁRIO
Nossa meta número um é oferecer serviço excepcional a nossos clientes.
Seja ambicioso no estabelecimento de suas metas pessoais e profissionais.
Confiamos muito em sua habilidade de alcançá-las.
Assim, nosso manual do empregado é muito simples.
Temos apenas uma regra...

O outro lado do cartão diz:

UMA REGRA
Use seu bom senso em todas as situações.
Por favor, sinta-se à vontade para pedir esclarecimentos de seu gerente departamental, gerente de loja ou do Departamento de Recursos Humanos.

De acordo com David Sirota, Louis A. Mischkind e Michael Irwin Meltzer, no livro *The Enthusiastic Employee*:

> *Este manual de uma página fala muito sobre a empresa, ainda assim, destaca o foco da Nordstrom na satisfação do cliente, sua cultura propositalmente não-burocrática e a confiança que deposita nas capacitações e no caráter de seus empregados. A declaração é o epítome em palavras de uma organização amável e respeitosa.*

O "manual do empregado" da Nordstrom é um símbolo de confiança, e está completamente alinhado com o valor declarado de fornecer serviços excepcionais aos clientes por intermédio de pessoas que exercitam o bom senso.

3. Se você entrar nos escritórios de Michael Dell – chairman – e Kevin Rollins – presidente e CEO – da Dell Inc., descobrirá que esses dois líderes organizaram sua área de trabalho de modo que haja apenas uma clara parede de vidro entre eles, sendo que suas escrivaninhas ficam uma na frente da outra. Eles até mesmo tiraram as portas das dobradiças, de modo que sempre pudessem conversar livremente. Isso tornou-se um grande símbolo para toda a cultura da Dell de confiança mútua e nos empregados – um símbolo que sinaliza que esses dois líderes são completamente abertos um com o outro e que não conversam por trás.

Quais símbolos existem em sua organização? O que comunicam a seus *stakeholders* internos? Os símbolos estão alinhados com os princípios que criam confiança alta? Quais são os resultados?

COMO EFETUAR MUDANÇA ORGANIZACIONAL

Se os símbolos em sua organização comunicam e cultivam a desconfiança – ou confiança menor do que gostaria que existisse – retorne às 4 Dimensões com seu chapéu organizacional. Pergunte-se:

- Minha organização é Íntegra? Sabemos quais são os nossos valores? Nossas estruturas e sistemas refletem um paradigma básico de respeito e confiança? Temos uma cultura de honestidade? De humildade? Escutamos as idéias das pessoas? Podemos cometer e reconhecer erros? Temos a coragem de enfrentar as questões difíceis? Nossos sistemas e a estrutura encorajam o comportamento ético?
- Minha organização é Bem-intencionada? Temos uma cultura que nutre a preocupação com os outros? Com nosso trabalho? Com nossos clientes? Queremos realmente que todos saiam ganhando? Os sistemas recompensam a competição sadia ou a cooperação? Encorajam as pessoas a compar-

tilharem livremente as idéias e informações – ou encorajam as pessoas a retê-las?

- Quais são as Capacitações em minha organização? Temos os meios para oferecer valor? Atraímos e retemos Talentos, Atitudes, Conhecimento, Habilidades e Estilo (TACHE) de que precisamos para competir no mercado atual? Temos as pessoas certas nos postos certos? Estamos melhorando e inovando continuamente? Reinventamo-nos, se for necessário?
- Minha organização produz Resultados? Fornecemos aquilo que prometemos? Nosso pessoal pode confiar em nós para criar valor e cumprir seus compromissos? Temos antecedentes de realizações que alimentam a confiança? Os clientes recomendam-nos a outros? Fornecemos resultados que inspiram confiança?

Se achar que sua organização falha em qualquer uma dessas áreas, este é o lugar para começar a criar alinhamento e construir Confiança Organizacional.* Ainda que você não seja o líder formal da organização, há coisas em que pode influenciar. E se você não consegue influenciar, seu primeiro passo seria retornar às 4 Dimensões como indivíduo e aumentar a própria credibilidade de modo que possa participar do processo de influência e decisão da sua empresa.

Algumas das mesmas idéias de aplicação das 4 Dimensões, que funcionam no nível individual, também o ajudarão a criar alinhamento no nível organizacional. Por exemplo:

Para aumentar a Integridade da organização, você pode criar ou melhorar a declaração de missão e valores, engajando todos no processo de concretização e para assegurar que aquilo não seja somente mais algum chavão pendurado na parede. Você também pode trabalhar para criar dentro da organização uma cultura que incentive as pessoas a assumir e cumprir seus compromissos. Isso é particularmente importante para os líderes, e é especialmente importante que seja feito com relação às coisas pequenas. Conheci situações em que os líderes não levavam muito a sério os compromissos aparentemente pequenos, e essa atitude espalhou-se, sendo que logo todos tratavam superficialmente os compromissos internos.

Para melhorar a Intenção de organização, você pode assegurar que sua missão e valores reflitam os motivos e os princípios que constroem confiança. Você também pode dar seu exemplo pessoal, preocupando-se com algo especificamente.

---

*Para um briefing executivo gratuito de como medir a confiança e seu impacto na organização, assim como uma amostra da Organizational Trust Audit: http://www.speedoftrust.com.

Lembre-se do impacto sobre a organização quando, mesmo que seja uma pessoa – particularmente um líder –, demonstra respeito ou preocupação com o bem-estar alheio. Além disso, você pode desenvolver sistemas que realizem programas de benefício mútuo – sistemas que utilizem acordos de responsabilidade, recompensem a cooperação em vez da competição e expressem confiança.

Para aumentar as Capacitações organizacionais, você pode tomar medidas que garantam que as estruturas e os sistemas de sua organização (incluindo recrutamento/contratação e sistemas de remuneração) sejam concebidos para atrair e reter o talento que a empresa necessita para ser competitiva nos mercados atuais. Você pode prover treinamento e orientação contínuos para assegurar que os funcionários se sintam valorizados, importantes e satisfeitos, algo que deriva do crescimento individual. Você pode assegurar que os sistemas de informação e de tomada de decisão estejam alinhados com os esforços para satisfazer às necessidades da organização e dos clientes.

Para melhorar os Resultados da organização, você pode ajudar as pessoas a criar uma visão compartilhada sobre os resultados desejados, por meio de um sistema que inclua metas em cascata e que coloque todos em sintonia. Você também pode criar um *balanced scorecard*, no qual os resultados reflitam a satisfação das necessidades de todos os *stakeholders*, não apenas dos proprietários ou acionistas. Além disso, você pode criar uma cultura na qual as pessoas tenham a oportunidade de explicar os resultados – e não suas atividades – periodicamente.

Garanto que se colocar os "óculos de confiança" e vir o impacto do fortalecimento destas 4 Dimensões em sua organização, em qualquer nível que o defina, você se surpreenderá. E se realmente fizer o necessário para fortalecer as dimensões, os resultados positivos em termos de alinhamento – e os dividendos de confiança que deles derivam – serão notáveis.

Depois de ter-se dedicado às 4 Dimensões da organização, avalie o grau em que a cultura de sua organização manifesta e encoraja os 13 Comportamentos. Examine novamente o diagrama que se segue, desta vez usando seu chapéu organizacional organiza. Qual é o lado do diagrama que descreve com mais exatidão a cultura da sua "organização", como quer que a defina?

	COMPORTAMENTO	DESEMPENHO ATUAL	O OPOSTO/O FINGIMENTO
C	Fale Francamente		Mentir, enrolar, contar meias-verdades, falar de forma ambígua, lisonjear.
A R Á	Demonstre Respeito		Não se importar ou não demonstrar preocupação com os outros; desacatar ou respeitar apenas quando alguém pode fazer algo por você.
T	Crie Transparência		Reter informações; manter segredos; criar ilusões; fingir.
E	Corrija os Erros		Não admitir nem reparar os erros; encobrir erros.
R	Demonstre Lealdade		Entregar os outros; roubar o crédito; elogiar as pessoas na sua frente e difamá-las por trás.

	COMPORTAMENTO	DESEMPENHO ATUAL	O OPOSTO/O FINGIMENTO
C O	Produza Resultados		Deixar de produzir resultados; produzir atividades, não os resultados.
M P	Aperfeiçoe-se		Piorar; não investir em melhoria pessoal; forçar cada problema a ter uma solução única – a sua.
E T Ê	Enfrente a Realidade		Enterrar sua cabeça na areia; focar atividades improdutivas para manter-se ocupado, evitando os problemas verdadeiros.
N C	Esclareça as Expectativas		Assumir que sabe quais são as expectativas ou não revelá-las; criar expectativas vagas e que variam.
I A	Pratique a Responsabilidade		Não assumir responsabilidades; "Não é minha culpa!"; não responsabilizar os outros.
A	Escute Primeiro		Não escutar; falar primeiro, escutar depois; fingir escutar; escutar sem entender.
M B	Cumpra as Promessas		Quebrar compromissos; não cumprir promessas; fazer promessas vagas e esquivas ou não assumir quaisquer compromissos.
O S	Confie nos Outros		Não confiar ou desconfiar; fingir confiança, depois controlar por trás; delegar responsabilidade, mas não a autoridade.

Agora, se em vários desses comportamentos a cultura de sua organização identifica-se mais com o lado direito do diagrama, pergunte-se por quê. O que existe nos sistemas e nas estruturas da organização que recompensa – formal ou informalmente – o comportamento de baixo nível de confiança?

> *A essência da questão reside em mudar sempre o comportamento das pessoas.*
>
> – PROFESSOR JOHN KOTTER, HARVARD BUSINESS SCHOOL

Algumas semanas atrás, um amigo quis devolver ao serviço de atendimento ao cliente de um grande revendedor um aparelho de som estéreo fechado que tinha recebido como presente. Tinha o recibo e era óbvio que a caixa nunca fora aberta. Depois de esperar na fila por vários minutos, um atendente disse-lhe: "Sinto muito, mas não posso reembolsá-lo até que alguém de nosso departamento de eletrodomésticos venha aqui e verifique a caixa." Frustrado, meu amigo salientou que tinha muita pressa e era óbvio que a caixa nunca havia sido aberta. O atendente concordou sem restrições, mas disse que a política da empresa exigia que a mercadoria devolvida fosse examinada pelo departamento de eletrodomésticos e ele devia segui-la. Mais de 10 minutos depois, a pessoa veio e simplesmente olhou a caixa, declarou que era óbvio que nunca havia sido aberta e que não era necessária nenhuma inspeção. Meu amigo saiu da loja decidido a nunca mais retornar, e relatou a história para várias outras pessoas.

Como você pode ver, essa política é focada para dentro, e evidentemente não foi alinhada com os princípios de bons serviços ao cliente nem aos de confiar nos próprios empregados para que possam exercitar o bom senso. Sem dúvida, isso causa impacto nos lucros.

Uma análise cuidadosa de todas as estruturas e sistemas – incluindo os de informação, comunicação, tomada de decisão, fabricação e remuneração – destacará as áreas deficientes em termos de alinhamento. Ela mostrará onde sua empresa está sendo tributada, onde perde velocidade e aumenta os custos, e onde você está jogando fora os dividendos que poderiam provir da alta confiança.

Em última instância, você irá querer assegurar-se de que os paradigmas criados pelo líder estão alinhados com os princípios que criam e nutrem a confiança. Quando os líderes não acreditam basicamente que é possível confiar nas pessoas, eles criam sistemas e estruturas que refletem essa crença, como estruturas hierárquicas complicadas e confusas, várias camadas de supervisão e processos canhestros. Por sua vez, em última instância, esses sistemas e estruturas acabam reforçando os comportamentos de desconfiança que validam as percepções dos líderes de não ser possível confiar nas pessoas. Torna-se um círculo vicioso maligno que se auto-alimenta.

> *A maneira mais segura de tornar [um homem] não merecedor de confiança é desconfiar dele e demonstrar desconfiança.*
>
> – Henry Stimson, ex-secretário de Estado

David Packard valida a realidade desse círculo vicioso com a sua experiência em trabalhar naquela empresa que zelosamente vigiava os almoxarifados e caixas de ferramentas. Ele disse:

> *Aprendi cedo na minha carreira sobre alguns dos problemas que podem se originar da falta de confiança nas pessoas de uma empresa. ... Confrontados com essa óbvia demonstração de desconfiança* [os cadeados nas caixas], *muitos empregados decidiram provar que a empresa tinha razão, roubando, sempre que podiam, ferramentas ou componentes.*

Em contraposição, quando líderes, como David Packard, Blake Nordstrom e David Neeleman, acreditam que se pode confiar nas pessoas, eles criam sistemas e estruturas que refletem essa crença, como caixas de ferramentas abertas, manuais do empregado de uma página e atendentes de reservas que trabalham em casa. Esses sistemas e estruturas reforçam e, por fim, ajudam a desenvolver os comportamentos responsáveis e confiáveis que validam as percepções dos líderes de que, para começo da conversa, é possível confiar nas pessoas. Assim, os paradigmas e os comportamentos trabalham juntos para criar um círculo vicioso positivo e construtivo, que também se auto-alimenta.

As 4 Dimensões e os 13 Comportamentos são suas ferramentas. São o segredo para criar alinhamento organizacional e confiança. Eles lhe dão poderes para criar mudanças significativas em todos os três níveis – ajudar seus *stakeholders* internos a *enxergar* como a confiança afeta cada relacionamento e os resultados em sua organização; *falar* sobre confiança de maneira a promover entendimento, diálogo e solução de problemas; e para *comportar-se* de forma a desenvolver a confiança. Na qualidade de líder, capacita-o a criar uma organização de alta confiança – sendo que tanto os símbolos quanto os resultados financeiros da organização a refletirão.

DOS TRIBUTOS PARA OS DIVIDENDOS

Se lhe falta ainda incentivo suficiente para esforçar-se em desenvolver a confiança na organização, aqui está mais uma informação que acredito será o argumento conclusivo.

Disse que se você não opera uma organização de alta confiança, você paga um tributo, um tributo totalmente jogado fora. Esses tributos não podem figurar adequadamente no demonstrativo de resultados como "tributos de confiança", mas ainda assim ali estão, disfarçados em outros problemas e custos. Portanto, convido-o a colocar seus óculos de confiança de modo que possa enxergar aquilo que acontece sob a superfície. Quero lhe mostrar os tributos escondidos em sua organização. Depois mostrarei os extraordinários dividendos que podem ser obtidos por meio da alta confiança.

OS SETE TRIBUTOS DA BAIXA CONFIANÇA ORGANIZACIONAL

1. Redundância

Redundância é uma duplicação desnecessária. Evidentemente, sistemas e bases de dados críticos à missão organizacional devem ser redundantes. Porém, paga-se tributo de redundância quando existem hierarquia organizacional excessiva, muitos níveis de gerência e estruturas sobrepostas, todas projetadas para assegurar o controle. Na maioria dos casos, isso deriva do paradigma de que a menos que as pessoas sejam supervisionadas muito de perto, não se pode confiar nelas. E esse tributo é muito elevado.

Meu pai contou-me uma experiência que teve em certa ocasião quando fez uma apresentação para um cassino em Las Vegas. A gerência mostrou-lhe o organograma operacional do cassino. Salientaram que por causa do ambiente de baixa confiança, aliado ao alto risco de fraudes, a operação tinha de quatro a cinco níveis de supervisão. Assim, havia pessoas controlando pessoas que observavam as pessoas controlando as pessoas. No entanto, em um ambiente de alta confiança, dois níveis de gerência teriam sido suficientes.

Em algumas circunstâncias, o retrabalho e o reprojeto podem também ser considerados custos de redundância, desencadeados pelo comportamento de baixa confiança. Em empresas de desenvolvimento de software, de 30% a 50% dos gastos podem originar-se do retrabalho. Na fabricação, os custos de retrabalho excedem muitas vezes o custo original de se fabricar o produto.

2. Burocracia

A burocracia inclui regras, regulamentos, políticas, procedimentos e processos complexos e difíceis de se lidar. Ela é refletida em papelada excessiva, entraves desnecessários, controles, várias esferas de aprovação e regulamentos governamentais. Em vez de se concentrar na melhoria contínua e no aperfeiçoamento, a burocracia meramente adiciona complexidade à situação atual, ineficiência e custos. Como disse o teórico da administração, Laurence Peter: "A burocracia defende o *status quo*, quando o *quo* já perdeu seu *status*."

Os custos da burocracia em todos os tipos de organização – incluindo governamentais, de cuidados com a saúde, educação, ONGs e negócios – são extraordinários. Em 2004, uma estimativa avaliou em US$1,1 trilhão somente o custo de se cumprir as leis e os regulamentos federais nos Estados Unidos, uma quantia acima de 10% do Produto Interno Bruto americano. Na Alemanha, a chanceler Angela Merkel declarou que de 4% a 6% da receita de vendas das empresas de médio porte são gastos com a conformidade burocrática. Em 2003, nos Estados Unidos, o custo da burocracia com o sistema de saúde era de US$399 bilhões – muito mais do que custaria para cuidar da saúde daqueles que na época não pertenciam ao sistema de saúde pública!

A baixa confiança alimenta a burocracia, e a burocracia alimenta a baixa confiança. Em organizações de baixa confiança, a burocracia está em toda parte.

3. Politicagem

Em uma organização, "politicagem" é definida como sendo o uso de táticas e estratégias para conquistar o poder. A politicagem no escritório desune uma cultura, dividindo-a, pois cria conflitos com aquilo que o autor Lawrence MacGregor Serven chamou "inimigos internos".

A politicagem no escritório gera comportamentos como reter informações, lutas internas, tentar "ler nas entrelinhas", operar com segundas intenções, rivalidades interdepartamentais, maledicência e reuniões após as reuniões. Esses comportamentos resultam em todos os tipos de desperdício de tempo, talento, energia e dinheiro. Além do mais, envenenam a cultura da empresa, detonam estratégias e sabotam iniciativas, relacionamentos e carreiras. Os custos indiretos resultantes da politicagem no escritório são calculados em US$100 bilhões por ano; alguns observadores estimam que sejam substancialmente mais elevados.

A politicagem prospera em ambientes de baixa confiança. Aliás, de várias maneiras, a palavra "politicagem" é um antônimo para confiança.

4. Desengajamento

O "desengajamento" é aquilo que acontece quando as pessoas continuam a trabalhar em uma empresa, porém efetivamente já se demitiram mentalmente (atitude referida comumente como "sair e ficar"). O esforço limita-se àquele mínimo necessário para receber o salário e não ser despedidas da empresa, mas elas não lhe dedicam talento, criatividade, energia nem paixão. Seus corpos permanecem, mas seus corações e suas mentes estão ausentes. Há muitas razões para o desengajamento, porém uma das principais é que as pessoas simplesmente não sentem confiança nelas.

A organização Gallup avalia conservadoramente o custo do desengajamento em US$250 bilhões a US$300 bilhões por ano, apenas nos Estados Unidos. A pesquisa estima que apenas 28% dos empregados americanos estão empenhados no que fazem e, em vários outros países, esse número é muito mais baixo. Com relação à confiança, a pesquisa Gallup mostra que 96% dos empregados engajados – porém apenas 46% dos empregados desengajados – confiam na direção de suas empresas. Como reza aquela velha questão: "Quem veio primeiro, a galinha (desconfiança) ou o ovo (desengajamento)?" É um ciclo que se autoperpetua e que gradualmente tritura a organização, empurrando-a para um ritmo lento, quando não paralisando-a.

5. Rotatividade

A rotatividade de funcionários representa enorme custo para as organizações e, nas culturas de baixa confiança, a rotatividade é superior à média do setor ou mercado. Não estou falando da rotatividade desejável daqueles que não desempenham, e sim da rotatividade indesejável daqueles que desempenham. Baixa confiança cria desengajamento, que conduz à rotatividade – particularmente das pessoas que menos se quer perder. Aqueles que desempenham querem que confiem neles e querem trabalhar em ambientes de alta confiança. Quando se desconfia, isso os insulta, e, por fim, um número expressivo irá procurar emprego onde haja confiança neles. Esse turnover também se origina dos dois primeiros tributos. As pessoas simplesmente não querem lidar com toda burocracia e politicagem de um ambiente de baixa confiança, então demitem-se. Ou, como a pesquisa Gallup sugere, seu relacionamento com o chefe é tão ruim (isto é, um desconfiando do outro) que estes se demitem.

Rotatividade indesejável é cara. Na média, as empresas pagam de um e meio a duas vezes o salário anual para substituir um empregado que se demitiu.

> *Se a cultura de seu local de trabalho não for aberta e honesta, ela não criará a satisfação do empregado, e você enfrentará o turnover e uma falta de produtividade que lhe custarão dinheiro, idéias e tempo. Por outro lado, se o ambiente de trabalho for ético, produtivo e positivo, as pessoas ficarão – e permanecerão comprometidas. Impelirão a sua empresa para frente.*
>
> – KENT MURDOCH, PRESIDENTE E CEO, O.C. TANNER COMPANY

6. *Churn*

Churn é a rotatividade dos outros *stakeholders* que não sejam empregados. Quando a confiança dentro de uma organização é baixa, ela se perpetua em interação com o mercado, causando turnover maior entre os clientes, fornecedores, distribuidores e investidores. O *churn* torna-se cada vez mais preocupante por causa das novas tecnologias em desenvolvimento, como os blogs, que de fato dão poder aos empregados de comunicarem ao mundo a sua experiência.

Quando não se confia nos empregados, eles tendem a passar essa falta de confiança aos clientes, e os clientes finalmente deixam de comprar e desaparecem. Minha irmã falou-me de um restaurante onde foi recentemente. Ela perguntou ao garçom o que ele recomendava no cardápio. A resposta do garçom? "Recomendo que a senhora vá a outro restaurante."

Não conheço o contexto desse comentário do garçom, mas sei que os empregados tendem a tratar os clientes da mesma maneira como eles são tratados pela direção. Essa é a razão pela qual a presidente das linhas aéreas Southwest, Colleen Barrett, diz: "Tendo em vista que abordamos nosso serviço ao cliente exatamente da mesma maneira – seja ele interno ou externo – deposito a mesma importância na palavra 'confiança' quando falo sobre empregados ou sobre nossos passageiros."

Os estudos sobre a deserção de clientes indicam que o impacto financeiro de ter que conquistar um novo cliente *versus* a manutenção de um existente é significativo; alguns dizem que tal custo pode chegar a 500%!

7. Fraude

Fraude é simplesmente desonestidade, sabotagem, obstrução, enganação e perturbação – e o custo é enorme. De fato, os primeiros seis tributos antes mencionados originam-se realmente da reação da administração ao "tributo da fraude" – particularmente os tributos relativos à redundância e burocracia. Portanto, além de todos os tributos em si, existe um tributo em jogo que se realimenta – o "tributo da fraude", dando origem a vários tributos de baixa confiança que pretendem lidar com a fraude. Contudo, nesse processo, é criado o próprio dreno de tempo e dinheiro.

Em 2004, um estudo feito pela Association of Certified Fraud Examiners calculou que a empresa americana média perdeu 6% de sua receita anual em algum tipo de atividade fraudulenta. No caso da Enron, o tributo da fraude foi de 100%, algo que afundou a empresa.

A fraude é quase exclusivamente uma questão de caráter – uma falta de Integridade aliada a uma Intenção autofocada. Se nossa única abordagem contra essa falta de caráter for a de apertar mais as rédeas e colocar mais controles em funcionamento, reduziremos só um pouco o tributo da fraude, porém, isso irá desencadear os outros seis tributos, os quais cumulativamente são maiores – talvez cinco a dez vezes maiores – do que o tributo original da fraude.

O bom senso sugere que devemos repensar e abordar esse problema de forma diferente. Devemos utilizar as 4 Dimensões da Credibilidade. Necessitamos reforçar o caráter, assim como a competência. Temos que pôr em evidência o treinamento e o desenvolvimento para ajudar as pessoas a aumentarem sua Integridade e melhorem a Intenção. Precisamos construir e confiar na cultura ética para que esta incuta as tradições e os valores. Como disse o sociólogo Emile Durkheim: "Quando as tradições são suficientes, as leis são desnecessárias, quando são insuficientes, as leis não podem ser postas em prática." A chave está, portanto, no fortalecimento das tradições ou dos valores culturais; sem elas, não há meios suficientes para assegurar a conformidade em todo lugar.

> *As regras não podem substituir o caráter.*
>
> – Alan Greenspan, ex-chairman, U.S. Federal Reserve

Quando se somam os custos de todos esses tributos que estão sendo cobrados das organizações de baixa confiança, será que ainda existe qualquer dúvida de que há conexão expressiva, direta e incontestável entre a baixa confiança, a baixa velocidade e o alto custo?

OS 7 DIVIDENDOS DA ALTA CONFIANÇA ORGANIZACIONAL

Agora considere os dividendos da alta confiança. Obviamente que o oposto dos 7 Tributos da Baixa Confiança Organizacional, que acabamos de discutir, são esses dividendos. Diminuir ou eliminar a redundância, a burocracia, o desengajamento, a politicagem, o turnover, o *churn* e a fraude certamente criarão enorme diferencial positivo nas Contas de Confiança e nos resultados de qualquer organização.

Mas existem altos dividendos adicionais derivados da confiança – dividendos que demonstram claramente como a confiança sempre impacta a velocidade e os custos... e também uma terceira variável: o valor.

1. Aumento de valor

A alta confiança aumenta o valor em duas de suas dimensões.

A primeira dimensão é o valor retornado aos acionistas – e os dados são impressionantes. Como mencionei, em um estudo de 2002 da Watson Wyatt, as organizações de alta confiança superaram as organizações de baixa confiança em 286% no quesito "retorno total aos acionistas" (preço da ação mais dividendos). Além disso, de acordo com um estudo de 2005, realizado pelo Russell Investment Group, ao longo dos últimos sete anos, as "100 Melhores Empresas para se Trabalhar na América" da revista *Fortune* (em que a confiança constitui 60% do critério de avaliação) tiveram retornos quatro vezes maiores do que os retornos do mercado mais amplo. Como declarou a revista *Fortune*: "Os empregados apreciam a liberdade de realizar seu trabalho como melhor acharem, e os empregadores excepcionais confiam neles."

A segunda dimensão é representada pelo valor fornecido ao cliente. Como resultado dos cinco dividendos descritos a seguir, as organizações de alta confiança podem criar e oferecer consistentemente mais valor aos clientes. Por sua vez, esse valor ao cliente cria mais valor para os outros *stakeholders* chave.

2. Crescimento acelerado

As empresas de alta confiança superam as de baixa confiança não apenas no valor que retornam aos acionistas, mas também em vendas e lucro. As pesquisas demonstram claramente que os clientes compram mais, compram mais freqüentemente, recomendam mais e são mais fiéis às empresas e às pessoas em quem confiam. Além disso, essas empresas realmente desempenham bem com um custo menor. São o "Jim", das rosquinhas e do café em grande escala. O resultado líquido não é apenas crescimento acelerado, e sim crescimento acelerado rentável. Como disse John Brennan, CEO da Vanguard Investments: "Confiança é nosso ativo número um. ... À medida que os clientes aprendem a confiar em nós, geram inesperado montante de crescimento."

3. Inovação intensificada

As empresas de alta confiança inovam nos produtos e serviços que oferecem aos clientes, e cultivam intensa cultura de inovação, que só prospera em um ambiente de alta confiança. Para prosperarem, a inovação e criatividade exigem uma série de condições importantes, incluindo o compartilhamento das informações, a despreocupação quanto a quem recebe o crédito, a vontade de assumir riscos, a segurança de se poder cometer erros e a habilidade da colaboração mútua. E todas essas condições são fruto da alta confiança.

Os benefícios da inovação são claros: oportunidade, crescimento da receita e da participação no mercado. A Apple Computers – quase "morta" há uns poucos anos – rejuvenesceu completamente por meio da inovação, ao desenvolver o iPod e a iTunes Music Store. Recentemente, a *BusinessWeek* e o The Boston

Consulting Group classificaram a Apple como a empresa mais inovadora do mundo.

Como observa John Marchica em *The Accountable Organization*:

> *Muitos preconizaram que o serviço da Apple seria o salvador da indústria da música... Com a introdução do iTunes, parecia que... [Steve] Jobs... finalmente tinha acertado. Jobs observou que "os consumidores não querem ser tratados como criminosos, e os artistas não querem que seu valioso trabalho seja roubado. A iTunes Music Store oferece a solução revolucionária para as duas partes".*

4. Colaboração melhorada

Os ambientes das empresas de alta confiança nutrem a colaboração e o trabalho em equipe exigidos para o sucesso na nova economia global. Diferentemente das abordagens tradicionais de *coordenação* e *cooperação*, a *colaboração* real cria no mundo atual o modelo-chave da oportunidade. Nas palavras de um consultor de negócios, o Dr. Michael Hammer: "A reengenharia foi apenas o estágio de aquecimento para a economia colaboradora." E essa colaboração não é apenas interna a uma organização – ela também convive com os clientes e fornecedores externos. A revista *Forbes* destacou em 2006 essa tendência da "colaboração como oportunidade", salientando aquilo que eles chamaram de o "fundamento" da colaboração: a confiança. Sem confiança, a colaboração é meramente cooperação, e não consegue alcançar os benefícios e as possibilidades disponíveis aos verdadeiros colaboradores na era do trabalhador do conhecimento.

5. Parceria mais forte

O estudo da Warwick Business School, que mencionei antes, confirmou que os relacionamentos de parceria (tais como as subcontratações externas), baseados em confiança, obtiveram dividendo de alta confiança de até 40% acima do valor dos respectivos contratos. Aquelas empresas que confiam na linguagem dos contratos, e não em um relacionamento de confiança, obtêm resultados muito piores. Esse relatório diz: "Descobrimos que os contratos com relacionamentos bem administrados e baseados em confiança – ao contrário dos contratos tradicionais com penalidades – têm maior tendência a resultar em um 'dividendo de confiança' para ambas as partes. Confiança verdadeira não é ingenuidade... ela é conquistada pelo desempenho."

6. Execução melhor

Empresas de alta confiança são mais capazes de executar sua estratégia organizacional do que empresas de baixa confiança. A importância da execução ficou clara para mim em meu primeiro dia na Harvard Business School. No fim de um estudo de caso de quatro horas, meu professor disse algo que nunca esquecerei: "Se você lembrar de apenas uma coisa das que aprendeu durante os dois anos nesta escola, que seja isto: é melhor ter uma estratégia nota 5 e uma execução nota 10 do que o contrário."

Escolhida pela revista *Strategy+Business* como a idéia duradoura número um, a execução é, com toda razão, um enorme fator determinante nas organizações atuais, e a execução é melhorada significativamente por meio da confiança. O instrumento "xQ" da FranklinCovey demonstrou consistentemente forte correlação entre os níveis mais altos de execução organizacional e os níveis mais altos de confiança. Em um estudo de 2006, feito em mercearias, as lojas de alta execução mostravam níveis significativamente mais altos de confiança do que as mercearias de menor nível de execução, em qualquer uma das variáveis analisadas pelo estudo.

7. Lealdade ampliada

As empresas de alta confiança evocam lealdade muito maior de seus *stakeholders* – colaboradores, clientes, fornecedores, distribuidores e investidores – do que as empresas de baixa confiança. A evidência para cada um desses relacionamentos é clara:

- Os empregados permanecem mais tempo nas empresas de alta confiança.
- Os clientes compram de empresas de alta confiança por mais tempo.
- Os fornecedores e distribuidores de empresas de alta confiança mantêm as parcerias por mais tempo.
- Os investidores em empresas de alta confiança mantêm seus investimentos por mais tempo.

Dr. Larry Ponemon, chairman e fundador do Ponemon Institute, uma empresa líder em medir com privacidade e segurança a confiança nas organizações, diz claramente: "A confiança torna-se o componente vital para a fidelidade do cliente e para a força da marca."

Quando você soma todos os dividendos que derivam da alta confiança – e os adiciona ao fato de a alta confiança diminuir ou eliminar todos os tributos que acabamos de discutir – será que ainda persiste qualquer dúvida de que existe expressiva, direta e mensurável correlação inconteste entre alta confiança, alta velocidade, baixo custo e aumento de valor?

> *Os executivos de negócios têm que recriar uma agenda de confiança. Nada de bom acontece sem confiança. Com ela, você pode superar todos os tipos de obstáculos. Pode construir empresas das quais todos podem se orgulhar.*
>
> – JIM BURKE, EX-CHAIRMAN E CEO, JOHNSON & JOHNSON

Como disse: nada é tão rápido quanto a velocidade da confiança. Nada é tão lucrativo quanto a economia da confiança. Nada é tão relevante quanto o penetrante impacto da confiança. E se você usa os óculos para enxergar, essas realidades tornam-se inquestionáveis quando se trata de desenvolver a confiança com os *stakeholders* internos de sua organização.

Assim, afirmo novamente no nível organizacional: a habilidade de estabelecer, fazer crescer, estender e recuperar a confiança é realmente a competência-chave da liderança na nova economia global.

FAMÍLIAS TAMBÉM SÃO ORGANIZAÇÕES

Não gostaria de terminar esta seção sem salientar que as famílias são organizações também, e tudo que conversamos neste capítulo aplica-se tão intensamente à família quanto a qualquer outra organização.

Os membros de uma família confiam mais quando seus lares estão alinhados, quando ali existem estruturas e sistemas que reconhecem os valores e recompensam os comportamentos de alta confiança, quando existem símbolos que comunicam aqueles paradigmas que criam relacionamentos de alta confiança.

Recentemente, um de meus sócios contou-me sobre uma conversa que teve com um amigo. Quando meu sócio perguntou ao amigo se o filho ia jogar basquete, o homem respondeu: "Bem, suas notas não foram as que deveriam ter sido, portanto ele não jogará basquete neste ano." Depois de um breve intervalo, concluiu, "tento educar um jovem, não um jogador de basquete".

Pense nisso! Suponha que queira encorajar seu filho a melhorar as notas, mas as estruturas e os sistemas na sua família não estejam alinhados. Suponha que sejam as seguintes:

> *O sistema de recompensas: Quando seu filho ganha um jogo, você faz uma enorme celebração e leva-o para jantar fora. Quando traz boas notas, você meramente diz: "Bom trabalho!"*

> *O sistema de comunicação: Semanalmente você lhe pergunta animado: "Quando é o próximo jogo?" Você só conversa com ele uma vez a cada trimestre sobre as suas notas, quando ele recebe o boletim.*

O sistema de tomar decisões: Tudo que você faz como a sua família é baseado no próximo jogo, no próximo evento esportivo. As notas nunca fazem parte da decisão.

A estrutura: Seu filho toma as próprias decisões sobre quando vai dormir, quanto tempo passa na frente da televisão e quanto tempo fica com os amigos – sem levar em conta as notas.

Essa família está perfeitamente alinhada para obter os resultados que obtém: um garoto focado em esportes que não se preocupa muito com o desempenho escolar.

Se as pessoas realmente levam a família a sério, elas precisam fazer as mesmas perguntas que fariam com relação a qualquer organização:

- Nossa família é Íntegra? Os valores estão claros, e as regras e diretrizes (estruturas e sistemas) e o comportamento dos pais sustentam esses valores? Existe um ambiente de honestidade e humildade? Os membros da família têm a coragem de expressar livremente idéias e opiniões, e o fazem com respeito?
- Nossa família é Bem-intencionada? Estruturamos uma cultura de respeito e afeto? A intenção de seus membros visa ao benefício mútuo, ou são apenas os adultos, ou as crianças, que ganham? Nossos sistemas recompensam a colaboração?
- Quais são as Capacitações de nossa família? A estrutura provê e encoraja o desenvolvimento e o crescimento? É seguro aprender com os erros? Existem sistemas que ajudam as crianças a desenvolverem habilidades de que precisarão para prosperar como adultos?
- Quais são os Resultados que nossa família produz? Os sistemas permitem que todos se alegrem e compartilhem as realizações? Existe abundância em interações gratificantes, apoio emocional e amor? Os membros da família estão alcançando metas importantes, tanto individualmente quanto como uma família?

Será que nos *comportamos* de maneira a desenvolver e ampliar a confiança? Falamos Francamente? Demonstramos Respeito? Demonstramos Lealdade? Cumprimos as Promessas? Se não, quais são a estrutura e os sistemas que recompensam o comportamento de baixa confiança? E o que podemos fazer para modificar isso?

Quais são os símbolos em nossa família? Eles estão alinhados com os valores nos quais acreditamos e queremos promover?

Como "líder" de meu lar, a maneira mais poderosa que posso utilizar para construir confiança em minha família consiste em modelar a minha casa de acordo com as 4 Dimensões e os 13 Comportamentos, criando o alinhamento familiar, de modo que as estruturas e os sistemas sustentem os valores que gostaria que os membros de família entendessem e vivenciassem. Ao fazer isto, crio um multiplicador exponencial; por exemplo, na nossa casa, tendo em vista que nosso filho testou-nos e nós o responsabilizamos por dirigir perigosamente, nossa filha sabe como deve dirigir. Não tivemos que despender em sua educação o mesmo tempo gasto com o filho, e ela não nos testa constantemente para checar se vamos fazer o mesmo com ela, caso não siga as nossas regras domésticas. Ela pode ter certeza de que o faremos. É o tal do dividendo que provém da máxima: "Discipline um, e ensine a família toda." Mas isso tem que ser consistente. Tem que estar embutido na estrutura e nos sistemas para que seja criada uma cultura de confiança.

Qualquer que seja a sua organização – um negócio, uma ONG, um departamento, uma equipe dentro de uma organização maior ou uma família – é fundamental compreender que projetá-la ou alinhá-la de maneira a estabelecer confiança poderá ser a coisa mais influente que você poderá realizar. Fazendo isso, você influencia construtivamente tudo mais dentro da organização.

A QUARTA ONDULAÇÃO – CONFIANÇA DO MERCADO

O PRINCÍPIO DA REPUTAÇÃO

No fim, tudo que você possui é a sua reputação.

– Oprah Winfrey

Convido-o a dar uma olhada nos logotipos na página seguinte, e, enquanto faz isso, analise a reação. O que você sente enquanto olha cada um? Sua sensação é a mesma com relação a cada um deles? Se não for, por quê?

Se sua experiência for como a da maioria, quando olhar alguns desses logotipos, sua sensação será positiva. Talvez conheça a empresa. Talvez tenha experimentado ou utilizado seus produtos e serviços, ou possui amigos ou parentes próximos que o fizeram. Talvez tenha ouvido comentários positivos sobre sua situação financeira, sua liderança, seu senso de responsabilidade social ou leu outras coisas boas na imprensa a respeito. Em conseqüência, você talvez compre ou recomende um produto ou um serviço de uma dessas empresas justamente porque o nome está por trás da marca.

Quando olhar outros logotipos, talvez você tenha sentimentos negativos. Talvez você, ou um conhecido seu, tenha tido experiência pessoal insatisfatória com um produto ou serviço oferecido por uma dessas empresas ou tenha ouvido na mídia coisas desabonadoras sobre tais. Qualquer que seja o motivo, a sensação é diferente, e possivelmente você não compraria delas o produto ou o serviço – nem o recomendaria a outros.

A Confiança do Mercado versa totalmente sobre marcas ou a reputação das empresas por trás destas. Falaremos aqui sobre o sentimento que as pessoas têm e que as faz querer comprar produtos ou serviços dessas empresas ou investir dinheiro ou tempo nelas – e/ou recomendá-las a outras pessoas. Este é o nível no qual a maioria das pessoas enxerga claramente a correlação entre confiança, velocidade e custo.

Aliás, pode-se dizer que uma "marca" é sinônimo da confiança com o consumidor, confiança com o mercado ou, até mesmo, de forma mais contundente, "confiança convertida em dinheiro". A maioria das pessoas entende isso ao menos intuitivamente, quando não, de forma mensurável também. Em conseqüência, as empresas investem muito dinheiro para criar uma marca que inspire confiança. De fato, algumas empresas que desenvolvem marcas têm fórmulas que tentam quantificar o valor econômico de uma marca. A empresa de relações públicas Golin/Harris descreve seu esforço de desenvolvimento da marca como sendo nada menos que a "construção da confiança mundial".

> *A confiança é um componente-chave na criação da reputação de uma empresa e, como resultado direto, do valor dos acionistas.*
>
> – Robert Eckert, CEO, Mattel

A conexão direta que existe entre marca, confiança, velocidade e custo evidencia-se em todo nível. Em uma apresentação que fiz na conferência da Sales & Marketing Executives International, um executivo de uma empresa de cem anos e vários bilhões de dólares em vendas veio a mim e disse: "Temos uma marca de extrema confiança, e ela paga enormes dividendos. O índice de fidelidade para nossos serviços gira em torno dos surpreendentes 90%. Tal fato é a melhor comprovação do valor de nossa marca. Esforçamo-nos constantemente para proteger a integridade desse relacionamento de confiança, que é nosso ativo mais valioso. Muitas empresas querem fazer parcerias com a nossa marca; no entanto, nosso critério de seleção de parceiros é muito restritivo, visando proteger o relacionamento de confiança que temos com nossos consumidores."

> *Quando os clientes são leais à [têm confiança em] sua marca, eles estão mais propensos a escutar sua mensagem, ler mais cuidadosamente as informações divulgadas por sua organização e mais dispostos a aceitar a divulgação de seus novos produtos e serviços.*
>
> – Charles Giordano, Bell Canada International

A "MARCA" IMPORTA EM TODO NÍVEL

Obviamente, a marca corporativa é importante para as empresas que vendem produtos e serviços. Porém, é também importante para todos os outros tipos de organizações, inclusive agências governamentais, escolas, entidades beneficentes, hospitais, municípios e estados. Por exemplo, nos Estados Unidos quando as famílias se mudam, antes de decidirem onde procurar uma casa para morar, muitas delas investigam as várias escolas na área para identificar as que possuem melhor reputação. Isso influencia expressivamente o montante de dinheiro vindo dos tributos e disponíveis para uma escola, a prioridade que ela terá no distrito para construir um novo edifício ou reformar algum e sua capacidade de atrair e empregar administradores e professores.

As cidades, os distritos e os municípios têm reputações que se refletem pelas listas dos melhores lugares para se visitar ou dos melhores lugares para se viver... algo que se traduz em dólares dos impostos recolhidos, dólares de turistas, atração de novos negócios e valorização das residências. As administrações municipais, estaduais e federais têm reputações que afetam sua capacidade de fazer negócios, assim como a de atrair novos negócios. No nível mais micro, a reputação de uma equipe ou divisão específica dentro de uma organização influencia muitos fatores como a alocação de recursos e o planejamento de orçamentos. Um gestor achará que seu departamento merece muito mais os fundos do que os outros departamentos, por causa da importância do trabalho que seu departamento realiza; poderá porém se surpreender em descobrir que sua solicitação de orçamento foi preterida em detrimento a outros departamentos que têm reputação melhor por apresentarem melhores resultados. Em outras situações, a reputação de uma divisão organizacional influenciará a maneira como as pessoas de outras divisões reagem a ela.

Por exemplo, lembro-me de uma ocasião quando a divisão que dirigia dependia de outra divisão para receber as mercadorias que vendíamos e para despachá-las. Essa outra divisão não tinha uma boa reputação – seu sistema de estoques era ruim e seu atendimento também. Nossa divisão sabia que os clientes não comprariam de nós se os atendêssemos mal, então escolhemos o caminho mais fácil, porém caro, e passamos a fazer nossa distribuição. Acumulamos mercadorias em nossos armazéns. Criamos nossos próprios sistemas e processos de distribuição e despacho, garantindo, assim, que as coisas embarcariam na hora. De fato, criamos nossos próprios sistemas redundantes, e a organização toda foi taxada em termos do tempo e do esforço que tivemos que dedicar a algo que deveria ser executado por outros.

Ao nível ainda mais micro, cada indivíduo tem sua própria marca ou reputação, e esta afeta a confiança, a velocidade e o custo. Ela se reflete em seu currículo e sobre os comentários das pessoas que darão referências quando você estiver procurando um novo emprego. Traduz-se também na maneira como as pessoas reagem a você no trabalho ou em situações sociais. Afeta questões do cotidiano, como se alguém concordará em sair com você, quão seriamente seus filhos o escutam, quanta influência você exerce em qualquer situação, e assim por diante.

Também determina se os outros estariam dispostos a lhe conceder ou não o benefício da dúvida. No capítulo das 4 Dimensões da Credibilidade, mencionei o exemplo de como a marca pessoal de Warren Buffett fora tão forte que, desde o começo da investigação governamental sobre a transação da AIG Insurance com a General Re o governo lhe concedeu o benefício da dúvida. Anne Mulcahy, chairman e CEO da Xerox, disse sobre Buffett: "Respeito-o e acredito que sua integridade é inigualável. Aqui está um homem cujos valores influenciam cada decisão que toma, cada interação com as pessoas e cada conselho que ele compartilha." Esse tipo de reputação paga enormes dividendos.

A importância da marca pessoal foi testada claramente em casa, quando precisei avaliar alguns dados financeiros delicados e que envolviam uma importante oportunidade de negócio. Na época, meu consultor financeiro era inquestionavelmente capaz, porém tinha adquirido a reputação de não saber manter a confidencialidade. Conseqüentemente, acabei ignorando-o e procurei alguém em quem confiava.

Até mesmo a reputação de uma criança é importante. Se você for pai ou mãe, provavelmente achará (como eu acho) que seja muito mais fácil conceder privilégios para um filho que conquistou a reputação de ser responsável do que a um que não tem tal reputação. Com um de seus filhos, que tenha essa reputação, você sequer pestaneja quando este lhe pede algo. Você diz: "Claro!" Com o outro, você talvez dirá "Fez as suas lições? Praticou piano? A que horas voltará? A quem posso telefonar para verificar isto?"

Em cada nível, em cada relacionamento, sua marca, sua reputação faz a diferença. Essa diferença é quantificável – e diretamente correlacionada com a confiança, a velocidade e o custo.

A EVIDÊNCIA INCONTESTE

À medida que damos uma olhada em algumas das evidências inquestionáveis na área da Confiança do Mercado, aconselho-o mais uma vez a examinar, por sua própria perspectiva, aquilo que você entende pelo termo "organização", seja ela uma empresa, escola, agência governamental, equipe ou divisão dentro de uma organização maior ou uma família. Lembre-se de que a Confiança do Mercado lida com *stakeholders externos*. Eles talvez incluam fornecedores, distribuidores e investidores, assim como clientes, mas nesse ponto provavelmente seria mais simples se você os enxergasse com sendo seus "clientes". À medida em avançar na leitura, note a conexão direta que existe entre a reputação e a confiança.

A relação anual da revista *Fortune* das Empresas Mais Admiradas do Mundo é algo que a revista chamou "o boletim definitivo sobre as reputações corporativas", extraindo assim uma correlação óbvia entre reputação e estima.

Na pesquisa conduzida pelo Grupo Hay, 8.645 executivos, diretores e analistas de ações, que operam em 23 países, classificaram 351 empresas dentro de 30 setores econômicos. As empresas são avaliadas globalmente por meio de nove atributos ou "áreas de liderança" que compõem o conceito de reputação, incluindo responsabilidade social (Integridade), gestão de pessoas (Intenção), inovação (Capacitações) e solidez financeira e dos investimentos a longo prazo (Resultados). Seis vezes em oito anos, a General Electric foi classificada como a Empresa Mais Admirada do Mundo. A Toyota era a segunda na lista (a melhor classificação já obtida por uma empresa não-americana), em grande parte por causa dos resultados. As duas juntas tiveram mais lucros do que as 12 montadoras de carros nessa lista juntas.

Por que essas coisas importam? Porque outro termo para "reputação" é "marca", e outro termo para "marca" é "confiança do mercado", e a confiança afeta o comportamento das pessoas. De acordo com uma pesquisa da Golin/Harris, em 2003:

- 39% dos indivíduos dizem que começariam a ter ou aumentariam seus negócios com determinada empresa devido a confiança ou credibilidade que nela depositam.
- 53% dizem que parariam, reduziriam seus negócios ou trocariam por parceria com a concorrência se estivessem questionando a confiança ou a credibilidade da empresa.
- 83% dizem que estão mais propensos a conceder o benefício da dúvida para uma empresa em quem confiam e de escutar o seu lado da história antes de tirar conclusões sobre seu comportamento.

Além disso, o Barômetro Anual de Confiança Edelman salienta em 2006 que "confiança é mais do que um bônus; é um ativo tangível que deve ser criado, sustentado e servir de sustentáculo dos negócios... assim como a confiança beneficia as empresas, a desconfiança ou a perda da confiança tem um custo. Pelo menos 64% dos líderes formadores de opinião em cada país pesquisado disseram que recusaram-se a comprar os produtos ou serviços de uma empresa na qual não confiavam". A maioria também falou mal desta a outros (publicidade boca a boca ruim), recusou-se a fazer negócios com a empresa e recusou-se a investir nela. Mais da metade recusou-se a trabalhar para tal empresa.

> *Temos um princípio de negócios que diz: "Nossos ativos são o nosso pessoal, nosso capital e nossa reputação." E se qualquer um deles diminuir, o mais difícil de recuperar é a reputação.*
>
> – Hank Paulson, chairman e CEO, Goldman Sachs

O TRIBUTO DO PAÍS E O TRIBUTO DO SETOR

Uma dimensão interessante do mercado global atual é que muitas marcas estão sendo taxadas (ou recebendo dividendos) com base na percepção que as pessoas têm e na confiança que depositam em seu país de origem. Por exemplo, se uma empresa tem sede na China, França, Índia ou nos Estados Unidos, isso afetará a percepção das pessoas sobre a sua capacidade de fazer o que é correto. Uma variedade de fatores cria percepções de confiança, incluindo história, cultura e políticas governamentais em vigor. Porém, sem levar em conta tais motivos, o dividendo ou o tributo do país é muito real.

No mercado global atual, esse tributo afeta pesadamente as marcas americanas. As que obtêm dividendos nos Estados Unidos e na Ásia estão sendo pesadamente taxadas em algumas partes da Europa e em outros mercados. O Barômetro de Confiança Edelman, que destaca esses tributos e dividendos de confiança, observa que em uma pesquisa de 750 formadores de opinião em 11 países, as marcas americanas foram taxadas significativamente no Canadá, na Grã-Bretanha, na França e na Alemanha, não tendo sido taxadas na Ásia e tendo recebido dividendos no Japão. Mais especificamente, e com relação às marcas americanas, a confiança na UPS foi de 84% nos Estados Unidos e de 53% na Europa; a confiança na Procter & Gamble era de 70% nos Estados Unidos e de 44% na Europa; a confiança na Coca-Cola era de 65% nos Estados Unidos e de 41% na Europa; e a confiança no McDonald's foi de 51% nos Estados Unidos e de 30% na Europa.

No entanto, geralmente esse tributo do país não é recíproco – empresas sediadas na Grã-Bretanha e na Alemanha não foram taxadas expressivamente em qualquer lugar, nem as empresas francesas (exceto nos Estados Unidos). Mais interessante é o fato de o tributo mais expressivo ser das empresas sediadas na China, onde o desconto é substancial em toda parte.

Do mesmo modo, o Barômetro de Confiança Edelman identifica aquilo que chamo de o "tributo ou dividendo do setor", uma situação na qual um setor inteiro influencia a percepção de se é possível confiar em uma empresa que faça parte dele. Por exemplo, na maioria dos países, os setores de energia e dos meios de comunicação são geralmente taxados. Em contrapartida, os setores do varejo e da tecnologia geralmente recebem dividendos. É importante que as empresas que operem em setores que são taxados criem reputação individual que supere bastante a do setor, tal como o fez na indústria farmacêutica a Johnson & Johnson, um setor que é significativamente taxado nos Estados Unidos.

A VELOCIDADE DA CONFIANÇA NA CONSTRUÇÃO (OU DESTRUIÇÃO) DA REPUTAÇÃO

Outra interessante dimensão do novo mercado global é evidenciada no Annual Reputation Quocient (RQ), estudo conduzido pela Harris Interactive em parceria com e publicado pelo *Wall Street Journal*. Esse estudo classifica as 60 empresas mais visíveis da América, com base em sua reputação. Em 2005, a empresa número um (pelo sétimo ano seguido) era a Johnson & Johnson. Essa empresa possui antecedentes de confiança estabelecidos de longa data. Está no negócio há 120 anos.

No entanto, aquilo que mais me fascina é o fato de o número três na lista ser a Google – que só está no negócio há sete anos! Para mim, essa é a evidência irrefutável de que a confiança pode ser construída rapidamente, especialmente na economia global e de alta tecnologia dos dias atuais.

Quando perguntaram a Pierre Omidyar, fundador da eBay, qual era a lição mais expressiva aprendida, ele respondeu: "O notável fato de que 135 milhões de pessoas descobriram que podiam confiar em um completo estranho. Isso teve impacto incrível. As pessoas têm mais em comum do que pensam."

Voltando ao Annual Reputation Quocient, adivinhe quem estava bem atrás na lista? A WorldCom (agora MCI) ocupava a posição 59; Enron estava no 60º lugar. Obviamente, apesar de ser possível construir confiança rapidamente, é muito mais fácil destruí-la ainda mais rápido. Lembre-se do que Warren Buffett disse: "São necessários vinte anos para se construir uma reputação e cinco minutos para arruiná-la." Como salientei, em nossa nova economia global não são necessários vinte anos para se construir uma reputação, mas o dito de Buffett permanece o mesmo – você pode destruir uma reputação quase instantaneamente.

> *Empresas inteligentes acumularão ativos de confiança que podem ser capitalizados em tempos difíceis para proteger sua marca. Sem esses depósitos em sua Conta de Confiança, uma única quebra pode devastar uma empresa porque você não terá realizações e antecedentes de confiança para fazer saques.*
>
> – ELLEN RYAN MARDIKS, CMO (CHIEF MARKETING OFFICER), GOLIN/HARRIS

COMO CONSTRUIR SUA MARCA

Portanto, como você constrói sua marca? E como evita destruí-la? Estou certo de que a esta altura você não ficará surpreso com minha resposta: Com "as 4 Dimensões e os 13 Comportamentos", aplicados à organização e ao nível do mercado.

Porém, você poderá se surpreender com isto: afirmo sem temor que, se sua organização (independentemente de como você a defina) fortalecer suas 4 Dimensões e praticar os 13 Comportamentos junto a seus *stakeholders*, você poderá aumentar de *forma mensurável* o valor de sua marca. Essas dimensões e comportamentos são o segredo para se construir credibilidade e confiança no mercado.

Ponha outra vez os seus óculos de confiança, e desta vez, olhe pela lente de sua própria "organização" e em termos de Confiança do Mercado. Pense em termos da perspectiva de seus "clientes". Pergunte-se:

- Minha marca possui Integridade? Temos reputação de sermos honestos? Temos valores nos quais as pessoas acreditam e podem confiar? Temos reputação no mercado por tratarmos corajosa e rapidamente as questões difíceis e por admitirmos honestamente os nossos erros e os corrigirmos?
- Minha marca demonstra boa Intenção? O mercado nos percebe como uma empresa que "está aí simplesmente para lucrar", ou as pessoas sentem que nós nos importamos genuinamente com elas, que queremos ajudar os outros a sair ganhando também?
- Minha marca demonstra Capacitações? As pessoas associam nosso nome com qualidade, excelência, melhoria contínua e habilidade de mudarmos para que continuemos sendo importantes em uma economia global? Somos percebidos como tendo a habilidade de realizar nossos objetivos por meios que constroem confiança?
- Minha marca é associada a Resultados? As pessoas sentem que produzimos aquilo que prometemos? Nosso nome está associado a bons resultados passados? As pessoas estariam dispostas a responder "sim!" para a pergunta que o consultor Frederick Reichheld, da Bain, chama pergunta derradeira: Você recomendaria este negócio para um amigo?

Se você não tem a marca nem a reputação que deseja, as 4 Dimensões oferecem-lhe um ótimo instrumento de diagnóstico, que o ajudará a determinar o motivo disso e a área na qual investir que obterá os maiores retornos. Tendo determinado se o problema é de caráter (Integridade ou Intenção) ou de competência (Capacitações ou Resultados), você poderá se concentrar na área onde as melhorias trarão o maior benefício.

> *Para uma empresa, uma marca é como a reputação para uma pessoa. Você conquista reputação por tentar fazer as coisas mais difíceis.*
>
> – Jeff Bezos, fundador e CEO, Amazon.com

Você pode maximizar ainda mais os seus esforços ao analisar o desempenho de sua organização por meio dos 13 Comportamentos. Assim como a aplicação desses comportamentos constrói confiança no nível dos relacionamentos, ao aplicá-los às interações com os *stakeholders* – clientes externos, fornecedores, distribuidores, investidores, comunidades – constrói-se confiança no nível do mercado.

Analise alguns exemplos:

Fale Francamente. A Johnson & Johnson criou em suas bulas uma campanha educacional "Direto ao Consumidor", na qual eles se comunicam com franqueza e tratam os consumidores como adultos esclarecidos. Desafiando outros concorrentes de sua indústria a seguirem uma abordagem sincera semelhante, seu CEO William Weldon disse:

> *Acredito que devemos começar reconhecendo que o embasamento daquilo que chamamos "**publicidade** DAC" [Direto ao Consumidor] poderia reduzir inadvertidamente a importância e o poder dos remédios e de seus riscos, porém, nossa comunicação com os pacientes deve ser vista como sendo na verdade Diretamente dirigida à **educação** do Consumidor* [o destaque é meu].

Esse tipo de conversa franca explica por que a Johnson & Johnson mantém-se como a marca melhor avaliada na lista do Quociente de Reputação.

Crie Transparência. A CEO Meg Whitman, da eBay, e sua equipe dirigem aquilo que ela descreve como uma "economia dinâmica que se auto-regula" utilizando a total franqueza da teia mundial. Whitman reconhece o diferencial de sua empresa: "Temos um sócio singular – milhões de pessoas." De acordo com a *BusinessWeek* OnLine, em vez de controlar ou armazenar as informações, a eBay decidiu deixar que seus usuários tivessem pleno acesso à "cada tendência, cada venda, cada novo regulamento do mundo da eBay. O sistema é totalmente transparente".

Escute Primeiro. Superquinn – uma rede de mercearias e operadora de shoppings na Irlanda – construiu um império com base naquilo que eles chamam "sistema de escuta" multicanal. Esse sistema inclui painéis realizados regularmente com os clientes, formulários de pesquisa da opinião dos clientes, pesquisas formais de mercado, um SAC em cada loja e telefonemas pessoais aos participantes de seu programa de fidelidade. Por escutar, a Superquinn conseguiu insights que a levaram a ser uma pioneira em segurança alimentar, fornecendo serviços inovadores aos clientes. A organização domina o mercado, a despeito de competir contra rivais muito maiores.

O CEO da Superquinn, Feargal Quinn (conhecido na Irlanda como o "Papa dos Serviços ao Cliente"), disse: "A habilidade de escutar genuinamente é uma das poucas formas verdadeiras da vantagem competitiva. ... Escutar não é uma atividade que você possa delegar – não importa quem você seja."

A experiência de empresas como a Johnson & Johnson, eBay e Superquinn demostra claramente o valor dos 13 Comportamentos para aumentar a Confiança do Mercado e colher os abundantes dividendos que dela fluem.

> *Sem a confiança dos clientes, o resto não importa.*
>
> – Ram Charan, autor de livros de administração

TRIBUTO AMBULANTE OU DIVIDENDO AMBULANTE?

Como disse, é nesta Quarta Ondulação – Confiança do Mercado – que a maioria das pessoas já enxerga a conexão entre confiança e reputação e seu impacto sobre os lucros. Isso acontece porque a maioria entende o valor de uma marca.

No entanto, o que a maioria não vê claramente é que o mesmo princípio que produz dividendos para uma empresa confiável no nível da Confiança do Mercado também opera nos níveis da Autoconfiança, Confiança nos Relacionamentos e Confiança Organizacional.

Assim, além de quaisquer questões relativas à confiança que talvez queiramos explorar com relação às nossas empresas, escolas, ONGs, famílias ou outras organizações que representamos, temos que, antes de mais nada, perguntar: Qual é a minha reputação? Qual é a minha marca? Sou um tributo ambulante ou um dividendo ambulante?

> *Os empregados íntegros são aqueles que constroem a reputação de uma empresa.*
>
> – Roberto Goizueta, ex-CEO, Coca-Cola

Tenha em mente: qualquer confiança que possamos criar em nossas organizações e no mercado é resultado da credibilidade que inicialmente criamos em nós.

A QUINTA ONDULAÇÃO
CONFIANÇA SOCIETÁRIA
O PRINCÍPIO DA CONTRIBUIÇÃO

Os executivos tentados a tomar atalhos devem se lembrar do dito de Confúcio que o bom governo precisa de armas, alimentos e confiança. Se o soberano não pode controlar os três, deve primeiramente abandonar as armas depois o alimento. A confiança deve ser guardada até o fim, porque "sem confiança, nós não podemos resistir".

– ARTIGO DO *FINANCIAL TIMES*

No final de abril de 1992, o processo de Rodney King irrompeu em revoltas que resultaram na queima de bairros inteiros da cidade de Los Angeles, na Califórnia. A devastação era imensa; a perda de patrimônio chegava aos bilhões.

Surpreendentemente, todos os restaurantes da rede McDonald's, dentro da área devastada, estavam intactos. Mantiveram-se como faróis incólumes no meio das ruínas enegrecidas.

Obviamente surgiu a pergunta: Por que os edifícios da rede McDonald's ficaram intactos quando quase tudo ao redor foi destruído? As respostas de residentes locais diziam praticamente a mesma coisa: "O McDonald's preocupa-se com a nossa comunidade. Eles apóiam esforços de alfabetização e programas esportivos. Os jovens sabem que sempre podem conseguir um trabalho na rede. Ninguém iria querer destruir algo que faz tão bem a nós todos."

O senso de responsabilidade social do McDonald's criou a confiança societária, e essa confiança produziu resultados inquestionavelmente observáveis e mensuráveis.

> *Toda espécie de cooperação pacífica entre os homens é fundamentada principalmente na confiança mútua e só secundariamente em instituições como as cortes de Justiça e a polícia.*
>
> – ALBERT EINSTEIN

O PEIXE DESCOBRE POR ÚLTIMO A ÁGUA

Talvez você já tenha ouvido o provérbio francês "O peixe descobre por último a água". Mas será que alguma vez pensou sobre aquilo que a frase realmente significa?

Para os peixes, a água simplesmente *é uma constante*. É seu habitat. Ela os cerca. Eles estão tão imersos em sua presença que ignoram sua existência – até que a água se torne poluída ou desapareça. Então, a imediata e dramática constatação torna rapidamente aparente que a água de qualidade é absolutamente essencial para seu bem-estar. Sem ela, os peixes morrerão.

De forma semelhante, nós, como seres humanos, descobrimos a confiança por último. A confiança faz parte integral do tecido de nossa sociedade. Dependemos dela. Assumimos que ela sempre existirá – a menos que se torne poluída ou seja destruída. Então, repentinamente, acordamos para a dura realidade de que a confiança pode ser tão vital para o nosso bem-estar quanto a água o é para um peixe. Sem confiança, a sociedade se fecha e, por fim, se autodestrói.

> *O comércio dita o momento, e ele está doente à medida que os homens não confiam uns nos outros.*
>
> – HENRY WARD BEECHER, AUTOR AMERICANO DO SÉCULO XIX

Como disse no começo do livro, a natureza universal da confiança faz com que esta seja algo que muda tudo.

Veja só um pequeno exemplo. Quando dirigimos nossos carros, confiamos em que os outros motoristas na estrada são competentes e que obedecerão às regras de trânsito, que eles não estão lá na estrada para nos prejudicar. Mas o que acontece se você viver em uma sociedade onde, cada vez que entrar no seu carro, tenha que se preocupar se o carro não foi ligado a uma bomba, ou com outros carros na estrada que talvez explodam ou, ainda, com outros motoristas que talvez batam em você intencionalmente? Ou o que acontece se – como aconteceu recentemente em Washington – você tiver que se preocupar com um simples ato como sair do carro em um posto de gasolina, temendo que fazer isso talvez o ponha ao alcance de um franco-atirador?

É mesmo muito difícil imaginar um mundo sem confiança. Como Thomas Friedman comenta em *O Mundo é Plano*, confiança é essencial para uma sociedade plana ou aberta. E o principal objetivo dos terroristas é destruir essa confiança. É fazer com que tenhamos medo de fazer as coisas que fazemos todos os dias. Enquanto uma economia global plana, aberta, prospera no meio de comportamentos como falar francamente, criar transparência, corrigir o errado, praticar a responsabilidade, manter os compromissos e confiar nos outros, uma sociedade fechada, tal como a terrorista, prospera no meio de fingimentos e comportamentos opostos aos citados – entre agendas escondidas, justificativas de erros, descumprimento de promessas, jogar a culpa nos outros e desconfiar de todos menos aqueles que pertencem à elite do "círculo interior". Assim, a confiança é frágil e está sujeita aos caprichos dos que mandam.

> *Para combater o perigo da abertura, os [terroristas]... têm escolhido, deliberadamente, atacar a mesma coisa que mantém as sociedades abertas abertas, inovadoras e livres, e isso se chama confiança.*
>
> – THOMAS FRIEDMAN, AUTOR DE *O MUNDO É PLANO*

Pense somente nos tributos infligidos a uma sociedade fechada, de baixa confiança. Depois pense sobre todos os dividendos – como o conhecimento compartilhado, os avanços da medicina, os avanços tecnológicos, as parcerias econômicas, as permutas culturais – que não estão disponíveis em uma sociedade fechada.

Em uma sociedade de alta confiança, há mais vantagens para todo mundo. Temos mais opções e oportunidades. Reagimos com menor resistência, o que resulta em maior velocidade e baixa os custos. Esse é o motivo pelo qual é tão significativa a nossa oportunidade de construir uma sociedade de alta confiança. Nada poderíamos fazer que tivesse impacto tão dramático sobre a velocidade e o custo como sobre a qualidade de vida para todos no planeta quanto essa criação de uma sociedade de alta confiança.

O PRINCÍPIO DA CONTRIBUIÇÃO

O princípio primordial de confiança societária é a *contribuição*. Trata-se da intenção de criar valor em vez de destruí-lo, devolver em vez de tomar. E, cada vez mais, as pessoas compreendem quão importante é essa contribuição – e as causas que inspira – para a existência de uma sociedade saudável.

Veja tudo que acontece, desde os indivíduos que procuram, na própria esfera de influência, dedicar-se a causas sociais, passando pelas corporações que aceitam a responsabilidade de servirem a todos os *stakeholders* (não somente aos acionistas), até as organizações de empreendedores cujo propósito primário é servir às finalidades sociais.

Em 2005, por exemplo, o guru da Microsoft, Bill Gates, sua esposa, Melinda, e o cantor Bono, líder do conjunto U2, foram agraciados pela revista *Time* com o título "Personalidades do Ano", não por causa do talento, da habilidade técnica, inovação, produtividade, nem pela imensa riqueza, mas pelo enorme investimento que fizeram, tanto de tempo quanto de dinheiro, para melhorar a saúde, a educação e o bem-estar de pessoas pobres e menos afortunadas ao redor do globo. O casal Gates criou, para essa finalidade, a Fundação Melinda e Bill Gates e, em junho de 2006, Bill Gates anunciou que uma "repriorização" iminente lhe daria condições de mudar sua atenção principal, passando a trabalhar nessa fundação em vez de dirigir o cotidiano da Microsoft. Warren Buffett anunciou que doaria US$37 bilhões (84% de seu patrimônio) para caridade, sendo US$30,7 bilhões para a Fundação dos Gates.

Em 1998, Oprah Winfrey criou sua Angel Network para inspirar as pessoas a criarem oportunidades de ajudar outras menos favorecidas a desenvolverem seu próprio potencial. Desde então, a Angel Network apoiou numerosos projetos humanitários, incluindo a construção de escolas rurais em 11 países diferentes, levantando US$50 milhões para a iniciativa Christmas-Kindness da África do Sul, outros US$10 milhões para as vítimas do furacão Katrina e "apoiando grupos que ajudam mulheres em áreas de desastres a se tornarem produtivas e recuperarem a dignidade".

Um grande colaborador com a sociedade, que me causou profunda impressão, é Buckminster Fuller, inventor e arquiteto da cúpula geodésica. Um de seus protegidos, Marshall Thurber, contou-me que, quando Fuller recebia seus *royalties* (um desses cheques era de US$1,2 milhão), ele pagava as contas de sua empresa e depois doava todo o resto. Aliás, Thurber me disse, Fuller freqüentemente reduziria sua conta bancária a zero. Fuller defendia a idéia de que "Se você dedicar seu tempo e atenção a ajudar aos outros, o Universo o apoiará, sempre e em uma fração do tempo".

Embora estes sejam exemplos de indivíduos de alta projeção, a grande maioria das contribuições é realizada por indivíduos comuns a comunidades ao redor do mundo. Milhares de médicos e enfermeiras doam seu tempo e recursos para realizar cirurgias de correção de deformidades físicas em crianças e adultos de países em desenvolvimento. Muitos doam dinheiro para ajudar as vítimas de desastres naturais, como o recente tsunami no Oceano Índico, o furacão Katrina, assim como terremotos, deslizamentos e outras calamidades. Em comunidades locais, as pessoas oferecem seu tempo e seu trabalho para promover causas sociais como a erradicação do analfabetismo, a melhoria da saúde, da educação e do bem-estar social, ajudando inclusive desabrigados e cônjuges e crianças vítimas de abusos domésticos.

Imagine quão diminuta seria nossa sociedade sem contribuições como essas! Reflita sobre o impacto dessas contribuições sobre a confiança societária!

Meu propósito neste capítulo não é apresentar uma visão de mundo teórica, utópica ou política. Quero simplesmente tratar dos benefícios práticos que derivam e da confiança que emerge dos princípios da contribuição e da responsabilidade social.

O PRINCÍPIO DA CONTRIBUIÇÃO EM NEGÓCIOS

Hoje em dia é cada vez maior o número de empresas, bem como de indivíduos, que reconhecem o valor da contribuição. Muitos negócios são estruturados para contribuir regularmente com os necessitados, como os produtos da Newman's Own (fundada pelo ator Paul Newman), que gerou lucros superiores a US$200 milhões, sendo todo esse montante doado à filantropia. A revista *Business Ethics* publica anualmente sua relação dos "100 Melhores Cidadãos Corporativos", que premia as empresas que servem a todos os *stakeholders* com excelência e integridade. Em 2006, gigantes como a Intel, Wells Fargo, Texas Instruments e General Mills estavam entre os primeiros vinte contemplados. *Fast Company* e o Monitor Group criaram o prêmio "Capitalista Social", que é conferido anualmente às 25 empresas empreendedoras e socialmente responsáveis. Um desses capitalistas sociais, PATH, faz parcerias com corporações, governos e outras ONGs para trazer a inovação tecnológica em medicina a comunidades que de outra forma nunca poderiam ter recursos para isso.

Muitas contribuições importantes ainda são realizadas na forma do conceito da *filantropia*, que se desenvolveu na era industrial – ou seja, ganhar lucros e depois doar dinheiro para causas válidas – mas a tendência hoje está mudando para o paradigma mais abrangente da era do trabalhador com conhecimento de *cidadania global* (também conhecida como consciência social, cidadania corporativa e, mais recentemente, CSR (Corporate Social Responsibility – Responsabilidade Social Corporativa. Essa abordagem abrange a filantropia tradicional, mas também integra a agenda social e ética dentro dos negócios. Fazer bem aos outros não é mais percebido como algo que transcende os negócios. Fazer bem aos outros faz parte dos negócios.

> *Havia uma tendência no mundo dos negócios de misturar a cidadania com a filantropia. Elas não são a mesma coisa. A Enron era grande doadora, mas evidentemente não era uma boa cidadã corporativa. A essência da cidadania global encontra-se na ética e na conduta. Ela começa com a maneira como uma empresa pensa sobre seu papel no mundo. Será que simplesmente existe para fazer tanto dinheiro quanto for possível?*
>
> – DEBORAH DUNN, VICE-PRESIDENTE SÊNIOR, HEWLETT-PACKARD

Muitos acontecimentos sinalizaram essa mudança para a cidadania global. Um exemplo pertinente é o crescimento do chamado microfinanciamento, concebido por Muhammad Yunus, fundador do Banco Grameen, em Bangladesh. Esse banco foi concebido para fazer pequenos empréstimos (normalmente de US$50 a US$200) a indivíduos miseráveis, 96% mulheres, a fim de ajudá-las a se estabelecerem e desenvolverem no mercado suas habilidades. Yunus começou a fazer isso nos idos dos anos 70, e seus esforços e esforços similares de outros tiveram tal sucesso que a Organização das Nações Unidas declarou 2005 como sendo o Ano Internacional do Microcrédito. De acordo com o fundador da eBay, Pierre Omidyar, o microfinanciamento pode ter o mesmo impacto social que a eBay causou na sociedade ao permitir que centenas de milhões de pessoas aprendessem que poderiam confiar em estranhos.

A tendência do microfinanciamento começa a se expandir agora para as chamadas microfranquias, nas quais empresários sociais dão educação e financiamento para ajudar outros a criarem negócios escalonáveis para que possam alavancar seus esforços, empregar outros e obter lucros expressivos.

"VIRTUDE INTENCIONAL" E "CAPITALISMO CONSCIENTE"

Enquanto aplaudimos entusiasticamente esses maravilhosos esforços emergentes, temos que entender que a idéia da responsabilidade social corporativa não é nova. Aliás, originalmente, constituía o embasamento conceitual de toda a idéia do sistema de livre iniciativa. Adam Smith, o pai da livre iniciativa e autor da *Teoria dos Sentimentos Morais* e *A Riqueza das Nações*, ensinava que a "virtude intencional" era fundamental para uma economia próspera e que, quando uma massa crítica de pessoas competia por seus próprios interesses dentro da estrutura da virtude intencional, havia uma "mão invisível" que guiaria a sociedade de maneira que ela criasse prosperidade e riqueza para todos.

No entanto, durante a última parte do século XX, a "virtude intencional" foi de alguma maneira esquecida, e sua mensagem foi simplificada: "Se você apenas competir no mercado, a 'mão invisível' guiará a criação da riqueza." Essa diluição levou a um imenso desrespeito às 4 Dimensões e aos 13 Comportamentos – convertendo-se em avareza, materialismo, fraude, simulação, duplicidade e altíssimos tributos de baixa confiança.

> *A falsificação e a fraude são altamente destrutivas para o capitalismo da livre iniciativa e, no sentido mais amplo, às bases de nossa sociedade... nosso sistema de mercado depende da confiança – confiança na palavra de nossos colegas e confiança na palavra daqueles com quem fazemos negócios.*
>
> – ALAN GREENSPAN, EX-CHAIRMAN, U.S. FEDERAL RESERVE

Como conseqüência – e como disse no primeiro capítulo deste livro – a confiança hoje em dia é geralmente baixa em toda parte. Mas eis o paradoxo que intriga: no meio dessa baixa confiança, infiltrada nos negócios e na sociedade, uma reação da própria sociedade está criando o renascimento global da confiança. Cada vez mais, as pessoas começam a reconhecer o custo da baixa confiança e esforçam-se para estabelecê-la e restaurá-la. É a síndrome do "peixe descobre a água por último" em ação; à medida que a confiança começou a desaparecer, nós finalmente reconhecemos quão vital ela é para nossa sobrevivência.

Alguns fazem até mesmo esforços para substituir o paradigma materialista fundamental pelo paradigma mais sustentável da contribuição à sociedade. Por exemplo, o Acton Institute, ao questionar o estereótipo criado pelos meios de comunicação de que os negócios consistem em amealhar dinheiro e são socialmente irresponsáveis, procura criar uma ponte sobre o abismo da desconfiança que existe entre os líderes de negócios e religiosos, ajudando-os a fundir valores e recursos de formas a fortalecerem a sociedade. Paul Dolan, CEO da Fetzer Vineyards, estimula todas as empresas a se comprometerem com o chamado "lucro final triplo", uma medida do sucesso corporativo que não leva em conta apenas o sucesso financeiro, mas também o social e o ambiental.

CIDADANIA GLOBAL: UMA NECESSIDADE ECONÔMICA

James Surowiecki, da revista *Forbes*, disse:

> *A evolução do capitalismo tem ocorrido no sentido de maior confiança e mais transparência, e um comportamento menos egoísta; não por acaso, essa evolução trouxe consigo maior produtividade e crescimento econômico. Naturalmente, essa evolução não aconteceu porque os capitalistas sejam pessoas boas por natureza. Em vez disso, aconteceu porque os benefícios da confiança – isto é, de ser confiável e fidedigno – são potencialmente imensos e porque um sistema de livre iniciativa bem-sucedido ensina as pessoas a reconhecerem esses benefícios.*

Em *Megatrends 2010*, Patricia Aburdene observa o crescimento do "capitalismo consciencioso" e sua relação direta com o lucro. Ela salienta que durante o período de 1984 a 1999, as chamadas empresas "superestrelas dos *stakeholders*" – empresas que se superam em seus relacionamentos com todos os *stakeholders* (e não somente com os acionistas), incluindo investidores, clientes, empregados, fornecedores e comunidades – ultrapassaram o índice S&P 500 em 126%. Curiosamente, seis das sete megatendências que Aburdene destaca em seu livro têm a ver com os princípios da contribuição, valor agregado, significado, propósito e responsabilidade que são inerentes – tanto individual quanto organizacionalmente – na Quinta Ondulação da Confiança Societária.

Um 2002, estudo feito pela Universidade DePaul demonstrou que o desempenho financeiro global dos "100 Melhores Cidadãos Corporativos" da revista *Business Ethics* também era expressivamente melhor do que o índice S&P 500. Aliás, o desempenho financeiro é agora um dos critérios de sua avaliação de cidadania corporativa. Isso ilustra muito bem, no nível societário, como a direção das empresas "consegue obter resultados por meios que inspiram a confiança" de todos os seus *stakeholders*.

> *As pessoas falam que os negócios devem ser responsáveis como se isso fosse algo novo que precisamos realizar além de todo o resto. Mas toda a essência dos negócios deve ser responsabilidade. Minha filosofia é: "Não operamos empresas para conseguir lucros, nós ganhamos lucros para operarmos empresas." Se quiserem se ajustar ao mundo, nossas empresas necessitam de significado e propósito, senão por que deveriam existir?*
>
> – TACHI KIUCHI, EX-DIRETOR-GERAL, MITSUBISHI ELECTRONICS

O Mercer Investment Consulting Group da Grã-Bretanha sugere que, geralmente em seu início, as organizações participem da cidadania global principalmente porque querem evitar as conseqüências – e os impostos – de serem taxadas como socialmente irresponsáveis. Orin Smith, presidente e

CEO da Starbucks (um dos 100 Melhores Cidadãos Corporativos) diz: "Só uma pequena parcela de clientes compra os produtos de uma empresa porque ela é socialmente responsável. Mas se os clientes acharem, por um momento, que a sua empresa não é responsável, porcentagem muito maior reagirá negativamente a ela."

> *Os consumidores obtêm impressões sobre produtos por meio de centenas de fontes, mas quando acreditam que uma empresa é boa cidadã, eles expressam atitude mais positiva com relação a uma marca.*
>
> – Shelley Lazarus, chairman e CEO, Ogilvy & Mather

Embora o temor inicial de ser prejudicado talvez motive a cidadania global, estou convencido de que, ao longo do tempo, os dividendos e a abundância criados pela contribuição social tornar-se-ão os impulsores primários, tanto no nível individual quanto corporativo.

Também estou convencido de que, no fim, a cidadania global será exigida como a expressão de um negócio salutar. Ao longo do tempo, tornar-se-á o preço que as empresas terão que pagar para ingressar em um negócio qualquer. Mesmo hoje, é cada vez maior o número de consumidores que demonstram com seus hábitos de compra estarem apoiando empresas que praticam a Integridade e a Intenção, assim como possuem Capacitações e produzem Resultados. Acredito que essa tendência inspiradora tornar-se-á eventualmente uma necessidade econômica.

No início da Covey Leadership Center, desenvolvemos aquilo que descrevemos como sendo a "declaração universal de missão", porque ela se aplica a cada indivíduo e a cada organização, pois todos fazem parte da mesma sociedade. Consistia em poucas palavras: *aumentar o bem-estar econômico e a qualidade de vida de todos os* stakeholders.

Gosto de pensar que essa declaração universal de missão era uma tentativa – à frente do seu tempo – de descrever a cidadania global (e um *balanced scorecard*) ao menos com relação a dois pontos-chave: primeiro, por reconhecer a importância de todos os *stakeholders* (e não apenas dos proprietários); e em segundo lugar, por destacar a importância da qualidade de vida (lucro não apenas financeiro). A confiança sempre foi a moeda universal e o catalisador para que essa declaração universal de missão pudesse criar raízes.

CIDADANIA GLOBAL: UMA ESCOLHA INDIVIDUAL

No cerne da cidadania global organizacional encontra-se a cidadania global individual. Somos você e eu tomando a decisão consciente de valorizar e investir no bem-estar das pessoas. Somos você e eu levando essa decisão adiante em cada dimensão de nossas vidas.

Como Gandhi disse: "Um homem não pode agir direito em um departamento da vida enquanto está ocupado em agir erroneamente em outro. A vida é um todo indivisível." Assim, nós não aconselhamos a nossos empregados que ofereçam um maravilhoso serviço aos clientes "que pagam", não jogamos alguns dólares da empresa para a caridade e ignoramos um vizinho necessitado "que não paga". Quando fazemos isso, "compartimentalizamos" nossa vida e a mensagem transmitida a nossos empregados e aos membros de nossas famílias é que aquela contribuição é uma manifestação falsa e, se acontecer de eles precisarem de algo, eles – assim como os nossos vizinhos – deixarão de ser importantes. Além do mais, nosso comportamento inconsistente – agir em uma situação de uma forma e, em outras, diferentemente – parecerá hipocrisia, algo que criará enorme tributo.

Em vez disso, em todas dimensões de nossas vidas nós nos concentramos em desenvolver a cidadania global verdadeira, de dentro para fora. Voltamos às 4 Dimensões e começamos conosco: Sou confiável? Tenho a Intenção de fazer o bem, contribuir, devolver? Sou para a sociedade um ser humano em quem se pode confiar?

Depois nos deslocamos para a família. Perguntamos: Pratico na minha família uma liderança que inspira e ajuda seus membros a se tornarem bons cidadãos globais? Dou o exemplo? Sou um bom cidadão dentro de minha família, assim como no mundo? Alinho as estruturas e sistemas familiares de modo que estas sustentem a cidadania na família e no mundo? Estou convencido de que nossa chance de modelar cidadania dentro de nossas famílias e de ensinar a nossos filhos que sejam cidadãos globais é uma das maiores oportunidades que temos para construir a confiança societária.

Então deslocamo-nos para as nossas organizações. Perguntamos: A nossa organização é confiável? Somos íntegros e a modelamos conforme o nosso comportamento? Demonstramos Intenção de fazer o bem, contribuir, devolver? Temos as Capacitações para contribuir? Produzimos Resultados, não apenas para os acionistas mas também para todos os *stakeholders*? Provemos a sociedade com uma organização na qual ela pode confiar? Também perguntamos: Pratico uma liderança que inspira as pessoas dentro de minha organização a se tornarem bons cidadãos globais? Alinhei as estruturas e os sistemas da organização, ou de minha equipe, de tal maneira que promovam a cidadania dentro da organização e também no mundo?

> *O sucesso dos grandes negócios e o bem-estar do mundo nunca estiveram mais interligados. Questões globais não podem ser removidas do mundo dos negócios porque os negócios só têm um mundo para operar. Os negócios não podem prosperar nas sociedades que fracassam.*
>
> – JORMA OLLILA, CHAIRMAN E CEO, NOKIA

Examinamos os 13 Comportamentos. Perguntamos: Eu (ou minha organização ou minha família):

- Falo Francamente?
- Demonstro Respeito?
- Crio Transparência?
- Corrijo os Erros?
- Demonstro Lealdade?
- Produzo Resultados?
- Aperfeiçoo-me constantemente?
- Enfrento a Realidade?
- Esclareço as Expectativas?
- Pratico a Responsabilidade?
- Escuto Primeiro?
- Cumpro as Promessas?
- Confio nos Outros?

Se estamos usando os nossos óculos para enxergar, compreendemos que é neste nível social que as palavras do psicólogo Carl Rogers tornam-se claras: "Aquilo que é o mais pessoal é o mais geral." Percebemos que a confiança na Quinta Ondulação é o resultado direto da credibilidade que começa na Primeira Ondulação e flui para fora, para os nossos relacionamentos, para dentro de nossas organizações, indo ao mercado, para difundir-se pela sociedade como um todo.

Na verdade, a cidadania global é uma escolha individual e uma escolha que nunca acaba. E à medida que fazemos essa escolha em nossas vidas, influenciamos aqueles com quem trabalhamos e convivemos para que eles também façam uma escolha parecida em suas vidas. Juntos, construímos organizações e famílias que contribuem ao bem-estar do mundo.

> *A paz verdadeira e sólida das nações não consiste em equilíbrio bélico e, sim, e tão-somente, em confiança mútua.*
>
> – PAPA JOÃO XXIII

UM RESUMO E UM DESAFIO

Agora que cobrimos esta seção sobre a Confiança dos *Stakeholders*, gostaria de recapitular as mensagens essenciais:

1. As 4 Dimensões e os 13 Comportamentos são os instrumentos que estabelecem ou restauram a confiança em qualquer contexto – nas organizações (incluindo a família), no mercado e dentro da sociedade.
2. O princípio mais importante para estabelecer a Confiança Organizacional é o *alinhamento* – assegurando que todas as estruturas e os sistemas dentro da organização estejam harmonizados com as dimensões e os comportamentos. É isso que constrói a confiança com os *stakeholders internos*.
3. O principal princípio para estabelecer a Confiança do Mercado é a *reputação* ou marca. Consiste em utilizar as dimensões e os comportamentos para criar a credibilidade e o comportamento organizacional que inspira confiança nos *stakeholders externos*, de tal forma que os faça comprar, investir em e/ou recomendar os produtos e serviços dessa organização para as outras pessoas.
4. O principal princípio para estabelecer a Confiança Societária é a *contribuição*. Consiste em demonstrar a intenção de devolver para a sociedade uma parte daquilo que ela nos dá, de ser um cidadão global responsável; e, na nossa era do trabalhador com conhecimento, isso está se tornando tanto uma necessidade social quanto econômica.

Com isso, também gostaria de dizer que até que você tenha lidado com essas dimensões e comportamentos no contexto de sua organização, seu mercado e de sua sociedade, você sequer terá começado a enxergar o pleno poder dessas coisas sobre a velocidade, o custo e a confiança. (Em outras palavras, espero que por meio deste livro você tenha obtido alguma idéia do poder das dimensões e dos comportamentos, "porém, você ainda não viu nada!".)

Por essa razão, muitas vezes, em nossos workshops, jogamos um jogo de simulação. Damos para cada pessoa em cada mesa um jogo de cartas – 4 cartas das Dimensões e 13 cartas dos Comportamento. Fazemos com que depois elas tirem cartas adicionais contendo possíveis cenários.

Por exemplo, se você estivesse jogando, talvez tirasse uma carta que diz:

Você está em um ambiente corporativo. Você segue um roteiro corporativo que lhe disseram para praticar, porém isso parece distorcer a verdade e está criando desconfiança. O que você faz?

Você sempre jogaria uma ou mais das 4 cartas de Dimensões (começando primeiro com as cartas "Comece Consigo Mesmo"). Você talvez dirá: "Se tiver que confrontar meu chefe, preciso primeiramente perguntar: Qual é a minha credibilidade? Se eu não sou confiável, ele pouco se importará com aquilo que lhe disser. Ele não perceberá minha opinião como sendo uma crítica construtiva útil; ele achará que estou somente me lamentando. Porém, se produzo resultados, se alcanço as metas, ele provavelmente estará muito mais propenso a me escutar." Então, você joga sua carta Dimensão 4: Resultados.

A pessoa a seu lado talvez jogue uma carta de Comportamento, tal como "Enfrente a Realidade" ou "Fale Francamente". Torna-se rapidamente claro que as cartas dos Comportamentos só funcionarão bem se você jogou antes uma ou mais de suas 4 cartas de Dimensões.

Nesses jogos de simulação de papéis não existem respostas certas ou erradas; o objetivo é obter familiaridade com e fazer escolhas quanto a como resolver, da melhor maneira possível, os problemas nos cenários. Alcançando esse objetivo, o jogo não apenas estimula a conversação, como suscita a reflexão. Ele também desarma, às vezes, as pessoas quando elas percebem que entender esse assunto ao nível conceitual e no nível experimental – onde você realmente está na linha de frente tomando decisões com conseqüências – são duas coisas inteiramente distintas. Ao jogarem, os participantes reaprendem o conteúdo da matéria mais profundamente e estão bem preparados para a aplicação na vida real.

Um Resumo das 5 Ondulações da Confiança

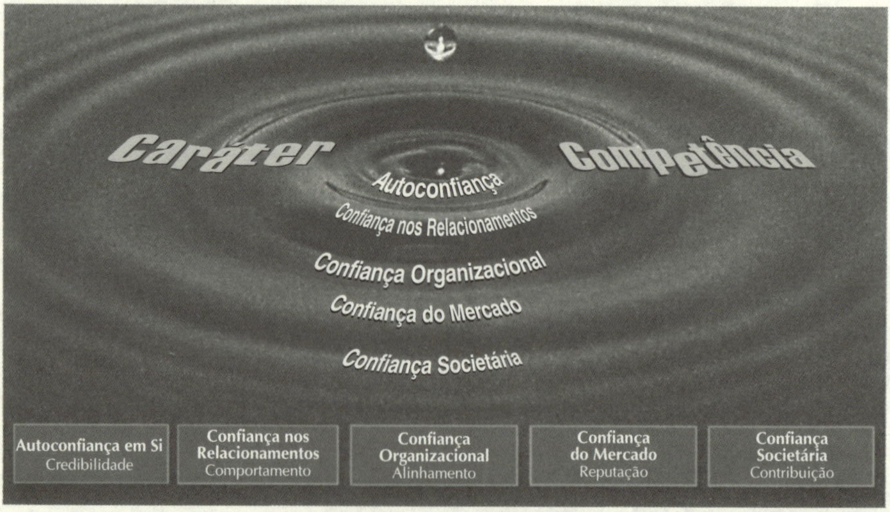

Portanto, encorajo-o, na qualidade de leitor, a aprofundar-se no material tão depressa quanto lhe for possível, buscando seu entendimento prático e experimental. Procure formas de aplicá-lo imediatamente. Encontre oportunidades de ensiná-lo a outros. Ao fazer isso, acredito que você ficará literalmente espantado com os resultados. Não irá apenas entender e compreender melhor o poder das dimensões e dos comportamentos; também ficará surpreso de constatar quão rapidamente coisas importantes podem acontecer com todos os *stakeholders* quando opera na velocidade da confiança.

INSPIRANDO CONFIANÇA

Espero que agora você esteja convencido de que, como disse, nada é tão rápido quanto a velocidade da confiança. Nada é tão lucrativo quanto a economia da confiança. Nada é tão importante quanto o enorme impacto da confiança. E os dividendos da confiança podem melhorar expressivamente a qualidade de cada relacionamento em cada nível de sua vida.

PORÉM... você ainda pode estar hesitando ou com medo de confiar nos outros. Talvez, lá no fundo, você realmente ache que não pode confiar nas outras pessoas. Talvez tenha crescido em um ambiente de baixa confiança. Talvez tenha "se queimado" no passado. Talvez ninguém jamais tenha confiado em você de forma relevante.

Nesta última seção quero lhe mostrar que, qualquer que seja a sua situação, você pode aprender a estender a chamada "Confiança Inteligente". Pode desenvolver a competência de estender a confiança de maneira a evitar as armadilhas e assegurar mais dividendos a todos os envolvidos. Você também pode aprender as maneiras de se restabelecer a confiança quando esta foi perdida e como desenvolver a propensão a confiar, algo que é absolutamente vital para uma liderança e vida eficazes.

Além de ser pessoalmente digno de confiança e saber como construir relacionamentos confiáveis em todos níveis, sua habilidade de estender a confiança adequadamente é o fator mais importante para criar um ambiente de alta confiança, tanto no trabalho quanto em casa. Aliás, você deve se lembrar de que o comportamento "Confie nos Outros" foi incluído como o último dos 13 Comportamentos, justamente por causa de seu impacto na edificação da confiança. Nesta seção, exploraremos isso em detalhes muito mais amplos.

A primeira atribuição de um líder é inspirar confiança. A habilidade de fazer isso é, aliás, o grande diferenciador entre um gestor e um líder. Inspirar confiança é criar o fundamento sobre o qual repousam todos os empreendimentos e relacionamentos verdadeiramente bem-sucedidos.

ESTENDENDO A "CONFIANÇA INTELIGENTE"

É igualmente um erro confiar em todos os homens assim como desconfiar de todos.

– PROVÉRBIO LATINO

Alguma vez você deixou de confiar em alguém e, em conseqüência disso, perdeu uma oportunidade ímpar – seja pessoal ou profissional? Como você se sentiu?

Se for analisar sua essência, as questões práticas com relação a estender a confiança são estas: Como saber quando confiar em alguém? E como se pode estender confiança às pessoas para criar os valiosos dividendos da alta confiança sem assumir riscos excessivos?

Quando você lida com a confiança, parece que existem dois extremos. Em um deles, as pessoas não confiam o bastante. São desconfiadas. Escondem o jogo. Amiúde, as únicas pessoas nas quais realmente confiam são elas próprias. No outro extremo, as pessoas confiam demais. São totalmente crédulas. Acreditam em qualquer um, confiam em todo mundo. Têm visão simplista, ingênua do mundo e sequer pensam realmente (exceto superficialmente) sobre os riscos e a necessidade de proteger seus interesses.

Confiar nos outros pode gerar grandes dividendos. Também cria a possibilidade de riscos expressivos. Então, como nos aproximamos do "ponto ideal"? Como estendemos a "Confiança Inteligente" de modo a aumentar os dividendos ao máximo e reduzir o risco?

Existia um relacionamento de alta confiança entre o chairman e o presidente de uma empresa. No entanto, um dia, o chairman descobriu que o presidente havia organizado um "minicomplô" na organização. Tinha aliciado vários líderes da empresa, tentando levá-la em uma direção diferente da que o chairman (que era também o fundador) e o Conselho desejavam. Conseqüentemente, a confiança entre os dois ficou totalmente abalada. Aquilo foi especialmente doloroso para esse chairman, já que sentiu-se traído. O presidente foi demitido e a empresa foi reestruturada. Profissionalmente, o presidente e o chairman se separaram.

No entanto, por causa da longa amizade que unia os dois homens, eles se esforçaram para restabelecer a confiança no nível do relacionamento pessoal. Foram meses de conversas, desculpas sinceras, até mesmo de lágrimas. Finalmente, houve perdão, e esses homens chegaram ao ponto no qual podiam, mais uma vez, ter um bom relacionamento.

Um dia, o ex-presidente procurou o chairman com uma nova proposta de negócios. Antes de chegarem a qualquer conversa séria, o chairman disse, pensativo: "Agradeço o interesse. Trabalharia com você em um empreendimento pessoal ou familiar. Serviria com você em um comitê cívico. Seria um chairman se você fosse um de seus membros; seria membro do Conselho se você fosse seu presidente. No entanto, decidi que não entraria em negócios com você."

Esse chairman exercitou aquilo que chamo "Confiança Inteligente". Ele não reagiu emocionalmente. Ele não continuou a manter rancor. Perdoou e fez tudo que podia para restaurar a confiança que fosse possível restabelecer com seu antigo associado e amigo. Mas ele não ignorou as lições da experiência. No local onde sentiu que não podia confiar plenamente, ele simplesmente colocou um delimitador.

A MATRIZ DA "CONFIANÇA INTELIGENTE"

A vida é cheia de riscos. No entanto, como observou o historiador e professor Stephen Carter: "A civilidade tem duas partes: generosidade quando ela é cara, e a confiança, mesmo quando existe risco."

O objetivo, então, não é evitar riscos. Para começo de conversa, porque você não pode evitá-los; e em segundo lugar, porque você não iria querer isso, já que assumir riscos é parte essencial da vida. Em vez disso, o objetivo consiste em administrar sensatamente o risco – para estender a confiança de tal maneira a evitar os impostos e colher, ao longo do tempo, os maiores dividendos.

Aprender a estender a "Confiança Inteligente" é uma função de dois fatores – propensão para confiar e análise – que se justapõem na matriz da página 298.

"Propensão para Confiar" é uma questão do coração. É a tendência, inclinação ou predisposição em acreditar que as pessoas são dignas de confiança e de desejar confiar nelas sem restrições. O grau em que você possui essa tendência é função de sua personalidade inerente, da maneira como as pessoas importantes em sua vida confiaram (ou não) em você, ou de sua própria experiência (boa ou má) em confiar nos outros – ou, mais provavelmente, da combinação desses fatores.

A "análise" é uma questão de raciocínio. É a habilidade de analisar, avaliar, teorizar, ponderar as implicações e as possibilidades e, depois, chegar a decisões lógicas e às soluções delas resultantes. Uma vez mais, o grau em que você possui um forte "senso de análise" pode originar-se de uma variedade de fatores ou de sua combinação, incluindo seus dons ou habilidades naturais, sua educação e a maneira como você raciocina, seu estilo e/ou sua experiência de vida.

Uma experiência que tive com meus filhos, Christian e Britain, demonstra claramente esses fatores. Um dia os levei para pescar. Divertimo-nos muito, e depois fomos comer algo. Britain (que tinha na época 5 anos e alta propensão para confiar) agradeceu-me profusamente. Ele disse: "Papai, obrigado. Agradeço a você MUITO! Você é o MELHOR PAIZÃO do MUNDO INTEIRO!" Christian (que tinha 9 anos, e tinha se tornado mais analítico) disse: "Britain, você não pode afirmar que papai é o melhor pai do mundo. Você não sabe isso, e há muitos pais legais lá fora." Então, repentinamente, compreendendo sua gafe e não querendo me ofender, ele acrescentou: "Aposto que ele é o... *nono* melhor papai do mundo!"

Enquanto pensa sobre esses dois fatores – propensão para confiar e análise – como você se avalia em cada um? Você tende a confiar facilmente nas pessoas, ou tende a ser desconfiado e esconder as coisas? Tende a analisar, teorizar e ponderar as coisas – ou examina os problemas superficialmente e então toca para frente?

Até que ponto você acha que suas tendências atuais aumentam ou reduzem sua habilidade de praticar a "Confiança Inteligente"? Dê uma olhada na matriz. Poderá ficar surpreso!

Zona 1 (Alta Propensão para Confiar; Análise Fraca) é a zona da "Confiança Cega", da *ingenuidade*. É a abordagem Poliana, na qual as pessoas confiam entusiasticamente em todo mundo. Esse é o lugar onde encontramos aqueles "mi-

lhares de trouxas" – aquelas pessoas que, com certeza, cairão nos golpes da Internet, do marketing, de investimentos e outras fraudes.

Zona 2 (Alta Propensão para Confiar; Análise Forte) é a zona da "Confiança Inteligente", do *discernimento*. É aqui que você combina a propensão para confiar com a análise, para gerir, com sabedoria, o risco. É aqui que você adquire tanto o discernimento para os bons negócios como o bom senso para julgar as pessoas – incluindo maior instinto e intuição. Se você tem propensão a não confiar, seu instinto e sua intuição lhe dirão que não deve confiar nos outros. Por outro lado, sem análise, você talvez possa confundir instinto e intuição com uma propensão a confiar. Assim, uma parte ponderável da combinação da forte análise com a alta propensão a confiar consiste na sinergia que eleva o instinto e a intuição ao nível do bom discernimento.

Confiança Inteligente não significa que você confia em todo mundo. Com base nas circunstâncias, seu discernimento pode lhe orientar a não confiar ou a confiar limitadamente – como o chairman agiu com o ex-presidente no exemplo anterior.

> *Confie, porém verifique.*
>
> – Ronald Reagan

Zona 3 (Baixa Propensão para Confiar; Análise Fraca) é a zona da "Falta de Confiança", da *indecisão*. As pessoas aqui tendem a não confiar em ninguém. Tendo em vista que sua própria análise é fraca, elas tendem a não confiar sequer em si. Esta zona é caracterizada pela indecisão, insegurança, querer proteger-se, apreensão, tateamento e imobilidade.

Zona 4 (Baixa Propensão para Confiar; Análise Forte) é a zona da "Desconfiança", da suspeita. É aqui que você encontra pessoas que estendem confiança com muita cautela ou de jeito nenhum. Aliás, alguns são tão desconfiados que não confiam em ninguém a não ser em si. As pessoas nesta zona tendem a confiar, para qualquer avaliação, tomada de decisões ou execução, quase que exclusivamente na análise (normalmente a própria).

Agora, aqui está algo que poderá surpreendê-lo. Em termos de estender confiança, onde você acha que se encontram os maiores riscos?

Obviamente, há enormes riscos na Zona 1 (Ingenuidade). Se você confia em todos, sem restrições, mais cedo ou mais tarde você se queimará.

A Zona 3 (Indecisão) é claramente a ruína total. Com a análise fraca e baixa propensão para confiar, a pessoa que assim age obterá o pior dos dois mundos. Será o retorno baixo para um risco alto.

Para a maioria das pessoas, a maior surpresa surge na Zona 4 (Suspeita). Muitos tendem a pensar que essa é a zona do risco mais baixo. Aqui é onde você analisa, calcula e pondera as questões, cuidadosamente. Você é desconfiado e resguardado, então não estende a confiança prontamente. Você controla as coisas de perto e tenta manter tudo dentro de seu controle direto.

Apesar de parecer uma atitude de baixo risco, na realidade ela é, entre todas, uma das zonas de maior risco. Quando você é altamente desconfiado, você tende a tentar validar tudo, analisar tudo e esgotar todas as informações – algo que acaba diminuindo a velocidade e aumentando o custo. Além do que, você perde oportunidades. Elimina a colaboração e a sinergia. A única análise que você realmente realiza é a sua, que – acredite ou não – pode ser limitada ou distorcida; mas você sequer perceberá isso, porque se isola das reflexões, idéias, sensatez e perspectivas valiosas dos outros.

Por fim, aqueles que administram por minúcias, que só confiam em si, só podem conduzir as suas empresas aonde sua visão e capacidade o permitirem. Eles são incapazes de alavancar suas limitações, obtendo a ajuda dos outros. Além do mais, os outros sentem-se desmoralizados em trabalhar com eles. Assim, esses gestores correm o alto risco de afastarem seu melhor e mais talentoso pessoal, que simplesmente se recusa a trabalhar em um ambiente restritivo e tremendamente controlado.

Uma vez conheci o dono de um negócio, tão desconfiado que seus empregados talvez o estivessem roubando que ele literalmente os interrogava quase diariamente. De vez em quando ele fazia até mesmo revistas naqueles que saíam do escritório. Esse homem estava convencido de que as pessoas tentavam roubá-lo. Na realidade, ninguém o roubava, mas sua atitude de desconfiança afastou os subordinados mais talentosos, gente que não tolerava trabalhar em um ambiente de tamanha desconfiança e para um patrão tão desconfiado.

Os gerentes e líderes situados na Zona 4 também pagam muitos dos tributos de baixa confiança sobre os quais conversamos na seção Confiança Organizacional – incluindo-se aqui burocracia, politicagem, desengajamento e rotatividade – e perdem os dividendos provenientes da alta confiança, como inovação, colaboração, parceria e fidelidade. De vez em quando as suas suspeitas ajudam a criar os mesmos comportamentos que eles temem, algo que reforça as suas suspeitas. Por tratarem as pessoas com desconfiança, eles ajudam a criar o círculo vicioso descendente mencionado por David Packard quando expôs o comportamento desconfiado de seu ex-empregador que trancava as caixas de ferramentas. Como ele disse: "Muitos empregados decidem provar que a óbvia demonstração de desconfiança de sua empresa é justificada."

> *Não existe nenhuma regra mais invariável do que aquela que diz que somos pagos por nossas suspeitas ao descobrir o que temíamos e esperávamos acontecer.*
>
> – HENRY DAVID THOREAU

O risco de estar na Zona 4 – particularmente sendo um líder – é extremamente alto. É o risco de desenvolver perspectiva limitada, de privar-se da colaboração, de alienar os talentos e de perder oportunidades. É o risco de pagar altos tributos e deixar de colher os dividendos. E esse é um dos motivos porque – neste "mundo global plano" – *desconfiar* das pessoas é freqüentemente o maior risco de todos.

> *Não há razão para se empregar pessoas com conhecimentos especializados se você for controlar cada um de seus movimentos. É aqui que entra a confiança. Não se deve apenas confiar nas pessoas para realizar as suas tarefas. Elas têm que confiar umas nas outras. Trabalho com conhecimento bem-sucedido exige colaboração.*
>
> – MICHAEL SKAPINKER, MANAGEMENT EDITOR, FINANCIAL TIMES

Então por que as pessoas fazem parte da Zona 4? Para alguns, pode ser questão de estilo pessoal básico – uma inclinação a prestarem extrema atenção aos detalhes, serem perfeccionistas ou até mesmo uma propensão a administrarem por minúcias. Para outros, pode ser um paradigma fundamental e profundamente enraizado que faz com que desconfiem das pessoas. Talvez eles realmente pensem que são melhores ou mais espertos do que os outros. Talvez só confiem em si. Talvez se queimaram no passado, tornando-se desconfiados. Ou, talvez, ninguém jamais tenha confiado neles. Qualquer que seja o caso, eles parecem acreditar no paradigma básico de que não se pode confiar nas pessoas. E a menos que tomem os passos necessários para mudá-lo, permanecerão eternamente na Zona 4 de alto risco, baixa velocidade e alto custo.

> *Se confiar demais, você talvez possa ser enganado, porém viverá um tormento se não confiar o bastante.*
>
> – FRANK CRANE, AUTOR E COLUNISTA

Decididamente, o risco mais baixo e o retorno mais alto estão na Zona 2 da Confiança Inteligente (Discernimento). Ali o risco existe, mas pode ser minimizado e administrado sensatamente. Ali você não apenas dispõe da sua análise pessoal para avaliar cuidadosamente e para ponderar as questões, mas conta também com a sua propensão para confiar, atitude que libera, encoraja e gera sinergia com a criatividade e o discernimento dos outros. Assim, na Zona 2, o "discernimento" é multiplicado exponencialmente. A propensão para confiar também é multiplicada, à medida que sua própria propensão para confiar torna-se o catalisador para criar essa mesma propensão nos outros. E eles querem fazer jus à sua confiança.

Em outras palavras, a Zona 2 é literalmente efervescente. Análise profunda e alta propensão para confiar não criam apenas um enorme bom senso, também criam uma sinergia dinâmica que produz oportunidades permanentes e sem fim.

Lembre-se: Confiança Inteligente não significa confiar em alguém necessariamente. Você poderá decidir confiar limitadamente ou não confiar – algo que poderia fazer na Zona 4 também. Porém, apesar de sua decisão parecer ser a mesma, operar na Zona 2 é muito diferente porque quase sempre a própria abordagem dessa zona construirá confiança.

DEFININDO OS FATORES

A Matriz da Confiança Inteligente pode ser extremamente útil tanto como instrumento de diagnóstico quanto como ferramenta prescritiva.

Com referência à análise, é vantajoso considerar três variáveis vitais, as quais você pode identificar fazendo estas perguntas:

1. Qual é a *oportunidade* (a situação ou tarefa à disposição)?
2. Qual é o *risco* envolvido?
   - Quais são os possíveis resultados?
   - Qual é a probabilidade de os resultados acontecerem?
   - Qual é a importância e a visibilidade dos resultados?
3. Qual é a *credibilidade* (caráter/competência) das pessoas envolvidas?

Vejamos como essas perguntas ajudariam a determinar a Confiança Inteligente em uma situação da vida real. Você se lembra de minha experiência com Anna Humphries, a menina em minha equipe da Little League de *flag footbal*? Se usássemos as perguntas citadas para analisar meu dilema, teríamos o seguinte:

"Qual é a *oportunidade?*" O campeonato estava acontecendo e era o último jogo da temporada. Anna era menos hábil e menos experiente do que os outros jogadores, e eu tinha deixado que ela jogasse o tempo exigido pelas regras da Little League, portanto, poderia facilmente substituí-la por outro jogador.

"Qual é o *risco* envolvido?" Podíamos ganhar ou perder. A equipe inteira poderia ficar extremamente excitada – ou muito decepcionada. Anna poderia sentir-se uma vencedora ou culpada pela derrota – ou poderia achar que, quando as coisas engrossaram, eu não acreditei que ela poderia fazer aquilo que tinha que ser feito. Eu poderia ser o herói do dia... ou um imbecil. E embora para a maioria das pessoas o resultado de um jogo da Little League não seja o fim do mundo, o resultado teria sido tremendamente importante para Anna, os outros membros da equipe e todos os envolvidos.

Qual é a *credibilidade* das pessoas envolvidas? Todos os membros da equipe eram excelentes garotos e tinham dado duro para desenvolver suas habilidades e chegarem ao jogo final do campeonato. O caráter da Anna era evidente não apenas pela maneira como se comportava, mas, antes de mais nada, pela coragem que demonstrou em decidir competir com os garotos. No entanto, sua competência não era tão grande quanto a dos outros membros da equipe.

Com base nas respostas a essas três perguntas – em outras palavras, apenas com base em uma análise intelectual – muitos treinadores teriam tomado a decisão de substituir Anna no último minuto de uma disputa na qual o título do campeonato estava em jogo.

Mas aí o segundo fator – propensão para confiar – entra em cena. E envolve uma dimensão que é diferente da análise intelectual; envolve sentimentos instintivos que variam da *desconfiança*, passando pelo *ser cuidadoso* até o *confiar abundantemente* (veja a Matriz da Confiança Inteligente na página 303).

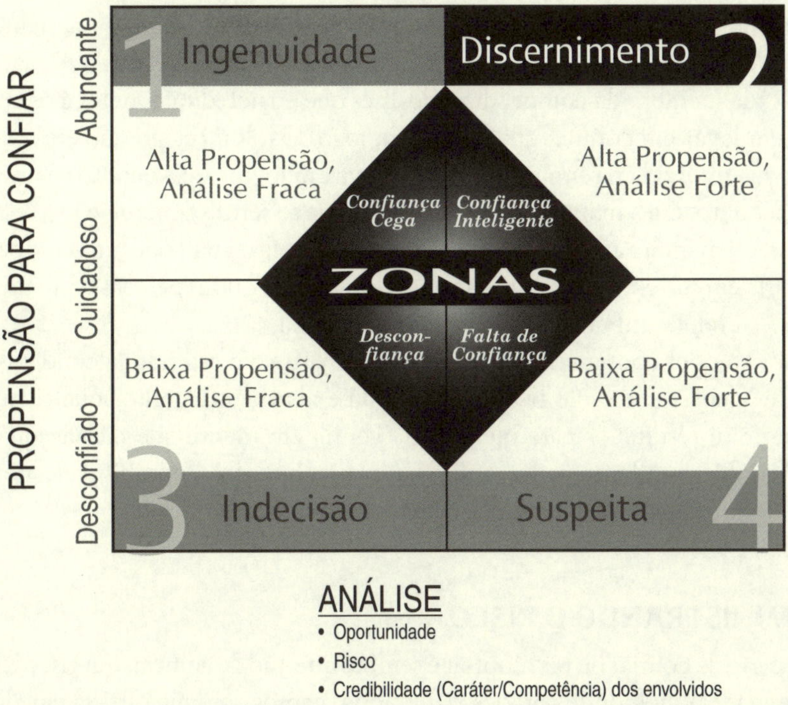

Eu não estava *desconfiado* dos motivos da Anna nem de sua intenção (algo que, combinado com minha análise, teria me colocado na Zona 4). Evidentemente, confiava em seu caráter.

Fui *cuidadoso* em minha confiança em suas habilidades e em sua capacidade de produzir resultados (em outras palavras, em sua competência), algo que teria me colocado em qualquer ponto na parte superior da Zona 4 ou em qualquer ponto na parte baixa de Zona 2.

No entanto, eu era *generoso* em minha Propensão para Confiar. Acreditava no princípio de inspirar as pessoas ao estender-lhes confiança, e acreditava em Anna. Sabia que este poderia ser um momento que definiria sua vida.

Embora naquele dia eu não tivesse tempo no campo para avaliar conscientemente todos esses fatores, todos entraram em jogo enquanto eu rapidamente decidi fazer de um momento de decisão um momento de confiança. E acredito que a escolha que fiz me colocou claramente na Zona 2 da Confiança Inteligente. Com base, ao menos em parte, nessa escolha, ganhamos o jogo, todos na equipe estavam muito felizes e Anna teve uma experiência positiva que muito significaria em sua vida.

Será que, se tivéssemos perdido o jogo, eu ainda acreditaria que minha decisão tinha sido um exercício em Confiança Inteligente? Sim, eu acreditaria. Creio que aquilo que fiz enviou uma mensagem não apenas para a Anna, mas para cada membro da equipe, dizendo-lhes que eu acreditava neles e os apoiaria, sem levar em conta o que estava em jogo. Ganhar o jogo não era a única questão envolvida na situação. O que estava em jogo, tanto quanto o ganhar o campeonato, era a maneira como essa garotada se sentia com relação a seus esforços, e a maneira como essa experiência toda de fazer parte de uma equipe impactaria em sua confiança, sua capacidade de sentir que as pessoas confiam e de saber estender confiança ao longo de toda a vida.

Ao estender confiança, a diretriz geral consiste em estendê-la condicionalmente àqueles que estão buscando obtê-la e abundantemente àqueles que já produziram resultados para merecê-la. Tenha em mente que mesmo quando você confia abundantemente, ainda assim deve haver responsabilidade, porque esse é o princípio que realmente aumenta a confiança.

ADMINISTRANDO O RISCO

A decisão de confiar ou não confiar é sempre questão de administrar riscos. Para ter uma idéia melhor de como isso funciona, vamos dar uma olhada em alguns dos outros exemplos que mencionei anteriormente e examiná-los pela lente da Matriz da Confiança Inteligente.

Primeiramente, vejamos a aquisição que Warren Buffett fez da McLane Distribution, comprando-a do Wal-Mart. A oportunidade era uma aquisição em potencial. Não ter os cuidados devidos parece extremamente arriscado e provavelmente para a maioria das pessoas assim pareceria. Mas nessa circunstância, o risco não era tão grande quanto talvez o tivesse sido em condições normais. O Wal-Mart era uma sociedade anônima, sujeita a regras e regulamentos e ao escrutínio público. Além disso, a credibilidade (caráter e competência) do pessoal do Wal-Mart era alta. Além disso, a própria reputação e influência de Buffett eram extremamente altas e – convenhamos – ninguém iria tentar enganar Warren Buffett em um negócio aberto. Então Buffett decidiu confiar abundantemente e fechou o negócio com um aperto de mão, sem uma auditoria, algo que aumentou drasticamente a velocidade e baixou o custo. Confiança inteligente? Sem dúvida. Isto é a Zona 2.

Agora vejamos outro exemplo: a mulher que mencionei no 13º Comportamento, "Confie nos Outros". Como você talvez se lembre, o CEO da empresa que ela tinha decidido comprar não quis fazer um contrato formal. "Você está comprando a minha empresa", ele disse. "Deve confiar em mim." Ela confiou e o negócio transformou-se em desastre absoluto. Confiança inteligente? Não. Nesse caso, ela não tinha a influência de Warren Buffett e ele não tinha a credibilidade nem a responsabilidade pública de um Wal-Mart. Portanto, neste caso, confiar abundantemente, sem tomar os devidos cuidados, provavelmente não indicou que a mulher utilizava seu melhor juízo. Ela estava na Zona 1 – uma elevada propensão para confiar, análise fraca e uma transação "ingênua".

Veja outro exemplo – eu confiar no meu filho Stephen e deixá-lo dirigir o carro da família. Obviamente havia risco alto (afinal de contas, ele era jovem)! No entanto, o risco foi bastante reduzido pelo fato de ele geralmente ser bem-intencionado e ter tomado aulas, passando no exame para tirar a carteira. Além do mais, tínhamos um acordo que deixava claro quais seriam as conseqüências para o mau comportamento ou as más decisões. Bem, Stephen fez uma escolha errada e dirigiu rápido demais. Com o nosso acordo em vigor, foi ele quem teve que lidar com as conseqüências da escolha que fez. Minha atitude de deixá-lo dirigir foi uma Confiança Inteligente? Penso que sim. Era certamente mais inteligente do que as alternativas de estender a confiança incondicionalmente (Zona 1) ou não confiar absolutamente (Zona 4).

Na educação dos filhos, você sempre lida com questões de estender confiança às crianças, e às vezes, enquanto elas amadurecem, isso pode ser uma experiência de altos e baixos. Como pai, achei especialmente útil esforçar-me conscientemente para me manter na Zona 2 – ter alta propensão para confiar, porém também realizar a análise de tal forma que, de certa maneira, o processo de estender a confiança encoraje as crianças a levarem a confiança a sério e a crescerem responsáveis.

Obviamente, mesmo na Zona 2, há latitude para uma variedade de abordagens. Dependendo da situação, o discernimento utilizado para Confiar Inteligentemente pode variar entre a confiança absoluta e a não confiança absoluta; pode ainda limitar-se a estender a confiança em algumas dimensões (por exemplo, Integridade, Intenção e Capacitações), mas não em outras (por exemplo, em Resultados). Leva em consideração os dividendos gerais dos relacionamentos de alta confiança, bem como a situação específica, os riscos e o caráter e a competência dos envolvidos. Combina a propensão para confiar com a análise, de tal forma que tal processo de ponderação aumente realmente os dividendos ao máximo e reduza os riscos.

> *O problema é a obsessão com a mensuração. Há algo que podemos utilizar em vez de medir: o discernimento. Algumas das coisas mais importantes no mundo não podem ser medidas.*
>
> – Henry Mintzberg, autor e professor

POR QUE MUITOS GESTORES CONFIÁVEIS JAMAIS SE TORNAM LÍDERES

Ao longo deste livro, afirmei que a "liderança" consiste em obter resultados ao inspirar confiança. Muitos gestores confiáveis – pessoas críveis que possuem grande caráter e competência – jamais se tornaram "líderes" porque não sabiam estender a Confiança Inteligente. Essencialmente operam na Zona 4, a zona de desconfiança. Podem *delegar*, ou designar tarefas aos outros com parâmetros para a sua realização. Eles podem *estender uma confiança falsa* – em outras palavras, dizer que confiam – porém administrar as atividades sob controle minucioso. Eles *não confiam plenamente*; não delegam responsabilidade com confiança, uma atitude que, quando praticada, faz com que as pessoas se sintam genuinamente interessadas em prestar contas de seus feitos, que extrai delas o melhor que têm a oferecer e cria o ambiente que gera os dividendos de alta confiança.

Enquanto a delegação é uma atitude intelectual, confiar é algo instintivo – é algo que se sente. Quando as pessoas não aprendem a confiar, elas não se tornam "líderes" no pleno sentido da palavra – nem no trabalho nem em casa.

No término de um de nossos programas, um homem que estava se aposentando como conselheiro geral de uma empresa procurou-me, dizendo: "Meu treinamento e experiência na área jurídica deram-me propensão a não confiar. Às vezes, isso me foi muito útil, mas houve ocasiões em que isso criou grandes problemas. Atolei-me em relacionamentos jurídicos caros que exigiam muito tempo, e isso prejudicou tremendamente meus relacionamentos pessoais, já que transferi a minha mentalidade profissional para a minha vida privada. Agora estou começando um nova carreira, inspirado por essa idéia de começá-la com uma propensão a confiar. Não sei em que isso vai dar, mas estou convencido de que estou na vanguarda, em vias de começar algo novo e valioso. É um lugar melhor para começar."

Eu concordo com ele – esse *é* um lugar melhor para começar.

A incumbência número um de qualquer líder é inspirar confiança. Ele deve liberar a criatividade e as habilidades dos indivíduos para que dêem o melhor de si e deve criar um ambiente de alta confiança no qual possam trabalhar eficientemente com os outros. E isso procede tanto no trabalho quanto em casa.

> *A primeira coisa para qualquer líder é inspirar confiança.*
>
> – DOUG CONANT, CEO, CAMPBELL SOUP COMPANY

Portanto, como você inspira confiança? Ao fazer o que temos visto em todo este livro. Você inspira confiança começando consigo mesmo e com sua credibilidade (as 4 Dimensões). Em segundo lugar, você inspira confiança comportando-se consistentemente e edificando a confiança com as outras pessoas (os 13 Comportamentos), algo que inclui estender intencionalmente e sensatamente a confiança aos outros (Confiança Inteligente). Se você for um líder com maior amplitude de ação, você usará as 4 Dimensões e os 13 Comportamentos para criar o alinhamento de sua "organização" (seu negócio, departamento, equipe ou família), para conquistar uma reputação no mercado e para contribuir com o mundo. À medida que faz essas coisas, você obtém resultados que inspiram confiança.

Alguns líderes têm estilos detalhistas de administrar – eles não estão realmente administrando as minúcias – não obstante, podem ser percebidos como indivíduos que não confiam em seus liderados. Considerando os tributos da baixa confiança, seria sensato se todos os líderes refletissem sobre como o seu estilo de administrar é percebido. Para aqueles que são mais detalhistas, recomenda-se que façam um esforço extra para exteriorizar e praticar uma atitude básica de confiar nos outros.

Mais uma vez afirmo que, especialmente em nossa economia do "mundo plano", a habilidade de estabelecer, fazer crescer, estender e de recuperar a confiança é a competência-chave, profissional e pessoal, de nossos tempos, sendo que a habilidade de exercer a Confiança Inteligente é parte vital dessa competência. Essas coisas o capacitarão a criar um poderoso equilíbrio e sinergia entre a análise e a propensão para confiar que, por sua vez, resultará no discernimento que o tornará eficaz, fazendo com que consiga extrair dos outros seu talento, criatividade, sinergia e a melhor contribuição que puderem oferecer.

RECUPERANDO A CONFIANÇA PERDIDA

Os homens constroem paredes demais e pontes em quantidade insuficiente.

– SIR ISAAC NEWTON

Recentemente li um artigo de um autor destacado em livros sobre negócios que escreveu:

> *A verdade é, você não pode recuperar a confiança. Ponto. Você duvida? Pense bastante sobre o número de vezes que você foi traído. O vilão achou o caminho de volta ao seu coração? Se você for como os milhares a quem fiz essa pergunta, a resposta é jamais. A confiança pode ser conquistada uma vez e pode ser perdida uma vez. Uma vez perdida, ela está perdida para sempre.*

Talvez você tenha tido experiências que pareçam validar essa colocação. Talvez você tenha quebrado a confiança em um relacionamento profissional ou pessoal, e tentado restaurá-la, mas falhou. Ou talvez alguém tenha quebrado a sua confiança, e você jurou que nunca mais confiaria nessa pessoa – não importando o que quer que ela fizesse! Ou talvez tenha jurado que nunca mais confiaria em *ninguém*.

Obviamente a quebra da confiança causa dor, decepção e sensação de perda. Faz estragos em relacionamentos, nas sociedades, em planos, em sonhos e em empreendimentos de todas as espécies.

Sou o primeiro a admitir que existem situações nas quais a confiança não pode ser restaurada. A violação foi por demais severa, a traição por demais profunda, a dor grande demais. A confiança foi destruída, e não há jeito de juntar os cacos de uma maneira viável. Aliás, talvez sequer exista uma oportunidade para restaurá-la. Assim, concordo plenamente com aqueles que dizem que, para início de conversa, a melhor abordagem consiste em nunca quebrar a confiança. A confiança não é algo que possa ser considerado como garantido;

é algo que deve ser construído, apreciado, nutrido, protegido e cuidadosamente preservado.

No entanto, a natureza da vida é tal que, em algum momento, indubitavelmente, todos teremos que lidar com a confiança quebrada – talvez várias vezes durante a nossa vida. Às vezes fazemos algo estúpido. Cometemos um erro em um relacionamento pessoal ou profissional, e ficamos expostos a uma Conta de Confiança severamente esgotada, ou até sem fundos. De repente a suspeita substitui a sinergia. Uma associação é desfeita. Um negócio vai para o buraco. Uma família é despedaçada. Procura-se a desforra.

Em outras ocasiões, podemos cometer um erro honestamente ou fracassarmos por falta de competência, só para em seguida descobrirmos que nosso comportamento está sendo interpretado como violação de caráter – algo que é muito mais difícil de recuperar.

"Veja o que você fez!"

"Mas eu não pretendia..."

"Mas eu só estava tentando..."

Como discutimos anteriormente no capítulo introdutório aos 13 Comportamentos, não é apenas a maneira de nos comportarmos que afeta a confiança. Ela é também influenciada pelas interpretações a esses comportamentos e pelas conclusões que as pessoas tiram e que afetam a confiança. Mais uma vez, como Nietzsche disse: "Não existem fatos, apenas interpretações." Lembre-se, as pessoas tendem a julgar os outros com base em comportamentos e julgam a si com base em suas intenções. Assim, um comportamento ruim, porém bem-intencionado, pode ser interpretado por outros como má intenção, algo que aumenta significativamente os saques e a dificuldade de se recuperar a confiança.

Por outro lado, podem existir ocasiões em que quebram a nossa confiança e temos que encarar a decisão de como lidar com isso. Talvez um sócio tenha usado mal os fundos, um membro da equipe não tenha cumprido com as responsabilidades, um fornecedor difama-nos perante os outros em nosso setor, um cônjuge impulsivamente utiliza o cartão de crédito sozinho(a), um filho chega tarde em casa, repetidamente. A maneira como lidamos com essas violações de confiança poderão influenciar relacionamentos de negócios e oportunidades, associações cívicas, nossa felicidade pessoal e a felicidade de nossas famílias – até mesmo por várias gerações no futuro.

Então, o que fazemos?

É realmente possível restaurar a confiança?

Tentar fazer isso seria sensato – ou tolo?

O DESAFIO É A OPORTUNIDADE

Como disse no capítulo inicial, a idéia de que a confiança, uma vez perdida, não pode ser recuperada é um mito. Embora possa ser difícil, na maioria dos casos, a confiança perdida pode ser recuperada – e, freqüentemente, até mesmo ampliada!

Por exemplo, naquela noite, quando à meia-noite fui chamado pela polícia para pegar meu filho que dirigia com excesso de velocidade, minha confiança nele despencou. Jeri e eu tínhamos nos esforçado para explicitar as condições nas quais deixaríamos Stephen dirigir o carro da família. Ele tinha concordado. Então violou conscientemente uma das mais importantes regras – respeitar a lei.

No entanto, a confiança que estávamos dispostos a estender a Stephen antes dessa infração não foi apenas restaurada, ela realmente aumentou. Posso dizer honestamente que minha confiança em Stephen hoje é infinitamente maior do que o era antes da experiência, sendo que boa parte do motivo para isso foi o que ocorreu durante o processo.

Enquanto Stephen admitia sua culpa, desculpando-se, esforçando-se durante meses para pagar a multa e sofrendo as conseqüências de suas ações, ele crescia em entendimento, maturidade e na decisão de nunca mais se meter em situação dessas. Sua credibilidade pessoal aumentou. Ele fortaleceu sua Integridade e melhorou sua Intenção. Aumentou suas Capacitações por ter encontrado novos meios para lidar com as decepções na vida. Produziu Resultados – atitudes, hábitos e modo de dirigir melhorado, a ponto de ser reconhecido entre seus amigos como o camarada "seguro". Inconscientemente, ele também implementou alguns dos 13 Comportamentos. Ele esforçou-se para Enfrentar a Realidade, Corrigir os Erros, Produzir Resultados, Cumprir os Compromissos e Aperfeiçoar-se. Fazendo isso, fortaleceu-se pessoalmente e também reforçou seu relacionamento conosco.

Por ter visto Stephen passar por esse processo – porque ele foi testado e nosso relacionamento também, e ter vencido as etapas – eu realmente acho que nossa Conta de Confiança é muito mais alta do que jamais fora. Embora tenha sido dolorosa, a situação forneceu a oportunidade para que ele e nós aprendêssemos, melhorássemos e construíssemos confiança.

Um dos maiores obstáculos para se construir e restaurar a confiança é o paradigma superficial, bidimensional, de que a vida é uma trajetória ideal e sem desafios. Ela não é. Teremos que enfrentar desafios. Cometeremos erros. E as outras pessoas cometerão erros que nos afetarão. Isso é a vida. A questão reside em como responderemos a essas coisas – se vamos escolher ou não priorizar os enormes dividendos a longo prazo de se confiar, preterindo qualquer satisfação temporária que possamos extrair de coisas que quebrem a confiança, tentando justificar comportamentos de baixa confiança, como manter o rancor ou não conseguir perdoar.

Estou absolutamente convencido de que, na maioria dos casos, dar prioridade à confiança – procurando estabelecê-la, ampliá-la, recuperá-la e estendendo-a com sensatez – trará dividendos pessoais e organizacionais que de longe excedem qualquer outra alternativa que poderíamos escolher. Portanto, apesar de a tentativa de restaurar confiança poder ser algo difícil, ela definitivamente vale a pena. Ainda que a confiança não seja recuperada em um relacionamento específico no qual você esteja trabalhando, seus esforços nesse sentido aumentarão sua habilidade para estabelecer a confiança em outros relacionamentos.

Como em quase todos os outros aspectos da vida, desvios de rota e desarranjos podem criar avanços notáveis. Os desafios e erros podem se converter em algumas de nossas maiores oportunidades de aprender, crescer e melhorar. Com isso em mente, vamos examinar o que podemos fazer para restaurar a confiança – inicialmente, quando quebramos a confiança dos outros em nós, e depois, quando os outros quebram nossa confiança neles. Nos dois casos, o segredo encontra-se nas 4 Dimensões e nos 13 Comportamentos. Eles não apenas nos ajudam a estabelecer confiança, mas também nos capacitam a recuperá-la.

QUANDO OS OUTROS PERDERAM A CONFIANÇA EM VOCÊ

Independentemente de como você tenha perdido a confiança dos outros, seja por meio de um ato consciente de traição, mau discernimento, erro honesto, falta de competência ou um simples equívoco, o caminho para recuperá-la é o mesmo – aumentar sua credibilidade pessoal e comportar-se de forma a inspirar novamente confiança.

No entanto, entender primeiramente como a confiança foi perdida é elemento importante ao entendimento de como utilizar as 4 Dimensões e os 13 Comportamentos na tentativa de recuperá-la. Falando genericamente, a perda de confiança que se origina da violação de caráter (Integridade ou Intenção) é muito mais difícil de restaurar do que uma perda que se tenha originado de uma violação de competência (Capacitações ou Resultados). As violações da Integridade são as mais difíceis de restaurar em todos os relacionamentos, sejam pessoais, familiares, profissionais, organizacionais ou de mercado.

Tenha em vista que quando falamos sobre restaurar confiança, estamos falando em mudar os sentimentos de outra pessoa com relação a você e fazê-la confiar novamente. E isso não é algo que você possa controlar. Você não pode forçar as pessoas a confiarem em você. Não pode fazê-las terem confiança em você. Elas podem estar lidando com outras questões pessoais e isso torna o desafio ainda mais difícil para elas. Ou podem ter interpretado uma violação sua de competência, como uma ruptura de caráter, algo que complica o problema. A questão é que, em termos da recuperação de confiança, *você só pode fazer aquilo que consegue fazer*. Mas isso já é muito. E ainda que você não consiga restaurar a confiança em uma situação ou relacionamento particular, fortalecendo suas Dimensões e praticando os Comportamentos, você aumentará sua habilidade de estabelecer ou restaurar confiança em outras situações e relacionamentos, ao longo de toda a vida.

Portanto, tenha em mente que não falaremos aqui sobre "consertar" outra pessoa. Você não pode fazer isso.

Mas você pode oferecer aos outros uma pessoa – você – que é confiável e digna de confiança, que se comporta de maneira a inspirar confiança. E a prática demonstra que, ao longo do tempo, esse tipo de atitude ajudará mais o processo de restaurar a confiança do que qualquer outra coisa que você possa fazer.

RESTAURANDO A CONFIANÇA EM TODOS OS NÍVEIS

Vamos agora examinar alguns exemplos em cada uma das 5 Ondulações e ver como a credibilidade e o comportamento podem ajudar a restaurar a confiança em cada um de seus níveis. Observe como, em muitas das situações, ao confrontar o desafio de lidar com a quebra de confiança, é fornecido o fundamento para se alcançar uma confiança maior ainda.

Confiança Social

Restaurar a confiança no plano social significa recuperar a confiança em países, instituições, setores, profissões e em outras pessoas. Tal processo inclui contrabalançar a suspeita e o cinismo, substituindo-os por contribuição, criação de valor e comportamento ético.

Existem muitos dados que indicam que a confiança pode ser melhorada na sociedade. Logo depois dos escândalos da Enron e da WorldCom, um estudo da Watson Wyatt, em 2002, mostrou que apenas 44% dos empregados confiavam em seus líderes. Um segundo estudo da Watson Wyatt, alguns anos depois, revelou que esse indicador tinha subido para 51%. Alguns países, como Japão, Dinamarca e Países Baixos, aumentaram a confiança nas suas sociedades ao longo das duas décadas passadas.

Na República da Irlanda, seus líderes mudaram, ao longo dos últimos 30 anos, o foco da nação de dentro para fora. Eles a redirecionaram, saindo de uma política de independência econômica para uma política de interdependência com países parceiros. Reformularam um sistema educacional arcaico, tornando a Irlanda um dos líderes incontestes em educação no mundo. Melhoraram a harmonia das relações trabalhistas por meio da colaboração intencional, trouxeram de volta os expatriados e ajudaram a Irlanda a tornar-se um dos protagonistas no setor de tecnologia, atraindo investimento estrangeiro – aliás, o país detém agora quase 25% dos investimentos americanos na Europa, apesar de sua população representar apenas 1% desse continente.

Como comentou a primeira-ministra da Irlanda, Bertie Ahern: "Evidentemente, a tecnologia é a força que nos conduz. Ela deu confiança a toda uma nova geração de irlandeses. Ajudou a criar emprego e parou a enorme maré de emigração, por ter oferecido ao nosso povo um futuro."

A liderança da República da Irlanda realizou tudo isso por meio de um esforço consciente e colaborador que incluiu comportamentos como Enfrentar a Realidade, Aperfeiçoar-se e Produzir Resultados. Em conseqüência, como uma nação, eles aumentaram a credibilidade e confiança global.

Confiança do Mercado

Com relação à Confiança do Mercado, é verdade que, em muitos casos, se você violar a confiança do cliente, você não terá uma segunda chance. Em última análise, essa decisão cabe ao cliente, que simplesmente pode escolher abandonar a relação e buscar outros caminhos. Como disse antes, isso é particularmente verdadeiro se a violação foi de caráter – particularmente de Integridade.

No entanto, em alguns casos, a experiência mostra que as 4 Dimensões e os 13 Comportamentos tornam possível recuperar – e até mesmo aumentar – a Confiança do Mercado. Em seu livro *Tales of Knock Your Socks Off Service*, os autores Kristen Anderson e Ron Zemke compartilham o seguinte:

> *Bons amigos nossos celebravam suas bodas de prata. Telefonamos para felicitá-los, e para verificar se as flores que tínhamos mandado para este grande dia tinham chegado – flores estas que seriam usadas na festa que eles organizaram para aquela noite. Para o nosso desalento, as flores que tinham chegado nada tinham a ver com os grandes arranjos que encomendamos – em vez disso, chegou um minúsculo vaso que na melhor das hipóteses talvez serviria para decorar algum pequeno canto de um dos banheiros de suas suítes.*
>
> *Já era mais de 18:00h e a festa começaria às 19:30h. Chamamos Jerry, o floricultor, que estava de saída, e lhe explicamos a confusão. "Não precisam me dizer mais nada. Já, já vou consertar isso." As 19:10h os nossos amigos nos telefonaram para contar que um caminhão acabava de entregar dois magníficos arran-*

jos e uma peça central para a mesa de bufê. Oh, e será que mencionei? Nossos amigos moravam na Carolina do Norte – e nós e o nosso floricultor em Minneapolis, distantes uns dos outros por um fuso horário e meio (mais ou menos 1.900km).

Quando chegou a conta, a floricultura tinha nos cobrado o valor original, e foi Jerry quem a trouxe pessoalmente, junto com um pequeno arranjo nas mãos. Desculpou-se novamente pelo incômodo e nos assegurou de que aquilo não aconteceria outra vez. Não deu quaisquer desculpas nem culpou o floricultor que fez a confusão em Charlotte (Carolina do Norte). Nada de "Você não imagina o tipo de auxiliares com os quais tenho que lidar hoje em dia." Nada; somente "Mais uma vez, sinto muito pelo problema. Espero que vocês pensem em nós na próxima vez que encomendarem flores." E pode apostar que faremos isso. E já fizemos.

Nessa situação – como em muitas envolvendo a recuperação da confiança em serviços – o próprio problema tornou-se o catalisador para a criação de confiança ainda maior, à medida que as empresas envolvidas enfrentaram-no de frente e lidaram com um problema difícil de restaurar a confiança. Esse tipo de recuperação da confiança no setor de serviços pode conquistar o cliente para o resto da vida.

Outro exemplo: nos idos dos anos 90, a Nike foi pesadamente criticada por ativistas por não ser socialmente responsável, com base nas condições de algumas fábricas de seus parceiros industriais no exterior. O chairman, Phil Knight, tomou medidas para Corrigir os Erros. Reconheceu o problema, "pelo qual este que vos escreve é responsável". Por meio de suas ações e seu comportamento nos anos que se seguiram, a Nike demonstrou ter obtido resultados tangíveis, ter assumido grandes compromissos para melhorar as condições de trabalho do setor inteiro e de querer ser uma cidadã corporativa. Em 2006, a empresa foi classificada em 13º lugar na relação dos "Melhores Cidadãos Corporativos". A confiança que poderia ter sido perdida foi recuperada, à medida que a Nike comportou-se com transparência. Ainda há os que a criticam, mas como dizem os presidentes de gestão da marca Nike, Mark Parker e Charlie Denson, em seu Relatório de Responsabilidade Corporativa: "Queremos construir a confiança e permitir que os nossos *stakeholders* possam nos julgar não pela percepção, mas, sim, pelos fatos. A transparência é instrumento essencial neste processo."

Confiança Organizacional

Recuperar a confiança dentro de uma organização pode parecer difícil, particularmente se o foco for quase exclusivamente seu setor de produção, sem se preocupar em manter a capacidade de produzir no futuro. No entanto, o fato de as organizações de alta confiança superarem as de baixa confiança em uma razão de três para um oferece forte incentivo para esse esforço. A alta confiança não cria apenas um excelente ambiente de trabalho, ela também oferece poderosa vantagem competitiva.

Em minhas primeiras semanas como CEO da Covey Leadership Center, tive uma experiência pessoal ao perder e depois recuperar a confiança organizacional. Quando assumi essa posição, questionava profundamente a sensatez de continuar patrocinando nossa divisão educacional. Eu sinceramente valorizava a missão e o impacto potencial da divisão, mas tendo em vista que tínhamos reduzido expressivamente os preços que praticávamos no mercado educacional, para torná-los ainda mais competitivos, a percepção comum era de que a divisão não contribuía com o lucro da organização. Infelizmente, naquela época não tínhamos dados financeiros suficientes para comprovar o oposto.

Embora no passado tivesse tido um bom relacionamento com os empregados da divisão educacional, agora me encontrava em reuniões, encarando o diretor do grupo no outro lado da mesa, questionando a própria existência da divisão. Além disso, sinto muito dizer que transgredi alguns dos 13 Comportamentos, conversando com outras pessoas sobre essa questão, por trás desse diretor, falando de maneira que não teria falado se ele estivesse presente. Obviamente essas coisas causaram grande impacto negativo no equilíbrio das Contas de Confiança que eu tinha, tanto com esse diretor quanto com a divisão.

Por fim, colocamos a nossa casa financeira em ordem, desenvolvemos sistemas financeiros precisos e aplicamos as técnicas de custos e gestão baseados em atividades para obtermos o quadro completo da rentabilidade real de todas as nossas divisões. Apesar da redução dos preços, a divisão educacional não era apenas rentável, mas comprovou obter margens que eram quase tão altas quanto as de nossas divisões de maior renda.

No dia em que os números foram publicados, entrei no escritório do diretor e lhe disse: “Sinto muito, eu estava errado, e peço desculpas a você e a seu grupo todo. Irei compensá-lo e à sua equipe. Serei o defensor principal da divisão educacional.” E foi o que fiz. Tornei-me o campeão da divisão. Fiz de tudo para garantir que todos soubessem que a divisão educacional era um negócio lucrativo e uma operação bem administrada.

Em conseqüência, minha Conta de Confiança com o diretor a divisão toda disparou. Embora eu não o soubesse naquela época, o diretor, mais tarde, contou-me que minhas desculpas criaram para ele, assim como para o grupo inteiro, um momento de especial significado e que aquilo estabeleceu o tom para o expressivo sucesso da divisão ao longo da próxima década.

Tudo que sei é que essa confiança não foi apenas recuperada, foi aumentada, tanto com o diretor quanto com a equipe. Revendo o acontecido, posso ver como essa experiência validou a importância de demonstrar lealdade e de corrigir os erros, o valor de restaurar a confiança na organização e o impacto da confiança sobre a velocidade e o custo.

Confiança nos Relacionamentos

Como mencionei, se você for o cliente de uma empresa que violou a confiança, você poderá não lhe oferecer uma chance para restaurá-la. Trata-se de uma coisa transacional, e você poderá achar que o episódio não é grande coisa. Mas se um membro de sua família violar sua confiança, isso não é transacional. Tendo em vista que os relacionamentos familiares são significativamente mais importantes e têm implicações de prazo mais longo, sua expectativa seria de que nela existisse maior boa vontade e franqueza para que a confiança fosse recuperada.

Um associado meu contou-me a seguinte história:

Um médico de boa reputação em uma comunidade próxima tinha posição respeitável na sua igreja, dedicava seu tempo a pacientes necessitados e do terceiro mundo, era amigo de muitos de seus vizinhos e comunidades, e era um pai e marido dedicado... até que se meteu em um relacionamento amoroso com outra mulher. Sua vida secreta e comportamento embaraçoso, que contrariavam os valores que ele tinha ensinado em sua igreja e para a sua família, foram descobertos, e instantaneamente seu mundo desabou. Seu casamento entrou em colapso, seus filhos estavam tão magoados que não falavam com ele, ele perdeu sua posição na igreja e sua reputação ficou seriamente abalada.

Mas duas coisas importantes aconteceram e iniciaram um processo de cura, que preparariam os fundamentos para a reconstrução do respeito e da confiança: 1) ele acabou com o caso e pediu perdão à sua esposa e à sua família, e 2) sua esposa decidiu não abandoná-lo, apoiando-o em público e dando-lhe a oportunidade de recuperar sua confiança assim como seu respeito próprio. Ela não virou a cara nem comportou-se como teriam feito algumas esposas emotivamente abaladas que se culpam e deixam que seu marido as engane repetidamente. Ela manteve seu respeito próprio, deu ao esposo um ultimato e exigiu certas mudanças no estilo de vida e no comportamento. Embora suas atitudes fossem importantes, as do marido foram ainda mais importantes. Ele não tentou mentir para se safar da situação. Pediu perdão. Fez as mudanças necessárias e cumpriu com a sua palavra de não traí-la novamente. E encarou sua comunidade, sua família e os vizinhos humildemente – sem arrogância ou hipocrisia. Todo mundo sabia o que ti-

> *nha acontecido, e ele sabia que eles o sabiam. Ele queria também recuperar a confiança da comunidade. Ao longo do tempo, seu casamento, sua família e sua reputação começaram a se recuperar. Embora as pessoas* ***não esqueçam*** *esses tipos de erros pessoais e públicos, a atitude e a mudança de caráter de alguém, assim como em seu comportamento,* ***podem*** *reconstruir a confiança e o respeito.*

Certamente não são todos em tal situação que tentariam recuperar a confiança que perderam. Mas como essa experiência e outras parecidas o comprovam, quando as pessoas estão dispostas, ao menos até certo ponto e em algumas situações, é possível recuperá-la.

Outro fator que cria enormes problemas de confiança nos relacionamentos pessoais é o dinheiro. Muitos conselheiros matrimoniais afirmam que problemas com dinheiro são uma das principais causas de divórcio. Muitos de tais problemas são causados pela falta de caráter (gastos egoístas ou por impulso, tentativas de controlar ou restringir o acesso do cônjuge aos recursos comuns do casal ou tentar esconder gastos do marido ou da mulher), mas muitos também são causados pela incompetência (falta de treino ou experiência em gerir as finanças domésticas). Além disso, duas pessoas que se casam podem trazer experiências familiares diferentes – por exemplo, uma pode ter sido criada em uma família de gastadores, enquanto a outra em uma família econômica.

Uma mulher contou esta história:

> *Durante anos, meu marido e eu tivemos problemas em administrar nosso dinheiro. Concordávamos em gastá-lo de uma certa forma, e, então, ele voltava para casa com alguma coisa nova que havia comprado e que não tínhamos concordado em adquirir. Aquilo me frustrava muito e, em dado momento, deixei de participar das decisões financeiras.*
>
> *No entanto, no decorrer do tempo, ambos compreendemos que essa situação afetava negativamente a confiança em nosso relacionamento, e decidimos mudá-la. Ele se esforçou em ser mais responsável, agindo com base em nossos entendimentos; eu me esforcei para expressar melhor as minhas opiniões e participar mais em nossas decisões financeiras. Juntos, envolvemo-nos em aprender mais sobre os bons hábitos financeiros, incluindo orçamento e como investir.*
>
> *Leva um bocado de tempo para mudar velhos hábitos, porém por meio desse processo todo tornamo-nos surpreendentemente próximos, com uma visão mais unificada de nossos valores, metas e hábitos financeiros. Aliás, diria que agora a nossa visão financeira unificada é uma de nossas forças. Fazermos juntos algo que parecia tão difícil fez com que os laços de confiança em todo nosso relacionamento se tornassem ainda mais fortes.*

Muitas vezes as pessoas são pegas em situações de baixa confiança, achando que nada pode ser feito para criar uma mudança favorável. Porém, exemplos como esse e outros comprovam que, quando as pessoas estão dispostas – mesmo em situações difíceis dos relacionamentos próximos e pessoais –, elas conseguem restaurar a confiança. E o próprio esforço de recuperá-la pode fazer com que ela se torne ainda mais forte.

Autoconfiança

Muitas vezes a confiança mais difícil de recuperar é a autoconfiança. Quando deixamos de cumprir uma promessa que fizemos a nós mesmos, não conseguimos prosseguir com relação a uma meta que estabelecemos ou agimos contra nossos valores mais caros, nossa autoconfiança pode despencar de verdade. E quando repetimos tais violações, muitas vezes nos punimos tão profundamente que questionamos se alguma vez poderemos ainda ter fé em nós mesmos.

Há alguns anos, um amigo que tinha uma boa reputação, mas não administrava bem o dinheiro, foi forçado a declarar falência de seu negócio. Foi humilhante – ainda mais porque todos sabiam o que tinha acontecido – e afetou severamente sua autoconfiança. Teve que vender algumas posses pessoais para manter a casa, sua esposa teve que começar um negócio doméstico e ele teve que achar um novo emprego.

Todos achavam que quando esse homem declarou falência aquilo seria o fim de seu estresse financeiro, e ele poderia recomeçar a vida. Porém, além de se sentir mal sobre sua própria situação, ele sentia-se ainda pior por ter forçado seus credores a não receberem as respectivas dívidas. Então, durante anos, trabalhou em três ou quatro empregos, quase que dia e noite, querendo pagar as dívidas que ele legalmente não tinha que pagar. Finalmente pagou seu último credor e estava livre de dívidas.

Anos mais tarde, essa história emergiu (embora não por ele) e todos ficaram surpresos com o que ele tinha feito – especialmente porque ele não tinha tido nenhuma obrigação legal de pagar as dívidas. Sua credibilidade com seus amigos, vizinhos e família disparou.

Porém, o mais importante era que ele tinha recuperado junto a si mesmo a sua credibilidade. Embora tenha sido extremamente duro, ele tinha se comportado de modo a readquirir sua autoconfiança e, assim, sentiu-se em paz.

Recuperar a autoconfiança fornece outro valor – um valor poderoso – para as Dimensões e os Comportamentos. Reflita sobre quão destacadamente os 13 Comportamentos aplicam-se sobre seu relacionamento consigo mesmo.

Fale Francamente significa dizer as coisas tal como elas são – seja para o bem, seja para o mal. Significa não ficar dando voltas. Significa não tentar justificar nem racionalizar aquilo que você fez, ou ficar inventando historinhas. Em vez disso, diga a você mesmo o que deveria ter feito e o que deve fazer para melhorar. Mas *não* minta para si: eu não valho nada. Estraguei tudo, nunca posso fazer as coisas direito. É inútil até mesmo tentar. Conte-se a verdade: ainda que seja preciso recorrer à ajuda divina, você *pode* fazer as coisas melhor se quiser e tentar realmente.

Demonstre Respeito. Não se fustigue sobre aquilo que perceber como fraquezas ou erros. Trate-se com tanto carinho quanto trataria qualquer outra pessoa. Não espere mais de si do que esperaria de qualquer outro ser humano na mesma situação.

Crie Transparência em sua vida. Seja aberto e honesto consigo sobre seus motivos e decisões. Não tente racionalizá-los nem justificá-los. Não tente esconder suas fraquezas nem falhas; encare-as. Seja exatamente aquilo que você é hoje – e esforce-se para ser um pouco melhor amanhã.

Corrija os Erros que cometeu contra si mesmo. Perdoe-se (este é muitas vezes o perdão mais difícil de todos). Liberte-se para que você possa trabalhar novamente no desenvolvimento da autoconfiança.

Seja Leal a si mesmo. Não fale negativamente de você ou se humilhe – seja em conversas consigo mesmo, seja em conversas com outros.

Produza Resultados nas coisas que você sente que são importantes – não importando se qualquer outra pessoa as considere importantes ou não. Estabeleça metas e faça-as acontecer.

Aperfeiçoe-se. Reserve tempo para melhorar constantemente as suas habilidades. Goze do aumento de autoconfiança que deriva do desenvolvimento de habilidades e do uso de seus talentos e habilidades únicos; goze também da conquista dos desafios, algo que só é possível por meio do desenvolvimento de novas habilidades ou pela aquisição de novos conhecimentos.

Enfrente a Realidade. Não viva em negação nem mantenha a sua cabeça na areia. Não ceda ao pessimismo e ao desespero. Encare aquilo que precisa ser encarado e toque para frente com coragem e esperança.

Esclareça as Expectativas. Tenha clareza sobre aquilo que você espera de si. Não deixe que os outros o convençam de desistir de suas próprias expectativas, e não deixe que as expectativas dos outros governem as suas decisões e a sua vida.

Pratique a Responsabilidade. Quando tiver um insight sobre algo que deveria fazer ou ter feito, anote-o e responsabilize-se por fazê-lo. Não deixe que as expectativas dos outros criem maior prioridade com relação às coisas pelas quais você é responsável.

Escute Primeiro a sua consciência, sua própria voz interior. Não deixe que as opiniões dos outros o convençam a transgredir o que você sente ter que fazer ou não.

Cumpra as Promessas feitas a si mesmo. Assuma cuidadosamente os compromissos consigo e trate-os com o mesmo respeito dado aos compromissos assumidos com as outras pessoas.

Confie em si. Confie em seus instintos e na sua intuição. Confie em seu discernimento. Confie em sua habilidade de dar rumos à própria vida. Confie em que quando seu coração estiver certo, o universo lhe proverá e as coisas trabalharão coesas para seu próprio bem.

Enquanto você faz essas coisas, você fortalece as suas 4 Dimensões. Você aumenta sua Integridade, melhora sua Intenção, Capacita-se mais e melhora os Resultados. Você se torna uma pessoa em quem *você*, assim como os outros, pode confiar.

EM RESUMO...

Por meio de meu trabalho, meus serviços comunitários e das vidas pessoal e familiar nos últimos vinte anos, vi o bastante para me convencer de que em cada plano – societário, mercadológico, organizacional, dos relacionamentos e pessoal – as pessoas têm a capacidade de recuperar, ao menos em parte, a confiança quando a perderam... *se* elas realmente quiserem recuperá-la. Se não o quiserem – ou abusarem repetidamente da confiança depois de tê-la recuperado – possivelmente tal oportunidade estará perdida.

E em muitos casos, sei que é possível não apenas restaurar a confiança mas também aumentá-la realmente. As situações difíceis pelas quais passamos com as pessoas importantes em nossas vidas podem tornar-se o solo fértil para o crescimento da confiança duradoura – uma confiança que, na verdade, é mais forte porque foi testada e forjada pelo desafio.

Em todos os casos, as 4 Dimensões e os 13 Comportamentos oferecem instrumentos poderosos de restauração.

QUANDO VOCÊ PERDEU A CONFIANÇA NOS OUTROS

Até este ponto, conversamos sobre como restaurar a confiança quando os outros perderam a confiança em você. Mas o que você faz quando os outros lhe fizeram algo para você perder a confiança neles?

Assim como você não pode forçar os outros a confiar quando deixaram de fazê-lo, ninguém pode forçá-lo a confiar em alguém quando você deixou de confiar. Para você voltar a confiar em alguém é preciso que decida que quer fazer isso. Porém, enquanto reflete sobre suas opções, sugiro que considere as três diretrizes que se seguem e que têm se mostrado muito úteis.

Não seja rápido demais em julgar os outros. Você sabe a sensação quando alguém não confia em você. Você provavelmente também sabe a sensação de ser mal-entendido, de alguém tirar conclusões erradas sobre você, de ser julgado mal ou de não ser confiado, apesar de a culpa não ser a sua. Então coloque-se do outro lado. Dê aos outros o benefício da dúvida. Não assuma automaticamente que uma falha de competência é uma falha de caráter. Muitos erros não são intencionais; não os transforme em algo que eles não são.

Seja rápido em perdoar. Quero ser aqui muito claro; perdoar e confiar são duas coisas muito diferentes. Por exemplo, um esposo(a) abusado(a) que sistematicamente "perdoa" a(o) outra(o) apesar de essa pessoa continuar com seus abusos não é aquilo sobre o que vou falar aqui. Isso *não* é Confiança Inteligente.

Estou falando aqui de nossa capacidade de nos desvestir de sentimentos de raiva, vingança, culpa ou retaliação com relação a qualquer um que nos ofendeu, intencional ou acidentalmente. Estou falando sobre recusar a aceitar o papel de ser o juiz e o júri de outra pessoa, e sobre deixar as coisas sobre as quais não temos controle andarem – incluindo as atitudes e comportamentos de outras pessoas e as coisas que aconteceram no passado. Estou falando sobre nos libertarmos física, mental, espiritual e emocionalmente de reações associadas aos erros, fraquezas e más escolhas dos outros.

Um grande exemplo da capacidade de perdoar é Nelson Mandela. Depois de 27 anos de encarceramento na Ilha Robben, ele foi solto, tornando-se o presidente da África do Sul. Em seu discurso inaugural, ele convidou pessoalmente seus carcereiros a se sentarem na primeira fila para simbolizar o perdão que sentia ser necessário para curar a sua alma e o seu país.

Perdoar não é sempre fácil. Aliás, para muitos de nós, exige a intervenção divina. Não importando se escolhemos confiar ou não em alguém, sempre devemos perdoá-lo – tanto para o nosso próprio bem como para o bem das outras pessoas. Aliás, até que perdoemos, não estamos realmente livres para exercitar a Confiança Inteligente. Carregamos conosco uma bagagem emocional que cansa tanto a nossa análise quanto a nossa propensão a confiar.

> *O fraco nunca pode perdoar. O perdão é um atributo do forte.*
>
> – MAHATMA GANDHI

O perdão é um princípio de vida melhor. Faz também parte de nossa responsabilidade de corrigir aquilo que está errado. Quando não perdoamos, violamos esse comportamento crucial. Ao deixarmos de perdoar, não nos privamos apenas do discernimento claro, da liberdade emocional e dos possíveis dividendos que resultam da alta confiança, mas também podemos estar interferindo no processo de perdão e de transformação de outra pessoa.

Tenha em mente que acumulamos forças para perdoar aqueles que nos ofenderam não por aquilo que *eles* fizeram, mas por aquilo que *nós* fazemos. E nós não perdoamos para exonerar o "delinqüente"; como Mandela ilustrou, perdoamos para obter clareza e paz de espírito.

> *Aquele que não consegue perdoar os outros, quebra a ponte sobre a qual ele também tem que passar.*
>
> – LORD HERBERT, FILÓSOFO BRITÂNICO E TEÓLOGO

Como cidadãos globais, e parte da raça humana, e por causa de nossos próprios interesses, assim como dos interesses dos outros, temos que perdoar. E então – qualquer que seja a direção que tomarmos com relação à confiança – estaremos livres para ir adiante.

PRIORIZE A RECUPERAÇÃO DA CONFIANÇA

Tenho um amigo próximo que me contou a seguinte história:

> *Nosso filho era uma criança "ideal" até os 14 anos. Ele participava alegremente das atividades familiares, tirava boas notas, tinha ótimos amigos – achamos que tínhamos tirado a sorte grande. Quando ele começou a se desviar um pouco, achamos que aquilo era normal na adolescência e tentamos acompanhar seu crescimento. Mas, quando ele começou a sair com um novo grupo de amigos e fazia segredos sobre suas atividades, sabíamos que estávamos com problemas.*
>
> *Então, decidimos tornar nosso filho a nossa maior prioridade. Gastamos mais tempo junto com ele. Reduzimos seus privilégios, fixamos metas familiares, conversamos com especialistas e o levamos a alguns. Havia repreensões, desculpas e promessas feitas e não-cumpridas. Quanto mais velho ele ficava, mais perigosas ficavam suas escolhas. Muitas vezes nos sentimos frustrados e assustados; porém decidimos que sempre o faríamos saber que não iríamos abandoná-lo e nunca deixaríamos de amá-lo – não importando o que quer que fizesse.*
>
> *À medida que as coisas continuaram a ir de mal a pior, dissemos a ele que o amávamos demais para apoiar o estilo de vida que estava levando. Ele era bem-*

vindo para morar conosco, porém só de acordo com os nossos termos. Se quisesse viver de forma diferente, ele teria que viver em outro lugar.

Assim, ele mudou-se – e seu estilo de vida piorou ainda mais. Por mais doloroso que fosse, tentamos ignorá-lo e continuamos vivendo nossos valores, reafirmando nosso amor por ele. Asseguramos-lhe que ele e seus amigos sempre eram bem-vindos em nossa casa para um bom jantar dominical. Dissemos-lhes que, enquanto estivessem em nossa casa, teriam que comportar-se, mas sempre seriam bem recebidos, amados e alimentados. Em alguns domingos aparecia lá em casa um grupo bem barra-pesada, mas não importando a aparência, eles sempre iam embora bem alimentados e com expressões de nosso carinho.

Gradualmente, nosso rapaz encontrou-se. Depois de ter passado por tempos muito difíceis, ele mudou completamente e agora, outra vez, ele tem aquele incrível espírito de quando tinha 14 anos. Contou-nos que o fio ao qual ele se agarrou ao longo desses cinco anos de provações foi saber que nós o amávamos e buscávamos seus melhores interesses. Disse-nos que ele podia confiar em nós – e agora, graças a Deus, sabemos que nós também podemos confiar nele.

Restaurar a confiança em um relacionamento próximo pode ser difícil e doloroso e, às vezes, pode levar anos. Mas não existem dividendos mais altos na vida do que aqueles que resultam da priorização e de fazê-lo acontecer.

CONFIANÇA QUEBRADA: UM COMEÇO

Para muitas pessoas, a confiança quebrada é um beco sem saída. É o fim de um relacionamento, o fim de uma oportunidade – às vezes até mesmo o fim da autoconfiança e da capacidade de voltar a confiar outra vez.

Mas isso não tem que ser assim. Aliás, afirmo que a confiança quebrada pode realmente tornar-se um começo notável.

Se você violou a confiança de outra pessoa, esta é uma oportunidade de arrumar a sua casa, melhorar seu caráter e competência, comportar-se de maneira a inspirar confiança. Espera-se que isso influencie a parte ofendida, restaurando sua confiança em você. Mas mesmo que isso não aconteça, seu esforço poderá influenciar outras pessoas de forma positiva e, definitivamente, o capacitará a criar no futuro um número maior de relacionamentos de alta confiança.

Se alguém violou a sua confiança, esta é a oportunidade de você crescer em sua habilidade de perdoar, de aprender a como estender a Confiança Inteligente e de maximizar quaisquer que sejam os dividendos que se possa extrair desse relacionamento.

Em qualquer uma das situações, a quebra de confiança oferece a oportunidade para você avançar enormemente na construção de sua autoconfiança e da credibilidade pessoal. À medida que você avança pelo processo de tentar recuperar a confiança dos outros em você, ou de perdoar e estender a Confiança Inteligente àqueles que violaram a sua confiança, você crescerá em caráter e competência. Terá maior confiança em seu próprio discernimento e nas suas habilidades de estabelecer, fazer crescer, restaurar e estender a confiança em cada nível de sua vida.

UMA PROPENSÃO PARA CONFIAR

Descobri que, ao confiar nas pessoas até que elas provem ser indignas dessa confiança, muita coisa acontece.

– JIM BURKE, EX-CHAIRMAN E CEO, JOHNSON & JOHNSON

Você já esteve em situação na qual alguém acreditou e confiou em você enquanto ninguém mais o fazia? Como você se sentiu? Que diferença isso fez?

Estive em uma situação como essa pouco depois de ter me formado na faculdade. Fui convidado a trabalhar na Trammell Crow Company – naquela época a maior empresa americana de desenvolvimento imobiliário e uma das "100 Melhores Empresas para se Trabalhar" nos Estados Unidos. Foi uma situação inusitada porque, em geral, era o sócio do escritório regional que fazia as contratações. No entanto, nesse caso, eu havia almoçado com o sócio geral da empresa, e ele ofereceu-me na hora um trabalho como agente de leasing. Ele não sabia em qual escritório eu iria trabalhar, mas tinha certeza de que haveria uma vaga em algum lugar.

Aceitei a proposta e visitei alguns escritórios regionais, fazendo entrevistas com os sócios locais. Mas de escritório em escritório, nenhum dos sócios parecia muito interessado em mim. Meu desempenho na faculdade havia sido bom e tinha algumas excelentes experiências em outros empregos, mas no meu currículo tinha colocado minha intenção de trabalhar durante um par de anos e depois voltar a estudar para obter meu mestrado. A posição para a qual tinha sido empregado era a mesma oferecida a mestres (MBA). Eles eram colocados em trabalhos que os tornariam sócios dentro de três a cinco anos. Ninguém queria investir no meu treinamento só para que ficasse dois anos e depois saísse da empresa. Além disso, tinha escrito no currículo que meu plano de carreira tinha por objetivo trabalhar em consultaria de negócios e desenvolvimento de lideranças, algo que não impressionou os sócios da Trammell Crow, já que eles atuavam em desenvolvimento imobiliário. Portanto, meu currículo e meus planos de carreira criaram uma enorme lacuna com os objetivos de todos os entrevistadores. Naquela época eu era tão ingênuo que mal podia enxergar o problema, mas não achava que poderia mentir sobre minhas intenções e simplesmente dizer aquilo que as pessoas queriam ouvir.

Então, por seis semanas, fiquei no limbo, trabalhando no escritório central, mas nada fazendo. Depois de ter me encontrado com uma dezena de sócios, tornou-se evidente que ninguém queria me empregar, e estou seguro de que o sócio geral perguntava-se por que havia me contratado. Fiquei muito decepcionado, aliás, minha autoconfiança estava no nível mais baixo.

Então encontrei-me com um novo sócio – John Walsh – que pareceu animado e querendo arriscar-se comigo. Ele disse: "Gosto deste homem. Acredito nele. Quero que ele faça parte de minha equipe." Colocou-me sob as suas asas e desde o início tratou-me exatamente como tratava os MBAs e bacharéis de direito que ele havia empregado também. Estava muito agradecido, motivado e inspirado. E não quis desapontá-lo.

Passaram-se seis meses até que eu produzisse qualquer resultado. Durante esse tempo, freqüentemente duvidei de mim. Mas John Walsh continuava a acreditar. Então, de repente, as coisas mudaram e antes de completar meus dois anos tinha me tornado o agente de leasing de maior produção do escritório e um dos maiores produtores no país.

A fé de John Walsh em mim produziu dividendos – não apenas para ele, em termos de lucros para a empresa, mas também para mim, por causa da maneira como talhou minha liderança e minha vida. Quando penso nele hoje, o faço com grande amor e gratidão. Além do meu pai, John Walsh foi a única e maior influência em minha vida profissional (e também uma profunda influência na minha vida pessoal) porque ele acreditou em mim e arriscou-se quando ninguém mais o queria. Sua confiança trouxe à tona o melhor em mim.

> *Eu lhe trago o presente destas quatro palavras: eu acredito em você.*
>
> – BLAISE PASCAL, FÍSICO E MATEMÁTICO FRANCÊS

CONFIANÇA INSPIRADORA

Em algum ponto da vida, a maioria de nós teve algum tipo de experiência semelhante, quando alguém acreditou em nós e isso fez uma enorme diferença em nosso futuro. Algo que é mais empolgante é a constatação de que *nós podemos fazer o mesmo pelos outros!* Podemos acreditar neles. Podemos confiar. Podemos ajudá-los a superar desafios, a descobrir o potencial escondido ou a fazer outras coisas que beneficiem todos nós.

Veja a diferença que representaram pessoas como Sam Walton, fundador do Wal-Mart e do Sam's Club. Dean Sander, vice-presidente executivo de operações, contava que depois que Sam voltava de suas visitas às lojas, ele chamava Dean e lhe dizia: "Dê a este rapaz uma loja para administrar. Ele está pronto." Quando Dean expressava alguma restrição sobre o nível de experiência de uma pessoa em particular, Sam dizia apenas: "Dê-lhe uma loja de qualquer jeito. Vamos ver como ele se sai."

> *Às vezes, até mesmo uma overdose de confiança, que envolve o risco de enganar-se ou sair decepcionado, é mais sensata a longo prazo do que ter por certo que a maioria das pessoas é incompetente ou insincera.*
>
> – WARREN BENNIS, AUTOR DE *ON BECOMING A LEADER*

Observe a diferença que fizeram os líderes de empresas como a Nordstrom, que confiam em seus empregados e acham que eles usarão do bom senso, ou a Ritz-Carlton, onde seus empregados são autorizados a resolver financeiramente os problemas de seus hóspedes, ou a BestBuy, onde as pessoas podem trabalhar onde e quando quiserem, contanto que seu trabalho seja feito.

Analise a própria experiência. Como você se sente quando alguém lhe diz: "Você pode fazer isso! Você é confiável. Você possui o caráter e a competência para progredir. Acredito em você; confio em você." Às vezes, simplesmente ouvir essas palavras cria toda a inspiração necessária para o sucesso.

Os líderes que nos estendem sua confiança tornam-se nossos conselheiros, modelos e heróis. Transbordamos de gratidão quando pensamos sobre eles e sobre a diferença que representaram em nossas vidas. As empresas que confiaram em seus empregados tornaram-se os grandes lugares para se trabalhar.

> *Nossa abordagem é baseada nos principais resultados de vinte anos de pesquisa – que a confiança entre líderes e empregados é a característica mais importante e que define os melhores locais de trabalho.*
>
> – GREAT PLACE TO WORK INSTITUTE

Este mesmo estilo de liderança inspira confiança em casa. Avalie a diferença que faz na vida das crianças quando os pais lhes dizem: "Amo você. Acredito em você. Confio em você" e quando eles as ajudam a desenvolver seu caráter e competência dando-lhes tarefas importantes que refletem a confiança nelas. Quando os participantes em nossos programas de liderança compartilham seus sentimentos sobre a pessoa que maior impacto lhes causou na vida, a maioria menciona um dos pais (ou às vezes um professor, treinador ou um mentor no trabalho), mas sempre uma pessoa que acreditou neles quando os outros não acreditavam.

Como disse antes, a primeira atribuição de um líder – no trabalho ou em casa – é inspirar confiança. Consiste em tirar o melhor das pessoas, confiando-lhes tarefas e responsabilidades importantes e criando um ambiente em que a interação de alta confiança inspira a criatividade, abrindo as possibilidades para as coisas acontecerem.

> *É melhor confiar e, às vezes, ficar desapontado do que desconfiar eternamente e acertar de vez em quando.*
>
> – NEAL A. MAXWELL, EDUCADOR E LÍDER RELIGIOSO

A MAIORIA REAGE BEM À CONFIANÇA

A confiança traz à tona o melhor das pessoas e literalmente modifica a dinâmica das interações. Apesar de ser fato que alguns abusam dessa confiança, a vasta, vasta maioria das pessoas não abusa; responde surpreendentemente bem a ela. E, quando o fazem, elas não necessitam de supervisão externa, controle nem da abordagem "tapa e agrado" para sua motivação. Elas estão inspiradas. Elas utilizam a confiança que lhes foi dada para realizar as coisas. Querem fazer jus a ela. Querem retribuir.

Outra vez, como Emile Durkheim disse: "Quando as tradições [valores culturais] são suficientes, as leis são desnecessárias, quando elas são insuficientes, as leis não podem ser postas em prática." Emendaria dizendo: "Quando a *confiança* é suficiente, leis são desnecessárias. Quando a confiança é insuficiente, as leis não podem ser postas em prática." Como meu pai disse: "A confiança sem restrições é a forma mais alta da motivação humana."

Não importa quem somos, temos incontáveis oportunidades para estender e inspirar confiança nos outros. Ao fazer isso, criamos uma surpreendente diferença – não apenas em suas vidas, mas também na vida de todos aqueles influenciados pelo que fazem.

Nós também representamos enorme diferença em nossas vidas. A confiança é recíproca – em outras palavras, quanto mais você confia nos outros, tanto mais confiam em você. No exercício preparatório de nossos workshops, no qual damos aos participantes cartões contendo o rosto das pessoas com quem trabalham, pedindo para que os classifiquem de acordo com o critério de confiarem ou não, descobrimos que, em geral, aqueles que não confiam em determinadas pessoas são tratados da mesma forma por elas, ou seja, elas também não confiam nos que não confiam nelas. Nas palavras de Lao Tzu: "Nenhuma confiança dada, nenhuma confiança recebida."

MOMENTOS PROFUNDOS DE CONFIANÇA

A verdade é que os acontecimentos importantes em negócios, na história, na literatura e na vida dependeram de profundos momentos de confiança – das pessoas que estavam dispostas a confiar de formas surpreendentes.

Penso em um momento decisivo na vida de Alexandre, o Grande, rei da Macedônia. O rei Dario III da Pérsia tinha oferecido mil talentos a qualquer um que matasse Alexandre. Alexandre tinha contraído pneumonia e estava à beira da morte. Os médicos tinham medo de tratá-lo porque achavam que ele não sobreviveria, e temiam que se ele morresse talvez fossem acusados falsamente de o terem envenenado e aceitado o suborno de Dario. Mas Felipe, um amigo e médico, que tinha assistido Alexandre desde sua infância, estava disposto a tratá-lo porque confiava tanto em sua habilidade médica quanto na amizade de Alexandre. Como relata o historiador H.A. Guerber:

> *Quando a febre atingiu seu pior nível, [Felipe] disse que esperava curar o rei com uma forte poção que ele iria preparar.*
>
> *Logo depois que Felipe saiu para preparar a poção, Alexandre recebeu uma carta que o advertia para que tomasse cuidado com seu médico, já que o homem teria sido subornado pelo rei persa, Dario III, para que o envenenasse.*
>
> *Depois de ler a carta, Alexandre escorregou-a sob seu travesseiro, e esperou tranqüilamente o retorno do médico. Quando Felipe trouxe a xícara contendo a poção, Alexandre pegou-a com uma mão, e com a outra deu a Felipe a carta. Então, enquanto Felipe lia a carta, ele bebeu cada gota do remédio.*
>
> *Quando o médico leu a acusação, ficou pálido e olhou para seu mestre que sorridentemente lhe devolveu a xícara vazia. A grande confiança de Alexandre em seu médico foi plenamente justificada; o remédio curou-o, e ele estava em condições de ir adiante...*

Penso no bispo católico do épico *Les Misérables*, de Victor Hugo, que não apenas perdoou o ladrão Jean Valjean como também destacou seu valor e expressou confiança nele, mudando para sempre a sua vida.

Penso na professora Anne Sullivan, estendendo confiança, com resultados notáveis, a uma pupila que não podia ver, ouvir ou falar – Helen Keller.

Penso no empresário Pierre Omidyar, fundando uma empresa baseada na premissa de que a maioria das pessoas é boa e que pode-se confiar nelas.

Penso em um treinador que acredita no potencial de um atleta.

Penso em um amigo que fica ao lado de alguém em uma hora difícil.

Penso em uma criança pequena que confia em seus pais.

Lembro-me de um pai confiando em um garoto de 7 anos.

DECIDINDO CONFIAR

> *É melhor confiar em todos e ser enganado,*
> *E chorar aquela confiança, aquela traição,*
> *Do que duvidar de um coração, o qual, se nele confiasse*
> *Teria abençoado uma vida com a verdadeira crença.*
>
> – Frances Anne Kemble, escritora britânica

Nascemos com a propensão para confiar. Como crianças, a maioria de nós fora ingênua, inocente, vulnerável e crédula. Pela experiência de vida, muitos de nós passaram a confiar menos – às vezes por um bom motivo.

Porém, qualquer que seja nossa situação, a verdade é que podemos escolher reter ou recuperar nossa propensão a confiar. O segredo se encontra em nossa capacidade de perdoar e também em nossa capacidade em equilibrar nossa propensão a confiar com a análise, obtendo assim o discernimento para estendermos a Confiança Inteligente que maximiza os dividendos e reduz o risco.

Na minha própria vida já estive dos dois lados da equação. Estive em situações onde me controlavam em minúcias, onde não se estendia a confiança. Conheço o poderoso efeito negativo que isso causou em meus sentimentos, sobre meu comprometimento, ânimo e criatividade, e sobre a liberação de minha energia e talento. Mas também estive em situações onde confiaram em mim fartamente, e sei como aquilo me inspirou e liberou poderosamente o melhor dentro de mim.

Ocasionalmente me queimei. Confiei em pessoas que não mereciam minha confiança, porém, na maioria das vezes, vi os incríveis resultados quando as pessoas corresponderam. Vi-as fazerem jus às expectativas. Vi-as estimuladas, animadas e empenhadas. Vi-as dispostas a darem seus corações e mentes, assim como suas mãos e costas para realizarem as incumbências. Vi-as superarem diferenças, vencerem dificuldades e realizarem grandes coisas – rapidamente – porque alguém teve a sabedoria de lhes estender a confiança.

> *É... mais satisfatório ser enganado às vezes do que não confiar.*
>
> – Samuel Smiles, autor e biógrafo britânico

Em nossa economia "plana" e global, não há como evitar o fato de a confiança ser essencial para a prosperidade. Em nossos relacionamentos pessoais e familiares, a confiança é essencial para a satisfação e a alegria.

E a verdade é que podemos estabelecê-la. Podemos fazer com que cresça. Podemos estendê-la. Podemos recuperá-la. Podemos nos tornar confiáveis em nível pessoal e organizacional. Podemos nos comportar de modo a inspirar confiança. Podemos aumentar a velocidade e reduzir o custo em cada dimensão de nossa vida.

Então por que não quereremos fazer isso? Por que não queremos viver e dirigir de maneira a inspirar confiança?

Talvez Albert Schweitzer tenha explicado melhor:

> *Na vida de todos, em algum momento, a nossa chama interior se apaga. E depois explode novamente por meio de um encontro com outro ser humano. Todos devemos ser gratos àquelas pessoas que conseguem reavivar nosso espírito interior.*

Estender a confiança aos outros reaviva o espírito interior – tanto o nosso quanto o deles. Toca e ilumina nossa propensão inata a confiar e a confiarem em nós. Traz felicidade aos relacionamentos, resultados no trabalho e segurança às vidas. Acima de tudo, produz extraordinário dividendo em cada dimensão de nossas vidas: o poder da confiança.

SOBRE STEPHEN M.R. COVEY & COVEYLINK MUNDIAL

Stephen M.R. Covey é co-fundador e CEO da CoveyLink Mundial. Palestrante muito disputado e consultor em confiança, liderança, ética e alto desempenho, ele fala a platéias ao redor do mundo. Defende a idéia de que nada é tão rápido quanto a velocidade da confiança e que a habilidade de estabelecer, fazer crescer, estender e recuperá-la com todos os *stakeholders* é a competência crítica dos líderes na nova economia global. Stephen transmite essa mensagem apaixonadamente e se dedica a capacitar indivíduos e organizações para que colham os dividendos da alta confiança. Sua abordagem informativa e prática para as questões atuais que afetam o desempenho imediato e no longo prazo repercute tanto nas platéias como nas organizações para as quais expõe.

Ex-CEO da Covey Leadership Center, a qual, sob sua direção, tornou-se a maior empresa no mundo de desenvolvimento de lideranças, Stephen Covey é mestre em administração pela Universidade de Harvard e se associou à Covey Leadership Center na qualidade de desenvolvedor de clientes, tornando-se mais tarde gerente nacional de vendas e depois presidente e CEO.

Sob a direção de Covey, a empresa cresceu rápida e lucrativamente, alcançando o status de Inc. 500 (veja http://www.inc.com/inc5000/) e o reconhecimento do mercado. Como presidente e CEO, ele quase dobrou as receitas, que chegaram a mais de US$110 milhões, enquanto os lucros cresceram em 12 vezes. Durante esse período, tanto a confiança dos clientes quanto a dos funcionários alcançou níveis extremamente elevados e a empresa expandiu-se pelo mundo em mais de quarenta países. Isso aumentou em muito o valor da marca e da empresa, estimada em apenas US$2,4 milhões quando Covey foi nomeado CEO. Em três anos, o valor dos acionistas foi para US$160 milhões por meio da fusão que orquestrou com a então Franklin Quest para formar a FranklinCovey.

Ao longo dos anos, Covey conquistou considerável respeito e influência com os executivos e líderes das empresas *Fortune 500*, assim como com as organizações de médio e pequeno portes dos setores privado e público às quais dava consultoria. Seus clientes reconhecem a inusitada percepção das questões organizacionais do mundo real, tendo em vista sua experiência prática como CEO.

Atualmente Covey participa do Conselho de várias entidades, incluindo o Human Performance Institute – instituição líder em tecnologia de gestão de energia – onde atua como chairman.

Covey reside com a esposa e os filhos em Rocky Mountains.

Rebecca R. Merril é escritora-revisora altamente requisitada. Além de se dedicar a seus afazeres domésticos e à sua família, é co-autora, junto com o dr. Stephen R. Covey e Roger Merrill, do best-seller do *New York Times*, *Primeiro o mais importante*. Também é co-autora, com Roger Merrill, dos livros *Life Matters* e *Connections*. Ela também ajudou Dr. Covey a desenvolver seus livros *Os 7 Hábitos das Pessoas Altamente Eficazes* e *Os 7 Hábitos das Famílias Muito Eficazes*.

A **CoveyLink Mundial** é um centro de referência da prática de confiança, que enfoca o aumento do desempenho e da influência das pessoas e das organizações no nível mundial, por capacitá-las a dirigirem de forma a inspirar confiança (aumentando, assim, a velocidade e reduzindo o custo).

A CoveyLink foi fundada por Stephen M.R. Covey e Greg Link que juntos comandaram a estratégia que impulsionou *Os 7 Hábitos das Pessoas Altamente Eficazes*, do Dr. Stephen R. Covey, a tornar-se, de acordo com a revista CEO, um dos dois livros sobre administração mais influentes do século XX. Por meio da própria experiência direta com executivos de negócios e consultores, e por causa da extensa pesquisa que durou uma década, eles se convenceram de que a confiança é a origem de toda influência dos líderes e que a velocidade resultante é a mais importante vantagem competitiva nesta economia do "mundo plano".

A CoveyLink adota uma abordagem muito pragmática para a liderança e a confiança, enfocando habilidades e comportamentos práticos que podem ser colocados em ação. Isso cria organizações de alto nível de confiança e de alto desempenho por meio do desenvolvimento de influenciadores de confiança, os quais, por sua vez, influenciam outras pessoas. Esse efeito ondulatório manifesta-se por um modelo mensurável e sustentável de crescimento organizacional.

Ao aumentar a capacidade de se estabelecer, fazer crescer, estender e recuperar a confiança com todos os *stakeholders*, aumentarão as oportunidades e a influência, seja como líder, empregado, sócio em um negócio, cliente, cônjuge, pai ou em qualquer outro dos incontáveis papéis que você desempenhe na vida. A CoveyLink possui várias maneiras de transmitir os recursos adicionais que oferece para aumentar a confiança, tanto para indivíduos quanto para organizações, incluindo os workshops abertos *Leading at the Speed of Trust*, programas corporativos, certificação do tipo "treine o treinador", webinários, avaliações e mensuração individual e organizacional, instrumentos de aplicação, serviços de consultoria e consultoria sob medida. Visite o site (em inglês) http://www.CoveyLink.com para saber mais.

Para descobrir quem confia em você, visite o site (em inglês) www.WhoTrustsYou.com.

Para descobrir se você se qualifica para um bate-papo, gratuito, de 20 minutos, com um consultor sênior da CoveyLink sobre a situação específica de sua organização, visite o site (em inglês) www.speedoftrust.com.

NOTAS E REFERÊNCIAS

NADA É TÃO RÁPIDO QUANTO A VELOCIDADE DA CONFIANÇA

P. 3 **frase de Edward Marshall**: Edward M. Marshall, *Building Trust at the Speed of Change*. Nova York: AMACOM, 2000, p. 3.

P. 4 **frase de Naill Fitzgerald**: Naill Fitzgerald, *Address to the Advertising Association*, Londres, maio de 2001.

P. 5 **frase de Jack Welch**: Jack Welch, *Winning*. Nova York: HarperCollins, 2005, p. 71.

P. 6 **frase de Jim Burke:** Mukul Pandya e Robbie Shell, *Lasting Leadership: What You Can Learn from the Top 25 Business People of Our Times*. Upper Saddle River, NJ: Wharton School Publishing, 2005, pp. 45-46.

P. 11 **uma pesquisa Harris de 2005:** Harris Interactive, The Harris Poll #4, 13 de janeiro de 2005.

P. 11 **sociólogo britânico David Halpern:** David Halpern, "Trust in business and trust between citizens", Prime Minister's Strategy Unit, 13 de abril de 2005; também, John Elliott e Lauren Quaintance, "Britain is getting less trusting", *The Sunday Times*, 18 de maio de 2003; também David Halpern, *Social Capital*. Malden, MA: Polity Press, 2005.

P. 12 **apenas 51% dos empregados**: pesquisa Watson Wyatt, "Work USA 2004/2005".

P. 12 **apenas 36% dos empregados:** Age Wave and The Concours Group, *New Employer/Employee Equation Survey*, Nova York, 2005 (realizada pela Harris Interactive).

P. 12 **76% dos empregados:** KPMG, "Organizational Integrity Survey", 2000.

P. 12 **o motivo principal:** Gina Imperato, "How to Hire the Next Michael Jordan", *Fast Company*, dezembro de 1998, p. 212; também Marcus Buckingham e Curtis Coffinan, *First, Break All the Rules: What the World's Greatest Managers Do Different*. Nova York: Simon & Schuster, 1999, p. 33.

P. 12 **um em cada dois:** revista *Divorce* e dados do censo do U.S. Census Bureau.

P. 12 **Veja a porcentagem de estudantes:** pesquisa Donald McCabe, Rutgers University, 1992; também, Marianne M. Jennings, "Ethics: Why It Matters and How You Do It", *Journal of Government Financial Management*, Suplemento outono de 2005.

P. 13 **76% dos MBAs estavam dispostos:** Marianne M. Jennings, *A Business Tale: A Story of Ethics, Choices, Success and a Very Large Rabbit*. Nova York: AMACOM, 2003, p. 87; também, Dawn Blalock, "Study Shows Many Execs Are Quick to Write Off Ethics", *Wall Street Journal*, 26 de março de 1996, C1, C22.

P. 13 **mesma pontuação nos exames de ética**: Marc Ransford, "Convicts and MBA grads have similar ethics", Ball State University, 1999.

P. 13 **frase de Robert Eckert:** Robert Eckert, discurso do início de ano letivo da UCLA Anderson School of Management, 18 de junho de 2004.

P. 15 **Sarbanes-Oxley custa US$3,5 bilhões:** Candice S. Miller, "The Sarbanes-Oxley Act 4 Years Later. What Have We Learned", House Subcommittee on Regulatory Affairs, 5 de abril de 2006 (de um memorando apresentado em 29 de março de 2006).

P. 15 **Warren Buffett escreveu:** Carta aos Acionistas de Warren Buffett, Relatório Anual da Berkshire-Hathaway, 2004.

P. 16 **frase de Rupert Murdoch:** "Business innovation: changing companies for a changing world", *Principal Voices*. The Global CEO Study, "Expanding the Innovation Horizon", IBM, 2006.

P. 16 **os autores de *Executive EQ*,** Robert K. Cooper e Ayman Sawaf, *Executive EQ: Emotional Intelligence in Leadership and Organizations*. Nova York: Berkeley Publishing Group, 1996, p. 88.

P. 17 **frase de Patricia Aburdene:** Patricia Aburdene, *Megatrends 2010: The Rise of Conscious Capitalism*. Charlottesville, VA: Hampton Roads Publishing Company, 2005, p. xiv; também *Megatrends 2010: O poder do capitalismo responsável*. Rio de Janeiro: Campus/Elsevier, 2006.

P. 19 **frase de John Whitney:** John Whitney, *The Trust Factor Liberating Profits and Restoring Corporate Vitality*. Nova York: McGraw-Hill, 1994, orelha dianteira.

P. 19 **autor Francis Fukuyama:** Francis Fukuyama, *Trust: The Social Virtues and the Creation of Prosperity*. Nova York: The Free Press, 1995, pp. 27-28.

P. 21 **Robert Shaw disse:** Robert Bruce Shaw, *Trust in the Balance: Building Successful Organizations on Results, Integrity and Concern*. San Francisco: Jossey Bass Publishers, 1997, p. xi.

P. 21 **até 40% do total:** Leslie P. Willcocks e Sara Cullen, "The Outsourcing Enterprise: The power of relationships", estudo feito por Logica CMG e Warwick Business School, 2005.

P. 21 **estudo de 2002:** Watson Wyatt, estudo WorkUSA, 2002.

P. 21 **estudo feito pelo professor de Stanford:** palestra de Tony Bryk, "Trust Improves Schools", Stanford Educational Leadership Conference, 5 de novembro de 2004; também, Anthony S. Bryk e Barbara Schneider, *Trust in Schools*. A Core Resource for Improvement. Nova York: Russell Sage Foundation Publications, 2002.

P. 22 **frase de Thomas Friedman:** Thomas L. Friedman, *The World Is Flat: A Brief History of the Twenty-First Century*. Nova York: Farrar, Straus and Giroux, 2005, p. 394.

VOCÊ PODE FAZER ALGUMA COISA!

P. 31 **Jack Welch:** Robert Slater, *Jack Welch and the GE Way*. Nova York: McGraw-Hill, 1999, pp. 37-38.

P. 31 **Jim Collins:** Jim Collins, *Good to Great: Why Some Companies Make the Leap. . . and Others Don't*. Nova York: HarperBusiness, 2001, p. 21. Também, Jim Collins e Jerry Porras, *Built to Last: Successful Habits of Visionary Companies*. Nova York: HarperBusiness, 1994, p. 80.

P. 31 **Warren Buffett:** Richard G. Hagstrom, *The Warren Buffett Way: Investment Strategies of the World's Greatest Investor*. Nova York: John Wiley, 2004, p. 102.

P. 31 **Ram Charan:** Ram Charan, *What the CEO Wants You to Know*. Nova York: Crown Business, 2001, p. 94.

P. 31 **Saj-Nicole Joni:** Saj-Nicole Joni, "The Geography of Trust", *Harvard Business Review*, março de 2004.

P. 38 **frase de Rich Jernstedt:** press release da Golin/Harris, "Trajectory of Trust in American Business Shows Signs of Improvement If Brands Act Decisively", *AME Info*, 27 de abril de 2003.

P. 38 **John Adams e Thomas Jefferson:** David McCullough, *John Adams*. Nova York. Simon & Schuster, 2001, pp. 312, 603, 604, 632, 640.

P. 41 **"Para mim a vida é":** Margot Morrell, *Shackleton's Way: Leadership Lessons from the Greatest Antarctic Explorer*. Nova York: Penguin, 2001, p. 209.

P. 41 **frase de Jim Burke:** Adrian Gostick e Dana Telford, *The Integrity Advantage: How Taking the High Road Creates a Competitive Advantage in Business*. Salt Lake City: Gibbs Smith, Publisher, 2003, p. 9.

AS 4 DIMENSÕES DE CREDIBILIDADE

P. 45 **frase de Anne Mulcahy:** PricewaterhouseCoopers, *6th Annual Global CEO Survey: Leadership, Responsibility, and Growth in Uncertain Times*, 2003.

P. 46 **manchete no *USA Today*:** Greg Farrell, "Skilling set to testify today on own behalf. Verdict could hinge solely on his credibility on stand", *USA Today*, 6 de abril de 2006, p. 1B.

P. 46 **a nova manchete dizia:** Greg Farrell, "Jurors: Ex-Enron execs not credible: Prosecution's witnesses backed each other up", *USA Today*, 26 de maio de 2006, p. 1B.

P. 46 **"Dadas suas realizações":** Jesse Eisinger, "Buffett's Reputation May Be Tested", *Wall Street Journal*, 31 de março de 2005, p. 1C.

P. 46 **"Aqui está alguém bem-sucedido":** Del Jones, "Buffett maintains respect of fellow CEOs", *USA Today*, 30 de março de 2005, p. 2B.

P. 46 **frase de Jon Huntsman:** Jon M. Huntsman, *Winners Never Cheat: Everyday Values We Learned as Children (But May Have Forgotten)*. Upper Saddle River, NJ: Wharton School Publishing, p. 37.

P. 47 **apenas 8% das pessoas realmente:** Ellen Tomson, "Skip the resolutions and make a commitment", *Knight Ridder Newspapers*, 14 de janeiro de 2006.

P. 49 **história Wally Thiim:** entrevista de Greg Link com Wally Thiim, 17 de abril de 2006.

P. 49 **frase de Peter Drucker:** Peter Drucker, *Managing the Non-Profit Organization: Principles and Practices*. Nova York: HarperCollins, 1990, p. 9.

P. 50 **estudo realizado por uma renomada empresa:** "Updating the Meaning of Leadership", estudo AchieveGlobal, 1998.

P. 50 **Harvard Business School:** Carta de Recomendações de um Candidato a MBA, Harvard Business School.

P. 51 **frase de Gerard Arpey:** Eve Tahmincioglu, "Back from the Brink". *Workforce Management*, dezembro de 2004.

P. 56 **frase de Jon Huntsman:** Huntsman, *Winners Never Cheat*, p. 44.

P. 56 **frase de Victor Fung:** PricewaterhouseCoopers, *6th Annual Global CEO Survey: Leadership, Responsibility, and Growth in Uncertain Times*, 2003.

DIMENSÃO 1 – INTEGRIDADE: VOCÊ É COERENTE?

P. 60 **Italia Masters de 2005:** Frank Deford, "Game, Set, Ma-: In losing a match, Roddick became a true sportsman", SportsIllustrated.com, 11 de maio de 2005.

P. 60 **frase de Hank Paulson:** Gostick e Telford, *The Integrity Advantage*, p. 73.

P. 62 **frase de Patricia Aburdene:** Aburdene, *Megatrends 2010*, p. xiv; também *Megatrends 2010*. Rio de Janeiro: Elsevier Editora, 2006.

P. 62 **Como observou Chris Bauer:** Patrick J. Kiger, "Steal Big, Steal Little", Workforce Management Online, dezembro de 2005.

P. 63 **Desai respondeu:** Eknath Easwaran, *Gandhi the Man*. Petaluma, CA: Nilgiri Press, 1978, p. 112.

P. 64 **"todas as organizações na trajetória":** Collins, *Good to Great*, p. 22.

P. 65 **frase de Jim Collins:** Ibid., pp. 12-13.

P. 69 **frase de George Fischer:** Douglas Barry, *Wisdom for a Young CEO: Incredible Letters and Inspiring Advice from Today's Business Leaders*. Philadelphia: Running Press, 2004, p. 145 (essa recomendação como outras frases podem ser encontradas neste livro de aconselhamento dos CEOs).

P. 70 **Um grande exemplo de integridade:** Huntsman, *Winners Never Cheat*, pp. 81-83.

P. 71 **frase de Anne Mulcahy:** Douglas Barry, *Wisdom for a Young CEO*, p. 137.

P. 71 **Considere Anwar Sadat:** Anwar el-Sadat, *In Search of Identity: An Autobiography*. Nova York: HarperCollins, 1978.

P. 73 **frase de Patricia Aburdene:** Aburdene, *Megatrends 2010*, p. xiv.

DIMENSÃO 2 – INTENÇÃO: QUAL É A SUA AGENDA?

P. 77 **Fórum Econômico Mundial:** World Economic Forum trust survey, "Trust in Governments, Corporations and Global Institutions Continues to Decline", 15 de dezembro de 2005.

P. 77 **pesquisas comparando os níveis de confiança:** MORI Social Research Institute, *Exploring Trust in Public Institutions, Report for the Audit Commission*, 2002.

P. 78 **um tradutor da CNN:** Canadian Broadcasting Association, "CNN in trouble with Iran over mistranslation", *CBC.CA Arts*, 17 de janeiro de 2006.

P. 80 **frase de Dennis LeStrange:** Bill Catlette e Richard Hadden, *Contented Cows Give Better Milk: The Plain Truth About Employee Relations and Your Bottom Line*. Germantown, TX: Saltillo Press, 2001, p. 108.

P. 81 **frase de Jimmy Johnson:** Ibid., p. 88.

P. 81 **frase de Jim Meehan:** Jim Meehan, *Reasons Have Hearts Too: Thoughts and Feelings Are Inseparable*. Allen, TX: Thomas More Publishing, 2000, p. 70.

P. 82 **experiência da Shea Homes:** Entrevista do autor com Buddy Satterfield, 1º de maio de 2006.

P. 83 **frase de Herb Kelleher:** Catlette e Hadden, *Contented Cows*, p. 87.

P. 83 **Em 1997, três:** Andy Serwer, "Hot Starbucks to Go", *Fortune*, 26 de janeiro de 2004; veja também a página dedicatória de Howard Schultz e Dori Jones Yang, *Pour Your Heart into It: How Starbucks Built a Company One Cup at a Time*. Nova York: Hyperion, 1997.

P. 84 **Apenas 29% dos:** Age Wave and The Concours Group, *New Employer/Employee Equation Survey*, Nova York, 2005 (pesquisa conduzida pela Harris Interactive).

P. 84 **Apenas 42% acreditam:** Towers Perrin HR Services, *The 2003 Towers Perrin Talent Report – WorkingToday: Understanding What Drives Employee Engagement*, 2003.

P. 85 **frase de Sam Walton:** Charles Garfield, *Second to None: How Our Smartest Companies Put People First*. Nova York: Avon, 1992, p. 201.

P. 89 **Doug Conant, CEO da Campbell:** entrevista do autor com Doug Conant, 21 de abril de 2006.

P. 90 **Paul Zane Pilzer, ex-economista:** Paul Zane Pilzer, *Unlimited Wealth: The Theory and Practice of Economic Alchemy*. Nova York: Crown, 1991.

P. 91 **na classificação Forbes 400:** "The 400 Richest Americans", *Forbes*, 22 de setembro de 2005. p. 89.

P. 91 **Nossa principal meta:** Huntsman, *Winners Never Cheat*, p. 160.

P. 91 **o empresário Ted Turner:** "Ted Turner donates $1 billion to 'U.N. causes'", CNN.com, 19 de setembro de 1997.

P. 92 **Eu não penso em mim:** Marcia Nelson, *The Gospel According to Oprah*. Louisville, KY: Westminter, John Knox Press, 2005, p. x.

P. 92 **frase de Laura Schlessinger:** Laura Schlessinger, *Bad Cbildbood - Good Life: How to Blossom and Thrive in Spite of an Unhappy Childhood.* Nova York: HarperCollins, 2006, p. 15.

DIMENSÃO 3 – CAPACITAÇÕES: VOCÊ É RELEVANTE?

P. 94 **o Princípio de Peter:** Laurence J. Peter e Raymond Hull, *The Peter Principle*. Nova York: Bantam Books, 1970, p. 7.

P. 97 **a parábola dos talentos:** Mateus 25, a Bíblia.

P. 98 **Fui abençoado:** Eugene O'Kelly, *Chasing Daylight: How My Forthcoming Death Transformed My Life*. Nova York: McGraw-Hill, 2006, pp. 1-2.

P. 99 **Como afirmou Steve Jobs:** Guy Kawasaky, *The Art of the Start*. Nova York: Portfolio, 2004, p. 101.

P. 100 **frase de Anne Mulcahy:** Barry, *Wisdom for a Young CEO*, p. 114.

P. 100 **informações do mundo dobra:** James Gelatt, "Scanning for Megatrends in the Nonprofit World", *Contributions Magazine*, setembro/outubro de 2000.

P. 100 **contada por Marion D. Hanks:** Marion D. Hanks, "Good Teachers Matter", *Ensign*, julho de 1971.

P. 101 **"Você pode ter uma semana":** Dan Goodgame, "The Game of Risk: How the Best Golfer in the World Got Even Better", *Time*, 14 de agosto de 2000.

P. 102 **"Gostaria de jogar":** Jaime Diaz, "The Truth About Tiger: Why the Most Dominant Player in History Decided He Had to Change His Swing", *Golf Digest*, janeiro de 2005.

P. 102 **"O que é o mais notável":** Goodgame, "The Game of Risk".

P. 102 **"maldição da capacitação":** entrevista de Jim Collins com a Fast Company Real Times, Phoenix, outubro de 2000.

P. 103 **A cada mês e pouco:** Pamela Kruger e Katharine Mieszkowski, "Stop the Fight", *Fast Company*, setembro de 1998, p. 93.

P. 103 **[John Mackey] não apenas delega:** Charles Fishman, "The Anarchist's Cookbook", *Fast Company*, julho de 2004, p. 70.

P. 104 **chamado por alguns "Al, a Motosserra":** David Plotz, "Al Dunlap: The chainsaw capitalist", *Slate*, 31 de agosto de 1997; também Albert J. Dunlap com Bob Andelman, *Mean Business: How I Save Bad Companies and Make Good Companies Great*. Nova York: Fireside, 1997, p. 125.

P. 104 **De acordo com a pesquisa Gallup:** Marcus Buckingham e Donald O. Clifton, *Now Discover Your Strengths*. Nova York: The Free Press, 2001, p. 6.

P. 104 **Jim Collins fala sobre:** Collins, *Good to Great*, p. 13.

P. 105 **frase do general Eric Shinseki:** Tom Peters, *Re-imagine!: Business Excellence in a Disruptive Age*. Londres: Dorling Kindersley Ltd., 2003, p. 3.

P. 105 **De acordo com um artigo na** *BusinessWeek* : Andrew Park "What You Don't Know About Dell", *BusinessWeek*, 3 de novembro de 2003.

P. 106 **pela revista *Fortune*:** "America's Most Admired Companies", *Fortune*, 7 de março de 2005.

P. 108 **Afinal de contas:** Entrevista do autor com Jack Trout, 2 de dezembro de 2005.

P. 108 **frase de Harvey Golub:** Barry, *Wisdom for a Young* CEO, p. 121.

P. 109 **frase de Christopher Galvin:** Barry, *Wisdom for a Young* CEO, p. 67.

DIMENSÃO 4 – RESULTADOS: QUAIS SÃO AS SUAS REALIZAÇÕES?

P. 112 **frase de Craig Weatherup:** Shaw, *Trust in the Balance*, p. 73.

P. 113 **frase de Jack Welch:** Welch, *Winning*, pp. 20-21.

P. 115 **"Pensávamos estar vendendo":** Jill Rosenfeld, "Here's an Idea!" *Fast Company*, abril de 2000, p. 97.

P. 116 **pesquisa 2006 Reputation Quotient:** Ronald Alsop, "Ranking Corporate Reputations", *Wall Street Journal*, 6 de dezembro de 2005.

P. 116 **Continental melhorou o desempenho:** Continental Airlines, Annual Reports, 2002-5.

P. 120 **David Sokol, CEO:** Susan Pulliam e Karen Richardson, "Warren Buffett, Unplugged", *Wall Street Journal*, 12 de novembro de 2005.

P. 122 **Daquilo nascia o Walkman:** "From a Small Piece of Wood", Sony History, sonynet.

P. 122 **Seguindo os procedimentos padrão:** Tom Peters, *Thriving on Chaos: Handbook for a Management Revolution*. Nova York: Knopf, 1987, p. 307.

P. 123 **"credo" escrito em meados:** Tamara Kaplan, "The Tylenol Crisis: How Effective Public Relations Saved Johnson & Johnson", Pennsylvania State University, 1998.

P. 124 **estudo realizado pelo dr.** Robert Rosenthal: W1kipedia.org.

P. 125 **escritora Rosabeth Moss Kanter:** Rosabeth Moss Kanter, *Confidence*. Nova York: Crown Business, 2004, pp. 7, 29.

OS 13 COMPORTAMENTOS

P. 132 **cantou (com algum menosprezo) para Freddy:** Alan Jay Lerner, *My Fair Lady*, Sony, 1964.

P. 133 **frase de Hank Paulson:** Gostick e Telford, *The Integrity Advantage*, p. 94.

P. 134 **Adoro a história:** Credita a dr. George Crane, fonte desconhecida.

COMPORTAMENTO 1: FALE FRANCAMENTE

P. 141 **Código de conduta da Dell Inc.:** Dell.com.

P. 141 **Por exemplo, ele escreve:** Warren Buffet, Berkshire Hathaway Annual Reports, 2004, 2005.

P. 143 **apenas 40%:** Mercer Human Resource Consulting, 2005. *What's Working Survey*, Nova York, 2005.

P. 143 **"As Roupas Novas do Imperador":** Mette Norgaard, *The Ugly Duckling Goes to Work: Wisdom for the Workplace from the Classic Tales of Hans Christian Andersen*. Nova York: AMACOM, 2004, p. 21.

COMPORTAMENTO 2: DEMONSTRE RESPEITO

P. 148 **"Há um fio comum":** palestra de James Blanchard no almoço Beta Gamma Sigma International Honoree Luncheon, 22 de abril de 2005, conforme relatado pela Beta Gamma Sigma International Society e disponível no site betagammasigma.org.

P. 150 **a "Regra do Garçom":** Del Jones, "CEOs vouch for Waiter Rule: Watch How People Treat Staff", *USA Today*, 14 de abril de 2006, p. 1B.

P. 150 **deparou com a última pergunta:** Adaptado de *The Motivational Manager*.

P 150 **três pilares da confiança:** Great Place to Work Institute, Inc., greatplacetowork.com.

P. 150 **Sirota Survey Intelligence:** News in Brief, "The Longer Employees Work at a Company, the Less Happy They Are, Study Finds", WorkforceManagement.com, 10 de fevereiro de 2005; também, David Sirota, Louis A. Mischkind e Michael Irwin Meltzer, *The Enthusiastic Employee: How Companies Profit by Giving Workers What They Want* (Upper Saddle River, NJ: Wharton School Publishing, 2005).

P. 153 **apenas 29%:** Age Wave and The Concours Group, *New Employer/Employee Equation Survey*, 2005.

P. 153 **apenas 42%:** Towers Perrin, *The 2003 Towers Perrin Talent Report*.

P. 153 **Dentre eles estava Tom Peek:** entrevista de Greg Link com Tom Peek, 11 de março de 2006.

COMPORTAMENTO 3: CRIE TRANSPARÊNCIA

P. 156 **corte de US$1,8 bilhão:** Eve Tahmincioglu, "Back from the Brink", *Workforce Management*, dezembro de 2004.

P. 156 **acordo com a *BusinessWeek*:** Wendy Zellner, "What Was Don Carty Thinking?", *BusinessWeek* online, 24 de abril de 2003.

P. 157 **"Algumas pessoas pensam":** Richard Wachman, "The man who keeps American in the air", *The Observer*, 29 de janeiro de 2006.

P. 157 **frase de Jean-Cyril Spinetta:** Sally Bibb e Jeremy Kourdi, *Trust Matters: For Organizational and Personal Success*. Nova York. Palgrave Macmillan, 2004, p. 29.

P. 157 **"O único meio de construir":** Tahmincioglu, *Workforce Management*.

P. 158 **PricewaterhouseCoopers:** Samuel A. DiPiazza Jr. e Robert G. Eccles, *Building Public Trust. The Future of Corporate Reporting*. Nova York: John Wiley & Sons, 2002, p. 3.

P. 159 **espera-se que o conhecimento dos processos:** Phillip Evans e Bob Wolf, "How Toyota and Linux Keep Collaboration Simple", *Harvard Business School Working Knowledge*, 1º de agosto de 2005.

P. 159 **frase de Rollin King:** Catlette e Hadden, *Contented Cows Give Better Milk*, p. 99.

COMPORTAMENTO 4: CORRIJA OS ERROS

P. 164 **o livro de James Frey:** Carol Memmott, "Winfrey grills 'Pieces' author, apologizes for backing book", *USA Today*, 27 de janeiro de 2006, p. 1E.

P. 164 **"Chrysler deixa que seus executivos":** Gostick e Telford, *The Integrity Advantage*, p. 37.

P. 165 **Na carta, Wead disse:** entrevista de Greg Link com Doug Wead, 27 de junho de 2006 (carta utilizada com a aprovação de Wead); veja também Doug Wead, "I'm Sorry, Mr. President", *USA Today*, 14 de março de 2005, p. 18A.

P. 166 **frase de Jon Huntsman:** Huntsman, *Winners Never Cheat*, p. 55.

P. 166 **receptador...** Terrell Owens: Bob Brookover, "Owens apologizes, but Eagles won't let him come back", *Daily Herald*, 9 de novembro de 2005, p. 1C.

P. 167 **são os menos processados:** Berkeley Rice, "Why Some Doctors Get Sued More Than Others", *Medics Economics*, 11 de julho de 2003. Também, Lindsey Tanner, "Doctors Advised: An Apology a Day Keeps the Lawyer Away". *Associated Press*, 12 de novembro de 2004.

COMPORTAMENTO 5: DEMONSTRE LEALDADE

P. 170 **"É tudo muito lógico":** John Marchica, *The Accountable Organization: Reclaiming Integrity, Restoring Trust* (Palo Alto: Davies-Black Publishing, 2004), p. 167.

P. 170 **"a janela e o espelho":** Collins, *Good to Great*, pp. 33-35.

P. 171 **frase de Jack Welch:** Welch, *Winning*, p. 71.

P. 171 **A autora...** Dottie Gandy: Dottie Gandy, *30 Days to a Happy Employee: How a Simple Program of Acknowledgment Can Build Trust and Loyalty at Work*. Nova York: Fireside, 2001, p. 27.

P. 172 **artigo do *USA Today*:** Richard Willing, "Friends say Alito 'down to earth' despite success", *USA Today*, 2 de novembro de 2005, p. 5A.

COMPORTAMENTO 6: PRODUZA RESULTADOS

P. 176 **frase de Dave Ulrich:** Frances Hesselbein, Marshall Goldsmith e Richard Beckhard, eds., *The Leader of the Future: New Visions, Strategies and Practices for the Next Era*. San Francisco: Jossey-Bass, 1996, pp. 212-13.

P. 178 **frase de Jack Welch:** Welch, *Winning*, p. 323.

P. 178 **frase de Peter Lowe:** James Watson, "Building the trust in today's industry", *Computing*, 7 de outubro de 2004.

P. 179 **"minha abordagem é que":** Ibid.

P. 180 **frase de J.P. Rangaswami:** Ibid.

COMPORTAMENTO 7: APERFEIÇOE-SE

P. 184 **pessoas rápidas e aprendizes constantes**: Mukul Pandya e Robbie Shell, *Lasting Leadership: What You Can Learn from the Top 25 Business People of Our Times* (Upper Saddle River, NJ: Wharton School Publishing, 2005), p. xx.

P. 185 **Como a revista *Fast Company*:** Ian Wylie, "Calling for a Renewable Future", *Fast Company*, maio de 2003, p. 46.

P. 185 **frase de Jeffrey Imelt:** Erick Schonfeld, "GE sees the light by learning to manage innovation: Jeffrey Immelt is remaking America's flagship industrial corporation into a technology and marketing powerhouse", *Business 2.0*, 1º de julho de 2004.

P. 187 **Um promissor executivo júnior:** Warren Bennis e Burt Nanus, *Leaders. Strategies for Taking Charge*. Nova York: HarperCollins, 1985, p. 70.

COMPORTAMENTO 8: ENFRENTE A REALIDADE

P. 190 **frase de Max DePree:** Max DePree, *Leadership Is an Art*. Nova York: Bantam Doubleday, 1989, p. 11.

P. 190 **a autora Kathleen Ryan:** Kathleen D. Ryan e Daniel K. Oestreich, *Driving Fear out of the Workplace. How to Overcome the Invisible Baniers to Quality, Productivity and Innovation*. San Francisco: Jossey-Bass Publishers, 1991, pp. 77-90.

P. 191 **"Você nunca deve confundir":** Collins, *Good to Great*, p. 85.

P. 191 **"Paradoxo de Stockdale" é a marca:** Collins, *Good to Great*, p. 86.

P. 191 **reportado pela revista *Fortune*:** Betsy Morris, "The Accidental CEO", *Fortune*, 23 de junho de 2003.

P. 191 **"Quaisquer que sejam as vantagens":** Ibid.

P. 191 **a ação caiu 26%:** Ibid.

P. 193 **John Case... sugere:** John Case, *Open-Book Management The Coming Business Revolution*. New York: HarperBusiness, 1995, pp. 175-180.

P. 193 **"Se o pessoal não for":** Melanie Trottman, "Airline CEO's Novel Strategy: No Bankruptcy", *Wall Street Journal*, 17 de abril de 2006, B1.

P. 193 **frase de Jon Huntsman:** Huntsman, *Winners Never Cheat*, p. 62.

P. 194 **apenas 39%:** Mercer Human Resource Consulting, *2005 What's Working Survey*. Nova York, 2005.

P. 194 **"pode confrontar os fatos brutais":** Collins, *Good to Great*, p. 81.

COMPORTAMENTO 9: ESCLAREÇA AS EXPECTATIVAS

P. 199 **20% a 40%:** estudo sobre terceirização realizado por LogicaCMG e Warwick Business School.

P. 200 **frase de Dan Jorndt:** Collins, *Good to Great*, p. 32.

P. 201 **estudo feito pela AMA/HRI:** American Management Association/Human Resource Institute, *AMA/HRI Business Ethics Survey 2005*. Nova York, 2006.

COMPORTAMENTO 10: PRATIQUE A RESPONSABILIDADE

P. 205 **pesquisa da Golin/Harris, de 2002**: pesquisa Golin/Harris, "Trust in American Business", 2002.

P. 205 **"cultura de praticar a responsabilidade":** DiPiazza e Eccles, *Building Public Trust*, p. 4.

P. 206 **metáfora da janela e do espelho:** Collins, *Good to Great*, pp. 33-35.

P. 207 **"Durante toda a minha carreira":** Scott Waddle e Ken Abraham, *The Right Thing*. Brentwood, TN: Integrity Publishers, 2002, pp. 200-201.

P. 207 **manchete no *USA Today*:** Andrea Stone, "Ex-FEMA chief blames locals", *USA Today*, 28 de setembro de 2005, p. Al.

P. 207 **manchete do site CNN.com:** Ted Barrett, "Brown puts blame on Louisiana officials", CNN.com, 28 de setembro de 2005.

P. 209 **frase de J. Willard Marriott:** J. Willard Marriott, "Money, Talent and the Devil by the Tail", *Management Review*, janeiro de 1985.

P. 210 **Mulcahy disse a revista *Fortune*:** Betsy Morris, "The Accidental CEO", *Fortune*, 23 de junho de 2003.

COMPORTAMENTO 11: ESCUTE PRIMEIRO

P. 215 **Peter Drucker relaciona oito**: Peter Drucker, "What Makes an Effective Executive", *Harvard Business Review*, junho de 2004.

P. 215 **frase de Charles Cawley:** Barry, *Wisdom for a Young CEO*, p. 52.

P. 215 **Quando Mike Garrett tornou-se:** entrevistas do autor com Mike Garrett, 12 de dezembro de 2003 e 1º de maio de 2006.

P. 216 **frase de Jack M. Greenberg:** Barry, *Wisdom for a Young CEO*, p. 56.

P. 217 **frase de Gary Chapman:** Gary Chapman, *The Five Love Languages: How to Express Heartfelt Commitment to Your Mate*. Chicago: Northfield Publishing, 1992, p. 15.

P. 217 **Como Heinrich Pierer:** Barry, *Wisdom for a Young CEO*, p. 76 (edição miniatura).

P. 217 **55%... linguagem corporal:** Albert Mehrabian, *Silent Messages: Implicit Communication of Emotions and Attitudes*. Belmont, CA: Wadsworth, 1981; também Wikipedia.org.

COMPORTAMENTO 12: CUMPRA AS PROMESSAS

P. 220 **frase de Reuben Mark:** Barry, *Wisdom for a Young CEO*, p. 158.

P. 221 **frase de Hank Paulson:** Gostick e Telford, *The Integrity Advantage*, p. 95.

P. 221 **frase de Dennis Ross:** Michael Benobel e Linda Cashdan, *Done Deal: Insights from Interviews with the World's Best Negotiators*. Avon, MA: Platinum Press, 2005, p. 112.

P. 222 **estudo sobre a ética nos negócios:** AMA/HRI Business Ethics Survey 2005.

P. 222 **fator número um para a quebra de confiança:** World Economic Forum, "Voice of the People" Survey, 2002, pesquisa realizada por Gallup International e Environics International.

P. 223 **"Enron à beira-mar":** John Ritter, "San Diego now 'Enron by the Sea'", *USA Today*, 25 de outubro de 2004, p. A3.

P. 223 **palavras gregas *chronos* e *kairos*:** Stephen R. Covey, Roger Merrill e Rebecca Merrill, *First Things First: To Live, to Love, to Learn, to Leave a Legacy*. Nova York: Simon & Schuster, 1994, p. 27.

COMPORTAMENTO 13: CONFIE NOS OUTROS

P. 228 **"Decidi que colaboraríamos":** Patricia Sellers, "Procter & Gamble", *Fortune*, 21 de fevereiro de 2005, p. 98.

P. 230 **dispõe de até US$2 mil:** Entrevista do autor com Horst Schulze, 26 de abril de 2006.

P. 230 **rede de lojas Nordstrom:** Nordstrom employee handbook.

P. 231 **Vice-presidente Vincent Stabile:** Eve Tahmincioglu, "Keeping Spirits Aloft at JetBlue", *Workforce Management Online*, dezembro de 2004.

P. 231 **programa *60 Minutes*:** Leslie Stahle, "Working 24/7", *60 Minutes*, 2 de abril de 2006.

P. 231 **frase de Gordon Forward:** entrevista de Gordon Forward com Fred Luthans, "Conversation with Gordon Forward", *Organizational Dynamics*, vol. 20, nº 1, p. 63-72.

P. 233 **frase de Robert Galvin Jr.:** Joseph F. McKenna, "Bob Galvin Predicts Life After Perfection", *Industry Week*, 21 de janeiro de 1991, pp. 12-15.

A TERCEIRA ONDULAÇÃO - CONFIANÇA ORGANIZACIONAL: O PRINCÍPIO DO ALINHAMENTO

P. 242 **frase de Peter Drucker:** Peter Drucker, "Managing Oneself", *Harvard Business Review*, março-abril de 1999.

P. 245 **frase de John O. Whitney:** Whitney, *The Trust Factor*, p. 14.

P. 245 **frase de Kouzes e Posner:** James M. Kouzes e Barry Z. Posner, *The Leadership Challenge*. San Francisco: Jossey-Bass, 2003, p. 247.

P. 247 **CEO David Neeleman:** James Wynbrandt, *Flying Higt How JetBlue Founder and CEO David Neeleman Beats the Competition ... Even in the World's Most Turbulent Industry*. Hoboken, NJ: John Wiley & Sons, 2004, pp. 207-208. Também, entrevista de Greg Link com Jenny Dirvin, comunicação corporativa da JetBlue, 27 de junho de 2006.

P. 247 **frase de Henk Broeders:** Robert Galford e Anne Seibold Drapeau, *The Trusted Leader: Bringing Out the Best in Your People and Your Company*. Nova York: The Free Press, 2002, p. 242.

P. 248 **"depositava grande fé":** David Packard, *The HP. Way: How Bill Hewlett and I Built Our Company*. Nova York: HarperBusiness, 1995, p. 135; também Peter Burrows, "Hewlett & Packard: Architects of the Info Age", *BusinessWeek* Online, 29 de março de 2004.

P. 248 **A frente do cartão diz:** manual do empregado da Nordstrom.

P. 249 **De acordo com David Sirota:** David Sirota, et al., *The Enthusiastic Employee*, p. 121.

P. 254 **frase de John Kotter:** *Fast Company*, maio de 2005.

P. 255 **frase de David Packard:** Packard, *The HP. Way*, p. 13 5.

P. 256 **de 30% a 50%:** Gary A. Gack, "Core Set of Effectiveness Metrics for Soft- ware and IT", iSixSigma.com.

P. 257 **uma estimativa avaliou em US$1,1 trilhão:** W. Mark Crain, "The Impact of Regulatory Costs on Small Firms", Office of Advocacy of the U.S. Small Business Administration, setembro de 2005.

P. 257 **4% a 6% da receita:** European Movement in Serbia, "German EU Presidency to Fight Red Tape, says Merkel", EMinS.org, 26 de janeiro de 2006.

P. 257 **399 bilhões:** Medical News Today, "USA wastes more on health care bureaucracy than it would cost to provide health care to all of the uninsured", medicalnewstoday.com, 28 de maio de 2004.

P. 257 **os "inimigos internos":** Lawrence B. Macregor Serven, *The End of Office Politics as Usual: A Complete Strategy for Creating a More Productive and Profitable Organization*. Nova York: AMACOM, 2002, pp. 1-10, 36-44.

P. 258 **US$250 a US$300 bilhões:** Gallup Management Journal, "Be Nice: It's Good for Business", gmj.gallup.com, 12 de agosto de 2004.

P. 258 **28% dos empregados:** Gallup Management Journal, "Gallup Study Finds That Many Employees Doubt the Ethics of Corporate Leaders", gmj.gallup.com, 10 de outubro de 2002.

P. 258 **96% dos empregados engajados:** Ibid.

P. 258 **como a pesquisa Gallup sugere:** Buckingham e Coffinan, *First, Break All the Rules*, p. 33.

P. 258 **as empresas pagam de um e meio:** Cathy Healy, "A Business Perspective on Workplace Flexibility: When Work Works, an Employer Strategy for the 21 st Century", Families and Work Institute.

P. 258 **frase de Kent Murdoch:** Gostick e Telford, *The Integrity Advantage*, p. 36.

P. 259 **Colleen Barrett diz:** Marchica, *The Accountable Organization*, pp. 166-67.

P. 259 **pode chegar a 500%:** pesquisa GartnerG2, "GartnerG2 says Retail Financial Services Companies Must Make Customer Retention No. 1 CRM Priority", 8 de agosto de 2002.

P. 259 **Em 2004, um estudo:** Association of Certified Fraud Examiners, "2004 Report to the Nation on Occupational Fraud and Abuse".

P. 261 **estudo de 2002 da Watson Wyatt:** Watson Wyatt, *WorkUSA study*, 2002.

P. 261 **estudo de 2005:** estudo do Great Place to Work Institute e do Russell Investment Group das "100 Melhores Empresas para se Trabalhar da revista *Fortune*", 15 de março de 2005.

P. 261 **"Os empregados apreciam":** Geoff Colvin, "The 100 Best Companies to Work For 2006", *Fortune*, 11 de janeiro de 2006.

P. 261 **Como disse John Brennan:** Fred Reichheld, *Loyalty Rules: How Today's Leaders Build Lasting Relationships*. Boston: Harvard Business School Press, 2001, p. 29.

P. 262 **empresa mais inovadora:** Jena McGregor, "The World's Most Innovative Companies," *BusinessWeek*, 24 de abril de 2006, pp. 63-76.

P. 262 **frase de John Marchica:** Marchica, *The Accountable Organization*, p. 155.

P. 262 **dr. Michael Hammer:** Robert Malone, "Collaboration as Opportunity", Forbes.com, 31 de janeiro de 2006.

P. 262 **"Descobrimos que os contratos":** estudo LogicaCMG/Warwick Business School.

P. 263 **revista *Strategy+Business*:** Art Kleiner, "Our 10 Most Enduring Ideas", *strategy+business*, 12 de dezembro de 2005.

P. 263 **Em um estudo de 2006:** estudo FranklinCovey/Coca-Cola Retail Research Council, 2006.

P. 263 **empresas de alta confiança evocam:** Reichheld, *Loyalty Rules*; e Frederick F. Reichheld, *The Loyalty Effect: The Hidden Force Behind Growth, Profits, and Lasting Value*. Boston: Harvard Business School Press, 1996.

P. 263 **Dr. Larry Ponemon:** Pesquisa "Privacy Trust Survey for Online Banking", Watchfire Inc. e the Ponemon Institute, 2005.

P. 264 **frase de Jim Burke:** James Burke, *Harvard Business School Working Knowledge*, 27 de outubro de 2003.

A QUARTA ONDULAÇÃO – CONFIANÇA DO MERCADO: O PRINCÍPIO DA REPUTAÇÃO

P. 269 **"construção da confiança mundial":** Al Golin, *Trust or Consequences: Build Trust Today or Lose Your Market Tomorrow*. Nova York. AMACOM, 2004, p. vii.

P. 269 **frase de Robert Eckert:** discurso de Eckert na abertura de ano letivo na UCLA, 2004.

P. 269 **frase de Charles Giordano:** Larry Ponemon, "Opinion: When done right, targeted marketing can help build trust", *Computerworld*, 3 de fevereiro de 2005.

P. 271 **"Respeito-o":** Del Jones, "Buffett maintains respect of fellow CEOs", *USA Today*, 30 de março de 2005, p. B2.

P. 272 **Empresas Mais Admiradas do Mundo:** Anne Fisher, "Most Admired Companies", *Fortune*, março de 6, 2006, pp. 65-124, see Fortune.com website for global companies.

P. 272 **uma pesquisa da Golin/Harris:** estudo Golin/Harris, "Trust in American Business", 2003.

P. 272 **Barômetro Anual de Confiança Edelman:** Edelman, Annual Edelman Trust Barometer, 2006, www.edelman.com.

P. 273 **frase de Hank Paulson:** Gostick e Telford, *The Integrity Advantage*, p. 54.

P. 273 **marcas americanas foram taxadas:** Edelman, Annual Edelman Trust Barometer, 2006.

P. 274 **Annual Reputation Quocient (RQ) 2005:** Alsop, "Ranking Corporate Reputations", *Wall Street Journal*, 6 de dezembro de 2005.

P. 274 **135 milhões de pessoas:** Kevin Maney, "10 years ago, eBay changed the world, sort of by accident", *USA Today*, 22 de março de 2005.

P. 274 **frase de Ellen Ryan Mardiks:** press release da Golin/Harris, AME Info, 27 de abril de 2003.

P. 276 **"Acredito que devemos":** William Weldon, palestra na PhRMA, Pharma *Marketing News*, abril de 2005.

P. 276 **"O sistema é totalmente transparente":** Robert D. Hof, "The eBay Economy", *BusinessWeek* Online, 25 de agosto de 2003.

P. 277 **CEO da Superquinn, Feargal Quinn:** Polly LaBarre, "Leader-Feargal Quinn", *Fast Company*, novembro de 2001, p. 88.

P. 277 **frase de Roberto Goizueta:** Robert Goizueta, Network News, uma publicação da Coca-Cola Company, abril de 1997.

A QUINTA ONDULAÇÃO – CONFIANÇA SOCIETÁRIA: O PRINCÍPIO DA CONTRIBUIÇÃO

P. 278 **No final de abril de 1992:** Golin, *Trust or Consequences*, pp. 15-16; também Richard Martin, "Thugs maul LA restaurants", *Nation's Restaurant News*, 11 de maio de 1992.

P. 280 **frase de Thomas Friedman:** Friedman, *The World Is Flat*, p. 394.

P. 281 **"Personalidades do Ano":** Nancy Gibbs, "The Good Samaritans", *Time*, 26 de dezembro de 2005.

P. 281 **Bill Gates anunciou:** Larry Dignan e Mary Jo Foley, "Gates to Step Aside, Focus on Philanthropy", eWeek.com, 15 de junho de 2006.

P. 281 **Warren Buffett anunciou:** Elliot Blair Smith, "Buffett pledges $37.1B to charity", *USA Today*, 26 de junho de 2006, p. 1A.

P. 281 **Oprah Winfrey criou:** Oprahsangelnetwork.org.

P. 282 **superiores a US$200 milhões:** Newmansown.com.

P. 282 **Melhores Cidadãos Corporativos:** David Raths, "100 Best Corporate Citizens for 2006", *Business Ethics Magazine*, primavera 2006.

P. 282 **prêmio "Capitalista Social":** Cheryl Dahle, "Filling the Void", *Fast Company*, janeiro de 2006.

P. 283 **frase de Deborah Dunn:** Christine Canabou, "Tast Talk: Hail, global citizens!", *Fast Company*, janeiro de 2004.

P. 283 **Banco Grameen em Bangladesh:** "UN Declares 2005 the International Year of Microcredit", Globalization101.org, 22 de agosto de 2005.

P. 283 **poderiam confiar em estranhos:** "eBay's Founder Starts Giving", *Fortune*, 28 de novembro de 2005, p. 49.

P. 284 **frase de Alan Greenspan:** Testemunho de Alan Greenspan no Senado americano diante do Comitê dos Bancos, Moradias e Assuntos Urbanos, 16 de julho de 2002.

P. 284 **Paul Dolan, CEO:** Paul Dolan, *True to Our Roots: Fomenting a Business Revolution*. Princetown, NJ: Bloomberg Press, 2003, p. 62; também John Elkington, *Cannibals with Forks: The Triple Bottom Line of the 21st Century Business*. Stony Creek, CT: New Society Publishers, 1988.

P. 285 **"A evolução do capitalismo":** James Surowiecki, "A Virtuous Cycle", *Forbes*, 23 de dezembro de 2002.

P. 285 **Patricia Aburdene:** Patricia Aburdene, *Megatrends 2010: The Rise of Conscious Capitalism*. Charlottesville, VA: Hampton Roads Publishing Company, 2005, p. 36.; também *Megatrends 2010: o poder do capitalismo responsável*. Rio de Janeiro: Elsevier Editora, 2006.

P. 285 **seis das sete:** Ibid.

P. 285 **frase de Tachi Kiuchi:** Canabou, *Fast Company*, janeiro de 2004.

P. 285 **taxadas como socialmente irresponsáveis:** Pesquisa da Mercer Investment Consulting, "Survey: Majority of Investment Managers Link Corporate Responsibility to Asset Performance", GreenBiz.com, 17 de março de 2006.

P. 286 **"Só uma pequena parcela":** Carol Hymowitz, "Asked to Be Charitable, More CEOs Seek to Aid Their Business as Well", *Wall Street Journal*, 22 de fevereiro de 2005, p. B1.

P. 286 **frase de Shelley Lazarus:** Ibid.

P. 288 **frase de Jorma Ollila**: Nokia, "Corporate Responsibility Report", 2004, p. 4.

ESTENDENDO A "CONFIANÇA INTELIGENTE"

P. 296 **observou...** Stephen Carter: Stephen L. Carter, *Civility: Manners, Morals, and the Etiquette of Democracy*. Nova York: HarperCollins Publishers, 1998, p. 62.

P. 306 **frase de Doug Conant:** Doug Conant, entrevista com o autor em 21 de abril de 2006.

RECUPERANDO A CONFIANÇA PERDIDA

P. 309 **"A verdade é":** Stever Robbins, "Truth and Trust: They Go Together", *Harvard Business School Working Knowledge*, 25 de abril de 2005.

P. 312 **estudo Watson Wyatt:** Watson Wyatt, WorkUSA 2002 e Work USA 2004/2005.

P. 313 **detém agora quase 25%:** *David Heenan, Flight Capital: The Alarming Exodus of America's Best and Brightest.* Palo Alto, CA. Davies-Black Publishing, 2005, pp. 25-56.

P. 313 **"Bons amigos nossos":** Kristen Anderson e Ron Zemke, *Tales of Knock Your Socks Off Service: Inspiring Stories of Outstanding Customer Service.* Nova York: AMACOM, 1998, pp. 27-28.

P. 314 **chairman, Phil Knight:** Nike Report Review Committee, Corporate Responsibility Report, nikebiz.com, 2004, p. 2.

P. 314 **13º lugar na relação:** Raths, *Business Ethics*, primavera 2006.

P. 314 **"Queremos construir a confiança":** Nike Report Review Committee, Corporate Responsibility Report, nikebiz.com, 2004, p. 9.

P. 321 **Depois de 27 anos de:** Nelson Mandela, *Long Walk to Freedom: The Autobiography of Nelson Mandela.* Boston: Back Bay Books, 1995.

UMA PROPENSÃO PARA CONFIAR

P. 325 **frase de Jim Burke:** "Management Review", *American Management Association*, 1º de outubro de 1996, vol. 85, nº 10.

P. 325 **"100 Melhores Empresas":** Robert Levering e Milton Moskowitz, *The 100 Best Companies to Work for in America.* Reading, MA: Addison-Wesley, 1983.

P. 327 **"Dê a este rapaz uma loja":** Sam Walton e John Huey, *Made in America: My Story.* Nova York: Doubleday, 1992, p. 142.

P. 327 **frase do Great Place to Work Institute:** Great Place to Work Institute, greatplacetowork.com.

P. 329 **Como relata... H. A. Guerber:** H. A. Guerber, *The Story of the Greeks.* Nova York: American Book Company, 1896, pp. 240-41.

ÍNDICE

SOBRE A FRANKLINCOVEY

DECLARAÇÃO DE MISSÃO

Promover a grandeza das pessoas e organizações em todo o mundo.

VISÃO

Impactar profundamente o modo como bilhões de pessoas no mundo todo vivem, trabalham e alcançam seus grandes propósitos.

A FranklinCovey (NYSE:FC) é líder global no treinamento em eficácia, em ferramentas de produtividade e serviços de avaliação para organizações, equipes e pessoas. Entre nossos clientes, estão 90% das 100 maiores empresas de Fortune, mais de 75% das 500 maiores de Fortune, milhares de pequenas e médias empresas, bem como numerosos órgãos governamentais e instituições de ensino. Organizações e pessoas têm acesso aos produtos e serviços da FranklinCovey mediante treinamento corporativo, facilitadores licenciados, coaching um a um, seminários públicos, catálogos, mais de 140 lojas de varejos.

A FranklinCovey conta com dois mil associados que oferecem serviços profissionais, produtos e materiais em 28 idiomas, em 39 escritórios e em 95 países.

PROGRAMAS E SERVIÇOS

- xQ Survey and Debrief (*to help leaders assess their organization's "Execution Quotient"*)
- The 7 Habits of Highly Effective People workshop
- The 4 Disciplines of Execution worksession
- FOCUS: Achieving Your Highest Priorities workshop
- The 4 Roles of Leadership workshop
- The FranklinCovey Planning System

SOBRE A FRANKLINCOVEY BRASIL

A FRANKLINCOVEY BRASIL é uma sólida organização voltada para a melhoria da eficácia corporativa e pessoal. Por acreditar que grandes organizações são construídas por grandes líderes e indivíduos que foquem e executem com excelência, a empresa oferece soluções que se baseiam em liderança, execução, desenvolvimento da alta produtividade, gerenciamento de tempo, projetos e excelência nos relacionamentos interpessoais. Desde 2000, a FranklinCovey Brasil já aplicou treinamentos em cerca de 130 das maiores empresas do país, utilizando uma metodologia baseada em princípios, que transformam estas organizações de dentro para fora, tornando-as altamente eficazes.

Programas

Os 7 Hábitos das Pessoas Altamente Eficazes – versão Clássica, para Gestores e Colaboradores
Os 7 Hábitos dos Adolescentes Altamente Eficazes
Liderança: Grandes Líderes, Grandes Equipes, Grandes Resultados
Foco – Atingindo suas Maiores Prioridades
Gerenciamento de Projetos
xQ – Quociente de Execução
As 4 Disciplinas da Execução
Benchmark 360°
Habilidade de Apresentação
Habilidade para Reuniões
Habilidades de Escrita
Construindo Confiança
Como Trabalhar com Sinergia

Produtos
Franklin Planner Starterkit
Franklin Planner Software
Franklin Planner Software For Ms Outlook
Refis Diários e Semanais para o Franklin Planner
Capas em Couro com e sem Zíper
Capas Sintéticas com e sem Zíper
Folhas em Branco e Folhas Pautadas
Furadores de Papel Modelos de Mesa e Portátil
Arquivos Fichários
Linha Masculina e Feminina de Bolsas e Pastas para Notebook

Livros (português)
Os 7 Hábitos das Pessoas Altamente Eficazes
Os 7 Hábitos das Famílias Altamente Eficazes
Os 7 Hábitos dos Adolescentes Altamente Eficazes
O 8º Hábito
Vivendo os 7 Hábitos
Liderança Baseada em Princípios
Primeiro o Mais Importante
O que Mais Importa
O Gladiador Moderno
O Princípio do Poder
Os 7 Hábitos Compactos (7 livretos)
Princípios Essenciais das Pessoas Altamente Eficazes
O Programa FranklinCovey para a execução eficaz
Deixe um Legado
Questões Fundamentais da Vida
Seus Clientes Precisam ter Sucesso. E Agora?

Livros (inglês)
The 7 Habits of Highly Effective People
The 7 Habits of Highly Effective Families
Living the 7 Habits
The 10 Natural Laws of Successful Time and Life Management
What Matter Most
The Modern Gladiator
First Think First
Life Matters

Principle Centered Leadership
To Do, Doing, Done
Let's Get Real or Let's Not Play
Business Think
The 8th *Habit*
The 6 Most Important Decisions you'll ever make

Vídeos (português)
VCD – Deixe um Legado
VCD – O Valor do Tempo
VCD – Águas Turbulentas
DVD – Palestra com Dr. Covey "Liderança não é uma Posição e, sim, uma Escolha"
DVD – O Poder de Viver seus Valores – Hyrum Smith

Áudios (inglês)
Beyond the 7 Habits (4 CD set)
First Thing First (3 CD set)
Life Matters (4 CD set)
Mastering the 7 Habits (12 CD set)
Principle Centered Leadership (3 CD set)
The 7 Habits of Highly Effective People (3 CD set)

Outras soluções focalizadas
Consultoria Organizacional
Certificação FranklinCovey
Soluções Formatadas para empresas
Soluções Eletrônicas e Aprendizado on-line
Simpósio Internacional sobre Liderança e Produtividade
Soluções Organizacionais
Personal Coaching
Palestras Especiais

FRANKLINCOVEY BRASIL LTDA.
Rua Flórida, 1568
São Paulo – SP – Brasil – 04565-001
Telefone: 11 5105-4400
E-mail: info@franklincovey.com.br
Site: www.franklincovey.com.br

Este livro foi impresso nas oficinas gráficas da Editora Vozes Ltda.,
Rua Frei Luís, 100 – Petrópolis, RJ,
com papel fornecido pelo editor.